Direito Internacional Contemporâneo e suas Repercussões no Direito Interno

Direito Internacional Contemporâneo e suas Repercussões no Direito Interno

2023

José Carlos de Magalhães

ALMEDINA

DIREITO INTERNACIONAL CONTEMPORÂNEO E SUAS REPERCUSSÕES NO DIREITO INTERNO

AUTOR: José Carlos de Magalhães

DIRETOR ALMEDINA BRASIL: Rodrigo Mentz
EDITORA JURÍDICA: Manuella Santos de Castro
EDITOR DE DESENVOLVIMENTO: Aurélio Cesar Nogueira
ASSISTENTES EDITORIAIS: Letícia Gabriella Batista e Laura Roberti
ESTAGIÁRIA DE PRODUÇÃO: Natasha Oliveira

DIAGRAMAÇÃO: Almedina
DESIGN DE CAPA: FBA

ISBN: 9786556279787
Outubro, 2023

Dados Internacionais de Catalogação na Publicação (CIP)
(Câmara Brasileira do Livro, SP, Brasil)

Magalhães, José Carlos de
Direito internacional contemporâneo e suas repercussões no direito interno / José Carlos de Magalhães. -- São Paulo : Almedina, 2023.

ISBN 978-65-5627-978-7

1. Direito internacional 2. Economia mundial
3. Globalização 4. Mercosul - Leis e legislação
5. Organização das Nações Unidas (ONU) I. Título.

23-170148 CDU-341

Índices para catálogo sistemático:

1. Direito internacional 341

Eliane de Freitas Leite - Bibliotecária - CRB 8/8415

Este livro segue as regras do novo Acordo Ortográfico da Língua Portuguesa (1990).

EDITORA: Almedina Brasil
Rua José Maria Lisboa, 860, Conj.131 e 132, Jardim Paulista | 01423-001 São Paulo | Brasil
www.almedina.com.br

À memória de Nilsa e de Elvira, com gratidão e as saudades que deixaram

SUMÁRIO

SIGLAS 17

CAPÍTULO INTRODUTÓRIO 19
Processo imperceptível 20
Preceitos milenares 22
A jurisdição delegada do Estado 25
A Lei subordinada ao Direito 26
Episódios ilustrativos 26
A prevalência do Direito sobre a Lei na Constituição brasileira 28
A universalização do Direito 29
O cupinzeiro humano 29
A aventura espacial: alternativa a ser enfrentada 30
Tendências vislumbradas 32
Temas objeto do livro 33

PARTE I - A NOVA ORDEM INTERNACIONAL EM GESTAÇÃO . . . 37

Capítulo 1 - A GLOBALIZAÇÃO DA ECONOMIA E DO DIREITO . . . 39
Introdução 39
Globalização e Soberania 40
Nova característica dos Estados 41
Os Estados e a integração social e das economias 43
Foco mundial para o estético 44

Repercussões no esporte 45
A partilha da autoridade estatal 46
A autoridade delegada do Estado 47
A Humanidade como destinatária da proteção jurídica 48
O indivíduo na ordem internacional 49
O indivíduo como titular do direito de ação 50
O Estado como coadjuvante na elaboração da norma internacional . . . 52
A emergência da sociedade civil 53
A elaboração da norma jurídica 54
Efeitos na sociedade civil brasileira 55
Direito não estatal. 57
Repercussões do neoliberalismo econômico 58
A influência da Ética na empresa privada 59
Retorno à lex mercatoria 60
A padronização dos contratos e de produtos 61
A descentralização da produção da norma estatal 62
Repercussões no Brasil 63
A falida reserva de mercado da informática no Brasil 64
A política do Bem-Estar-Social e seu término 65
Os efeitos da descentralização do Poder no Estado 66
A influência das entidades privadas no processo legislativo internacional 67
Repercussões 69
Efeitos no Brasil 69
A integração dos povos indígenas 71
Conclusões deste capítulo 72

Capítulo 2 – EFEITOS E TENDÊNCIAS. 75
Introdução. 75
Repercussões na empresa privada. 76
O Programa de Conformidade na Constituição brasileira de 1988 (art. 37) 78
Tendências 78
A reação da juventude. 79
A alteração de costumes 80
O exercício do Poder difuso 81
Movimentos pendulares 83
Os ciclos pendulares no Brasil 84
Ciclos pendulares em outras paragens 84
A aspiral ascendente da história 86

A influência do neoliberalismo econômico 86
O ideário de redução da dependência externa 88
A alteração de rumos: os grupos informais de Estados 89
A participação da sociedade civil 90
Dicotomia: Estado x empresa privada 92
Prateleiras vazias em supermercados 92
Endividamento x reinvestimento 94
O Estado, a empresa privada e o interesse público 95
O movimento falido da instauração da Nova Ordem Internacional 96
Efeitos na solução de controvérsias privadas 98

PARTE II – A AÇÃO COORDENADA DOS ESTADOS 101

Capítulo 3 – As primeiras organizações internacionais 103
A estrutura da ordem internacional 103
Organizações internacionais do século XIX 104
O novo modelo da ordem mundial e o encolhimento da soberania do Estado 105
O funcionário internacional 106
O funcionário da empresa multinacional: um paralelo 107
Os primórdios 108
União Internacional de Telecomunicações 108
A União Postal Universal 109
Convenção de Paris para proteção da propriedade industrial 110
A Organização Internacional do Trabalho 111
Organização Internacional de Polícia Criminal – Interpol (OIPC) 114
Universalidade da Interpol 115
Estrutura administrativa 116

Capítulo 4 – as organizações internacionais globais 119
Breve histórico 119
A Sociedade das Nações 120
O Pacto Briand/Kellog 123
O caso do Japão 126
Fatores paralelos dos efeitos da crise de 1929 127
A constituição da ONU 127
Efeitos da II Guerra Mundial 128

As Conferências de Bretton Woods 130
A formação do COMECON pela União Soviética e seus aliados. 132
O Fundo Monetário Internacional – FMI 132
Atuação 134
Efeitos 135
O FMI e as agências de risco 136
Banco Internacional de Reconstrução e Desenvolvimento –
Banco Mundial 136
Objetivos. 137
A Sociedade Financeira Internacional (SFI) 138
Associação Internacional para o Desenvolvimento (AID) 139
Centro Internacional para a Resolução de Disputas sobre
Investimentos (CIRDI) 139
Agência Multilateral de Garantias de Investimentos 140
Normas do BIRD sobre licitação e a lei nacional 141
A velha polêmica da vigência do tratado em conflito com lei nacional . . 142
A modificação da lei por norma de Direito Internacional 144
Resoluções de Organizações Internacionais e a lei nacional 145
O art. 37 da Constituição brasileira de 1988. 146
Diretrizes sobre licitações do BIRD e a lei brasileira 149
Jurisprudência brasileira sobre o tema 151
Organização Mundial do Comércio – OMC. 154
A evolução do GATT para a OMC 154
As negociações periódicas 156
A tentativa de instauração de uma Nova Ordem Internacional 157
As Rodadas de Negociações do GATT 157
A CNUCD/UNCTAD – contraponto do GATT 159
O término da Rodada Uruguai: a constituição da OMC. 160
O Sistema de Solução de Controvérsias 163
Grupo de Ação Financeira Internacional-GAFI 164
A estratégia para eficácia das recomendações. 165
As listas negra e cinza 166
Efeitos no Brasil 167
Organização Mundial da Saúde 168
Saneamento – uma questão mundial antiga. 168
A peste negra 169
As encantadoras vielas europeias 170
Reflexos no Brasil: febre amarela e varíola. 170
Epidemias e endemias persistentes no século XXI. 171
Primeiras providências internacionais 172

Os atos constitutivos da OMS 173
Amplitude de atuação 174
Percalços e resistências 175
O novo coronavirus de 2019/2020 176
Reações 177
Efeitos paralelos 179
Interesse da Humanidade 180
Organização Mundial das Aduanas 181
Introdução 181
Interesse na padronização de regulamentos 182
Objetivos e estrutura 182
Atividades 183
Participação do Brasil 184
Organização Internacional da Aviação Civil (OIAC) 185
Vocação universal 185
Estrutura administrativa 186
A OIAC e a IATA/AITA 187

Capítulo 5 – REFLEXOS NO MERCOSUL 189
Introdução 189
Acordo sobre concorrência 191
O Tratado de Assunção e a defesa da concorrência no Brasil 192
A livre concorrência e os efeitos da inflação 194
As modificações no panorama internacional e o neoliberalismo 197
A desestatização das economias nacionais 198
A adequação do Brasil à nova tendência internacional 199
A defesa da concorrência e do consumidor 200
A abertura dos mercados e o Mercosul 201
A lei uniforme sobre concorrência no Mercosul e suas dificuldades . . . 202

Capítulo 6 – INSTRUMENTOS GLOBAIS 205
O sistema instituído pela Declaração Universal dos Direitos Humanos . . 205
O Tribunal Penal Internacional 208
Oposição ao Tribunal Penal Internacional 213
Convenção das Nações Unidas do Direito do Mar 215

PARTE III – A AÇÃO UNILATERAL DOS ESTADOS 223

Capítulo 7 – A EXTRATERRITORIALIDADE DE LEIS NACIONAIS . . 225
A ação unilateral dos Estados e o interesse internacional. 225
Breve histórico das leis antimonopólio norte-americanas 227
Objetivos da política de defesa da concorrência 228
Reflexos da expansão dos investimentos no exterior 229
Princípios que governam a jurisdição territorial dos Estados 232
A competência territorial dos Estados 232
Respeito à jurisdição alheia 233
Coordenação de competências 234
A competência extraterritorial dos Estados – princípios que a governam. 235
Nacionalidade. 236
Segurança nacional 238
Universalidade do delito 239
Personalidade passiva 240
Territorialidade subjetiva e objetiva 241
Impacto ou do efeito territorial 244
Aplicação na política antimonopólio 246
Desenvolvimento. 246
Caso American Banana x United Fruit 246
Modificação da jurisprudência norte-americana: caso ALCOA 248
Reações 249
Reiteração de decisões 250
Resistências e falta de eficácia 251
Aceitação internacional necessária 253
Desdobramentos – Efeitos da globalização da economia 254
Livre concorrência x monopólio. 255
Acordos entre empresas 256
A lei antimonopólio brasileira 256
Efeitos extraterritoriais da concorrência. 257
Efeito extraterritorial da lei brasileira 259
A política antimonopólio da União Europeia 261
A dualidade de competências 263
A aplicação inadequada do efeito extraterritorial 264
Fundamento errado 265
Fatos ocorridos no exterior sem repercussão local. 267
Normas de agências reguladoras do mercado de capitais. 271

A inter-relação das economias 271
A aplicação extraterritorial de leis monetárias 273
Extraterritorialidade das leis anticorrupção e outros atos ilícitos 275
Repercussões nos atos de aquisição e fusão de empresas 278
A concentração de empresas e efeitos extraterritoriais 282
Os efeitos extraterritoriais das normas da CVM 284
Convenção das Nações Unidas contra a Corrupção 286
A corrupção, lavagem de dinheiro e terrorismo: um problema mundial 287
A regra do julgamento posterior do negócio 289
O bom negócio da aquisição e a administração posterior desastrada . . . 290
A lavagem de dinheiro e outros ilícitos 291
A conivência de negociadores 292
A ação do crime organizado no mundo globalizado 293
A Lei anticorrupção dos Estados Unidos 294
A lei anticorrupção brasileira 296

PARTE IV – AÇÃO DA SOCIEDADE CIVIL 299

Capítulo 8 – O NOVO FEUDALISMO 301
Leis e consenso da sociedade civil 303
Os meios de comunicação 304
O poder de divulgação das redes sociais 305
O Estado e crises na sociedade civil 306
As organizações não governamentais 307
As ONGs e os Complexos Multinacionais: diferenças 307
Interesse humanitário 309
ONGs x Estado 310
As empresas privadas 311
As empresas privadas: feudos contemporâneos 312
O Estado e o retorno do sistema feudal 313
Efeitos públicos de decisões empresariais 314
As empresas privadas chinesas 315
A diplomacia das empresas 318
A empresa "boa cidadã" 319
A empesa privada como instituição permanente 320
As empresas de tecnologia da informação 321
Confidencialidade e interesse público 323

Reflexos no Brasil 325
Poder e autocontenção 326
Armazenamento de informações e depósitos bancários: similitude pretendida 327
Desenvolvimento da Inteligência Artificial 328
O ingresso da China na tecnologia da informação 329
Shenzehen – Silicon Valley chinês? 332
Controle humano da Inteligência Artificial 333
O risco do controle humano da inteligência artificial 334
As empresas do mercado estético e do entretenimento. 336
A exploração da fantasia e da arte como negócio e efeitos políticos . . . 337
A expansão do entretenimento e da arte. 338
O entretenimento como atividade empresarial. 340
Efeito da invasão das massas 341
O público: mecenas da atualidade. 342
O entretenimento como arte empresarial 342
Comércio de artigos de luxo e marcas notórias 343
Diplomacia artística e benemérita 344
As empresas privadas militares 345
Objetivo de lucro empresarial 347
Efeitos paralelos do fim da Guerra Fria 348
Precedentes históricos 349
Contratos com potências mundiais 350
Atuação internacional. 351
Instrumentos internacionais 352
Efeito indireto: perda do monopólio do uso da força pelo Estado 354
As empresas militares e as milícias 355
Infiltração nos poderes do Estado. 356
Os sindicatos 357
A redução do poder dos sindicatos 359
Outros protagonistas 360
Imprensa e demais meios de comunicação 360
Estudantes. 361
As redes sociais. 362
Os institutos de pesquisa de opinião 364
Empresas de avaliação de risco 366

Capítulo 9 – INDÍCIOS DE UMA NOVA ERA 367

Referências 373

SIGLAS

AAA	American Arbitration Association
AITA	Associação Internacional de Transporte Aéreo
AJIL	American Journal of International Law
ANAC	Agência Nacional da Aviação Civil
CAESP	Conselho Arbitral do Estado de São Paulo
CAM	Câmara de Arbitragem do Mercado
CAM/CCBC	Centro de Arbitragem e Mediação da Câmara de Comércio Brasil/Canadá
CAMARB	Câmara de Arbitragem de Minas Gerais
CBMA	Centro Brasileiro de Mediação e Arbitragem
CC	Código Civil
CCI	Câmara de Comércio Internacional
CDC	Código de Defesa do Consumidor
CEPAL	Comissão Econômica para a América Latina
CIRDI	Centro Internacional de Resolução de Disputas sobre Investimentos
CNUDCI	Conferência das Nações Unidas para o Direito do Comércio Internacional
CPC	Código de Processo Civil
CMA CIESP/FIESP	Câmara de Conciliação, Mediação e Arbitragem – CIESP/FIESP
ESA	European Spice Association
FMI	Fundo Monetário Internacional
GAFI	Grupo de Ação Financeira Internacional

GATT	General Agreement on Trade and Tariffs
IATA	International Air Transport Association
ICSID	International Center for Settlement of Invesment Disputes
JDI	Journal de Droit International
LAEL	Livraria do Advogado Editora Ltda.
LGDJ	Librairie Générale de Droit et de Jurisprudence
LINDB	Lei de Introdução às Normas do Direito Brasileiro
OIAC	Organização Internacional da Aviação Civil
OEA	Organização dos Estados Americanos
OMA	Organização Mundial das Aduanas
OMC	Organização Mundial do Comércio
OMS	Organização Mundial da Saúde
ONU	Organização das Nações Unidas
OPA	Órgão Permanente de Apelação da OMC
OSC	Órgão de Solução de Controvérsias da OMC
RAM	Revista de Arbitragem e Mediação
RCADI	Récueil des Cours de l'Académie de Droit International
RT	Revista dos Tribunais
STF	Supremo Tribunal Federal
STJ	Superior Tribunal de Justiça
UNCITRAL	United Nations International Trade Law

CAPÍTULO INTRODUTÓRIO

Os séculos XX e XXI reproduzem cenário similar ao que presidiu o século XVI, em que se registraram modificações a influir no comportamento humano a perdurar até os dias atuais. A aventura das incursões nos oceanos misteriosos e desconhecidos levou à descoberta do Novo Mundo, acreditando-se ser a Índia, por caminho alternativo. Embora o escopo das viagens fosse explorar mercados de especiarias, por rota diversa, a constatação de ser novo território habitado por selvagens incapazes de se defender permitiu sua ocupação pelos povos europeus. Bem mais tarde vieram outros, atraídos pela riqueza nele abrigada; sem contar os trazidos à força pela escravidão então admitida. As inovações nas artes e na ciência, verificadas naquele período produziram reflexos nas relações humanas e religiosas e anunciaram tendência inovadora que persistiu.

Aquele momento histórico encontra paralelo nos acontecimentos do mundo contemporâneo. A Humanidade deu-se conta de ter alcançado cerca de 8 bilhões de pessoas, a requerer providências e tomar decisões para alocar as gerações futuras. O esforço para a proteção ao meio ambiente não é suficiente para dar suporte ao acréscimo populacional previsto para 10 bilhões até o final do século XXI. A alternativa vislumbrada desde meados do século XX foi a aventura espacial para descobrir planeta que permita a vida humana.

Esse o cenário em que a Humanidade se defronta, influenciado pelas duas guerras mundiais devastadoras de vidas e de países. Foram fatores a fortalecer a tendência de inovar as relações internacionais, com a modificação da estrutura inaugurada no longínquo ano de 1.648, com a Paz de Vestfália, eleita como marco da reformulação da Ordem Mundial. Os reinados, principados, ducados, condados e outros feudos governados por pessoas agraciadas com terras e títulos de nobreza sancionados pelo Papa foram substituídos pelos Estados, a congregá-los em uma entidade maior. Percebeu-se, naquele momento, inconscientemente, ser necessária a substituição da estrutura feudal então vigente e submeter interesses locais ao conjunto maior representado pelo Estado soberano. Era estratégia para aglutinar povos e facções religiosas, etnias e outras vertentes em prol da paz nas relações internacionais. Foi momento de superação de etapa de particularismos para o conjunto das populações abrigadas no mesmo território. Haveria que se abandonar regionalismos e nacionalismos predominantes nos séculos anteriores, causadores de guerras.

A nova estrutura perdurou até o século XX, sem ter conseguido pacificar as relações entre os povos. As duas guerras mundiais foram o epílogo daquela etapa.. Busca-se agora iniciar outra, com o mesmo ideário de integração dos povos, desta vez ampliada para a Humanidade. A globalização da economia e a mundialização do Direito registradas a partir da segunda metade do século XX pode ser o efeito, também inconsciente, do início desse novo ciclo. A ação da sociedade civil – assim considerado o conjunto dos povos de todo o planeta – foi preponderante na persuasão para a mudança. O Estado sofreu os efeitos dos novos padrões, com a perda de sua antiga configuração de entidade dotada de soberania, como concebida nos acordos que conduziram à Paz de Vestfália.

Processo imperceptível

O processo para essa mudança teve início em fatos cujos efeitos não foram percebidos no momento, nem desejados, sequer vislumbrados com clareza. O olhar longínquo da história permite destacar acontecimentos que deslancharam outros, como causas e ao mesmo tempo efeitos que a dinâmica social propiciou. Os indícios do processo da nova configuração da Ordem Mundial podem ser vistos nas reuniões em Dumbarton Oaks (EUA), em 21 de agosto de 1944, das quais emergiu a ONU. Eram as principais potências partícipes da II Guerra Mundial, ainda em curso, a unir esforços diplomáticos para criar estrutura apta para reger as relações internacionais. Delas resultaram, em reunião realizada em Bretton Woods, a criação do Fundo

Monetário Internacional – FMI e do Banco Internacional de Reconstrução e Desenvolvimento – BIRDS, ou Banco Mundial, com a frustrada fundação da Organização Internacional do Comércio. Formava-se um tripé – finanças, investimentos e comércio – a dar suporte aos países afetados pela guerra e base para assegurar paz duradoura.

Os efeitos psicológicos das duas guerras mundiais em pouco mais de vinte anos influíram no desejo de estreitar relações e criar mecanismos para evitar antagonismos, com regras para disciplinar as relações entre os Estados. Não bastava criar a ONU, com princípios e valores a nortear as relações entre os Estados. Era necessário estabelecer estratégias para unir povos e reduzir tensões. Prevaleceu a ideia de reorganização da estrutura mundial ainda em tempo de guerra, evitando o exemplo da fracassada Liga das Nações, criada depois da I Guerra Mundial. Os países então inimigos, Alemanha, Itália e Japão, dela não fizeram parte. Posteriormente foram admitidos em tempos de pacificação e congraçamento.

Com o insucesso na criação da Organização Internacional do Comércio, buscou-se alternativas para continuar entendimentos, instituindo-se rodadas de negociações no âmbito do que foi denominado Acordo Geral de Tarifas e Comércio (General Agreement on Tariffs and Trade – GATT). A estratégia deu certo. Seguiram-se rodadas de entendimentos em que se aplainaram diferenças e propiciaram conhecimento de pretensões e de carências. Tornaram explicitas realidades e disparidades econômicas e sociais dos Estados. O foco que as norteou foi o de estabelecer regras novas para regular o comércio internacional, com a abolição paralela de práticas ultrapassadas que o atravancavam. As negociações periódicas permitiram enxergar disparidades e motivar flexibilidade de posições, em prol do aperfeiçoamento das relações comerciais entre os Estados. Afinal, o comércio sempre foi mecanismo de aproximação de povos em todas as épocas. O resultado do acordos parciais alcançados na longa trajetória iniciada em 1945 e terminada na rodada Uruguai, de 1994, foi a criação da Organização Mundial do Comércio. Congrega a maioria dos países sob diretrizes decididas por consenso e dissensões aplacadas pelo Órgão de Solução de Controvérsias que a integra.

O foco na economia e no comércio internacional não excluía o interesse em adotar estratégia com ações regulatórias nas esferas públicas e privadas para facilitar o intercâmbio comercial. Ambos os processos, o da então incipiente globalização da economia e a formação gradativa de normas jurídicas de aceitação geral, propiciaram clima e estabeleceram as bases para a formulação de um Direito Mundial. Foram fenômenos interligados, um a influir no outro; um a depender do outro.

Em ambos os casos não se pode identificar, com precisão, momento divisor de tendências para dar início a novo ciclo, não obstante se possa destacar as duas guerras mundiais como fato desencadeador da reação efetiva para alterar a configuração da Ordem Internacional.

Preceitos milenares

Esse quadro é permeado por conceitos e princípios tradicionais a informar as relações entre os povos. Passados milênios, ainda se invocam preceitos do Direito Romano, a nortear interpretações de leis e de costumes. Princípios enunciados por Ulpiano, em torno do ano 200 – DC, perduram, como o "viver honestamente, não lesar a ninguém e dar a cada um o que é seu"[1], informados pelo comportamento e boa-fé das pessoas. São princípios, dentre muitos outros, a governar a civilização ocidental, reproduzidos em outras, como a chinesa, hinduísta, japonesa, igualmente antigas, com raízes diversas das tradições greco-romana, judaico-cristã. Revela-o os aforismos de Lau Tseu sobre Tao Tö King, que precederam a Confúcio (551-479 AC), relatados no Livro do Caminho e da Virtude[2] e dos princípios do budismo pregado por Sidarta Gautama, na Índia, a conduzir ao Nirvana: não matar, não roubar, não cometer adultério; não mentir e não falar mal dos outros; não incorrer em falsidade ou profanar a linguagem; abster-se de ambição e do ódio e evitar a ignorância[3].

São preceitos similares ao das Doze Tábuas, do Velho Testamento judaico, incorporado pelo cristianismo e pelo islamismo. Confúcio expressou algo parecido, dentre outras passagens: "Na vida privada, mostre respeito próprio,

[1] Juris Praecepta Sunt haec: Honeste Vivere, Alterum Non Laedere, Suum Cuique Tribuere

[2] LAO-TSEU – TAO TÖ KING – *Le Livre de la Voie et de la Vertu* – Jean de Bonnot, Paris, MCMXC

[3] BOUDDHA – Vie et Regilion, Jean de Bonnot, Paris, MCMXCVIII, p. 353. O texto é mais amplo: "1. não matar ser vivo (o que inclui os animais); 2. Não se apropriar do que não he pertence; 3 – não tocar na mulher alheia; 4.Não dizer o que não é verdade. 5 – não beber licor embriagante"

na administração dos negócios, seja atencioso e cuidadoso, nas suas tratativas com outros, seja honesto e consciencioso. Nunca abandone esses princípios, mesmo entre selvagens"[4]

São preceitos universalmente aceitos em diversas civilizações. Não decorrem de leis estatais. Expressam princípios e valores fundamentais preservados por grupos sociais, em diversas partes do planeta, e mantidos ao longo do tempo, a despeito das modificações de costumes, de tecnologias, de lugares, enfim de uma multiplicidade de fatores a influir na vida social.

Lei e Direito

Essas considerações levam a examinar, com mais cuidado, sobre o que seja o Direito, a inspirar normas de conduta, informadas por valores e princípios desejados e observados como obrigatórios pela sociedade. Quem os viola age contra o sentimento social, aspirações e expectativas comuns. Por isso, punidos, com o opróbio social, diverso das Leis editadas pelo Estado. Quem não cumpre a palavra empenhada, pode não cometer crime tipificado na Lei, mas sofre a sanção social do descrédito, da falta de credibilidade.

O Direito advém da sociedade e reflete seus anseios, princípios e valores por ela eleitos. Difere da Lei, ato do Estado por ela organizado, ou por quem assumiu o poder de legislar, por meio da força. Sua eficácia é fundada no poder coercitivo de que dispõe o Estado. A Lei pode conter norma de Direito, mas com ele não se confunde, a despeito de entendimento diverso de positivistas que os equiparam, ao considerarem ser o Estado a fonte do Direito. Não é verdade. Se assim fosse, as leis do regime nazista alemão seriam normas de Direito. Nunca foram. Eram apenas leis; não normas jurídicas. Mereceram, como o *apartheid* sul-africano, condenação e a repulsa da comunidade internacional. No Brasil, o Ato Institucional nº 5, de eficácia superior à Constituição, foi rejeitado pela nação e abolido.

O Direito, por emanar da sociedade, se manifesta por diversos meios, como costumes e princípios gerais acatados pela comunidade, como os enunciados por Ulpiano acima referido há muitos séculos e ainda observados. O costume, diz a definição corrente, é a conduta cuja observância reiterada induz

[4] *The Analects of Confucio,* The Easton Press, 1976, p. 32

à percepção de ser obrigatória. Obriga a todos pela convicção geral de ser compulsório, atendendo a expectativas e valores observados pela sociedade.

O mesmo se dá com os princípios gerais de Direito a nortear o comportamento das pessoas, como os expressos no Código Civil brasileiro, a perdurar por mais de um século e mantidos, em grande parte, na sua versão atualizada de 2002. Normas editadas em 1916, não modificadas pela dinâmica social e acolhidas ou mesmo impostas pelo comportamento social e por apreciações reiteradas da jurisprudência dos tribunais, continuam em vigor, a despeito das profundas modificações de costumes e da tecnologia verificadas ao longo do século XX. Contrasta com a edição de seis Constituições no Brasil, no curto período da República entre 1891 e 1988 (1891, 1934, 1937, 1946, 1967 e 1988), a indicar embates políticos por poder e insegurança na organização do Estado.

A despeito disso, preservou-se o princípio fundamental expresso na Constituição do Império, de 1824, de que todo poder (todo o Direito) emana do povo. A única Constituição brasileira que não registrou o princípio foi a editada em 1891, em sua tentativa de organizar a incipiente república, como autocracia declarada por meio de golpe militar, sem participação popular. As demais reiteraram o conceito que inspirou o regime imperial.

A primeira Constituição brasileira, de 1824, não foi obra do povo, da nação, ainda não formada, e sim do Estado, promulgada pelo príncipe-Imperador. Não foi fruto de revolução popular contra o sistema colonial. Foi ato político da cúpula governante local, sem a participação da nação, dando continuidade ao gesto de rebeldia do príncipe regente contra determinações da metrópole, com sua declaração de independência. Não obstante, teve ele a percepção, ao promulgar a Constituição, após ter dissolvido a Assembleia, de que todo poder provém da nação, como consignou no texto. Reconheceu os novos tempos inaugurados pela Revolução Francesa e pela Constituição dos Estados Unidos, de algumas décadas atrás.

Na contramão dessa tendência, os redatores da primeira Constituição da República, de 1891, ignoraram a ressalva, revelando o viés autoritário que os animava, após o golpe militar que depôs o Imperador brasileiro D. Pedro II. Prevalecia no Brasil, no final do século XIX, a concepção da preponderância do Estado sobre a nação, concepção herdada dos tempos coloniais de submissão local à coroa portuguesa. O verde e amarelo da bandeira retratam esse sentimento e influência da antiga metrópole no inconsciente dos que a adotaram. Ou de falta de disposição de romper tradição do uso das cores a que a população estava acostumada ao usá-las em fitas em manifestações públicas, desde os tempos da declaração da Independência: o verde da casa de Bragança portuguesa e o amarelo dos Habsburgos, de que provinha a Imperatriz Maria Leopoldina.

Não houve ruptura revolucionária contra o sistema colonial, como acontecera nos Estados Unidos, cuja Constituição, de 17 de setembro de 1787, deixara claro ter sido promulgada pelo povo:

> "**Nós, o povo dos Estados Unidos**, a fim de formar uma União mais perfeita, estabelecer a justiça, assegurar a tranquilidade interna, prover a defesa comum, promover o bem-estar geral, e garantir para nós e para os nossos descendentes os benefícios da Liberdade, **promulgamos e estabelecemos esta Constituição para os Estados Unidos da América.**"

A jurisdição delegada do Estado

A ideia da jurisdição repousa no princípio de que o Direito advém do povo. O seu exercício é delegado ao Estado, compelido acatar e observar as aspirações e valores expressos da sociedade civil (*o povo*) e detectados por meio de manifestações dos seus integrantes, como a imprensa, associações, universidades, sindicatos, grupos de pressão, empresas, dentre outros.

No exercício dessa função, o Estado produz a Lei, ato de governantes, de ocupantes temporários de cargos dotadas de poder de coerção policial e militar para impor regras para a comunidade. A força física dá-lhes suporte. A autoridade não é da pessoa do governante, mas do cargo por ela ocupado. Nos países democráticos, integram os poderes Legislativo, Executivo e Judiciário. O descumprimento da Lei gera sanções nela previstas, de natureza diversa das sanções sociais, fluidas, mas igualmente efetivas. Os atos de governantes estatais, dentre eles os legisladores, podem traduzir normas de Direito, se e quando as expressam. Nos países totalitários a Lei obriga e decorre da vontade do ditador, ou do grupo que o apoia. Da mesma forma, pode conter norma de Direito, quando coincide com os valores e princípios aceitos como de observância obrigatória pela comunidade por ele governada.

A Lei subordinada ao Direito

O art. 38 do Estatuto da Corte Internacional de Justiça reflete bem a distinção entre Lei e Direito, ao esclarecer que suas decisões se fundamentam nos tratados, costumes e princípios gerais de direito. Os tratados se equiparam às leis, pois redigidos e elaborados por autoridades estatais, enquanto os costumes e princípios gerais de Direito provém da sociedade internacional. Embora não haja hierarquia formal entre essas fontes, prevalecem os costumes e princípios sobre os tratados, pois, se forem contrariados haverá nulidade do tratado, como previsto no art. 53 do Direito dos Tratados:

> ***"É nulo um tratado, que, na época de sua conclusão, esteja em conflito com uma norma imperativa de direito internacional geral.*** *Para os fins da presente Convenção, uma norma imperativa de direito internacional geral é uma norma aceita e reconhecida pela comunidade internacional dos Estados em sua totalidade, como uma norma da qual não se admite derrogação e que só pode ser modificada por uma nova norma de direito internacional."*

Se um tratado é nulo por contrariar norma imperativa de direito internacional, *jus cogens*, é porque tal norma prevalece sobre os acordos escritos entre Estados. Como não se esclarece o que sejam normas imperativas de direito internacional, conclui-se serem princípios gerais de direito e costumes internacionais arraigados na sociedade internacional e de observação geral. É o Direito a se sobrepor à Lei.

Episódios ilustrativos

Episódios ocorridos após a Revolução Francesa, sob Robespierre, podem ilustrar a ascendência do costume sobre atos autoritários de governantes do momento. A ansiedade por eliminar resquícios do Antigo Regime, abolido pela Revolução, levou ao extremo de se tentar eliminar o tratamento de "Senhor" e de "Vós", considerado servil, impondo-se o termo "Cidadão", para todos, em sinal de igualdade, bem como de "tu" e "ti", em vez de "vós". O tradicional "*Monsieur*" e "*Madame*" arraigado no tratamento social, passou a ser considerado afronta aos novos tempos de igualdade entre todos. A população, acostumada ao tratamento de "senhor" e "vós", respeitoso, em vez de "cidadão" e o informal "tu" e "ti" viu-se às voltas com incidentes provocados por autoridades e por radicais, em razão da violação do novo tratamento revolucionário.

Todos deveriam ser tratados por "cidadão", como, a propósito, ainda se registra em alguns documentos oficiais no Brasil de 2023. Fredéric Rouvilois, no seu *A História da Poidez,* relata um desses incidentes ilustrativos: "No dia de Natal de 1793, no Procope, na rua Anciènne-Comédie, um garçom, mal informado do recente triunfo da Fraternidade, tem a deplorável ideia de tratar por vós dois cidadãos que ele estava prestes a servir; estes se enfureceram, o afrontam, temendo que os tomassem como suspeitos de cumplicidade....., enquanto o garçom, um senhor idoso se desculpava, repreendia-se pelo uso do *vós* e repetia *tu* e *ti*. Eles agitaram todo o café, dizendo que o patriotismo os empenhava em guiar todos os cidadãos segundo os bons princípios." O incidente terminou após terem sido instados a sair do café pelos demais comensais.[5] A alteração do tratamento não foi sancionada, tendo prevalecido o costume antigo e respeitado.

É claro que esse incidente pode ser levado à conta do entusiasmo passageiro pelos efeitos recentes da Revolução e pelas reformas desejadas. Mas, demonstra que costumes e princípios incrustrados na população não podem ser suprimidos por desejos ou entendimentos de autoridades de ocasião. Mesmo o calendário da Revolução, que aboliu o gregoriano, impondo nova nomenclatura aos meses e dias não mais por semana, mas por décadas (*primidi, duodi, tridid, quartidi, quintidi, sextidi, septidi, octidi, nonidi e decadi*), não resistiu ao costume antigo da população e terminou sem deixar traço, tão artificial era.

Outro episódio mais recente reproduz comportamento social incorporado na população. Mesmo após setenta anos do regime imposto pela revolução soviética, de 1917, no final do século XX, veem-se casais, finda a cerimônia

[5] FREDÉRIC ROUVILOIS, *A História da Polidez,* Grua, tradução de Carlos Felipe Moisés, Marcia Nogueira de Albuquerque e Raquel Virona, São Paulo, 2006, p. 31/32

religiosa do matrimônio, irem depositar ramalhete de flores ao pé da estátua do Czar Pedro, o Grande, em praça de São Petersburgo, em gesto de respeito e de veneração. Surpreende ver a cena, decorridos tantos anos do regime soviético, que abjurou o anterior deposto simbolizado nos czares e mudou o nome da cidade para Leningrado. Com sua queda, a cidade voltou à sua tradicional denominação de São Petersburgo, a revelar a permanência no ideário popular da figura histórica venerada. A força do sistema falido não fora suficiente para apagar o sentimento da nação pelos seus heróis.

Esses episódios demonstram que o costume e os princípios de Direito observados pela sociedade prevalecem sobre a Lei, ato de autoridades governamentais, que, para configurar norma de Direito, deve observá-los. Se não o fizer, pode ter efetividade pelo uso da força, mas a isto se resume.

A prevalência do Direito sobre a Lei na Constituição brasileira

A Constituição Federal de 1988, aprovada após vinte anos de regime militar autoritário, repete o conceito explícito na imperial de 1824, de que todo o poder emana do povo, que o exerce por meio de representantes eleitos ou diretamente.[6] As pessoas eleitas para integrar a estrutura decisória do Estado, senadores, deputados, presidente da república, por serem meros representantes, não têm poderes originários, mas delegados pela nação, de simples representação. A Lei, ato do Estado, elaborada com a colaboração entre os poderes legislativo e executivo e interpretado pelo judiciário, é fruto dessa delegação de atribuições e de competências.

A Constituição de 1988 previu a edição de lei por iniciativa popular, sem, portanto, tramitar pelo Congresso, salvo para oficializar o texto e enviá-lo para sanção do Poder Executivo. Ademais, estabeleceu mecanismo para conferir eficácia a preceitos nela previstos e dependentes de norma legal. Para suprir a omissão legislativa, previu o mandado de injunção (inciso LXXI, do art. 5º), destinado a regular o rito processual para sua impetração no Supremo Tribunal Federal. Corrige-se anomalia anterior em que o direito era assegurado

6 § 1ª do art. 1º da Constituição Federal.

pela Constituição, mas dependia de lei para o implementar, o que nem sempre se verificava.

A universalização do Direito

Essas considerações condizem com o processo de universalização do Direito, ou o Direito Mundial, a se contrapor à norma estatal, que tende a ser superada pelo mais amplo, que visa a atender a aspirações e valores da Humanidade e não mais do indivíduo, ou do Estado. Mancini já o dizia, em outro contexto, em preleção na Universidade de Turim em 22 de janeiro de 1851: "*O Direito jamais pode ser um produto da nua vontade humana. Ele é sempre uma necessidade da natureza moral, a força aplicada de um princípio da ordem moral que procede de uma região superior daquela que os homens vivem e querem*". Conclui que, sendo o Direito Internacional espécie do Direito Humano Universal "*é imposta ... ao espírito a necessidade lógica de reconhecer a necessidade mais ampla e profunda sobre a qual o edifício inteiro possa ser erguido o próprio princípio gerador do Direito Universal.*"[7]

Essa universalidade coincide, no plano religioso, com princípios inspirados na crença do deus único de toda a Humanidade, a congregar todos os povos.

O cupinzeiro humano

O Direito Mundial, por isso, decorre da dinâmica das relações sociais, econômicas e internacionais, do comportamento dos Estados, da atuação da sociedade civil, enfim de uma multiplicidade de fatores que conduz a esse efeito. O homem percebeu que a Terra tem recursos finitos e deve preservá-los, sob pena de as gerações futuras não terem futuro, nem vida. É possível que a busca em outros planetas seja estratégia inevitável para a controlar a expansão do cupinzeiro armado pelos seres humanos na Terra. A atuação humana é similar à dos cupins no campo, onde erguem grandes construções com estrutura

[7] PASQUALE STANISLAO MANCINI, *Direito Internacional*, Editora Unijui, Ijui (RS), 2003, p. 51/52-

forte e inviolável, resistente ao fogo e impermeável à água e às tempestades violentas. Infestam áreas enormes percorridas em caminhos subterrâneos a impedir ou dificultar o cultivo de alimentos ou o pastoreio de animais.

As grandes cidades, apreciadas do avião, dão a mesma impressão. Mais do que impressão, certeza. São cupinzeiros enormes, feitos por seres humanos, seres muito maiores do que as pequenas formigas e, por isso mesmo, com maior capacidade de destruição. O asfalto impede a drenagem de água, o cimento não se dissolve, o ferro dentro dele não enferruja. O material extraído da Terra foi e está sendo transformado por processos químicos e físicos. O ser humano deixa de caminhar. Usa automóveis e meios de transporte sobre rodas. Voa e submerge nas profundezas dos rios e mares, convivendo com peixes e com o lixo neles despejados. No espaço exterior, inunda-o com satélites artificiais. O lixo atômico não tem onde ser eliminado e assusta a Humanidade, perplexa com os efeitos de atos e fatos por ela própria criados.

Da Terra minérios são extraídos deixando imensas crateras e rejeitos perigosos, impregnados de restos de combinações químicas, com risco a populações e ao meio ambiente. A origem do minério, transformado em objetos da mais variada natureza, não é percebida pelas populações, salvo pelos efeitos externos de desastres ambientais, como vez ou outra ocorre. Desabamentos em minas de carvão e de cobre como no Chile, em 2010, e de barragens de rejeitos no Brasil (Mariana, em 05.11.2015, e Brumadinho, em 25.01.2019) e, antes, na Inglaterra, em Abeerfan, no país de Gales, em 21.10.1966, com centenas de mortos e desaparecidos, são lamentados, sem a consciência de que os produtos oriundos dessa transformação são usados como bens essenciais. É o ônus suportado por pessoas vitimadas, em benefício da sociedade.

A aventura espacial: alternativa a ser enfrentada

Agora só resta contaminar outros planetas, já que este está meio sem alternativas previsíveis, com ameaças ao meio ambiente, incêndios descontrolados e inundações provocadas por chuvas torrenciais a assustar populações inteiras. Mesmo movimentos ambientalistas dos mais severos não conseguem mitigar os efeitos do crescimento populacional cada vez maior. Segundo estudo da ONU, a população da Terra, em 2018, era de 7,6 bilhões de pessoas e deve chegar a 8,6 bilhões em 2030, portanto, em doze anos, o que revela a procedência da preocupação com o futuro do planeta.

A aventura extraterrestre é estratégia em curso para enfrentar a realidade do crescimento da Humanidade no planeta. Não há novo mundo, no sentido empregado no século XVI, a ser descoberto. Há apenas outros planetas.

Não se trata de visão pessimista, mas realista. Há quinhentos anos, o mundo era habitado em espaços restritos da Europa, Ásia e África, com população escassa de alguns milhões de habitantes. Atualmente só o continente americano, após pouco mais de quinhentos anos de sua descoberta pelos europeus, conta com cerca de um bilhão ou mais de pessoas, contribuindo para os mais de sete bilhões que vivem no planeta, sem muito espaço para abrigar as gerações que virão. Os silvícolas que habitam a Amazônia, por mais que contem com a simpatia de outros povos pelo modo de vida que procuram preservar, poderão ser compelidos a compartilhar o espaço que ocupam, não só pelo aumento de sua própria população, como pela exploração de recursos naturais da região, no processo implacável de ocupação que sempre caracterizou a atividade humana.

Manifestações públicas de silvícolas brasileiros revelam a aspiração de mudanças para superar o estágio de vida ancestral que preservam, ao fiarem-se na caça, na pesca e na agricultura incipiente, para sua subsistência. Perceberam a ameaça do desmatamento e da poluição de rios, vindos de outras paragens a invadir seus espaços e a afetar as fontes de sua alimentação e de seu modo de vida. Querem se integrar, cursar universidades, aprenderem a usar a tecnologia da sociedade predominante e desenvolver-se. Embora vivam nos longínquos rincões do país, têm contato com a população, alguns por meio da Internet por satélite, concluindo ser necessário abandonar ou adaptar hábitos e costumes ancestrais e ingressar no mundo real da sociedade brasileira e das demais populações do planeta. Talvez seja a forma eficaz de sobreviver e manter, tanto quanto possível, tradições religiosas e costumes, como os negros descendentes de africanos o fazem, com a religião adaptada pelo sincretismo cristão e integrados aos hábitos da maioria da população. Há sempre um processo de interação recíproca a considerar.

Tendências vislumbradas

Esse quadro inspira os temas examinados neste livro. Decorrem da análise do mundo contemporâneo e procura identificar tendências que podem conduzir à formação de um Direito global a abarcar normas de interesse da comunidade internacional como um todo e não apenas de parcelas, representadas por Estados ou por facções religiosas. A consciência da nova realidade, exposta e exacerbada a partir da segunda metade do século XX, despertou a sociedade civil e autoridades governamentais, para a necessidade de tomar providências concretas para a mudanças de rumo.

A constituição de organizações não governamentais dos mais variados objetivos, as fundações privadas, sem fins lucrativos, voltadas para a defesa do meio ambiente, da saúde, ou de direitos humanos e a atuação das empresas privadas visam a atenuar os efeitos sociais e a repercussão da ação nefasta da produção de bens industrializados, ou da destruição provocada por guerras. Têm em mira também amainar as consequências deletérias de técnicas de exploração e de transformação de recursos naturais. Se necessárias no passado, transformaram-se em pesadelos. O lixo de embalagens de plástico e de outros derivados de petróleo ou de minerais tóxicos, a poluir rios e oceanos e envenenar peixes e flora terrestre, fluvial e marítima, provocou, como que repentinamente, a percepção das populações da necessidade de reduzir riscos dos males causados pela exploração de recursos naturais, a contaminar e afetar fontes de alimento humano. As campanhas para o uso de embalagens produzidas com material reciclável ou biodegradável têm tido certa efetividade, diante da consciência das populações para mudar padrões de comportamento. O risco de esgotamento de recursos alimentares assusta a todos.

O fechamento de minas de carvão pelo governo da primeira-ministra Margareth Thatcher, na Inglaterra, em 1983, contribuiu para chamar a atenção dos efeitos da atividade para o futuro do planeta. A motivação do ato governamental, é certo, não fora a repercussão negativa da exploração do carvão mineral no clima, mas, o poder excessivo dos mineiros, a subjugar o governo. O apoio e suporte dos Estados Unidos ao Reino Unido, para enfrentar os percalços provocados pela greve, indicou convergência da política liberal de ambos os governos – Margareth Thatcher e Ronald Reagan. O efeito colateral da medida governamental sobre o clima, embora não percebido e não pretendido, foi, no entanto, benéfico.

Compõe esse quadro a atuação conjunta de diversos países para aprovar a Convenção de Estocolmo sobre Poluentes Orgânicos Persistentes, em 22.11.2001, firmada por 152 Estados, a refletir consenso sobre a necessidade de ações efetivas para contornar os efeitos nefastos de poluentes sobre o clima. Outras convenções internacionais contribuíram, dentre elas a celebrada em Quioto, no Japão em 1997, com a participação de 55 países que a ratificaram[8]. A reação negativa contra a pretensão do governo norte-americano, manifestada por volta de 2016, de se retirar do Acordo de Paris sobre o clima, para que todos os Estados contribuam para a redução em até 2% da emissão de carbono, é sintoma da consciência geral dessa necessidade. O retorno do país, em governo subsequente, é fruto dessa repercussão. Contrariedade idêntica se fez notar no Brasil, ante pronunciamentos do governo, no ano de 2019, de ignorar o efeito estufa e de se indispor contra movimentos ambientalistas, em defesa da Amazônia.

São ingredientes que convergem para o fortalecimento da tendência para criação de normas que interessam à Humanidade e, assim, ao estabelecimento de uma nova Ordem Mundial a governar os povos.

Temas objeto do livro

Este livro aborda essas questões em quatro partes. A primeira examina conceitos gerais antigos, mas tornados explícitos, ou postos em ação, a partir da segunda metade do século XX, em consequência da catarse provocada pelas duas guerras mundiais. Indicam rumos, tendências e perspectivas que podem servir como norte para uma nova ordem internacional, diversa da fundada apenas nos Estados.

A segunda parte explora temas que identificam ações coordenadas dos Estados, em prol de medidas de interesse geral, a indicar uniformidade de entendimento e de ações. É o Estado consciente de suas limitações a tomar medidas à procura de novos rumos. Delas resultam convenções internacionais

[8] O Brasil ratificou o Protocolo de Quioto pelo Decreto Legislativo 144, de 2002.

dos mais variados fins e propósitos que conduzem à constitucionalização da ordem internacional, com a geração de normas que a organizam como um todo. A constituição da Liga das Nações, em 1922, foi o começo. Indicou tendência embrionária. Malograda pela II Guerra Mundial, a fundação da ONU fortaleceu-a com a subsequente multiplicação de organizações internacionais dos mais variados fins e propósitos e germe da criação e expansão de organizações não governamentais, a atuar em paralelo, retirando a exclusividade do Estado em ações de interesse público. A necessidade de cooperação entre os povos para regular questões de interesse geral, como os transportes, a saúde, o comércio, o combate ao terrorismo e outros temas inspiraram convenções internacionais. A Declaração Universal dos Direitos Humanos e a constituição do Tribunal Penal Internacional e dos destinados a apurar crimes cometidos no território da ex-Iugoslávia e em Ruanda se encaixam nesse quadro de cooperação internacional e de superação do monopólio do Estado, como autoridade para elaborar o Direito Internacional.

A terceira parte cuida dos atos unilaterais de Estados informados pela consciência da necessidade de adoção medidas que atendem a aspirações comuns, a indicar convergência de entendimentos. São iniciativas individualizadas tendentes à contaminar outros países, persuadidos da exação da política adotada em prol do interesse comum, como o combate ao crime organizado, à corrupção, à prática da lavagem de dinheiro, ao terrorismo. Além dessas contam-se outras de efeito limitado, mas acolhidas como necessárias à regulação das economias nacionais, como as normas sobre concorrência, que estão no cerne do sistema capitalista que se tornou predominante no cenário internacional a partir das últimas décadas do século XX.

Finalmente, a quarta parte explora a atuação da sociedade civil em ascensão na ordem internacional, com a participação decisiva das organizações não governamentais, das fundações filantrópicas e dos complexos empresariais de diversas finalidades, a concorrer com Estados e a influir-lhes na tomada de decisões. São instituições com estrutura e organização próprias e permanentes, a perdurar por tempo indeterminado, algumas por séculos. Dotadas de poder econômico e social, confrontam o Estado e lhes influi na tomada de decisões. São protagonistas novos na ordem internacional que editam normas de conduta interna nos conglomerados por elas formados, com efeitos externos, a influir no comportamento social das comunidades em que operam, contados aos milhões ou mesmo bilhões de pessoas. Condicionam políticas públicas nacionais e internacionais delas dependentes em virtude da tecnologia por elas desenvolvidas e da capilaridade de suas ações.

Representam o retorno à configuração da ordem internacional similar à existente na Idade Média e no Renascimento, com os feudos espalhados por todas as regiões da Europa e da Ásia, como entidades políticas independentes a governar populações, *ad latere* do poder de reis, do Papa e do Imperador do Sacro Império Romano Germânico. O ressurgimento dos mercenários, agora por meio de empresas militares privadas é objeto da quarta parte deste trabalho. Haviam sido eliminados pela então nova ordem centralizada no Estado, dotado do monopólio do uso da força. Agora reaparecem, a reforçar o paralelo histórico da atualidade, com aquele período. A sua atuação, a soldo de governos e de empresas privadas, em áreas de conflito, ou de conturbações políticas e sociais, constitui ingrediente novo na ordem internacional a ser ainda equacionado.

É a espiral da História em rumo ascendente e contínuo.

Riacho Novo/Areias (SP), 2023

PARTE I
A NOVA ORDEM INTERNACIONAL EM GESTAÇÃO

Capítulo 1
A GLOBALIZAÇÃO DA ECONOMIA E DO DIREITO*

Introdução

A Globalização da economia é fenômeno relativamente antigo que se intensificou a partir do fim da Guerra Fria e da dissolução da União Soviética acelerado, dentre outros fatores, pelo desenvolvimento das comunicações, da tecnologia da informação, dos transportes e pela ação das empresas multinacionais, impulsionada a partir da segunda metade do século XX.

O cenário então surgido resulta do estágio avançado do capitalismo propiciado pela divisão do trabalho, de que tratou Adam Smith e, depois dele, David Ricardo, com a descentralização dos fatores da produção – pesquisa, fabricação, administração e comercialização – e pela tomada de decisões econômicas por parte de agentes privados, dentre os quais as empresas multinacionais. Para isso contribuiu a modificação do Estado, após o final da Segunda Guerra Mundial e a constituição da ONU, quando passou a conviver, na esfera internacional, com multiplicidade de novos atores ativos e influentes, a lhe condicionar a ação e diminuir a antiga soberania interna e internacional. Essa modificação resultou, em grande parte de pressões da sociedade civil

* Este capítulo é versão atualizada e modificada de artigo escrito em coautoria com a advogada e mestre em Direito, Regina Ribeiro do Valle, publicado como capítulo do livro organizado por CARMONA, Carlos A. de, LEMES, Selma F. e MARTINS, Pedro B., *Arbitragem*, Atlas, São Paulo, p. 254-266, 2007.

integrada por protagonistas internos atuantes em diversas áreas, dentre as quais as que defendem o meio ambiente, os direitos humanos, as que militam contra os efeitos do tráfico de drogas e criminalidade em geral, da propagação de doenças endêmicas e o terrorismo internacional.

As organizações internacionais e regionais, por sua vez, atuam eficazmente em diversos setores de interesse do Estado e da sociedade civil, como saúde, propriedade intelectual, comunicações, em ações que lhe reduzem ou mesmo substituem as funções. Da mesma forma, as organizações não governamentais e fundações privadas com diversidade de objetivos desenvolvem políticas públicas e sociais antes reservadas exclusivamente ao Estado.

Na área econômica, as organizações internacionais tiveram papel de destaque nas relações entre os Estados, com a imposição de restrições à sua liberdade de ação e disciplina no endividamento e nos níveis de inflação. As diretrizes aprovadas pelo FMI, como condição para fornecer recursos, encaixam-se nesse quadro. Para obter empréstimos para projetos de desenvolvimento econômico, o Banco Internacional de Reconstrução e Desenvolvimento (BIRD ou Banco Mundial), da mesma forma, exige o cumprimento de requisitos a que os Estados são compelidos a aceitar. A criação do Centro Internacional de Resolução de Disputas sobre Investimentos – CIRDI (*International Center for Settlement of Investments Disputes* (ICSID), para a solução de controvérsias em investimentos privados sob financiamento do Banco, impôs padrão novo, com a renúncia à imunidade de jurisdição do Estado envolvido, na apreciação de controvérsia a ele submetido.

Globalização e Soberania

A modificação do cenário internacional é fruto não apenas da repercussão resultante da tecnologia da informação e pelo desenvolvimento dos meios de transportes, mas, também, pelos efeitos da aproximação dos povos e permeabilidade das fronteiras nacionais. A constatação de que a paz e segurança internacionais requerem a superação de desigualdades econômicas já fora percebida quando da criação da ONU, ao instituir, como um dos seus órgãos permanentes o Conselho Econômico e Social. O espectro do desenvolvimento econômico inspirou o comportamento dos Estados, tornando-se o centro das preocupações gerais, podendo-se concluir que a organização estatal que precedeu à constituição da ONU não é a mesma que a sucedeu.

A ordem internacional, da mesma forma, modificou-se com a constatação de que o sistema inaugurado com a Paz de Vestfália não foi capaz de impedir a eclosão das duas Guerras Mundiais, com o morticínio de milhões de pessoas inocentes, impondo-se a modificação dessa ordem, com base em outros parâmetros. Perderam os Estados a condição de entidades soberanas, acima dos quais não haveria poder algum, bem como o monopólio da jurisdição nacional e internacional, para elaborar normas de Direito. Passaram a conviver com as organizações internacionais, dotadas de jurisdição internacional, também produtoras de normas de Direito destinadas a regular atos e atividades de interesse geral da Humanidade.

Nova característica dos Estados

À antiga característica de entidades organizadoras das nações que os constituíram, adicionaram os Estados nova, ao atuarem como agentes do desenvolvimento nacional, com a intervenção na economia e com a celebração de contratos privados internacionais e nacionais. A imunidade absoluta da jurisdição, outrora reconhecida como princípio geral de Direito Internacional decorrente da soberania, deixou de ser reconhecida nos atos em que participam como agentes de negócios ou de relações jurídicas de caráter meramente econômico e comercial.

Essa mudança, denunciada por Wolfgang Friedman[1] nos anos 1970, não foi abrupta, mas parte de processo que se acelerou a partir da segunda metade do século XX. O Estado Empresário, interessado no desenvolvimento nacional, foi compelido a conviver com outros atores de origem privada, dotados de poder econômico e político nas esferas nacional e internacional, como as organizações não governamentais e as empresas multinacionais, sem contar com o poder assumido pela sociedade civil, por meio de um de seus vários integrantes, como a imprensa, associações de classe, fundos de pensão, sindicatos

[1] WOLFGANG FRIEDMAN, *A Mudança da Estrutura do Direito Internacional*, Editora: Freitas Bastos, Rio, 1971.

e outros. A ordem internacional, por sua vez, dividida entre o mundo capitalista e o de economia planificada dos regimes comunistas, também sofreu o impacto do fim da Guerra Fria e a prevalência do neoliberalismo econômico, impulsionado pela atuação das empresas privadas fora dos limites do Estado de onde provieram. Sobreveio o fenômeno da globalização da economia.

O efeito dessas mudanças é visto por muitos como o enfraquecimento do poder político dos Estados no âmbito interno e internacional; para outros é apenas alteração de polo do poder para um contexto supranacional, mediante delegação pelo próprio Estado às organizações internacionais, uma vez que o modelo inaugurado com a Paz de Vestfália, em 1648, ainda é o único adotado para a organização dos povos a prevalecer na atualidade. É significativo ter sido imposto às comunidades africanas e asiáticas, anteriormente submetidas ao regime de tutela, em substituição ao protetorado e ao colonial, no processo a descolonização, nos anos 1960, o padrão de organização estatal conhecido e vigente em outras paragens, com tradições e costumes diferentes.

As diversas etnias e rivalidades locais foram simplesmente ignoradas, gerando conflitos selvagens que os países ocidentais e outras potências como, Rússia, China e Japão não têm como evitar ou mediar. O mesmo ocorreu no Oriente Médio, por ocasião da partilha de territórios após a Segunda Guerra Mundial, empreendida pelos Estados vencedores, de comunidades sob suas influências e domínio. Em outras palavras, o modelo existente é o que prevalece e que se tem como único para as comunidades nacionais para terem reconhecimento internacional.

As mudanças decorrentes da aceleração das inovações tecnológicas, das comunicações e dos transportes contribuíram, todavia, para a redução do poder tradicional do Estado. As suas rígidas fronteiras territoriais tornaram-se flexíveis diante da possibilidade de comunicações por meio de redes sociais e outros propiciados pelo uso da Internet e de negócios à distância, sem necessidade de contato pessoal. Essa flexibilidade é virtual, não física, pois, mantém os Estados o poder de constrição para adotar medidas de estrito controle de ingresso e saída de pessoas. A onda migratória de multidões em direção à Europa e aos Estados Unidos, acelerada desde o início do novo milênio, encontra nesse poder barreiras intransponíveis. Crises políticas e guerras no Oriente Médio e norte da África, e mesmo na América Central, provocaram êxodos reiterados de refugiados à procura de abrigo seguro, gerando, ao mesmo tempo, insegurança em populações dos países de refúgio, aflitas com a massa de recém-chegados e com o impacto na ocupação de empregos. Da mesma forma, o controle pelas autoridades governamentais visa a evitar, também, ações do crime organizado, com o tráfico de drogas, de armas e de pessoas, além do contrabando. É ainda o Estado a atuar em seu papel tradicional de organizador da comunidade nacional.

Os Estados e a integração social e das economias

Não obstante essa atuação, os Estados convivem com a economia interligada entre si por atos, relações e negócios na esfera internacional, uns a afetar outros pelo fluxo de capitais ou pelo processo de importação e exportação de produtos e de investimentos. A crise sofrida por um repercute em outros, com maior ou menor intensidade. A onda de imigrantes fugidos de guerras, ou de fome endêmica ou de perseguições políticas impôs providências humanitárias, com o recebimento de refugiados, gerando perturbações internas e inconformidades. Os acontecimentos verificados com o fim da antiga Iugoslávia, com o massacre de etnias, chocaram o mundo e exigiram providências da ONU e atuação de outros países. A mesma situação acontece com a guerra na Síria neste começo do século XXI e em movimentos na África, compelindo populações inteiras a buscar refúgio na Europa.

Mas não é apenas em momentos de crise que os Estados são afetados por eventos externos. Em tempos de normalidade a interligação de interesses de toda ordem, econômica, política, cultural e outras interfere no meio social por ele organizado e condiciona comportamentos. A atuação da empresa multinacional é relevante nesse quadro. Age por meios pacíficos do comércio e de investimentos internacionais, com a fabricação e venda de produtos cada vez mais padronizados para aproveitar economia de escala alargada pela amplitude do mercado mundial. Com essa ação induzem alteração de costumes e hábitos de consumo, que a publicidade ajuda a difundir. O produto global, igual em todos os países, fabricado distribuído para todos os rincões do planeta, constitui fator de aproximação de povos e de culturas, eliminando diferenças.

O uso generalizado de calças de brim, os *jeans*, das camisetas, da informalidade das vestimentas, da gradativa abolição do uso de gravatas em trajes formais, dos automóveis de modelo global, da realização de semanas de moda em cidades estratégicas como Milão, Paris, Nova Iorque, Londres e São Paulo, com apresentação de roupas e padrões para cada estação do ano, da difusão de músicas e ritmos diversos da cultura local, tudo isso forma conjunto de fatores a influenciar costumes e a modificá-los. A padronização de produtos e de hábitos surge como consequência, em meio à diversidade de culturas e de civilizações.

Foco mundial para o estético

No rumo ora tomado, surge a tendência voltada para o estético, o belo, mesmo em produtos de consumo. Andy Wharol produziu obras estéticas tendo como temas marcas comerciais conhecidas e artistas célebres. A preferência pelo belo indica a estetização do mundo de que fala Gilles Lipovetsky, a refletir o fortalecimento da universalidade que prevalece em todos os setores. Segundo esse autor, "o mundo da arte, do belo e da cultura deixou de ser mundinho à parte", tendo-se estruturado pelas leis das multinacionais, da escalada financeira e da hipertrofia promocional dos mercados. O capitalismo, no setor cultural, pelo número de empregos gerados e pelo volume financeiro auferido é componente fundamental da atividade econômica atual, corrobora aquele autor.[2]

De fato, a introdução das roupas "*prêt-à-porter*" nos anos 1950 e seguintes, pelas grandes casas da moda, foi a faceta da industrialização que as afetou e introduziu a massa popular ao consumo de bens de imagem sofisticada e aos de caráter cultural, outrora restritos a poucos. A difusão propiciada pelo cinema, televisão e meios de comunicação em geral e impulsionada pelas empresas multinacionais, produziu o resultado de expandir ramos de atividade e de fruição em escala universal. A difusão das massas, já denunciada por Ortega Y Gasset, em 1930, indica a percepção da ampliação de horizontes para o universalismo instalado no planeta.[3]

[2] GILES LIPOVETSKY & JEAN SERROY, *A Estetização do Mundo – Viver na Era do Capitalismo Artista*, Companhia das Letras, São Paulo, 2013, p.93.

[3] ORTEGA Y GASSET, JOSÉ. *A rebelião das massas*. Rio de Janeiro: Livro Ibero-Americano, 1959

Repercussões no esporte

A expansão das Olimpíadas, com o empenho de todos os Estados em sediar os jogos e esportes e a manter tradição grega do passado é uma das facetas da globalização das mais notáveis. O alto custo com a construção de estádios e estruturas para abrigar as delegações dos participantes é suportado sem protesto das populações, entusiasmadas com a iniciativa a afagar o orgulho nacional. Sua finalidade não é econômica, nem produz resultados financeiros significativos, salvo o do turismo temporário, restrito ao momento da competição esportiva. O prestígio do país que sedia os jogos é motivo de regozijo popular em paralelo ao efeito da aproximação de povos, na multiplicidade de idiomas e culturas que caracteriza a Humanidade. A transmissão dos esportes pela televisão, a alcançar bilhões de pessoas de todos os rincões, com a publicidade inerente, tem o efeito de irmanar povos distantes, culturas e civilizações as mais diversas. A conquista de medalhas é celebrada como vitória pessoal do atleta e do país de que provém. Cada recorde alcançado é tido como avanço da Humanidade, com a superação de limites físicos do corpo humano.

A globalização do esporte de que as Olimpíadas seja talvez o resultado mais aparente também se note em modalidades esportivas específicas, como o futebol, o esporte mais popular do mundo. Em grande parte do planeta é praticado com intensidade, tornando célebres os atletas que nela se destacam. Os campeonatos mundiais, disputados a cada quatro anos, têm repercussão popular maior que as Olimpíadas, fato constatado pelo número de países partícipes, dentre os quais os Estados Unidos, país em que aquele esporte não é dos mais apreciados.

A divulgação pela televisão de jogos de futebol durante o campeonato mundial alcança bilhões de pessoas, a revelar o interesse por esse esporte. Em países árabes e outros como o Japão e China, técnicos estrangeiros são contratados para treinar equipes locais, muitas integradas com jogadores de outras nacionalidades. A composição dos times de futebol europeus conta com a participação de atletas das mais variadas regiões do mundo, brasileiros, africanos, argentinos, uruguaios, que chegam a descaracterizar a origem do time. Os jogadores selecionados como os melhores do mundo embora nacionais de países como Brasil, Argentina ou Portugal, jogam em equipes estrangeiras.

Essa amálgama tem o efeito de descaracterizar nacionalismos. O time que se sagra campeão nacional ou regional conta com a atuação de atletas conhecidos provindos de outras paragens. Não é vitória de um país, mas do conjunto de atletas que integram suas equipes de diversas origens e nacionalidades.

A partilha da autoridade estatal

A globalização, que, como visto, não se limita à economia, mas a outros setores da atividade humana, é subproduto da tecnologia da telecomunicação, a disseminar informações e fatos a todos os povos. Um dos seus resultados mais expressivos é o de ter provocado a partilha da autoridade estatal, com a redução de sua capacidade de impor decisões à comunidade conectada pela rede mundial de computadores. Não é mais o Estado soberano, acima do qual nada existia, senão sua própria vontade, mas o Estado territorial que congrega a nação, ou nações, que interagem com outras fora da sua esfera de controle. A aplicação extraterritorial de leis nacionais e o ajuste de convenções internacionais para regular temas de interesse geral, de que adiante se falará, constituem estratégia para manter o poder regulador do Estado e, paralelamente, contribuem para a uniformização de procedimentos e de hábitos.

A expressão soberania, definida por Bodin como o poder absoluto e perpétuo encarnado na pessoa do monarca, deixou de ser expressão e apanágio do Estado, para repousar na nação que o organiza. Início dessa tendência pode ser identificado com o postulado retratado no artigo 3º da Declaração dos Direitos do Homem e do Cidadão, da Revolução Francesa, de 1789: "*A nação é essencialmente a fonte de toda soberania, nem pode qualquer indivíduo, nem qualquer grupo de homens ser investido de qualquer autoridade que não advenha expressamente dela*". A nação, o povo, é o titular da soberania, não mais o monarca, que a simboliza ou o Estado que o organiza.

Mesmo a nação considerada nos limites do território do Estado foi alçada à esfera internacional, como notado no preâmbulo da Carta das Nações Unidas, que se refere aos povos que a integram ("*Nós, os povos das Nações Unidas....*)

A autoridade delegada do Estado

Mais do que alimentar discussão doutrinária, a Revolução Francesa fez difundir a ideia, já empregada na então nascente nação norte-americana, de que a autoridade do governante decorre da nação que forma o Estado, perdendo o soberano a prerrogativa de exercê-la por direito divino, como até então entendido, desde os tempos bíblicos, refletidos pelo comando de Moisés, com base nas ordens recebidas de Deus, em encontros solitários, na longa aventura do povo judeu pelo deserto.

A nascente nação brasileira, ao se livrar do jugo colonial português, deixou expresso, na Constituição de 1824, sob o regime imperial de D. Pedro I, sensível à ideia, preceito reproduzido nas do regime republicano, salvo a de 1891, de que o poder emana do povo e em seu nome será exercido. Ou seja, a jurisdição originária é sempre da nação – e não mais do Estado ou do soberano – o seu exercício é delegado ao governante. D. Pedro I, reconheceu-o, ao se render às pressões da Assembleia que dissolvera. Nos atos oficiais incluiu a referência de ser ele, D. Pedro, "Defensor Perpétuo do Brasil, *por graça de Deus e por aclamação geral dos povos*", fórmula conciliatória para atender sua aspiração pessoal de estar investido como Imperador, por direito divino, e ao mesmo tempo pela comunidade por ele presidida.[4]

Os requisitos da unidade e indivisibilidade da soberania, geralmente ressaltados como característica fundamental do Estado, foram transmudados para o conceito de jurisdição, na acepção de autoridade para declarar o Direito. Essa autoridade, ao repousar na comunidade nacional, está intimamente ligada à legitimidade dos que exercem momentaneamente o poder, como intérpretes das aspirações, valores e princípios eleitos pela comunidade. Cabe-lhes, nessa tarefa, identificá-los e decidir em conformidade com essas expectativas. Isto explica de certa forma, a transformação profunda por que passou o mundo contemporâneo, sob os efeitos da globalização da economia, da emergência dos direitos humanos, da proteção do meio ambiente, dos avanços tecnológicos

[4] O introito das leis tinha a seguinte redação: "D. Pedro, por Graça de Deus, e unanime acclamação dos povos, Imperador Constitucional e Defensor Perpetuo do Brazil: Fazemos saber a todos os nossos subditos que a Assemblea Geral decretou, e Nós queremos a lei seguinte: " (sic)

e do fortalecimento da tendência de colocar a Humanidade como um todo no centro do Direito Internacional.

São fatores a impor às comunidades nacionais maior cooperação e compartilhamento de decisões com outros povos e nações, afinados com os valores permanentes partilhados pelos povos em geral. Dentre eles destaca-se, atualmente, a globalização da economia e do Direito, em paralelo à atuação das organizações internacionais, a afetar diretamente o poder dos governantes estatais subordinados às alternativas adotadas pela comunidade internacional. Os direitos humanos adquirem a feição de direitos globais, que extrapolam os limites nacionais. O interesse público se desloca para a sociedade em contraposição à coisa pública, patrimônio do Estado.

A Humanidade como destinatária da proteção jurídica

A Humanidade tornou-se a destinatária de proteção jurídica na esfera internacional, independentemente dos vínculos que parcelas que a compõem possam ter com um território ou nação. O indivíduo passa a ser sujeito de direitos e deveres na ordem internacional, não mais exclusivamente no âmbito nacional, como ficou claro com a constituição do Tribunal Penal Internacional[5], ao fortalecer tendência inaugurada com o precedente dos julgamentos do Tribunal de Nuremberg, de 1945. Os indivíduos, as pessoas, foram responsabilizados pelas atrocidades cometidas na guerra e não mais os Estados que as desencadearam.

Ao final da Primeira Guerra Mundial, derrotada, a Alemanha foi obrigada a indenizar os países vencedores por perdas por ela causadas, com o pagamento de volumes expressivos de valores, contribuindo para a hiperinflação que a vitimou na década de 1920. Foi responsabilizada pelos atos hostis praticados por autoridades governamentais e toda a comunidade organizada no Estado da Alemanha teve de suportar o encargo, desencadeador do conflito. Na Segunda Guerra, o foco mudou. Foram os indivíduos que a causaram, identificados, julgados e punidos, não o país como um todo.

O indivíduo emergiu para a ordem internacional.

[5] O Brasil ratificou o Tratado que constituiu o Tribunal Penal Internacional, consoante Decreto nº 4.388, de 25 de setembro de 2002.

O indivíduo na ordem internacional

A alteração de parâmetros foi significativa. Ao focalizar os verdadeiros responsáveis por atos criminosos cometidos em nome e ao amparo do Estado, a ordem internacional rendeu-se à realidade. Se o Estado atua em nome e por conta da sociedade que o constituiu, as autoridades governamentais é que devem responder por seus atos, nem sempre condizentes com valores e princípios dessa comunidade, por vezes também delas vítima. Deixam essas autoridades de responder por seus atos apenas no âmbito interno do Estado e passam à ordem internacional, por eles afetada. Nesse caso, para efeitos penais, mudou o foco do Direito Internacional. O indivíduo ultrapassou a esfera da jurisdição de seu Estado, em que pode ter influência e proteção, para cair sob o jugo da ordem e da comunidade internacionais.

O Direito Internacional tradicional não previa o exercício pelos indivíduos de direitos contra países estrangeiros. Era objeto de direitos, mas sem legitimidade processual para se defender fora do âmbito territorial do país infrator. Haveria que se socorrer da proteção diplomática. Sua condição, como notara Richard Deming, em livro de 1974, era igual à dos animais, sob proteção jurídica contra atrocidades, mas sem direito de postular diretamente no foro internacional.

Na época retratada por aquele autor, em sintonia com entendimento então corrente, competia ao Estado conceder proteção ao seu nacional[6]. Violação de direitos de estrangeiros por Estados eram considerados contra as nações de que provinham. *"A teoria é que a nação, ela própria, sofre a injúria, quando um de seus nacionais é prejudicado"*[7]. Ilustra a assertiva o desfecho do conhecido caso Pinochet, em que Espanha pediu a extradição do antigo governante chileno ao Reino Unido para julgá-lo por atos por ele cometidos, como chefe de Estado do Chile, contra espanhóis.

A constatação da realidade, vigente até as últimas décadas do século XX, perdura em organizações internacionais, embora não na área de direitos humanos. Na constituição da Organização Mundial do Comércio (OMC)

[6] HERBERT BRIGGS, *The Law of Nations*, Appleton-Century-Crofts, Nova Iorque, 2ª edição, 1951, p. 93

[7] RICHARD DEMING, *Man in te world: International Law at work*.. Hawthorn Books, Inc, Nova Iorque, 1974, p. 156-163.

prevaleceu o critério tradicional. O órgão de solução de controvérsias só pode ser provocado pelos Estados e não por indivíduos, ou por empresas privadas, embora sejam eles os afetados por políticas violadoras do comércio internacional. O Protocolo de Olivos, do Mercosul, aprovado em 2002, portanto, já no novo milênio, manteve o padrão, ao deixar de prever o direito de o indivíduo postular diretamente a apreciação de suas pretensões pelo Tribunal Arbitral por ele instituído. Fica ele sempre na dependência dos Estados, nem sempre propensos em ampará-las, em virtude de outros interesses das autoridades governamentais. No entanto, são as empresas privadas as maiores interessadas na apreciação de medidas adotadas pelos países do bloco e destinatárias – senão mesmo vítimas – de atos violadores das normas da entidade.

O que se nota é que a tendência de se alçar o indivíduo à esfera do direito internacional, por enquanto, se cinge, em grande parte, à responsabilidade penal, como anunciado na tendência inaugurada nos julgamentos de Nuremberg, de 1945 e fortalecida pela constituição do Tribunal Penal Internacional e dos Tribunais criados pelo Conselho de Segurança da ONU, para apurar crimes cometidas em Ruanda e nas guerras entre os povos da antiga Iugoslávia.

Registre-se que o acesso direto de indivíduos já foi alvo de parecer consultivo na antiga Corte Permanente de Justiça Internacional, ao apreciar a possibilidade de celebração de tratado para conferir direitos diretamente a indivíduos, cuja execução, contudo, seria possível apenas nos tribunais internos.[8] Apesar desse parecer consultivo, o 15º Relatório Anual daquela Corte indica 15 casos como exemplos de requerimentos de indivíduos contra governos, em que o Secretário da Corte informou sobre a impossibilidade de atuarem como partes naquele tribunal.[9]

O indivíduo como titular do direito de ação

Não obstante a resistência em incluir a pessoa física ou a empresa privada como autorizada a postular providências em organismos internacionais para

[8] ANDRÉ DE CARVALHO RAMOS, *Processo Internacional de Direitos Humanos*. Saraiva, São Paulo, 6ª edição, 2019, p. 105.

[9] HERBERT BRIGGS, *The Law of Nations*, Appleton-Century-Crofts, Nova Iorque, 2ª edição, 19[illegible], p.94 e P,C,I.,J. Series E, nº 15, p. 59.

apreciar pleitos de interesse privado, na área de direitos humanos, algo mudou. De fato, o clamor internacional contra violações de tais direitos provocou o reconhecimento da capacidade postulatória do indivíduo em organismos como a Corte Americana de Direitos Humanos.

O art. 44 da Convenção Americana que a instituiu, firmada em 22.11.1969[10], dispõe que "qualquer pessoa ou grupo de pessoas, ou entidade não governamental legalmente reconhecida em um ou mais Estados membros da Organização, pode apresentar à Comissão petições que contenham denúncias ou queixas de violação desta Convenção por um Estado Parte."

Antes, o Tribunal Europeu de Direitos Humanos, criado em 1959, já admitira a apresentação de queixa por pessoas físicas, diretamente, como regulado no art. 36 de seu Regulamento, alterado em 1º de agosto de 2018.[11] Foi a primeira iniciativa do gênero, a estabelecer parâmetros para outras entidades, com o reconhecimento do *jus standi* do indivíduo em tribunais internacionais, para apreciar pleitos contra o próprio país ou terceiros.

Esse desenvolvimento do direito internacional retrata o fortalecimento de tendência, embora ainda incipiente e, aparentemente, restrita à violação de direitos humanos, de superar a barreira estatal, para alçar o indivíduo à esfera internacional, como titular de direitos processuais, com capacidade postulatória e de deveres pelos quais pode responder, fora do âmbito de seu país. O desuso do mecanismo clássico da proteção diplomática pelo Estado, de que adiante se falará, é reflexo dessa evolução. O contrato passou ao primeiro plano, como instrumento regulador de direitos e obrigações, consagrando-se a autonomia da vontade como princípio aceito pela generalidade dos Estados.

[10] Ratificada pelo Brasil e objeto do Decreto nº 678, DE 6.11.1992

[11] Artigo 36º (*) – Representação dos requerentes 33 1 – As pessoas físicas, as organizações não-governamentais e os grupos de particulares podem apresentar queixas ao abrigo do artigo 34º da Convenção em nome próprio ou através de representante. 2 – Uma vez notificada a queixa à Parte contratante requerida nos termos do artigo 54º, nº 2, alínea b), o requerente deve ser representado em conformidade com o disposto no nº 4 do presente artigo, salvo decisão contrária do Presidente de Secção. 3 – O requerente deve também ser representado nas audiências fixadas pela Secção, salvo se o Presidente da Secção excecionalmente autorizar o requerente a litigar em causa própria, sem prejuízo de, se necessário, ser assistido por um advogado ou outro representante autorizado. 4 – a) O representante que atua em nome do requerente nos termos dos nºs 2 e 3

O Estado como coadjuvante na elaboração da norma internacional

O Direito que emerge da globalização provém da tendência da mitigação do poder do Estado e da emergência da sociedade civil para a ordem internacional. Resulta também da elaboração de normas flexíveis, com a redução do poder legislativo do Estado, compelido a observar preceitos e padrões mínimos de comportamento compatíveis com os adotados pela generalidade dos demais atores, dentre os quais as organizações internacionais e as não governamentais.

As entidades financeiras e empresariais transnacionais, por seu turno, ampliaram a produção de normas próprias, adotando estrutura interna e métodos de atuação, com regulamentos disciplinares, códigos de conduta e contratos padronizados com alcance mundial. O Estado atua como coadjuvante e não como criador exclusivo dessas normas.

Um desses efeitos é a tendência à descentralização da administração pública, diante do gigantismo da estrutura governamental e de sua incapacidade de regular todas as áreas sob sua tutela. É, também, uma das consequências da necessidade de adequação às exigências de cada setor da atividade privada, em contínuo processo de interação com o setor público.

Esse processo e, por ser processo, conta com fluxos e refluxos, avanços e recuos, como o retratado na intervenção do Estado na economia, como a estratégia adotada com a política do *new deal* do governo Roosevelt, nos Estados Unidos. Foi adoção de política econômica e social destinada a enfrentar a crise de 1929, depois aprofundada no pós-guerra. Os países latino-americanos, sob influência da Comissão Econômica para a América Latina, da ONU (CEPAL), também adotaram o intervencionismo estatal para impulsionar o desenvolvimento econômico. Em ambos os casos, as expectativas das comunidades afetadas por tais políticas impuseram sua reformulação na década de 1980, com a descentralização e desregulamentação da economia e o término da fracassada política de substituição de importações, diante da falta de resultados.

O modelo da autarquia para o desenvolvimento econômico isolado, sem a colaboração de investimentos externos, rendeu-se à realidade da necessidade de harmonização e cooperação internacionais propiciadas por tais investimentos e a participação de empresas estrangeiras. A resistência à atuação das empresas multinacionais, registrada nas décadas de 1960/1980, com extensa literatura sobre o poder econômico e político por elas alcançado, motivou, até a instituição de uma Comissão das Empresas Transnacionais, pelo Conselho Econômico e Social da ONU, para aprovação de códigos de conduta[12].

Essa resistência cedeu lugar à ansiedade para sua participação efetiva no processo de desenvolvimento não mais exclusivamente nacional, mas internacional. O término da Guerra Fria provocou o efeito de ampliação de mercados, com a possibilidade de ingresso de empresas privadas nos Estados saídos da órbita soviética, que as tornaram benvindas para alcançar desenvolvimento econômico e tecnológico por elas propiciado[13]. A transnacionalidade das operações dessas empresas[14] acendrou a necessidade de cooperação e coparticipação no processo econômico mundial.

A emergência da sociedade civil

Além dos atores privados, operadores por excelência do comércio, finanças, serviços e investimentos internacionais, destaca-se a atuação da sociedade civil, por meio das organizações não governamentais e fundações privadas, dedicadas a fins não econômicos e voltadas para matérias de interesse geral das comunidades nacional e internacional, nem sempre coincidentes com propósitos e políticas de autoridades governamentais. Nesse mister, o Estado rende-se às tendências geradas por esses atores e pelos problemas próprios das relações comerciais, com a regulação interna de temas que as afetam. Fruto dessa atuação é a celebração de Convenções Internacionais destinadas a regular atos na esfera interna dos Estados, como a Convenção para adoção de uma lei uniforme sobre letras de câmbio e notas promissórias, firmada em Genebra em 7 de junho de 1930, a Convenção Internacional sobre Venda de

[12] Sobre o tema, vide MAGALHÃES, José Carlos de, *Direito Econômico Internacional*, Juruá Editora, 2ª Edição, 2017, p. 223/265 Vide também Resolução 1987 da Comissão das Nações Unidas sobre Empresas Transnacionais.

[13] O número acentuado de Acordos Bilaterais de Proteção de Investimentos Estrangeiros a partir de então é retrato do interesse na atração de empresas privadas na generalidade dos países.

[14] Embora transnacionais em suas operações essas empresas possuem múltipla nacionalidade – daí sua denominação de empresas multinacionais – pois são nacionais de cada país em que se constituem e operam.

Mercadorias, a Convenção de Nova Iorque sobre Arbitragem e outras com propósitos similares. São atos internacionais destinados à uniformização de leis nacionais visando a facilitar negócios inerentes ao comércio e investimentos privados no exterior.

A elaboração da norma jurídica

A atuação desses participantes na esfera internacional influi no processo de elaboração de normas internas para atender reclamos de operadores do comércio internacional ou decorrentes de reflexos de normas de outros países, como as relativas à atividades monopolísticas ou de combate à corrupção. Na verdade, o processo de formação das normas jurídicas é dinâmico e o conjunto das regras que as formam sofre os reflexos das tensões sociais, políticas e econômicas de determinada época, motivando a sua permanente transformação.

Daí a pertinência da observação de Myres S. McDougal, segundo quem a formação de regras de Direito Internacional, resulta de "*um processo de decisões amparadas por autoridade na esfera mundial explicitamente relacionadas com valores (policy) da comunidade*"[15]. Na sua elaboração alguns fatores são decisivos, como as crenças religiosas, os valores e princípios observados pela comunidade e suas aspirações maiores em determinada época.

Os indivíduos também participam do processo de decisão, que deverá redundar na elaboração da norma jurídica, pois, são eles os seus destinatários[16]. A interação que o comércio internacional, o turismo, o intercâmbio cultural, as migrações de grupos de etnias diversas para países de culturas estranhas, a miscigenação, a tecnologia da informação utilizada pelos meios de comunicação são fatores que tendem à uniformidade de comportamentos e de apreciação de fatos e fenômenos ocorridos nos diversos rincões do planeta.

15 MCDOUGAL, Myres S., "The Impact of International Law Upon National Law – A Policy Oriented Perspective, in *Studies of Public Order*, Myres S. McDougal and Associates, 1966, p. 157 e ss.

16 MAGALHÃES, José Carlos de, *Direito Econômico Internacional*, Curitiba Editora Juruá, 2ª edição, 2017.

Disso tudo resulta, como efeito, o pluralismo de participes na produção das normas, que deixou de ser monopólio do Estado, agora coadjuvado por outros atores ativos que atuam em níveis diferentes, às vezes em paralelo. A necessidade de uniformização de procedimentos tornou-se condição para facilitar e até mesmo viabilizar as comunicações e negócios transnacionais desenvolvidos pelos agentes do comércio internacional ou por entidades setoriais, como as que congregam negociantes de *commodities*.

A ativa participação da sociedade civil na formulação de princípios a regular a organização da família, com a abolição de costumes e hábitos que se tornaram perniciosos e anacrônicos impôs modificações na lei. A legislação de numerosos países revela a evolução dos conceitos tradicionais, com a retirada do monopólio do Estado e de entidades religiosas da jurisdição sobre o tema. A sociedade civil assumiu a tarefa, legitimando a união de casais, sem o beneplácito das autoridades estatais ou religiosas, regulando-as mediante ajustes privados, com efeitos jurídicos vinculativos.

Não se trata de procedimento de um país determinado, ou peculiar, mas de numerosos a refletir tendência firme traduzida na evolução em prol da retirada do monopólio estatal e da influência da religião sobre a regulação da família, com a ascensão do ajuste privado como fonte reguladora da união de casais e da constituição da família, como descreveu Gerald Goldstein, em curso proferido na Academia de Direito Internacional da Haia, em 2007.[17]

Efeitos na sociedade civil brasileira

A sociedade civil brasileira, sobretudo sua juventude, alinhou-se a essa tendência e estimulou a retirada do antigo monopólio estatal e religioso de regular a constituição da família, segundo preceitos rígidos e tradicionais, informados por princípios ultrapassados pela dinâmica da sociedade civil. O antigo impedimento da dissolução do vínculo matrimonial, admitindo apenas a separação de casais pelo denominado desquite, que não o dissolvia,

[17] GERALD GOLSTEIN, "La cohabitaion hors mariage em droit international privé", in *Recueil de Cours de l'Académie de Droit International Privé de la Haye*, tomo 320, Martinus Nijhoff Publishers, Leiden/Boston, 2007.

com nefastas consequências sociais, acabou por ser eliminado. A pressão social e a injustiça do sistema imposto por lei, sob influência religiosa, tornavam párias sociais os casais desquitados e resultavam na discriminação de seus filhos.

Foi longo processo, permeado por decisões judiciais e atos administrativos que apreciaram efeitos adversos do antigo sistema e o abrandamento do princípio religioso que inspirara o sistema. Pessoas desquitadas, impedidas de contrair matrimônio civil, eram compelidas a se consorciarem em uniões não reconhecidas legalmente. A resistência social inicial, informada por preceitos religiosos, foi sendo paulatinamente vencida pela dinâmica social, com o reconhecimento da evolução dos costumes, da injustiça dos efeitos da separação de casais, sem dissolução do vínculo matrimonial, da discriminação e da necessidade de aceitar a união de casais não sacramentada por ato oficial estatal ou de sacerdotes. Havia efeitos patrimoniais quando essa união perdurava por longo período e um dos companheiros falecia; os bens amealhados durante a união eram reclamados pelos herdeiros, muitas vezes colaterais, em prejuízo do sobrevivente, que colaborara para a sua formação.

O poder judiciário, ao apreciar pretensões de extinção de sociedade de fato – fora, portanto, das regras do direito de família – acabou por reconhecer direitos do sobrevivente à metade dos bens havidos no curso da união. Aplicavam-se regras do direito comercial para reparar a injustiça das normas do direito de família, sob influência da religião. A matéria foi objeto de reiteradas decisões do Supremo Tribunal Federal que editou a Súmula nº 380, para acolher, em definitivo, a pretensão de partilha de bens adquiridos pelo esforço comum, durante a união estável.[18]

Os mesmos efeitos nefastos atingiam os filhos de genitor ou genitora desquitada, havidos fora do casamento, fruto de uniões não reconhecidas. A sociedade civil, perturbada por tais consequências, clamava por modificações que acabaram por ser acolhidas na Constituição Federal de 1988, atendendo expectativas e anseios da população. Reconheceu-se a dissolução do vínculo matrimonial, com o divórcio[19] e a legitimidade do que denominou

[18] SÚMULA Nº 380 -. "Comprovada a existência de sociedade de fato entre os concubinos, é cabível a sua dissolução judicial, com a partilha do patrimônio adquirido pelo esforço comum."

[19] Constituição Federal, art. 226 – § 6º O casamento civil pode ser dissolvido pelo divórcio.

"união estável", entre homem e mulher[20], em outros países apodado de "direito de coabitação", "união de fato" ou "concubinato" e outras, sem caráter negativo ou pejorativo.

A alteração consagrada permitiu à família ser regida pelos seus integrantes, com a legitimação jurídica e social de união dos casais, segundo padrões de comportamento de aceitação geral. É a evolução dos costumes a se impor à lei, a se adequar à tendência generalizada de adequação aos novos tempos.

Direito não estatal.

A mundialização é fenômeno que produz efeitos nos diversos sistemas jurídicos e ordenamentos dos Estados, além de se refletir no direito internacional. Não somente o bom funcionamento do mercado globalizado propicia o intercâmbio de bens, pessoas e serviços. A criação de regras pelos operadores do comercio, da indústria e dos serviços também o faz, com a formação de parâmetros para disciplinar a concorrência e a convivência dos agentes privados na esfera global.

Além disso, medidas coordenadas por Estados, por meio de convenções e tratados internacionais, focalizam e combatem comportamentos nocivos que afetam a humanidade, como a criminalidade transfronteiras, impossível de ser reprimida pela ação individual de cada Estado. A lavagem de dinheiro obtido com a prática de delitos e investido em atividades lícitas, bem como o tráfico internacional de drogas e de armas situam-se no centro de atenção dos Estados, motivando ação coordenada para coibir seus efeitos e desestimular condutas socialmente nocivas.[21]

[20] Constituição Federal, art. 226: § 3º Para efeito da proteção do Estado, é reconhecida a união estável entre o homem e a mulher como entidade familiar, devendo a lei facilitar sua conversão em casamento.
§ 4º Entende-se, também, como entidade familiar a comunidade formada por qualquer dos pais e seus descendentes.
§ 5º Os direitos e deveres referentes à sociedade conjugal são exercidos igualmente pelo homem e pela mulher.

[21] Segundo destaca Manuel Castells, "Nas duas últimas décadas [do século XX], as organizações criminosas vêm estabelecendo, cada vez mais, suas operações de uma forma transnacional, aproveitando-se da globalização econômica e das novas tecnologias de comunicações

O direito novo em gestação, derivado desse desenvolvimento, ao lado do tradicional, de origem estatal, é o que advém do processo de mundialização, tão bem examinado por Jacques Chévallier que o conceitua como um direito construído pela iniciativa dos operadores econômicos. O processo de globalização econômica conduziu ao aparecimento do direito global, concebido e aplicado além das fronteiras nacionais dos Estados.[22]

A globalização econômica revela atividades que ultrapassam as fronteiras dos Estados e se projetam para a esfera internacional e, assim, requerem ou provocam regulação jurídica a todo o complexo de ações e de seus participantes. Assume a forma de relações jurídicas, cujo tratamento ultrapassa o quadro nacional, sem adentrar o espaço jurídico internacional *strictu sensu*. Em paralelo ocorre a reestruturação das profissões jurídicas influenciada, sobretudo, pelo modelo americano, dos grandes escritórios de consultoria financeira, gerencial, jurídica e contábil, dentre outras, com a prestação de serviços para conglomerados empresariais, a exigir padronização possível, diante da diversidade de regulações locais. Esses profissionais aportam aos operadores e às empresas um instrumental necessário para suas atividades, servindo de elo para composição extrajudicial de litígios, para o acertamento negocial de controvérsias, ou, ainda, para o acolhimento de procedimentos padronizados.

Repercussões do neoliberalismo econômico

O fenômeno da mundialização do Direito, decorrente da globalização da economia, é consequência, por sua vez, do neoliberalismo econômico disseminado após o fim da Guerra Fria. É, ainda, produto dos usos e costumes do comercio internacional, provocados por modificações próprias da dinâmica e de práticas empresariais uniformizadas pela observância de procedimentos de acolhimento geral. A Câmara de Comércio Internacional – CCI, para citar a entidade privada mais influente no cenário internacional sobre o comércio e investimentos internacionais, contribuiu para fixar usos e costumes, em

e transportes. " *Fim de Milênio*, Paz e Terra, Trad. Klauss Brandini Gerhardt e Ronei Venâncio Majer, 1999, São Paulo, p.205

[22] Jacques Chévalier, *O Estado. Pós-Moderno*, Editora Fórum, tradução. Marçal Justen Filho.

matéria de comércio, com a consolidação de normas e costumes identificados pela sigla *Incoterms* (*International Commercial Terms*), adotada tanto nas relações comerciais internas, como nas internacionais

A regulação tradicional imposta pelo Estado aos operadores do comércio internacional, às empresas e aos indivíduos tende a dar espaço não somente à corregulação privada por entidades setoriais internacionais, como também aos códigos de conduta emitidos por organizações internacionais, além das regras sobre comportamento ético das empresas, motivadas pela necessidade de observar padrões internacionalmente adotados

Esses fatores estão na base da observância de critérios éticos não só pelos funcionários no âmbito interno das empresas – compelidos a observá-los por vínculos jurídicos – como por terceiros, fora de sua estrutura interna. É o caso dos fornecedores, subcontratados, franqueados, prestadores de serviços e outros que mantém negócios com a empresa a lhes exigir o acatamento de padrões de conduta, como condição de contratação. Os próprios consumidores são abrangidos por tais padrões e comportamentos éticos de interesse social, estimulados por concessões, descontos promocionais ou outras ofertas, induzidos pela publicidade, como o uso de embalagens biodegradáveis. Em outras palavras, são normas e critérios estabelecidos por entidades privadas – e não pelo Estado – impostos à extensa comunidade de indivíduos e de empresas, dentro e fora do território do Estado. É a atuação dos agentes privados, como integrantes da sociedade civil, a exercer o poder regulamentar, *ad latere* do Estado.

A influência da Ética na empresa privada

O mundo corporativo da empresa privada, salienta Jacques Chévallier, passa a obedecer a regras éticas que visam a assegurar ao consumidor a observância de conjunto de normas que disciplinam os direitos humanos e sociais e o meio ambiente. Impõe o respeito a todos os elos da cadeia de produção e de distribuição; as práticas são formalizadas por cartas éticas, com a formulação de princípios ou códigos de conduta mais detalhados.

São manifestações da mundialização do direito difusas, mas efetivas como: (i) o comércio equitativo com obediência a regras para assegurar aos produtores dos países em desenvolvimento preço superior ao corrente no mercado internacional, não obstante nem sempre observado, sobretudo após a instalação do liberalismo econômico vigente; (ii) o desenvolvimento da Internet, sob o regime de auto-regulação, com regras de boa conduta, redigidas e divulgadas pelos gestores desses negócios; (iii) o recurso à arbitragem, como forma privada de solução de controvérsias com o afastamento do Estado, com emprego de regras por vezes diversas do direito positivo estatal. (iv) prevalência de usos e costumes setoriais e (v) a proteção do meio ambiente.

Retorno à lex mercatoria

O conjunto de fatores acima apontados leva a considerar a tendência dos agentes econômicos de se valerem do contrato – e da autonomia da vontade – para regular negócios e a escolher juízes para julgar suas controvérsias, com aplicação de normas reguladoras do comercio internacional em que atuam. O conjunto desses preceitos normativos privados contribui para a formação do Direito Mundial com foco nas diversas esferas de atividade privada, como a dos comerciantes, investidores, prestadores de serviços, ou financiadores, enfim, toda gama de participantes das atividades econômicas e do comércio internacional. Ressurge, em nova versão, a *lex mercatória*, como complexo de normas difusas para reger setores negociais desenvolvidos pelos operadores privados, *ad latere* da legislação estatal.

Se, na Idade Média, a *lex mercatoria* teve prestígio, diante da ausência de Estados nacionais, sob forte influência dos governos locais, fenômeno similar ora ocorre, com a emergência dos negociadores privados transnacionais, fiados no contrato padronizado, nos negócios setoriais e na autonomia da vontade. A incapacidade do Estado de regular, no seu território, atividades exercidas fora dele, induz os agentes privados a fazê-lo por meio de ajustes estratificados pela reiteração de regras, ou objeto de regulações por associações de classe.

É o caso dos membros da *Liverpool Cotton Asssociation Ltd.*, cujo regulamento inclui normas contratuais e processuais, de observância obrigatória para contratantes a ela subordinados. Da mesma forma, a *European Spice Association – ESA*, congrega industriais produtoras de pimenta do reino e, igualmente, tece normas contratuais para seus membros. São entidades privadas a estabelecer regras de conduta observadas pelos seus membros.

A padronização dos contratos e de produtos

Outro fator a influenciar o processo de globalização econômica e tecnológica é a padronização de produtos, métodos e critérios de aferição, aplicáveis em todo o mundo, como estratégia para controle e fiscalização. Resulta da formulação de normas técnicas elaboradas por profissionais ou cientistas, contidas em documentos de referência para a solução de problemas relacionados a produtos e serviços dentro dos mesmos padrões. No âmbito internacional destaca-se a criação da *International Standardization Organization* (ISO), em 1946 e do Comitê Europeu de normalização em 1966.

Na esfera interna dos Estados, a padronização já era prevista como forma de evitar conflitos e proteger o consumidor. No Brasil a Associação Brasileira de Normas Técnicas (ABNT, entidade privada, sem fins lucrativos, fundada em 28.09.1940 incumbiu-se dessa padronização. No Mercosul foi criada a Associação Mercosul Normalização com o mesmo propósito. A padronização é consequência da necessidade de uniformização de critérios, métodos, modelos, enfim, de dados que permitam a circulação mais ampla dos produtos e a fiscalização de sua conformidade com regulamentos setoriais.

As normas contábeis elaboradas por organizações privadas independentes facilitam o controle de grandes conglomerados por meio de lançamentos contábeis e fiscais padronizados, sujeitos a diversas legislações nacionais. Dentre essas organizações incluem-se a *Financial Accounting Standard Board* (FASB) e a *International Accounting Standard Board* (IASB), que preparam manuais para utilização por empresas para o processo de validação de seus registros contábeis.

As normas de boa conduta, derivadas da autorregularão de profissões oferecem mecanismos tácitos de oficialização setorial, como as da Internet, somente possível com a participação de profissionais especializados. Embora requeira a presença estatal para efeitos fiscais e de corregulação setorial, a presença do técnico está na base da norma editada.

Se a mundialização do Direito reforça a intervenção dos operadores na formação de normas jurídicas, tal fenômeno se estende ao processo de elaboração de regras complexas que exige a colaboração de parceiros públicos e privados. O direito dela resultante é produto de construção transnacional, com a participação efetiva de operadores econômicos privados, que interferem no processo de decisão interna dos Estados. Afinal, a tomada de posição dos governos nacionais nas negociações internacionais reflete o jogo de pressões e forças internas sobre os negociadores estatais, para a adoção de políticas que atendam seus interesses e necessidades.

Há, assim, que distinguir a participação formal do Estado em negociações internacionais para a aprovação de convenções e tratados, do processo interno que leva à tomada de determinada posição. O interesse público e o privado convergem, em processo dialético para o resultado comum. Se é verdade que as normas internacionais são em grande parte derivadas de convenções entre Estados ou emitidas por organizações internacionais, é certo também que resultam do processo interno de decisão de cada Estado, que conta com a participação efetiva e eficaz dos agentes privados.

A descentralização da produção da norma estatal

A complexidade dos negócios e das técnicas deles objeto conduziram à descentralização da produção legislativa, por meio de rede de autarquias estatais especializadas em determinados setores de produção e de comercialização. Paralelamente, cresceu a regulação jurídica privada, por meio de ajustes setoriais, que contribuíram para o processo de desregulamentação da economia iniciada na década de 1980 nos Estados Unidos e no Reino Unido, com repercussão em outros países.

Foi longo processo até terem sido superados os efeitos da crise de 1929, que provocara a intervenção dos governos na economia, na década de 1930, como forma de estimular a produção e amparar necessitados pelos seus efeitos. Como estratégia para enfrentar os problemas sociais decorrentes da crise, surgiu o Estado do Bem-Estar- Social, que perdurou por largo período.

Nos Estados Unidos, o governo Franklin Delano Roosevelt, que a inaugurou, promoveu mudanças na economia com a intervenção governamental em diversos setores e programas sociais. Era do Partido Democrático, contrário à ideologia do Partido Republicado, avesso à intervenção do Estado na economia e defensor da livre empresa e do livre mercado. Perdurou no governo Roosevelt, o único na história daquele país a ser eleito por quatro mandatos consecutivos, provocando alteração na Constituição, atualmente restrito a uma só reeleição. Foi marco divisório que influenciou o mundo.

Repercussões no Brasil

Também no Brasil aquele acontecimento, aliado a fatores locais, repercutiu. A revolução de 1930 fez terminar o que ficou conhecido como a Primeira República, inaugurada com a queda do Imperador D. Pedro II, e levou ao poder, quarenta anos depois, o civil Getúlio Vargas. Nele instalado, tornou-se o primeiro ditador da história brasileira, no início da crise do café e da quebra da Bolsa de Nova Iorque, em 1929, que abalou profundamente a economia brasileira, permanecendo no poder por 15 anos, até ser dele apeado pelos militares. Em seu governo, foram criadas empresas estatais, como a Companhia Vale do Rio Doce, em 1942, e a Companhia Siderúrgica Nacional, em abril de 1941. A Companhia Brasileira de Petróleo – Petrobras, com o monopólio da exploração de petróleo, foi também por ele constituída, em 1953, agora, na condição de presidente eleito em processo eleitoral livre, graças ao prestígio popular que amealhara, quando atuava como ditador.

Prevaleceu a ideia do crescimento econômico autárquico do país, sem a presença de investimentos estrangeiros, com a estratégia de estimular a produção local e de substituição de importações, o mesmo ideário defendido por Raul Prebish e divulgada pela CEPAL, órgão da ONU. Na Argentina, o governo de Juan Perón teve comportamento similar, também de influência duradoura.

Naquele período o governo brasileiro editara leis de intervenção na economia, como o Decreto-Lei n° 24.150, de 1934, conhecido como "lei de luvas", destinado a regular os contratos de locação de imóveis comerciais, com renovação compulsória ao fim do prazo contratual, bem como as conhecidas leis do inquilinato, de vigência temporária, sucessivamente prorrogadas, com o congelamento de aluguéis[23], a desestimular a construção de moradias para aquele fim, agravando, em consequência, a questão habitacional.

Superados os efeitos da crise de 1929 e da Segunda Guerra Mundial, o pêndulo da história levou ao extremo oposto. No Brasil, eleito Juscelino Kubitschek, em 1956, após o término do mandato do general Eurico Gaspar Dutra (1950-1955), tomou rumo diverso, atraindo a indústria automobilística estrangeira, que deu impulso decisivo para o desenvolvimento do país.

23 O congelamento do valor dos alugueis foi aprovado pela Lei 1.300, de 28.12.1950, de vigência temporária, mas prorrogada por inúmeras vezes.

O polo em que se instalaram essas indústrias situou-se em São Paulo, o Estado líder na produção de café, até a crise de 1929. A iniciativa produziu o efeito de formar grande número de técnicos e de empresas fornecedoras de peças para a indústria automobilística, na região metropolitana da capital.

Além disso, estimulou o movimento sindical, com o fortalecimento de agremiações de trabalhadores, ativos em reivindicações periódicas dos diversos setores da indústria. O mais expressivo foi o Sindicado dos Metalúrgicos, que congregou trabalhadores da indústria automobilística concentrada na região das cidades de Santo André, São Bernardo do Campo, São Caetano e Diadema, na periferia de São Paulo. Formou líderes sindicais que se destacaram na vida política, dentre eles um presidente do país. Outros movimentos sindicais surgiram na mesma região, como a Central Única dos Trabalhadores – CUT, que aglutinou grande número de sindicatos, atuando com grande força em movimentos de reivindicação de trabalhadores.

A atração do capital estrangeiro perdurou até os governos militares com o golpe de Estado de 1964, que reinstaurou a malograda política de substituição de importações, que perdurou por algum tempo, até ser abandonada, pelo descrédito e ineficácia da estratégia adotada.

A falida reserva de mercado da informática no Brasil

No período de governos militares (1964-1985), a pretensão da então maior indústria de computadores do mundo de fabricar no país modelos médios, em sua já instalada subsidiária brasileira, foi vetada. Era estratégia governamental impulsionar a fabricação daquele produto por meio de empresas constituídas no país. Para isso, foi concebida a Política Nacional de Informática, por meio da Lei 7.232, de 29 de outubro de 1984, com a reserva do mercado do setor para indústrias brasileiras. Impôs o controle das importações de bens e serviços de informática por oito anos a contar da publicação da Lei. Posta em prática, fracassou. Os empreendimentos de algumas empresas locais não prosperaram, não se tendo notícia de qualquer delas na atualidade. Foram engolidas pelo sucesso internacional de empresas do setor, concentradas no Vale do Silício, na Califórnia, a congregar jovens a dar rumo à indústria de computadores portáteis e à Internet.

O fracasso da política brasileira contrasta com o sucesso dos países asiáticos, com elevada participação de investimentos estrangeiros, como a Índia, Coréia do Sul e Taiwan, dentre outros. Mesmo a China contou com o concurso dessas empresas no capitalismo de Estado adotado, com a manutenção do credo comunista inspirado e liderado por Mao Tsé Tung (ou Mao Zedong), posteriormente adaptado aos novos tempos por Deng Xiaoping e continuado por Xi Jimping.

A política do Bem-Estar-Social e seu término

Esse breve histórico revela o pêndulo da história, aqui registrado para ilustrar tendências que não se firmaram, por estarem divorciadas dos novos rumos da economia e das expectativas da comunidade, mas fruto de ação de governantes incapazes de as detectar. Foram sucedidas por outras que prevaleceram. A política do Estado do Bem-Estar-Social e do Estado-Providência pretendida na ocasião, com a intervenção governamental na economia, em diversos países, foi substituída pela sua desregulamentação, com a mitigação da intervenção do Estado. A década de 1980 pode ser o marco divisório dessa alteração. Adveio do processo paulatino de auto-organização por grupos profissionais e de empresas, à maneira das corporações de ofício da Idade Média e do Renascimento, para suprir vácuos legislativos.

A regulação privada de negócios, por meio do contrato e de padronização de procedimentos, se propagou, facilitado pelo processo de intercomunicação e pela transnacionalidade de operações comerciais e de investimentos privados. A delegação aos organismos profissionais da missão de regulamentar setores de atividades é antiga e vem do sistema de tipo corporativo, absorvido pelo papel centralizador do Estado. O declínio da interferência estatal teve o efeito de transferir o poder de regulação às organizações profissionais que editam normas técnicas, elaboradas, mediante consenso, pelas comunidades profissionais estruturadas.

O declínio dessa interferência, pode-se dizer, tem a ver com a criação das agências reguladoras, que, embora públicas e sob controle do Estado, descentraliza a tomada de decisões sobre questões setoriais, com maior participação de representantes privados e previsão de mandatos determinados de seus administradores, a impedir, ou a dificultar, ingerências políticas de autoridades governamentais. Permitiu certa padronização de normas para regular atividades de setores específicos afetados pela transnacionalidade das relações entre os povos. Constitui também um dos efeitos da mundialização do Direito, pela adoção do sistema por diversos países.

Quando criadas na Inglaterra no século XIX não havia ainda a noção clara da administração pública. A edição de lei destinada a atender a determinado interesse público tornava necessária a criação de órgão especial para implementá-la. Como resultado, surgiram agências com atribuições específicas. As agências dos Estados Unidos, embora com características diversas, têm atuação relevante nos diversos setores da atividade privada por elas supervisionadas.

Os efeitos da descentralização do Poder no Estado

A descentralização do poder, no interior do Estado, contribuiu para enfraquecer o poder das autoridades estatais eleitas para mandatos determinados, diluindo-o pela ação das agências reguladoras, cujos responsáveis são técnicos não são selecionados por voto popular. O modelo dessas agências independentes, ao descentralizar o Poder Executivo, deu alento à perspectiva liberal não estatizante da economia. Os Estados Unidos e o sistema de *common law* praticamente desconheciam a função administrativa dos sistemas de direito romanístico e, portanto, adotaram nomenclatura própria de agências reguladoras que exercem função processual e regulamentar da administração pública, à semelhança das existentes nos países de sistema romanístico.

Esse modelo, ao descentralizar poder das autoridades governamentais concentradas no Poder Executivo, permitiu maior flexibilidade na tomada de decisões setoriais, Um de seus efeitos foi o da contaminação nos países em desenvolvimento, como o Brasil, que o acolheu, embora com certa resistência de setores políticos interessados em manter o poder centralizado. A administração pública brasileira já adotava, de há muito, as autarquias, como entidades descentralizadas da administração. Todavia, subordinava-as diretamente ao Poder Executivo, que lhes ditava as normas de conduta e indicava administradores demissíveis *ad nutum*, se deixassem de observar diretivas do governante de plantão. Já as agências têm configuração diversa, pois exercem funções com mandato fixo e detém o poder efetivo de regular matérias determinadas dentro da competência a elas atribuída e, sobre as quais os governantes, embora eleitos em processo democrático, não podem interferir. Na verdade, as agências atuam com poder paralelo ao dos governos eleitos com mandato temporário. O pressuposto que as anima é o caráter técnico da atividade que regulam, como é o caso das telecomunicações[24], a exploração da energia elétrica, da área sanitária, e de fontes hídricas, além de outras.[25] O objetivo é evitar a utilização política momentânea de atividade reguladora do setor privado, atrelada a critérios técnicos. Ainda assim, esse propósito pode ser frustrado por atos indiretos da administração pública para interferir com a independência dessas agências, mediante corte de recursos ou a abstenção de nomeação de dirigentes, ou, outros mecanismos para submetê-las à orientação política do governante eleito, como ocorre no Brasil, de tempos em tempos.

A influência das entidades privadas no processo legislativo internacional

Em consequência desse quadro e da complexidade das relações transnacionais, cresceu a influência das entidades privadas no processo legislativo internacional e nas negociações que o informam, das quais resulta a celebração de tratados multilaterais, influenciados por grupos de interesse ou organizações não governamentais. Algumas sofrem interferência de Estados, ao receberem recursos públicos para sua manutenção, com desvirtuamento de sua

[24] A ANATEL fornece o exemplo. Criada pela Lei 9.472, de 16.07.1997, tem um Conselho Diretor com mandado de cinco anos e, como membros do Conselho Consultivo, dois representantes do Senado Federal, dois representantes da Câmara dos Deputados, dois representantes do Poder Executivo, dois representantes de entidades de classe das prestadoras de serviços de telecomunicações, dois representantes de entidades representativas dos usuários e dois representantes de entidades representativas da sociedade.

[25] No Brasil, pode-se mencionar a Agência Nacional de Telecomunicações (ANATEL); Agência Nacional de Petróleo (ANP); Agência Nacional de Energia Elétrica (ANEEL); Agência Nacional de Saúde Suplementar (ANS); Agência Nacional de Vigilância Sanitária (ANVISA); Agência Nacional do Cinema (ANCINE) e Agência Nacional dos Transportes Terrestres (ANTT).

constituição e de seu ideário. Deixam de subsistir por meio de contribuições voluntárias de pessoas e de entidades interessadas no seu ideário, para serem instrumentos de inclinações políticas de governantes.

Como quer que seja, essas organizações, quando genuínas e independentes, exercem influência em assuntos que requerem o concurso de pessoas dotadas de conhecimento técnico e inclinação para tomar decisões e influenciar em áreas estratégicas. É o caso da Convenção de Ottawa sobre a proibição de minas terrestres, ou, ainda da Convenção de Roma de 1998 sobre o Tribunal Penal Internacional e de convenções sobre o meio ambiente, em que ONGs contribuíram com conhecimentos técnicos específicos e, por isso, procuradas para assessorar delegações governamentais.

Da mesma forma, a globalização das comunicações e o crescimento exponencial da normatividade internacional, destinada a disciplinar a proteção de interesses comuns, dentre os quais o meio ambiente e os direitos e liberdades fundamentais, também contribuem para a mundialização do direito.

Tais fatores estimularam o ingresso de vários atores não estatais com atribuições antes reservadas aos tradicionais sujeitos de direito internacional: os Estados e as Organizações Internacionais. É a emergência da sociedade civil, que atua em paralelo às autoridades governamentais e cujos agentes são, por vezes, vistos como competidores dos Estados que se avocam a legitimidade e monopólio da prerrogativa para resolver questões envolvendo relações internacionais. A sociedade civil, representada por seus diversos integrantes, como imprensa, associações, universidades, sindicados, fundações privadas, empresas e por outros protagonistas, influencia tradicionais sujeitos de direito internacional na concentração de esforços para promover alianças ou coalizões para realizar mudanças legislativas, segundo princípios e valores de interesse geral.

Sua atuação interfere com a adoção e aplicação das regras de direito internacional, como reconheceu o então Secretário Geral das Nações Unidas, Kofi Annan, em 1997, ao que denominou de "revolução silenciosa" da sociedade civil. Por isso, sugeriu que, na reestruturação administrativa da ONU, fossem consideradas mudanças de métodos de trabalho e gestão, para fortalecer vínculos com agentes privados, criando serviço de coordenação tanto com as ONGs como com o setor privado. Como anota Celso Lafer, compreendeu ele que, "desde a superação das prioridades definidas do conflito Leste-Oeste opera conscientemente em redes governamentais e não governamentais, a ONU deve estar sintonizada com as instituições e os movimentos sociais que representam os melhores valores da comunidade internacional."[26]

Repercussões

Dessas considerações, pode-se concluir que a mundialização do direito resulta da atuação efetiva da sociedade civil e da influência por ela exercida na elaboração legislativa, seja por intermédio das associações de classe, por manifestações dos meios de comunicação, da ação das entidades privadas, ou, ainda, das organizações não governamentais. Essas entidades zelam pelos direitos humanos, ou pela proteção do meio ambiente e são legitimadas a interferir na elaboração de normas para disciplinar matérias de interesse comum da sociedade internacional. Defendem o interesse público, até mesmo contra o Estado e autoridades governamentais, que deixaram de deter o monopólio da defesa desse interesse.

No exercício dessas atividades, as ONGs defrontam-se, por vezes, com reações adversas de Estados, como ocorreu no passado com a França, por ocasião dos experimentos atômicos em ilha do pacífico e outras ações[27].

Efeitos no Brasil

No Brasil, em 2020, o embate entre o presidente da República com a ONG *Greenpeace*, sobre o desmatamento da Amazônia e com outras ONGs financiadas por governos estrangeiros, é emblemático e perigoso. Não perceberam aquela autoridade e os que a cercam o risco de alegar a soberania nacional, como fundamento para ignorar tema de interesse da Humanidade, como é o caso do meio ambiente em geral e da Amazônia em particular. O efeito pode

[26] CELSO LAFER, *Mudam os Tempos – Diplomlacia brasileira 2001-2002*, Fundação Alexandre de Gusmão – FUNAG, Brasilia, 2002, p.73

[27] Jornal O Globo, edição de 11.09.2013 e https://acervo.oglobo.globo.com/fatos-historicos/servico-secreto-frances-explodiu-barco-do-greenpeace-que-criticava-teste-nuclear-9916639#ixzz6EWKZK8Bt

ser desastroso para o país. A Amazônia é de interesse da Humanidade e sua preservação, confiada às autoridades governamentais, deve levar em conta a tendência que se aprofunda nessa direção. Os índios que nela habitam têm direitos reconhecidos pela comunidade internacional, pela Constituição e leis brasileiras. Ignorá-los pode dar pretextos à iniciativas internacionais contrárias ao país.

Diga-o a África do Sul, com sua política nacional do *apartheid.* Sofreu aquele país sucessivas condenações e sanções internacionais duras, impostas pelo Conselho de Segurança da ONU. Foi a ela imposto boicote comercial por todos os países, em virtude de pretensão similar de arrogar a soberania nacional para regular sua sociedade, com a separação de raças, sem observar postulados dos direitos humanos. Para impor sanções, o Conselho de Segurança invocou o artigo 39 da Carta da ONU que o autoriza a aplicá-las sempre que houver risco à paz e segurança internacionais. [28] É certo que o inciso 7 do artigo 2º da Carta dispõe que nenhum de seus dispositivos a autoriza a intervir em assuntos que dependam essencialmente da jurisdição de qualquer Estado[29]. A despeito disso, entendeu-se que o *apartheid* constituía risco à paz e à segurança internacionais, a justificar a imposição de sanções, para forçar a mudança da política racial. Não é difícil ver a similitude de situações no Brasil, passível de manipulações e de interpretações que não considerem as significativas diferenças entre ambas, a excluir aquele resultado.

A Amazônia é região incluída no território de diversos países e o interesse internacional e do Brasil na sua preservação é notório. A grande disparidade entre os fatos ocorridos na África do Sul e o Brasil é que, naquele país, a discriminação racial era política de Estado, regulada por lei. No Brasil,

[28] Artigo 39. O Conselho de Segurança determinará a existência de qualquer ameaça à paz, ruptura da paz ou ato de agressão, e fará recomendações ou decidirá que medidas deverão ser tomadas de acordo com os Artigos 41 e 42, a fim de manter ou restabelecer a paz e a segurança internacionais.

[29] Art. 2º -. A Organização e seus Membros, para a realização dos propósitos mencionados no Artigo 1, agirão de acordo com os seguintes Princípios: -7. Nenhum dispositivo da presente Carta autorizará as Nações Unidas a intervirem em assuntos que dependam essencialmente da jurisdição de qualquer Estado ou obrigará os Membros a submeterem tais assuntos a uma solução, nos termos da presente Carta; este princípio, porém, não prejudicará a aplicação das medidas coercitivas constantes do Capitulo VII.

ao contrário, a Constituição (art. 231) reconhece direitos aos povos indígenas, ratificado por lei ordinária (lei 6.001, de 1973), a a lhes assegurar o mesmo tratamento conferido aos demais cidadãos.[30]

As manifestações dessas autoridades contrastam com as normas vigentes no país e as violam, devendo ser atribuídas a intentos políticos momentâneos mal explicados e despreparo de quem as emitiu. O interesse e empenho do país na preservação dos direitos dos indígenas são reiterados na ratificação da Convenção 169 da Organização Internacional do Trabalho que reconheceu as aspirações daqueles povos de assumir o controle de suas instituições e formas de vida, sua identidade, idioma e religiões.[31]

A integração dos povos indígenas

Há, ainda, a se considerar nesse quadro que a integração dos povos indígenas nas comunidades dos países em que se localizam não pode ser ignorada no quadro da globalização do Direito. Sendo comunidades subordinadas a Estados nacionais, suas pretensões raramente alcançam a esfera internacional, até porque lhes faltam mecanismos de comunicação eficiente a permitir ação coordenada na esfera internacional. A pretensão de autodeterminação é sufocada pela ação e interesse comum dos Estados em que essas populações se localizam de evitar seja transmitida para a esfera internacional.

Não obstante, registram-se movimentos destinados a uni-las em organizações internacionais para expressar reivindicações. Segundo informa Marco Antonio Barbosa, as mais expressivas, são a *International Indian Treaty Council* e o Conselho Mundial dos Povos Indígenas, além de outras, dentre as quais as

30 LEI Nº 6.001, DE 19 DE DEZEMBRO DE 1973. – Art. 1º Esta Lei regula a situação jurídica dos índios ou silvícolas e das comunidades indígenas, com o propósito de preservar a sua cultura e integrá-los, progressiva e harmoniosamente, à comunhão nacional.
Parágrafo único. Aos índios e às comunidades indígenas se estende a proteção das leis do País, nos mesmos termos em que se aplicam aos demais brasileiros, resguardados os usos, costumes e tradições indígenas, bem como as condições peculiares reconhecidas nesta Lei.

31 Convenção 169 da OIT, ratificada no Brasil pelo Decreto Legislativo 143, de 20.06.2002 e objeto do Decreto 5.051, de 19.04.2004.

existentes na América do Sul, África e Ásia.[32] Todavia, falta-lhes coordenação e interesses comuns a possibilitar ação eficiente.

Em alguns países, como Bolívia, a maioria indígena, apoiada pelo resto da população, elegeu um de seus integrantes para exercer a presidência do país. Evo Morales o fez por três mandatos consecutivos, renunciando à pretensão a um quarto, em 2019, em contraste com a Constituição do país. Na África, os povos indígenas tomaram a si o poder, após a descolonização empreendida pela ONU, na década de 1960. Todavia, a organização em Estados nacionais, com o ajuntamento de diversas etnias tem provocado conflitos reiterados.

Como quer que seja, o processo de globalização afeta aquelas populações, disseminadas em diversos países, tendo sido difícil a integração delas nas civilizações predominantes nos diversos continentes em que se situam. Trata-se de processo lento, que a tecnologia das comunicações pode acelerar, se dela resultar maior harmonização entre aqueles povos e presença no foro internacional.

Conclusões deste capítulo

A aceleração tecnológica que se aprofundou na segunda metade do século XX provocou a flexibilização das fronteiras territoriais, assegurando a comunicação global em tempo real. A consequência lógica da proximidade das diversas comunidades foi a intensificação das comunicações, da interação de valores, do estreitamento de relações e de negócios comerciais e das transações financeiras, a provocar a necessidade da regulação mais complexa.

Conjuntos de normas supranacionais ou infranacionais regulam a conduta dos indivíduos e das empresas ao redor do mundo. Expressam-se em regras da mais variada natureza. O espectro é amplo; compreendem desde normas contábeis e financeiras, até as que disciplinam a padronização de produtos e fabricação de equipamentos tecnológicos, sem mencionar as reguladoras do tráfego aéreo, marítimo e terrestre e as que estabelecem restrições de

32 MARCO ANTONIO BARBOSA, *Direitos dos Povos Indígenas no Plano Internacional e Frente aos Estados*, tese apresentada para obtenção do título de doutor na Faculdade de Direito da USP, em 1999, p.271-284.

utilização do espectro terrestre e normas para combate ao terrorismo, delitos internacionais e lavagem de dinheiro.

A responsabilidade pela edição das normas jurídicas pelas autoridades governamentais é compartilhada pelos demais membros da sociedade e interage com a comunidade internacional. O que prevalece é o interesse da Humanidade como um todo, sobretudo diante da necessidade de preservar o planeta para as gerações futuras.

No século XXI, não há como negar, a elaboração das normas de Direito deixou de ser monopólio do Estado, submetido às aprovadas pelas organizações internacionais, às produzidas pela ação dos integrantes da sociedade civil e aos efeitos extraterritoriais de normas nacionais, em temas de interesse comum.

Esse quadro revela a ampliação da norma jurídica, em nível mundial, e o caráter da mundialização que adquiriu, ao ter como objeto regular expectativas e aspirações da Humanidade como um todo e não mais de parcelas, representadas pelos Estados ou por grupos ideológicos ou religiosos. Há, é certo, resistências cá e lá manifestadas, sobretudo de países mais poderosos, como notado em invasões do Afeganistão pela Rússia e, depois, pelos Estados Unidos, o conflito na Síria e a invasão da Ucrânia pela Rússia, em 2022, precedido pela tomada da Criméia. Foram ações não amparadas pela sociedade internacional e objeto de condenações.

Capítulo 2
EFEITOS E TENDÊNCIAS

Introdução

Um dos efeitos, ou reflexos, da formação do Direito Mundial, é a alteração do papel do Estado nas ordens interna e internacional. Se a soberania era seu apanágio, acima do qual não havia poder algum, essa característica deixou de existir. Modificou-se com a constituição da ONU e das organizações internacionais dos mais variados fins, ao lado da atuação de integrantes da sociedade civil, na qual se incluem as organizações não governamentais e as fundações privadas de fins não lucrativos, criadas para defesa de temas de interesse da Humanidade. São protagonistas a influir na configuração do Estado, além de atores influentes do cenário internacional.

Tem ficado claro que o Estado atua por sua estrutura burocrática, por vezes a condicionar a ação de primeiros-ministros, presidentes de república, ministros de Estado ou governantes em posições de destaque na estrutura governamental. Apesar do poder nominal de que lhes confere os cargos ocupados, são incapazes de submeter a máquina estatal à sua orientação política. Nos regimes democráticos, termina o mandato do governante eleito, mas, permanece a estrutura invisível do Estado, a manter poder durante o do próximo a ser escolhido. É certo que integrantes da estrutura burocrática podem ser substituídos, mas o processo é lento e nem sempre eficaz, pois inclinações pessoais de funcionários e burocratas estão disseminadas em toda essa estrutura e a afetam. Mesmos nas autocracias a estrutura invisível exerce poder fluído e oculto.

Repercussões na empresa privada

O mesmo fenômeno pode ocorrer na grande empresa privada, geralmente formada por conglomerados econômicos, cuja estrutura condiciona o seu comportamento, a despeito da orientação de acionistas controladores, administradores, chefes, gerentes e quaisquer pessoas dotadas de poder nominal, até porque a empresa não se cinge à sua organização interna, em que se destacam os administradores e dirigentes, bem como, principalmente, os trabalhadores, com suas reivindicações periódicas. Está sujeita a inúmeros fatores externos, como o mercado em que atua, os fornecedores que suprem suas necessidades, as inovações tecnológicas, a concorrência e os regulamentos estatais a que deve se submeter. O rebaixamento de tarifas alfandegárias, a propiciar o ingresso de produtos estrangeiros, pode afetar profundamente os interesses das empresas do setor, o que as leva a adotar estratégias de conduta não condizentes com suas atividades rotineiras.

A estrutura burocrática de ambas as entidades – Estado e empresa privada – por meio da qual desenvolvem suas atividades, difere uma da outra. A da empresa privada costuma ser eficiente e dinâmica. Sua sobrevivência depende da capacidade de sua organização de se adaptar aos ciclos dinâmicos das economias nacional e internacional e das políticas governamentais. Sua administração é integrada por funcionários, com aspirações de ascensão profissional dentro e fora dela. São fatores de que se valem para aumentar sua produtividade e eficiência.

As decisões empresariais, para isso, são vigiadas de perto por administradores ávidos de resultados e de notoriedade. O funcionário da empresa privada gravita em torno dela. Sua vida familiar está a ela ligada por laços sociais com outros funcionários e suas famílias, em convívio de clubes ou em programas de aprimoramento profissional. A aspiração política que os move é a de galgar posições de chefia, mercê do reconhecimento de sua atuação e habilidade na condução de suas tarefas. Nesse mister, identifica-se com a empresa e com seus destinos, formando vínculos de lealdade, por vezes em choque com os de sua nacionalidade, em episódios de embates da empresa com o Estado. Entre a política de autoridades governamentais e os interesses da empresa, tende a se aliar a esta, da qual está mais próximo e consciente de suas dificuldades e características[1].

[1] A esse propósito é ilustrativa a narrativa de Antony Jay, sobre sua experiência na BBC, de Londres, em seu livro *Corporation Man*, em que destaca aspectos do relacionamento na estrutura

A administração pública, por sua vez, é, geralmente, superdimensionada, invisível e despida de motivação para estimular eficiência na ação de funcionários, com direitos assegurados por leis que lhes garantem estabilidade e benefícios permanentes. Não enfrentam desafios próprios da atividade privada e tendem a se acomodar. Essa característica motiva a observação mordaz de ser sua estrutura "mentalmente moribunda, seriamente incompetente e, com frequência, ofensiva e arrogante", como a vê John Kenneth Galbraith, em lúcida análise sobre o tema[2].

A invisibilidade adquirida pelos que integram ambas as administrações – a da empresa privada e a da pública – favorece condutas abusivas, ineficiências e a prática de atos ilícitos, como a corrupção para obtenção de contratos ou vantagens, nem sempre percebidos. As empresas privadas, cientes dessa possibilidade real, que, vez ou outra, a sujeita a severas penalidades, têm criado programas de conformidade (*compliance*), com o propósito de impor padrões éticos a serem observados pelos seus integrantes e pelo entorno que gravita em torno dela. Códigos de conduta para fornecedores têm sido editados e impostos como condição para contratação de fornecimentos. Não se trata de modismo episódico, mas de necessidade de dar eficiência à administração da empresa e evitar práticas ilícitas. Ao mesmo tempo constitui estratégia para dar satisfações à comunidade e difundir a imagem de "bom comportamento", até para ser aceita e atrair a simpatia de consumidores e segurança para os que com ela contratam.

Nos episódios de fraudes ou atos de corrupção envolvendo grandes empresas, sujeitas a penalidades pesadas, como vez ou outra noticiado pela imprensa, os responsáveis pelos atos ilícitos são pessoas, funcionários, diretores e administradores, com interesses pessoais, divorciados da empresa. Se com tais atos conseguem contratos ou vantagens, são eles os verdadeiros atores e interessados, seja na participação, ainda que indireta, nos resultados, seja em outros benefícios propiciados pela conduta ilegal, nem sempre conhecidas ou estimuladas pela administração. Ou, se conhecidos ou por ela própria conduzidos, são coparticipes do delito, de que a empresa é vítima. Os programas de

da empresa. Pocket Books, Nova Iorque, publicado originalmente pela Random House, 1973

2 John Kenneth Galbraith, *The Culture of Contentment*, Boughton Mifflin Company, Londres, 1992, p. 67.

comportamento decorrem desse efeito, visando a evitar condutas que prejudicam a empresa e sua imagem.

O Programa de Conformidade na Constituição brasileira de 1988 (art. 37)

A estrutura governamental, geralmente, não conta com programas de conformidade, até pelas características da função pública, sujeita a leis e regulamentos com normas gerais, como as do art. 37 da Constituição Federal.[3] Essa disposição constitucional, a esse propósito, pode ser considerada verdadeiro programa de conformidade ou código de conduta para todos os níveis da administração pública, federal, estadual e municipal de todos os poderes. Indica como princípios gerais a serem observados pelos condutores da administração pública, o da legalidade, impessoalidade, moralidade, publicidade e eficiência dos administradores públicos, além dos indicados nos extensos incisos que os complementam. É certo que esses princípios gerais e os indicados nos incisos nem sempre tem sido respeitados. A tentativa de forçar sua eficácia tem motivado edição de leis para evitar abuso de autoridade, como a aprovada pelo Congresso Nacional do Brasil em 2019[4], sob forte reação contrária por integrantes da administração, em todos os Poderes, sob os mais variados pretextos.

Essas considerações introdutórias do tema se justificam para salientar a complexidade das estruturas governamentais e empresariais que podem ser afetadas por normas e princípios gerados no processo de alargamento da norma de Direito, sob múltiplas influências.

Tendências

A aspiral da história se inclina normalmente em rumo ascendente, a indicar aprimoramento na conduta das pessoas e das comunidades como um todo.

[3] Constituição Federal – art. 37 – A administração púbica direta e indireta de qualquer dos Poderes. Da União, dos Estados, do Distrito Federal e dos Municípios, obedecera aos princípios de legalidade, impessoalidade, moralidade, publicidade e eficiência e, também, ao seguinte :... *omissis*

[4] Lei 13.869, de 05.09.2019

Hábitos arraigados no passado distante e condenados em períodos posteriores por todas as nações comprovam a assertiva. A escravidão era prática comum desde tempos bíblicos e perdurou até pouco depois de meados do século XIX. Atualmente é abjurada universalmente. Atos tipificados como delitos nas Ordenações Filipinas são, já de há algum tempo, considerados despropositados e incompatíveis com os costumes do país e das demais nações e até assusta constatar a mentalidade da época em que foram editadas.

Por essa razão, importa verificar as tendências e a direção predominante a inspirar o corpo social das comunidades nacionais e internacionais da atualidade. Podem ser detectadas em manifestações da sociedade civil, no comportamento das autoridades governamentais, de dirigentes empresariais e de outros atores da ordem internacional.

Diversas são suas origens, algumas a influenciar, pelo exemplo, condutas de representantes políticos e de administradores de empresa, em sua ansiedade por eficiência e desempenho. Motiva-os aspirações pessoais na esfera pública ou na empresa para galgar posições dentro da estrutura em que operam. Variam com o tempo. A percepção dessas tendências nem sempre é fácil, pois, requer a acuidade do observador responsável pela tomada de decisões, seja na esfera estatal, seja da empresa. O que é normal e aceitável em um momento pode não ser em outro, diante da dinâmica própria da sociedade.

A reação da juventude

A juventude atua com vigor nesse quadro, como ficou patente nos movimentos estudantis da década de 1960, iniciados na França e espalhados por todo o mundo ocidental, germe de alterações nos costumes e mesmo na ordem internacional. O jovem daquela época é a mesma pessoa amadurecida tempos depois, com comportamento diverso da juventude, menos propenso a rebeldias e mais a atitudes realistas de conformidade e de adaptação aos hábitos prevalecentes, temperados por experiências próprias da vida adulta e da formação de suas famílias.

Mesmo a China, aparentemente impermeável e insensível a movimentos sociais, contidos sob forte aparato militar, sente o reflexo da manifestação juventude na Praça da Paz Celestial (Tian'anmen), em 1989, com a repercussão negativa do massacre nela verificado e divulgado para todo o planeta. Mostra-se, ainda, temerosa de seus efeitos, como notado em movimentos similares em Hong Kong, em 2019, visando a evitar a aplicação de lei de extradição de seus habitantes para Pequim. São atos de rebeldia da juventude contra a estrutura governamental, que se prolongam e de resultados ainda incertos. Mas, não podem ser ignorados, por indicarem tendências que a dinâmica social revela, impulsionada pela juventude, mais afeita às inovações tecnológicas e aos novos tempos.

A alteração de costumes

A aceitação, nos países ocidentais, do traje feminino diverso do tradicional, com o uso de calças compridas, em vez de vestidos ou saias, é exemplo clássico da resistência do Estado, por meio de sua estrutura burocrática, à modificação de costumes. Ilustra-o incidentes, no Brasil, de rejeição da presença de mulheres assim vestidas em repartições públicas, mesmo por juízes, em audiências judiciais com a participação de advogadas assim trajadas, e de resistência e rebeldia, até ser superado pela aceitação geral do novo tipo de vestuário. Mesmo em países muçulmanos, avessos à independência da mulher, com rígidos padrões em hábitos femininos, começa a apresentar certa flexibilidade, com a permissão a mulheres para dirigir automóveis, indício de influência ocidental que pode prosperar. O movimento popular no Irã, em novembro de 2022, provocado, pela morte de jovem pela polícia de costumes, por apresentar corte de cabelo em desacordo com as normas legais, é reflexo dos novos tempos. Ao se espalhar pelo interior do país e causar mortes de manifestantes, com repercussão negativa internacional, teve êxito temporário, com a extinção, pelo governo teocrático, da polícia de costumes, fato noticiado pela imprensa.

A lei pode regular comportamentos, mas o poder difuso no seio da sociedade é exercido pelas pessoas comuns, com grande efetividade. É o caso do porteiro de edifícios, ou do funcionário subalterno no balcão de atendimentos no dia a dia de sua rotina. A exigência do reconhecimento de firma em documentos oficiais, dispensada por lei, continua a ter eficácia se o funcionário encarregado de os receber continua a exigi-lo, porque assim entende.

À vítima cabe se conformar e acolher a implicância, por ser mais prático do que ingressar com medida judicial contra o funcionário renitente.

O exercício do Poder difuso

É o exercício do Poder nas suas mais variadas formas, tão bem descrito por Bertrand Russell[5]; não se cinge às autoridades instituídas, mas por todos os que atuam nos meandros e escaninhos da sociedade e na estrutura empresarial, sobressaindo-se na estatal e religiosa. É sempre exercido por pessoas com aptidões autoritárias, sejam sacerdotes, a incutir conceitos pessoais a frequentadores de cultos religiosos, sejam políticos e autoridades estatais, ao aprovarem normas por vezes dissociadas de princípios acolhidos pela comunidade, a refletirem pendores pessoais ou de grupos de pressão. Mesmo no meio da população, em sua rotina de trabalhos, o exercício do poder pode ser visto na atuação de condutores de transporte público, de policiais rasos ou graduados, enfim de todos os que têm, como atividade profissional, relação direta com o público. São pessoas comuns a exercer poder pela ocupação de cargo que lhes propicia oportunidade para extravasar suas tendências e propensões.

Nesse quadro complexo em que se desenvolvem as relações sociais, o Estado contemporâneo vê-se diante das modificações impostas pelos novos tempos e pelos acontecimentos de que é protagonista principal. A partir da segunda metade do século XX, mudou sua feição tradicional de entidade organizadora da comunidade nacional, de provedor dos serviços essenciais, dentre os quais a segurança, o transporte, os meios de comunicação, o saneamento básico e outros de interesse comum. Se antes, acima dele, não havia poder algum, e, por isso mesmo, dotado de soberania interna e internacional, atualmente isso não mais acontece. Essa modificação não ocorreu abruptamente. Ao contrário, foi lenta e tortuosa, com avanços e recuos, embora com indicativos de novos caminhos a serem perseguidos.

Os episódios verificados no século XX, sobretudo os das duas Guerras Mundiais, a Guerra Fria, os experimentos atômicos, a construção de armas

[5] BERTRAND RUSSELL, *O Poder, uma nova análise social*, Companhia Editora Nacional, 1957.

de destruição em massa, o aparecimento da tecnologia da informação e seu uso pelo crime organizado provocaram mudanças na ordem internacional. Emergiu a sociedade civil como novo protagonista por meio de entidades privadas, dentre as quais as organizações não governamentais, as fundações privadas, os complexos empresariais multinacionais, os grupos de pressão integrados pela imprensa, televisão e redes sociais, enfim, por um conjunto de atores que alteraram a configuração da ordem internacional.

Influi também no interior do Estado, a condicionar e estimular ações das autoridades governamentais, com a adoção de medidas em defesa de princípios e valores de caráter universal, como os direitos humanos, a preservação do meio ambiente e da vida selvagem e a assistência à saúde. A atuação desses novos atores foi facilitada pela disseminação da tecnologia da informação e pelo desenvolvimento dos meios de transporte e de comunicação, a propiciar o intercâmbio de pessoas e bens em todo o mundo.

Mesmo Estados que vigiam as transmissões televisivas e redes sociais estão sujeitos a efeitos externos, sempre possível por meio das comunicações propiciadas pela Internet e pela disseminação de informações por diversos meios. As viagens ao exterior de turismo ou de negócios influem no comportamento das pessoas, inconscientemente afetadas pela experiência advindas do contato direto com comunidades de costumes estranhos. Efeito similar ocorre com autoridades governamentais ou administradores de empresas, em reuniões de trabalho, em contato com culturas diversas das que estão habituados.

Grupos de turistas sofrem o impacto da diversidade de comportamento e de organização social, das construções diferentes das que estão acostumados, A livre movimentação de pessoas para os lugares desejados, ou a proibição de visita a locais vetados por autoridades denotam diversidade de culturas e de políticas percebidas por visitantes. O mesmo efeito se verifica nas universidades, com o intercâmbio de estudantes, que, ao retornarem ao país de origem, carregam a influência recebida não apenas nas salas de aula e de leituras, mas, sobretudo, pela vivência no dia a dia do país estrangeiro.

A influência da técnica de administração industrial japonesa de eliminar estoques, com a entrega por fornecedores de insumos programada em tempo certo para a linha de produção, pode ser exemplo expressivo dessa inter-relação de culturas e de experiências. Não obstante essa técnica já tivesse sido recomendada por Adam Smith em 1776, com a sugestão de tributar estoques ociosos, em seu clássico *A Riqueza das* Nações, base do sistema capitalista ocidental, nem sempre foi observada[6]. Reaparece no século XX no mundo ocidental, como novidade oriental de eficiência.

Da mesma forma como fora, em passado agora distante, da linha de produção em série da indústria automobilística americana, inaugurada por Henri Ford, no começo do século XX e que revolucionou a indústria, ao empregar maquinários automáticos na produção em massa de bens de consumo. O filme "Tempos Modernos", de Charlie Chaplin, realizado nos idos de 1936, exibe os efeitos dramáticos da mecanização sobre o ser humano, sujeito à máquina em movimentos repetitivos e implacáveis, a impor comportamento irracional ao operador. A eficiência da produção e sua influência sobre as pessoas nela envolvidas provocam debates sobre os efeitos negativos da prática e a necessidade de alteração de rumos e padrões. A arte a ilustrar fatos e a induzir modificações.

Esse conjunto de fatores forma massa crítica a informar e moldar mentalidades e comportamentos privados em diversos níveis e setores, nas escolas, nas universidades, nas empresas, nos locais de trabalho, nos ambientes de laser. Os órgãos públicos são também afetados, pois, afinal são também constituídos por pessoas submetidas aos mesmos efeitos e influências.

Movimentos pendulares

Essas influências, externas e internas, se ajustam às tendências que vão se formando em função da dinâmica da sociedade. Delas resultam ciclos que oscilam de acordo com fatores que as motivam, a se alternarem. Governos conservadores são substituídos por liberais e socialistas, e vice-versa. Faz parte de ciclos e de tendências que se acentuam gradativamente ou não se firmam e desaparecem. Alguns são mais longos e se demoram, como o que levou à Revolução Francesa de 1789; outros mais curtos e de menor expressão, como o que se verificou no Reino Unido com liberais substituídos por conservadores, em movimento pendular, a revelar cansaço de uma política e ansiedade por mudança de orientação, até se esgotar o novo modelo adotado.

6 ADAM SMITH, *The Wealth of Nations*, The University of Chicago Press, 1976, p. 382

Os ciclos pendulares no Brasil

No Brasil, os governos civis que sucederam aos do regime militar tiveram como característica marcante a rejeição das pessoas que representavam o regime decaído. Antigos contestadores, alguns até partícipes de atos violentos de orientação socialista e esquerdista, foram alçados ao poder com atuação no Congresso e no Poder Executivo, ficando os militares obscurecidos, na defensiva e mudos, sem participação política e social. Os atos de tortura e assassinato cometidos durante o momento em que presidiram o país mancharam-lhes a antiga reputação de moderados. A população não esqueceu os excessos cometidos durante aquele período imposto à nação em golpe de Estado urdido em meio à manifestações da sociedade civil contra a política governamental. As pessoas responsáveis foram abrangidas pela lei de anistia, ampliada por interpretação pelo Supremo Tribunal Federal.[7]

A Constituição de 1988 fez enterrar o ideário que informou aquele regime e instalou a democracia no país, pondo fim à autocracia inaugurada com a Proclamação da República e a Constituição de 1891. Sob sua égide dois presidentes da república sofreram processo de impedimento, em processo regular, com transmissão pela televisão dos atos parlamentares que as aprovaram, sem interferência de autoridades militares.

Ciclos pendulares em outras paragens

Processo similar ocorre nos Estados Unidos, com o pêndulo a oscilar entre os simpatizantes do Partido Republicano, privatista, e do Partido Democrático, liberal e com viés estatizante. No Reino Unido, a oscilação ocorre entre os conservadores, *tories,* e os trabalhistas e liberais.

O mesmo se verificou na América Latina como um todo. Governos militares autoritários, responsáveis por torturas e assassinatos de oponentes, foram

[7] Sobre o tema, vide JOSÉ CARLOS DE MAGALHÃES, "A Sentença da Corte Interamericana de Direitos Humanos, a Lei de Anistia e a Decisão do Supremo Tribunal Federal", *in Novos Caminhos do Direito no Século XXI – Uma homenagem a Celso Lafer,* LUIZ OLAVO BAPTISTA, TÉRCIO SAMPAIO FERRAZ JÚNIOR (coordenadores). JURUÁ Editora, Curitiba, 2012, p.223/233.

substituídos por outros autoproclamados de socialistas e de esquerda em países como Argentina, Bolívia, Paraguai, Peru, Uruguai e Venezuela. Esgotado o modelo socializante, com o fracasso das administrações paternalistas e ineficientes, houve mudança de orientação, com a eleição de governantes de inclinação conservadora, como Argentina, Brasil, Uruguai e Paraguai.

Em histórico abrangendo fatos mais antigos, registra-se, na década de 1930, a tendência de regimes totalitários, como os de Adolf Hitler, na Alemanha, Benito Mussolini, na Itália e Josef Stalin, na antiga URSS, este de esquerda, mas todos com episódios de atrocidades cometidas contra dissidentes. Essa tendência influiu em países democráticos como os Estados Unidos, a entusiasmar autoridades, como o embaixador em Londres, Joseph Patrick Kennedy, pai do então futuro presidente John F. Kennedy, simpatizante daqueles governos e ansioso para se encontrar com Hitler, sem sucesso. Churchill tinha de se comunicar diretamente com Roosevelt, sem a intervenção do embaixador, ciente de suas inclinações autocráticas. Os Estados Unidos entraram na Segunda Guerra Mundial após terem seus navios afundados pela Alemanha, vencida a relutância do presidente Franklin Delano Roosevelt em atender pedidos de ajuda de Churchill, até terminar o processo das eleições. Temia perder, se interviesse em favor do Reino Unido, naquele momento.

Morto Josef Stalin, com seu regime comunista conservador, surgiu Nikita Kruschev, com tendência mais liberal, com o desmonte da política de culto da personalidade do antecessor, causando assombro na população, acostumada ao endeusamento do líder falecido, amparado pela forte estrutura do partido comunista, pela censura à imprensa e a propaganda oficial[8]. Na Igreja católica, a política conservadora do Papa Pio XII deu lugar à do liberal e avançado Papa João XXIII, com suas encíclicas, que modernizaram o culto das missas, substituindo o latim pelo idioma do país de celebração, pondo o celebrante de frente aos fiéis e não mais de costas, como até então era costume.

[8] SVELTANA ALEKSIÉVITCH, *O fim do homem soviético*. Companhia das Letras, traduzido por Lucas Simone, 2016. A autora, ganhadora do Prêmio Nobel de Literatura de 2015, transcreve entrevistas com pessoas desencantadas com os novos rumos do país, frustradas com o desmonte da figura de Stalin, que governou o país por diversas décadas.

A aspiral ascendente da história

O movimento pendular da História, no entanto, mostra-se sempre ascendente, com o abandono em definitivo de hábitos repudiados pela comunidade, formando outras tendências que se solidificam, até serem superadas por outras com o passar do tempo. O ciclo novo que ora se delineia, neste princípio do novo milênio, já em sua segunda década, ruma à ampliação de normas de Direito, extravasando os limites territoriais dos Estados, diante da realidade transnacional das relações entre os povos, das quais se aproveita o crime organizado, também em amplitude mundial. A tendência ora fortalecida pela nova realidade é a da internacionalização do Direito, com normas destinadas a enfrentá-la para impor rumos novos, aprovados pela comunidade internacional, com o gradativo aplainamento de diferenças de civilizações e de culturas, informadas pelos princípios gerais introduzidos pela Declaração Universal dos Direitos Humanos.

A influência do neoliberalismo econômico

Terminada a Guerra Fria, prevaleceu nas relações econômicas internacionais o neoliberalismo, a estimular a atuação das empresas privadas e a liberdade de investimentos, sem os entraves de autoridades governamentais. Também aqui o pêndulo da história registra a oscilação contínua do seu curso moveu-se e fez terminar o antigo movimento de instalação de uma nova ordem internacional e a pretensão de um direito do desenvolvimento nacional à custa de desapropriações de bens de estrangeiros, sem pagamento de indenização, como propugnado por diversas resoluções da Assembleia Geral da ONU, dentre as quais a Carta dos Direitos e Deveres Econômicos dos Estados[9], repudiada pelos países industrializados. O embate Norte-Sul caracterizou aquele período, com o antagonismo entre os países industrializados (Norte) e os menos desenvolvidos (Sul).

Na esfera interna o Estado-providência inspirava governantes a adotarem programas sociais paternalistas, sem propiciar, no entanto, meios de

[9] Resolução 3.281, de 12 de dezembro de 1974, da Assembleia Geral da ONU

desenvolvimento. ou mecanismo de inserção de populações carentes no processo econômico.

No Brasil, destacou-se programa social inicialmente destinado a retirar a criança do trabalho para frequentar escola, suprindo a família carente com estipêndio mensal propiciado pelo trabalho infantil. A ação política transformou-o com a distribuição de recursos públicos para famílias carentes, sem fornecer meios paralelos de autodesenvolvimento e incentivos para superar deficiências econômicas. É o Estado-Providência a descurar do desenvolvimento social da sociedade por seus próprios meios e esforços, com programas de estímulo.

No plano internacional, os países subdesenvolvidos, beneficiados com planos de ajuda financeira, como o norte-americano USAID, percebendo sua inutilidade, reclamaram contra a prática, com o argumento de que desejavam comércio e investimentos, e não mera ajuda. Era o reconhecimento de que programas de auxílio não contribuem para o desenvolvimento, além de humilhar o beneficiário, dependente da benevolência alheia.

A ora extinta União Soviética, ao estatizar os meios de produção, talvez tenha sido a experiência mais radical de atuação estatal na esfera econômica, como entidade política e, ao mesmo tempo, empresarial. Passou a exercer atividades industriais e de comércio exterior, por meio de empresas públicas, sob controle governamental. O aparente sucesso inicial, com a transformação do país em grande potência militar, durou setenta anos, 1917-1989, e desapareceu sem traumas de movimentos armados ou insurreição social.

Reconheceu-o seu e então presidente Mikhail Gorbachov, ao adotar, como política de governo, nos anos de 1985 a 1991, a *Glasnost* (transparência), exposta em seu livro *Perestroika* (reestruturação) com medidas políticas e econômicas para modernizar a economia soviética. Apoiada e continuada pelo seu sucessor, Boris Yeltsin, primeiro presidente do país, após a dissolução da união, levou-o a declarar que a nação não teve sorte, ao ter sido decidido nela realizar o experimento marxista, ficando comprovado não haver lugar para aquela ideia, que afastou o país das nações civilizadas.[10] Antes dela,

[10] 50 -Segundo TONY JUDT, Boris Yeltsin declarou, em 1991: "Our country has not been lucky. It was decided to cary out the Marxist experiment on us. In the end we proved there that there is no place for this idea – it has simply pushed us off the path taken by the world's civilized countries". *Post War – A history of Europe since1945.* Peguin Books, Londres, 2005,

tentativas de ideólogos, em outros países, também haviam fracassado, como exposto por Edmond Wilson, no seu *Rumo à Estação Finlândia*, em que descreve as ideias acadêmicas e utópicas postas em prática em experimentos ruinosos.[11]

O efeito da dissolução da URSS, com o pêndulo da história indo para o lado oposto ao do movimento comunista de 1917, foi a reintrodução na ordem internacional de países a ela incorporados, como Belarus, Criméia (posteriormente reincorporada), Estônia, Letônia, Lituana, Moldóvia e Ucrânia. A Tchecoslováquia dividiu-se em República Checa e Eslováquia, vindo a Iugoslávia a desintegrar-se em diversos países independentes, Eslovênia, Croácia, Bósnia-Herzegovina, Sérvia, Montenegro e Macedônia, com o recrudescimento de antigas rivalidades, desaguadas em conflitos cruéis, a requerer a intervenção internacional.

Países fora da órbita soviética também haviam adotado a política de intervenção na economia, com programas de assistencial e social, como os escandinavos, além da França e Alemanha e mesmo a Inglaterra, mantendo, embora, o regime da economia de mercado.

O ideário de redução da dependência externa

Da mesma forma, os países latino-americanos, na década de 1960, estimulados pela doutrina da Comissão Econômica para a América Latina – CEPAL, haviam aderido ao processo de intervenção na economia, para buscar desenvolvimento autárquico, se possível sem a interferência de investidores estrangeiros.

O objetivo era reduzir a dependência externa e criar parque industrial próprio para suprir carências locais e possibilitar condições de competitividade no comércio internacional. A objeção aos investimentos diretos estrangeiros derivava da suspeição de que beneficiavam os investidores e não as comunidades que os recebiam. Por vezes esses investimentos eram feitos por meio de

p. 637. (Nosso país não teve sorte. Foi simplesmente decidido nos empurrar para fora da trilha tomada pelos países civilizados do mundo)

[11] 51 – EDMOND WILSON, *Rumo à Estação Finlândia*, Companhia das Letras, 1987.

máquinas e equipamentos ultrapassados no país de origem e serviam como forma de escoá-los para os países carentes.

Os países asiáticos optaram por estratégia diversa, ao aceitarem contribuição externa, por meio de empresas multinacionais, do que resultou desenvolvimento econômico e social não experimentado na América Latina.

A presença do Estado na economia, como parceiro e contratante em ajustes privados teve por efeito a modificação de conceitos tradicionais do direito internacional, com o término da imunidade absoluta da jurisdição do Estado. Sendo contratante em busca de resultados econômicos, equipara-se à entidade privada, fazendo desaparecer a antiga prerrogativa de imunidade de jurisdição, para serem compelidos a se submeterem à de outros países, em atos provenientes de negócios.

A alteração de rumos: os grupos informais de Estados

A atuação interna dos Estados na economia e os reflexos na esfera internacional levaram à criação Organização Mundial do Comércio, resultado último das Rodadas Uruguai de negociações do GATT-1994, como tentativa de organizar e regulamentar o comércio internacional, por meio da ação estatal. O seu sistema de solução de controvérsias teve certo êxito, ao decidir controvérsias das mais variadas ordens, envolvendo países de todos os níveis econômicos. Mas, isso não foi suficiente. A dinâmica das relações internacionais estimulou encontros informais de grupos de Estados com afinidades ideológicas e econômicas. Desses encontrou surgiu, incialmente, o G-8, alterado para G-7, com a exclusão da Rússia, por ter invadido a Criméia, e integrado pelos países das sete economias mais desenvolvidas do planeta[12], com o propósito de examinar o desenvolvimento das economias e influir, senão mesmo modificar, regras de organismos internacionais como o Fundo Monetário Internacional e do Banco Mundial, dos quais têm, em conjunto, controle.

A informalidade da constituição desse grupo reedita, com roupagem diversa, o Conserto Europeu, de 1815, com o agrupamento das maiores potências

[12] Alemanha, Canadá, França, Estados Unidos, Itália, Japão e Reino Unido, além da União Europeia.

colonialistas de então, com pretensões de ditar comportamentos para as demais nações e territórios[13]. Paralelamente, formou-se o Clube de Paris[14], com o objetivo de ajudar países em dificuldades financeiras, em período em que a dívida externa se acentuou em diversas áreas.

Essa tendência persistiu. Levou à criação de outro grupo informal, desta vez com a participação de países neoindustrializados, o denominado Grupo dos 20, em Cancun, em 1999,[15] no âmbito das negociações da Organização Mundial do Comércio, que têm se reunido anualmente, a demonstrar sua vitalidade e eficiência. Posteriormente, países não identificados com os integrantes do G-7, constituíram outro grupo informal, em 2006, conhecido pelo acrônimo BRICS, com a participação do Brasil, Rússia, Índia, China e África do Sul.

Esse novo componente do cenário internacional – criação de grupos informais de Estados, sem a observância das normas rígidas das organizações internacionais – é indício de mudança significativa da ordem internacional, imposto pela necessidade de adaptação a novos costumes e a novos padrões de comportamento. Em vez de negociações para a aprovação de estatutos e regras de funcionamento, os grupos informais indicam tendência dos tempos atuais da praticidade de ajustes, sem aqueles entraves.

A participação da sociedade civil

Em paralelo a tais iniciativas de Estados, a sociedade civil se mobilizou com a organização de reuniões periódicas, dentre as quais se destaca a do Fórum Econômico Mundial, criado por Klaus Schwab, em 1971, realizadas anualmente na cidade suíça de Davos. A elas comparecem presidentes de Estados, primeiros-ministros e outras autoridades estatais e de representantes da

13 Formado inicialmente pela Áustria, Prússia, o Império Russo e a Grã-Bretanha, com a adesão posterior da França,

14 Integram esse Grupo: Alemanha, Austrália, Áustria, Bélgica, Brasil, Canadá, Coreia do Sul, Dinamarca, Espanha, Estados Unidos, , Finlândia, França, Países Baixos, Irlanda, Israel, Itália, Japão, Noruega, Reino Unido, Rússia, Suécia e Suíça.

15 África do Sul, Alemanha, Arábia Saudita, Argentina, Austrália, Brasil, Canadá, China, Coreia do Sul , Estados Unidos, França, Índia, Indonésia, Itália Japão, México, Reino Unido, Rússia, Turquia União Europeia

sociedade civil, como empresas privadas e organizações não governamentais. O objetivo desses conclaves é o exame de questões econômicas, ambientais, sociais e relações internacionais, de interesse geral. É um dos reflexos da modificação da ordem internacional, em que a iniciativa privada se impôs aos Estados, interessados em delas participar, como oportunidade para conversas informais sobre temas de interesse bilaterais, sem a rigidez de encontros programados pelos ministérios de relações exteriores dos Estados.

Financiado por empresas privadas, o Fórum Econômico Internacional é uma fundação sem fins lucrativos, identificada como Organização Internacional para a Cooperação Pública-Privada (*International Organization for Public-Private Cooperation*), produzindo relatórios periódicos sobre suas atividades e participação ativa em redes sociais, com comunicados sobre temas de interesse geral.

A participação da sociedade civil na área internacional tem sido intensa, capitaneada por empresas multinacionais, em grande parte responsáveis pela predominância da economia liberal no pós Guerra Fria. Integram esse segmento as que se dedicam à tecnologia da informação, impulsionadas pelas redes sociais por elas criadas e controladas. Contribuíram para superar fronteiras estatais e aproximar povos e incrementar o comércio internacional, sobretudo em transações virtuais e em reuniões à distância por meio de computadores. Da mesma forma, a indústria do cinema e da televisão produziu efeito idêntico, com transmissão de acontecimentos em todo o mundo, com impacto imediato em todos os povos.

A inundação em cidades do Japão, os incêndios na Austrália, na Califórnia e na Amazônia, as nevascas nos Estados Unidos e outros fenômenos naturais em diversas outras localidades, só para lembrar os verificados em épocas recentes, deixaram de ser fatos que interessam apenas às populações diretamente afetadas. O derretimento da camada de gelo no polo sul, com o aumento do nível do mar e os demais acontecimentos climáticos repercutem em todo o mundo, alertando a todos sobre os efeitos da alteração do clima a exigir providências coordenadas. Na quarta parte deste trabalho, a atuação da sociedade civil nesse quadro é examinada com mais pormenores.

Dicotomia: Estado x empresa privada

O poder jurisdicional do Estado está fundado na pressuposição de que defende o interesse público da comunidade que o organizou e, assim, com legitimidade maior do que o exercido pela empresa privada. Há que se notar, no entanto, que a empresa privada, sobretudo os grandes conglomerados econômicos, assumiu contornos novos, ao congregar numerosos participantes em diversos países, como empregados, fornecedores, subcontratantes, acionistas, financiadores, consumidores, enfim, uma multiplicidade de pessoas afetadas pelos destinos da empresa e que condicionam suas atividades. Seus dirigentes equiparam-se às autoridades governamentais. Administram atividades e empreendimentos de interesse público, como a de produção e distribuição de alimentos, de medicamentos, de bens de consumo essenciais, a construção de estradas e de moradias, a prestação de serviços, pesquisa, enfim de extensa gama de itens indispensáveis para a vida rotineira de todas as cidades e de países.

Prateleiras vazias em supermercados

A visão de prateleiras vazias de supermercados em países afetados por grave crise econômica ou política retrata, pela ausência de bens essenciais de consumo, a relevância da atividade empresarial privada. Já esse efeito demonstra o interesse público de que se reveste a atuação da empresa. O lucro por elas perseguido, se remunera seus acionistas e investidores, também financia pesquisas e modernização de instalações e de maquinário, essencial para sua subsistência e necessário para o enfrentamento da concorrência, com o acolhimento de inovações técnicas ou de modismos próprios da evolução social.

Não seria exagerado equiparar o resultado financeiro da empresa, o lucro, à receita do Estado produzida por tributos os mais diversos. A receita tributária é destinada à remuneração da estrutura governamental, à prestação de serviços públicos, à financiar educação, saúde, obras saneamento e de infraestrutura e demais necessidades da sociedade e por ela pagas. O lucro da empresa, por sua vez, é destinado ao pagamento de sua máquina laboral, à remuneração de sua administração, ao pagamento de dividendos a seus acionistas que lhe aportam capitais, investidores, financiadores, fornecedores, bem como ao financiamento de pesquisas, por vezes a fundo perdido e à manutenção e modernização de seu parque industrial e de suas instalações, essencial para sua sobrevivência. É o conceito de que o capital gera capital – que não se confunde com riqueza – com a ampliação da atividade empresarial e a consequente criação de empregos, tecnologia e contribuição tributária.

Há, assim, certa similitude entre ambas as receitas, a tributária do Estado e os lucros das empresas. Há alteração apenas no destino a elas dado. A receita do Estado não é utilizada para gerar novas receitas e sim para financiar a máquina estatal, as obras de infraestrutura e saúde, segurança e educação, a fundo perdido. Essa receita é assegurada e continuamente alimentada pelos tributos que a população deve pagar, a despeito de serem ou não bem geridas. A da empresa é diversa e depende sempre do sucesso da exploração de suas atividades.

A ética capitalista rege a empresa privada e estimula o reinvestimento dos lucros nela própria, aumentando-os com essa estratégia. Se a exploração de uma atividade é bem-sucedida e gera receitas, servirá para novos investimentos e não simplesmente para distribuição aos acionistas, constituindo capital não produtivo. É, por vezes, grande o debate entre acionistas desejosos de auferir dividendos e os dirigentes da empresa interessados em aplicá-los em projetos de reinvestimentos. Não foi por acaso que a lei brasileira sobre sociedades anônimas impôs a distribuição obrigatória de parcela dos lucros, como forma de proteger os acionistas minoritários, evitando os reinvestimentos contínuos, sem sua distribuição[16]

A ideia de que o empresário usufrui dos resultados da empresa para construir palácios, adquirir iates, aviões particulares e a dedicar-se à vida luxuosa de gastos é ultrapassada, embora possa ainda acontecer, com resultados previsíveis de falência de empresas por falta de reinvestimentos ou má administração. No passado isso podia ser comum. Basta ver os palácios e obras de arte monumentais construídas por grandes mecenas como os da família Medici e seus concorrentes, os Pazzi, no século XVI. Os lucros produzidos

[16] Lei 6.404/76 – art/ 202 – Os acionistas têm direito de receber como dividendo obrigatório, em cada exercício, a parcela dos lucros estabelecida no estatuto ou, se este for omisso, a importância determinada de acordo com as seguintes normas: *omissis*

pelas atividades financeiras dos Medici foram convertidos não apenas em palácios, mas em obras dos grandes escultores e pintores que notabilizaram a Renascença.

Atualmente, o sistema capitalista está fundado em premissas diversas, como sustentado pelo escocês Adam Smith, no século XVIII, no seu *Riqueza das Nações*. O lucro reinvestido gera mais lucro e mais empregos, impostos e riqueza, segundo a teoria do capitalismo, que distingue o capital produtivo do não produtivo, que é o empregado em bens não geradores de capital.

Endividamento x reinvestimento

Episódio registrado durante o regime militar instalado no Brasil em 1964 revela visão equivocada da atividade empresarial. Os economistas responsáveis pela condução do processo econômico nacional estimularam, em certo momento, o endividamento internacional das empresas, e não o reinvestimento de lucros por seus controladores estrangeiros. O raciocínio a inspirar essa política era o de que a taxa de juros vigente sobre empréstimos internacionais era de 6% ao ano sobre o valor emprestado, inferior à taxa de 12% do capital registrado investido na empresa para a remessa de lucros à matriz, sujeita à alíquota maior de imposto, se maiores fossem os lucros repatriados. Assim, raciocinavam, seria mais vantajoso para o país as empresas contraírem empréstimos externos, e remeterem juros correntes à taxa de 6% ao ano, do que receber investimento direto estrangeiro em seu capital, com repatriação de lucros à taxa de 12% ao ano. Em conclusão, seria mais benéfico ao país as empresas contraírem empréstimos externos, do que receber aportes de capital de risco.

Afora o fato de que os juros de 6% ao ano não eram fixos e sim flutuantes – do que resultou no seu aumento gradual até quase 20% ao ano, elevando a dívida externa do país – ignorou-se a ética capitalista do reinvestimento de lucros nas próprias empresas bem-sucedidas. Assim, se uma subsidiária de empresa estrangeira produzir lucros, é previsível sejam reinvestidos na subsidiária rentável e não remetidos ao exterior. Os dirigentes locais pressionam a matriz para mantê-los no país e não a distribuí-los aos acionistas estrangeiros, beneficiados, indiretamente, com a valorização de suas ações, sem receber dividendos. É a lógica capitalista que faltou aos dirigentes estatais na ocasião, que pressupunham ser interesse das subsidiárias remeter lucros e não os reinvestir no país. Sem contar o fato de que empréstimos devem ser sempre pagos, enquanto investimentos são capital de risco que podem ou não gerar receitas e estão sujeitos à insucesso e tendem a permanecer no país.

O Estado, a empresa privada e o interesse público

Outro ponto a ser considerado no tema é o de que nem sempre o Estado defende o interesse público, mas projetos pessoais de autoridades públicas, por vezes contrastantes com aspirações da comunidade. Foi o que provocou movimentos populares em Hong Kong, Irã e Chile, em 2019/2020. No Irã, em 2022, novamente a população reagiu, inconformada com a morte de jovem pela polícia de costumes por violar normas de indumentária feminina imposta por autoridades eclesiásticas. Foi reação contundente, com mortes em diversas partes do país, a motivar a extinção da polícia de costumes.

A atuação de organizações não governamentais em defesa do meio ambiente, ou de direitos humanos, ou, ainda, em defesa da vida selvagem, para salvá-las de extinção se, de um lado supre deficiências dos Estados, de outro, pode contrariar políticas de autoridades estatais. Movimentos sociais que periodicamente se verificam em todas as partes são sintomas de desagrado da população, ou de partes dela, com políticas governamentais não coincidentes com aspirações comuns. São fatores a influir nos rumos da sociedade internacional ampliados no pós-Guerra Fria.

A atividade empresarial não está imune a reclamos da população, mostrando-se atenta na defesa do meio ambiente, motivando-as a adotar política de igualdade racial e de sexos nos cargos de direção. Compreenderam que não basta ter como alvo de suas atividades apenas o lucro, mas sua contribuição para atender aspirações e necessidades sociais, com programas paralelos de educação, de defesa do meio ambiente, ou recomendação de comportamentos de interesse público. Não raro criam fundações por elas mantidas com objetivos sociais de que a população carece.

Perceberam os grandes conglomerados empresariais que seu papel nas sociedades em que atuam está intimamente vinculado aos seus destinos.

É fruto dessa consciência a ação das empresas exploradoras da tecnologia da informação, ao estabelecerem padrões de comportamento ético para governar a enorme estrutura de que são dotadas, espalhadas em todo o planeta. É certo que essa atitude nova não advém de decisões altruístas, mas atendimento de pressões da sociedade. Há certa simbiose a informar o comportamento empresarial e da sociedade.

Não obstante acesa a discussão sobre a atuação da empresa privada em contraposição às autoridades governamentais, a liberalização da economia instalada após o fim da Guerra Fria deixou à mostra a relevância da conjugação de esforços entre ambas, com a percepção da necessidade de mútua colaboração para a modificação dos rumos da ordem internacional.

O movimento falido da instauração da Nova Ordem Internacional

Foi essa conjugação de esforços, pode-se dizer, responsável pela superação dos embates provocados pela aspiração dos países subdesenvolvidos e em desenvolvimento de instalação de uma Nova Ordem Econômica Internacional, por meio de Resoluções da Assembleia Geral da ONU, na qual detém maioria de votos. A pretensão de adotar a política de desapropriações de empresas, sem pagamento de indenização, como estratégia para o desenvolvimento econômico, propugnada pela Resolução que aprovou a Carta dos Direitos e Deveres Econômicos dos Estados[17] terminou sem deixar traço. A falta do componente ético da iniciativa comprometeu-a, vencida com os novos tempos da globalização da economia.

A inviabilidade da pretensão, contra a unanimidade dos países industrializados, cujas empresas seriam diretamente por ela afetadas, tornou-a superada e esquecida, como se nunca tivesse sido formulada. Por ser irrealista e, sobretudo, por contrariar normas éticas e de Direito consagradas por todos os povos, foi substituída pela ansiedade de atração de investimentos estrangeiros, por meio de empresas privadas, com garantias de não expropriação, sem pagamento de indenização. Revela-o a assinatura de mais de dois mil tratados

[17] Resolução 3281 (XXIX), de 1962, da Assembleia Geral da ONU

bilaterais de proteção de investimentos, consoante modelo da OCDE, que as prevê, conferindo segurança a aportes estrangeiros.

Aquele movimento, todavia, teve o mérito de expor reação, forte e necessária, dos países menos desenvolvidos sobre o sistema econômico mundial a manter extensa parcela da humanidade excluída desse processo. Teve o efeito de fazer aflorar disparidades de desenvolvimento e provocar reflexões morais e alterações nos rumos da economia internacional. Embora não tenha alcançado o resultado desejado, deixou escancarada a injustiça do sistema vigente sofrida pelos países menos desenvolvidos.

A antiga classificação de Estados com base em seu desenvolvimento econômico deixou de ser mencionada, com a modificação do cenário internacional. A globalização da economia e o processo de universalização do Direito fizeram superar a etapa para outra ainda sem definição de rumos, ou de características definidas.

Estudiosos de relações internacionais, como Jürgen Habermas, abordam o tema em livro cujo título indica essa alteração, *Après l'État-nation* (Após o Estado-nação), seguindo tendência também vislumbrada por Jacques Chevalier, em *L'État post moderne* (O Estado pós-moderno). Da mesma forma, vão na mesma direção as observações de Parag Khana sobre as alternativas abertas para novos rumos da sociedade internacional.[18]

Essa nova estrutura advinda da globalização da economia e dos efeitos da mundialização do Direito não tem, ainda, rumos definidos, encontrando-se em processo de gestação com riscos ainda não bem avaliados. Os embates econômicos entre os Estados Unidos e China, em plena guerra comercial abertamente declarada nesta segunda década do novo milênio, o rompimento de acordo de restrição ao uso de armas de destruição em massa, alcançado a duras penas no final do século XX, despertou reações ameaçadoras de países como Coreia do Norte e Irã. São fantasmas a assustar a comunidade internacional, diante do retrocesso anunciado. A Rússia colabora no cenário sombrio, com a invasão da Ucrânia, em 2022, sem razão que não a do desejo nostálgico de a reincorporar à sua antiga condição de integrante do Império Soviético. Foi o que fizera ao invadir e incorporar Criméia, ao seu domínio.

[18] KHANNA, PARAG, *Como Governar o Mundo*, Editora Intrínseca Ltda., 2011 Rio de Janeiro.

A constituição da ONU e de seu Conselho Econômico e Social e a atuação da Assembleia Geral e de seu sistema de um voto por membro, a aprovar Resoluções contra as pretensões dos países desenvolvidos, pode ter contribuído muito para o novo cenário, ao ressaltar a necessidade de atenção aos países carentes. O fato de o movimento para a Instalação de uma Nova Ordem Econômica Internacional ter perdido importância e mesmo foco com a globalização da economia, não retira os efeitos das acendradas discussões então travadas e nas resoluções aprovadas pela Assembleia Geral, alçada ao poder, em contraposição ao do Conselho de Segurança, cuja composição requer ajustes. Serviu para realçar disparidades de desenvolvimento econômico e social e para expressar aspirações a serem atendidas. A igualdade jurídica dos Estados não pode ignorar a desigualdade de desenvolvimento, a justificar tratamento diferenciado nas relações econômicas e comerciais.

Efeitos na solução de controvérsias privadas

Uma das grandes preocupações nas relações entre empresas privadas estrangeiras e o Estado em que atuam reside no sistema de solução de controvérsias, tradicionalmente provida por ele próprio, mesmo nos contratos e controvérsias em que é parte. Paira sempre a suspeita de parcialidade do juiz estatal favorável ao Estado de que faz parte. O conceito de denegação de justiça nem sempre é caracterizado em decisões contrárias a pretensões de empresas estrangeiras. Ademais, mesmo que se verifique, não há mecanismo eficiente, na esfera internacional, apta a evitar os seus efeitos. A empresa privada ficava na dependência da proteção diplomática de seu país, que podia recusá-la, diante de interesses mais relevantes a serem observados. O seu desuso atual é reflexo dessa constatação.

Diversos fatores modificaram esse quadro, dentre os quais a participação expressiva das empresas privadas no comércio e investimentos internacionais. Se, amparadas inicialmente na proteção diplomática fornecida por seus Estados nacionais, para protegê-las contra eventuais atos ilegais de países hospedeiros, passaram a contar consigo própria e nos contratos. O incremento dessa participação contribuiu para o novo rumo das relações internacionais. Com a desconfiança na proteção diplomática, até então o único remédio na defesa de interesses das empresas privadas no exterior, cresceu a pressão para a adoção da arbitragem privada, fundada no contrato. Essa desconfiança proveio da recusa de Estados em conceder proteção diplomática, quando interesses comerciais e de relações internacionais diversos interferiam e preponderavam sobre o interesse privado a ser protegido.[19] Em outras situações a ilicitude da pretensão da empresa privada gerou precaução das autoridades governamentais em concedê-la sem maiores cuidados, evitando, com isso abusos usuais no século XIX, contra países da América Latina, então recém-saídos do regime colonial.

Tanto o Reino Unido, como a França deixaram expresso essa preocupação, no começo do século XX, após incidentes bélicos contra a Venezuela, fruto de pretensões improcedentes de investidores, decididas por tribunais arbitrais instituídos em Washington.[20] A Emenda Drago/Porter aprovada na Conferência de Haia de 1906, que proíbe o uso da força para cobrança de dívidas de Estados foi avanço provocado pelo abuso do uso da força naquele episódio. Nesse conclave, há que se registrar a posição do representante do Brasil, Ruy Barbosa, contra a proposta vencedora.[21]

O efeito dessa pressão foi o de provocar a revisão no sistema de solução de controvérsias privadas, com o afastamento do Estado. Esse movimento teve início emblemático com a aprovação do Protocolo de Genebra sobre cláusulas arbitrais, de 1923, que atribuiu efeito compulsório a tais cláusulas, modificando conceito tradicional de a considerar apenas uma obrigação de fazer. Fruto de pressão da inciativa privada, capitaneada pela Câmara de Comércio Internacional – CCI, continuou com a aprovação da Convenção de Genebra sobre reconhecimento de sentenças arbitrais, de 1929. Esse longo trajeto teve seu ápice com o apoio da ONU, ao aprovar a Convenção de Nova Iorque, sobre arbitragem, em 1958.

19 Sobre o tema, vide JOSÉ CARLOS DE MAGALHÃES, *Direito Econômico Internacional*, Juruá, Curitiba, 2ª Edição, 2017, p. 130/140

20 JOHN FISCHER WILLIAMS, "Le droit international et les obligations financières internationales qui naissent d'un contract", in *Recueil des Cours*, 1923, I, p.293-361; JOSÉ CARLOS DE MAGALHÃES, *Direito Econômico Internacional*, Juruá, Curitiba, 2ª edição, 2017, p. 144

21 JOSÉ CARLOS DE MAGALHÃES, *Direito Economico Internacional*, Juruá, Curitiba, 2ª edição, 2017.

O resultado desse movimento foi o reconhecimento pela generalidade dos países ocidentais do efeito compulsório da cláusula arbitral e do reconhecimento das sentenças arbitrais estrangeiras, sem prévia homologação judicial no país onde proferidas.

O contrato passou a ter prevalência para regular negócios internacionais, fundado na autonomia da vontade privada, a se impor a regulamentos oficiais. A nova *lex mercatória* resultou desse efeito, com a proliferação de princípios e normas produzidas por associações setoriais, a reger relações privadas. Da mesma forma estimulou a negociação, pelos Estados, de tratados destinados a aprovar normas de direito privado, como a Convenção das Nações Unidas para a Venda Internacional de Mercadorias, aprovada em 1980 (Convenção de Viena, ou *CISG*).[22]

Seguiu tendência de outros tratados internacionais que já haviam regulado matérias de direito privado como o que aprovou leis uniforme sobre cheques, notas promissórias e letras de câmbio[23] e, no âmbito sul-americano, o Código Bustamante, sobre normas de direito internacional privado, embora de escassa utilização pelos países que o ratificaram, a exemplo do Brasil.[24]

Não somente na esfera internacional procurou-se afastar o Estado da solução de controvérsias privadas. No âmbito interno também a arbitragem prosperou, com a disseminação de câmaras arbitrais privadas para resolver controvérsias locais, em substituição ao sistema público do Estado. É mais um sintoma a revelar o fim do monopólio do Estado no exercício da jurisdição, ora compartilhada também na solução de controvérsias, pela arbitragem privada.[25] A jurisdição pública do Estado passou a conviver com a jurisdição privada de árbitros conferida pelas partes litigantes.

[22] United Nations Convention on Contracts for the International Sale of Goods – CIS, ratificada pelo Brasil pelo Decreto Legislativo 538, de 18.10.2012 e objeto do Decreto n] 8.327, de 10.2014.

[23] Convenções para adoção de uma lei uniforme em matéria de letras de câmbio e notas promissórias, assinada em Genebra em 07.06.1930 e em vigor no Brasil, com sua ratificação pelo Congresso e objeto do Decreto 57.663, 24.01.1966.

[24] Objeto do Decreto nº 18.871, de 13.08.1929.

[25] Sobre o tema, vide JOSÉ CARLOS DE MAGALHÃES, *Arbitragem – Sociedade civil x Estado*, Almedina, São Pauo, 2020.

PARTE II
A AÇÃO COORDENADA DOS ESTADOS

Capítulo 3
AS PRIMEIRAS ORGANIZAÇÕES INTERNACIONAIS

A estrutura da ordem internacional

A ordem internacional, desde sua restruturação pelos tratados de paz de Vestfália, foi fundada nos Estados, concebidos como entidades soberanas acima dos quais nenhum outro poder pairava. Foi nela que o direito internacional se ancorou para regular as relações entre as entidades que integravam a ordem mundial. Nessa esfera havia somente Estados, como atestou a clássica decisão do caso *Lotus,* do Tribunal Permanente de Justiça Internacional, ao afirmar que o Direito Internacional rege relações entre Estados independentes para a coexistência entre coletividades autônomas ou para a perseguição de fins comuns.[1] Essa decisão, da década de 1920, revela o entendimento prevalecente sobre a ordem mundial, embora já tivesse sido constituída a Sociedade das Nações e outras de menor expressão e amplitude, destinadas a regular algumas atividades internacionais setoriais, ao longo do século XIX, a conviver àquela altura, com os Estados.

1 Trecho da sentença citado em muitos trabalhos doutrinários diz: "O direito internacional rege as relações entre Estados independentes. As regras de direito ligando os Estados se originam, assim, da vontade destes, vontade esta manifesta nas convenções ou nos costumes geralmente aceitos como consagradores dos princípios de direito e estabelecidos visando a reger a coexistência dessas comunidades independentes ou visando a busca de objetivos comuns. As limitações à independência dos Estados não podem, portanto, serem presumidas. (CPJI, série A, n. 10, p. 18)

A afirmação decorre, em grande parte, da repetição de conceitos antigos, expressos pelos doutrinadores mais conhecidos do Direito Internacional, como Hugo Grócio, Puffendorf, Vitoria, Emeric Vatel e outros clássicos da formulação do direito internacional, sem maior reflexão ou análise da realidade do momento em que foram produzidas. Se era verdade, quando fora externada por doutrinadores antigos, atentos à realidade do momento, a dinâmica da sociedade internacional modificara o quadro então existente, sem que os juízes daquela Corte registrassem a evolução da ordem internacional, já iniciada.

Aquela sentença, que se tornou clássica na apreciação da querela entre França e Turquia sobre competência para processar nacionais, deixou de considerar, dentre seus fundamentos, o novo quadro internacional já delineado. Não percebeu que no século XIX a cooperação entre os Estados já havia evoluído de acordos bilaterais para multilaterais, com a constituição de entidades destinadas a regular atividades interestatais. As comunicações por via postal, o transporte ferroviário interestatal e a navegação fluvial entre Estados exigiam colaboração conjunta para regular algumas atividades, de interesse mútuo. Esses acordos antecederam as Conferências de Paz de 1899 e 1907, que incluíram os países latino-americanos então recém egressos do sistema colonial e, portanto, novos Estados no cenário internacional. As Conferências de Paz continham premissas de cooperação entre todos, dentre as quais o da igualdade jurídica dos Estados, ponto então importante para os países latino-americanos.

Organizações Internacionais do século XIX

O quadro internacional que as precedeu já contava com entidades juridicamente formadas, como a União Telegráfica Internacional, criada em 1865, a União Postal Universal, fundada em 1874, o Escritório Central de Transporte Internacional por Estradas de Ferro, o Escritório Internacional de Pesos e Medidas, em 1875, o Escritório Internacional de Saúde Pública, em 1904 e outros.[2] Criadas por Estados, constituíam novo ingrediente nas relações internacionais a serem considerados.

[2] JOSÉ MANUEL HEREDIA, "Las Organizaciones Internacionales; Generalidades, *in* MANUEL DIEZ DE VELASCO, *Las Organizaciones Internacionales* Editorial Tecnos, Madrid, 1997,

A formação daquelas entidades de cooperação técnica foi evolução de tendência à organização da estrutura internacional fundada na necessidade de colaboração para atingir fins comuns. O Concerto Europeu, de 1815, embora gerado para fins políticos e militares, indicou tendência de desenvolvimento de novo modelo, ainda embrionário.

A ampliação dos partícipes da ordem internacional detectada no final do século XIX, com a admissão dos países latino-americanos nas Conferências de Haia de 1899 e 1907, fortaleceu o multilateralismo na formação do direito internacional, criando condições para superar entendimentos bilaterais, em prol de ações conjuntas. A criação da Sociedade das Nações, por sua vez, pode ser considerada o momento inicial da universalização do direito internacional, ao conter princípios e conceitos de interesse da humanidade como um todo e não apenas para o grupo de Estados que a constituiu, ou para determinadas atividades.[3]

A tendência prosperou. As duas guerras mundiais no século XX deslancharam o processo, com o rompimento da barreira do monopólio da jurisdição dos Estados. A constituição da ONU é consequência delas, com a preservação do mesmo princípio que inspirou a antecessora, como forma de estabelecer condições de colaboração dos países para manter a paz e a segurança internacionais. Mais do que isso, acentuou a convicção da necessidade de cooperação e coordenação de políticas e de atividades entre os países, com a evolução para a subordinação às decisões tomadas por maioria. Reduziu a noção de soberania, advinda dos tratados de Vestfália.

O novo modelo da ordem mundial e o encolhimento da soberania do Estado

Os Estados são soberanos para firmar convenções que criam organizações ou a elas aderem. Ao fazê-lo, deixam de ser soberanos por decisão própria e se submetem às tomadas pela maioria, ou seja, mesmo contra sua vontade. Protagonistas principais da ordem internacional, os Estados, em virtude dessa nova

p.35-51,

3 PASQUALE STANISLAO MANCINI, *Direito Internacional*, Tradução de Ciro Mioranza, Editora Unijui, Ijui (RS), 2003, p. 51.

faceta, com a qual passaram a conviver, deixaram de ser os únicos atores com capacidade jurídica de agir na esfera internacional e legitimados a produzir normas de direito. A personalidade jurídica dessas entidades foi reconhecida por decisão histórica, de 1949, da Corte Internacional de Justiça, ao apreciar o caso das Reparações sofridas por seu funcionário em missão de paz, para obter reparações pelos danos causados, em que declarou:

> "Na hipótese de que um agente das Nações Unidas, no desempenho de seus deveres sofra danos em circunstâncias que envolvam a responsabilidade de um Estado Membro, as Nações Unidas, como Organização, tem a capacidade para promover uma reclamação internacional contra o governo de *jure* ou *de facto* responsável, para obter a reparação a respeito do dano causado às Nações Unidas."

Embora as organizações internacionais já existissem desde meados do século XIX para reger setores específicos e limitados das relações entre os Estados, pairava a incerteza sobre a personalidade jurídica dessas entidades e sua capacidade para praticar e executar atos jurídicos. Essa decisão concluiu ter a ONU personalidade jurídica própria, independentemente dos Estados que a constituíram. Essa conclusão aplica-se às demais organizações, como pessoas jurídicas de direito internacional. Foi longo percurso, pontilhado por atos e fatos a revelar a tendência, aos poucos firmada para superar antiga tradição de monopólio do Estado, como único ator nas relações internacionais.

A tímida aparição das organizações internacionais, ao longo do século XIX, foi substituída pela desenvoltura com que foram outras constituídas no decurso do século XX, contando-se dezenas delas, dedicadas a diversos aspectos das relações internacionais; algumas de caráter universal, outras regionais, mas todas com estrutura jurídica independente.

O funcionário internacional

O episódio dos danos sofridos por funcionário da ONU, a serviço da organização, despertou a atenção para novo aspecto, não percebido, da figura do funcionário internacional, vinculado à entidade em que exerce funções profissionais. Deve ele lealdade à organização em que trabalha e, ao mesmo tempo, ao Estado do qual é nacional. Sua atuação pode gerar incertezas sobre eventuais conflitos de interesses, devendo prevalecer o da sua vinculação profissional com a organização internacional, de espectro mais amplo e de vocação diversa da de seu país natal. Na verdade, trata-se de falso conflito de interesses, pois o Estado do qual é nacional o funcionário está vinculado às decisões da organização, com o que concordou ao dela fazer parte de se submeter aos atos por ela aprovados.

Alguns funcionários internacionais destacaram-se no exercício de suas funções, como o Secretário Geral da ONU, o sueco Dag Hammarskjöld, cuja morte em acidente de avião despertou suspeitas nunca esclarecidas. Tivera ele atuação marcante no exercício de sua função internacional, contrariando interesses de grandes potências em crises internacionais, como a do Canal de Suez, que envolveu intervenção bélica da França, Reino Unido e Israel, em ação não aprovada pelo Conselho de Segurança da ONU, com seu apoio. Mais recentemente, provocou comoção internacional a morte, em 2003, do filósofo e diplomata brasileiro Sérgio Vieira de Mello, na condição de Alto Comissário das Nações Unidas, em atentado a bomba, em Bagdá, arquitetado pela Al Qaeda, contra a sede local da ONU, juntamente com 21 pessoas. Em ambos os casos, não eram funcionários que se destacaram por contribuições a seus países, mas para a organização internacional, com a qual se identificaram. Isto talvez explique a pouca repercussão no país do atentado em que foi vitimado o brasileiro.

O funcionário da empresa multinacional: um paralelo

Essas considerações sobre o funcionário internacional têm paralelo com o funcionário da empresa privada multinacional, a ela vinculado por laços profissionais, afetivos e de aspiração de carreira, em contraposição à lealdade da nacionalidade e de sua origem. A lealdade à empresa, ou à organização internacional pode ser mais forte do que com o país do funcionário, do qual pode estar afastado por longo período, em virtude de suas funções no exterior, com filhos nascidos e educados em outros países, em idiomas estrangeiros e laços familiares esmaecidos pela distância e falta de convívio. O funcionário internacional e o da empresa multinacional tendem a se identificar com a organização a que pertencem, mais do que do país de origem. Sua trajetória profissional o identifica como pessoa da Organização ou da empresa, com as marcas por ela inculcadas em sua personalidade e formação.

Os primórdios

O aparecimento das organizações internacionais, ainda sem a estruturação jurídica adquirida um século depois, adveio da necessidade prática de regular as comunicações internacionais, por meio de correios, estradas de ferro e transporte fluvial em rios com curso em mais de um Estado. Essas atividades, com repercussão fora do território estatal, provocaram o interesse na colaboração dos países envolvidos, para coordenar ações conjuntas, diante da impossibilidade de impor regulamentos unilaterais. Logo no começo da segunda metade do século XIX se registraram tais ações, visando a regular efeitos internacionais do uso desses meios.

União Internacional de Telecomunicações

Foi a primeira organização internacional a se formar, diante do empenho em disciplinar as comunicações telegráficas para fora do território de cada país e, assim, de interesse geral. Atribui-se a Samuel Morse a invenção do sistema. Em 24 de maio de 1844, enviou sua primeira mensagem pública por linha telegráfica entre Washington e Baltimore. O uso de sistemas diversos, a requerer decifrações de comunicações provenientes de outros países, provocou o interesse em harmonizar essas comunicações, com a criação da União Internacional de Telégrafos, em Paris, em 17 de maio de 1865. Suas atividades perduraram, tendo-se tornado agência especializada da ONU, em 1947, com sede em Genebra, Suíça. Dentre suas atividades destaca-se a alocação de espectros de ondas de rádio, com a organização de interconexões entre todos os países, por meio de ligações de telefone internacionais.

Ao longo de sua existência, assistiu às inovações na área, uma das que mais evoluíram a partir do século XIX, com a invenção do telefone, o rádio-telecomunicação, e, no século XX, o lançamento dos satélites de comunicações e das telecomunicações, dentre outras.

A União Postal Universal

A necessidade de organizar o envio e recebimento de correspondências internacionais impulsionou os países, nos séculos XVII e XVIII, a firmar acordos bilaterais para disciplinar a tarefa. No século XIX, esses acordos se revelaram insuficientes para regular a troca de correspondências. A Inglaterra, em 1840, por meio de Sir Rowland Hill, introduziu a postagem pré-pagas de correspondências, com base no peso, sem considerar distâncias a ser percorridas, criando-se o selo postal. Em seguida, os Estados Unidos convocaram, em 1863, uma conferência com a participação de 15 Estados, que, no entanto, não produziu efeitos. Mais tarde, em 1874, um funcionário do serviço postal alemão, Heinrich von Stephan, redigiu projeto de união postal, acolhido pelo governo suíço, que convocou conferência em 15 de setembro de 1874, à qual compareceram 22 países, em 09 de outubro de 1874, foi firmado o Tratado de Berna, que fundou a União Geral Postal. Sua denominação foi alterada para União Postal Universal (UPU), em 1878, por meio de tratado do qual participou o Brasil[4], com a unificação dos regulamentos nacionais sobre o tema formando um só território postal, como consta do art. 1º do Tratado que a instituiu.[5]

A UPU tem por objetivo assegurar a organização e o aperfeiçoamento dos serviços posais e favorecer o desenvolvimento da colaboração internacional. Para esse fim, participa da assistência técnica postal solicitada pelos países membros das Nações Unidas que a ela aderirem. Atua por meio de um Congresso, Conselho de Administração, Conselho de Operações Postais e o

[4] O Brasil ratificou a Convenção Postal Universal celebrada em 01/06/1878, conforme Decreto nº 7.229, de 29.03.1879.

[5] Art. 1º Os países, entre os quais se conclui a presente Convenção, assim como os que a ela aderirem ulteriormente, formam, sob a denominação de União Postal Universal, um só território postal para a permutação recíproca das correspondências entre as respectivas agencias de Correio.

Escritório Internacional, tendo-se tornado agência especializada da ONU em 1948, congregando 192 países.[6]

Convenção de Paris para proteção da propriedade industrial

Dentro do mesmo escopo de regular atividades de interesse comum, a Convenção da União de Paris celebrada em 1883, teve finalidade a proteção da propriedade industrial. Precedeu-a a Conferência Diplomática realizada em Paris, em 1880, seguida por outra, de 06 de março de 1883, em Paris, tendo ficado célebre frase do presidente da Conferência: "*Nós escrevemos o prefácio de um livro que vai se abrir e que não será fechado se não após longos anos*". O que de fato ocorreu, com as contínuas revisões, a adaptar a contingências e inovações surgidas com o tempo. As revisões se verificaram em Bruxelas (1900), Washington (1911), Haia (1925), Londres (1934), Lisboa (1958) e Estocolmo (1967). O Brasil, sob o império, integrou os onze países que firmaram o texto original da União: Bélgica, Brasil, Espanha, El Salvador, França, Guatemala, Países Baixos, Portugal, Sérvia e Suíça. Atualmente, conta com 173 países signatários, a indicar a universalidade de suas disposições.[7]

A Convenção estabeleceu uma União de países (art. 1º)[8] para regular temas relativos à propriedade industrial, como o registro de patente de invenção,

[6] Segundo informe da UPU, como agência especializada da ONU, em 18 de outubro de 2018, o secretário de Estado dos Estados Unidos notificou-a de sua retirada após um ano dessa notificação. O motivo declarado foram as taxas mais baixas cobradas à China, considerando tratamento injusto.

[7] O Brasil continuou a participar da Organização, tendo ratificado, pelo Decreto Legislativo 78, de 31.10.1974 e Decreto 75.572, 08.04.1975, sua adesão à Organização Mundial da Propriedade Intelectual.

[8] **ARTIGO 1.º** – 1) Os países a que se aplica a presente Convenção constituem-se em União para a proteção da propriedade industrial. 2) A proteção da propriedade industrial tem por objeto as patentes de invenção, os modelos de utilidade, os desenhos ou modelos industriais, as marcas de fábrica ou de comércio, as marcas de serviço, o nome comercial e as indicações de proveniência ou denominações de origem, bem como a repressão da concorrência desleal. 3) A propriedade industrial entende-se na mais larga acepção e aplica-se não só à indústria e ao comércio propriamente ditos, mas também às indústrias agrícolas e extrativas e a todos os produtos fabricados ou naturais, por exemplo: vinhos, grãos, tabaco em folha, frutos, animais, minérios, águas minerais, cervejas, flores, farinhas.4) Entre as patentes de invenção compreendem-se as diversas espécies de patentes industriais admitidas nas legislações dos

modelos de utilidade, desenhos ou modelos industriais, marcas de fábrica ou de comércio, marcas de serviço, nome comercial, indicação de proveniência ou denominações de origem, bem como repressão à concorrência desleal (art. 10º) nos países membros. Previu-se um Direito de Prioridade para exercer o direito de registro, com base no primeiro pedido apresentado em um dos países membros.[9]

Há interligação entre a União de países e a Organização Mundial da Propriedade Intelectual (OMPI), como referido pelos artigos 13 a 17, que prevê, como seus órgãos a Assembleia, constituída pelos países membros e uma Secretaria Internacional da Propriedade Intelectual, referida na Convenção que instituiu a OMPI (inciso II do art. 13)[10], tendo-se estabelecido que, quando todos os Estados da União se tornarem membros da OMPI, os direitos, obrigações e bens da Secretaria da União serão devolvidas à Secretaria Internacional da Organização. Na verdade, houve previamente a unificação da União estabelecida pela Convenção sobre Propriedade Industrial com a Convenção de Berna, que regulou os direitos literários e artísticos, fruto da *Associação Literária e Artística Internacional*, de 1878.

A Organização Internacional do Trabalho

Não obstante o desrespeito às normas sobre o uso da força, o movimento que inspirou a Sociedade das Nações teve sucesso na criação de outra instituição, a complementar o mesmo ideário, a Organização Internacional do Trabalho (OIT), prevista na Parte XIII do Tratado de Versalhes, de 1919. Foi iniciativa

países da União, tais como patentes de importação, patentes de aperfeiçoamento, patentes e certificados de adição, etc.

[9] Art. 4º . – (1) Aquele que tiver devidamente apresentado pedido de patente de invenção, de depósito de modelo de utilidade, de desenho ou modelo industrial, de registro de marca de fábrica ou de comércio num dos países da União, ou o seu sucessor, gozará, para apresentar o pedido nos outros países, do s direito de prioridade durante os prazos adiante fixados.

[10] **ARTIGO 13.º** 2) – a) A Assembléia: ii) Dá à Secretaria Internacional da Propriedade Intelectual (seguidamente aqui denominada «a Secretaria Internacional») referida na Convenção que institui a Organização Mundial da Propriedade Intelectual (seguidamente aqui denominada «a Organização») diretivas respeitantes à preparação das conferências de revisão, tendo na devida conta as observações feitas pelos países da União que não estejam vinculados pelos artigos 13.º a 17.º;

destinada a assegurar condições para atingir o mesmo fim, o da paz internacional, com a criação de fórum especial para a discussão de um dos problemas sociais mais agudos de todos os tempos, as relações entre empregados e empregadores e as leis que as disciplinam.

Fracassada a Sociedade das Nações, permaneceu a OIT até os dias atuais em atividade. A estrutura de seu funcionamento peculiar permitiu sua continuidade.[11] A delegação de cada país membro é constituída por dois representantes de cada Estado, mais um dos empregados e um outro dos empregadores.[12] Essa representação tripartite – Estado, empregador e empregado – visou a assegurar às categorias interessadas na regulação das relações trabalhistas igual oportunidade para apresentar pleitos e opiniões, a serem retratadas nas resoluções da entidade.

A OIT tem como órgãos uma Conferência geral constituída pelos Representantes dos Estados-Membros; b) um Conselho de Administração e c) uma Repartição Internacional do Trabalho sob a direção de um Conselho de Administração (art. 2). A Conferência é o órgão com competência para se pronunciar sobre propostas com a edição de convenção internacional ou recomendação (art. 19). A convenção deverá ser submetida aos Estados-membros para ratificação e a recomendação para ser convertida em lei ou outro instrumento jurídico do país-membro. No curso de suas atividades, a Conferência aprovou diversas Convenções, algumas das quais contrastantes com a legislação de países membros, como a de nº 158, denunciada pelo Brasil pelo Decreto 2.100/96, por impedir a demissão de empregado sem justa causa.[13]

Apesar da característica das delegações dos Estados, contando com a participação de representantes dos empregados e dos empregadores, tem

[11] Segundo esclarecimento da OIT, seu estatuto original, de 1919, foi modificado pelas emendas de 1922, em vigor a 4 de junho de 1934; de 1945, em vigor a 26 de setembro de 1946; de 1946, em vigor a 20 de abril de 1948; de 1953, em vigor a 20 de maio de 1954; de 1962, em vigor a 22 de maio de 1963 e de 1972, em vigor a 1 de novembro de 1974.

[12] Artigo 3º 1. A Conferência Geral dos representantes dos Membros convocará sessões sempre que seja necessário e pelo menos uma vez por ano. Será composta por quatro representantes de cada um dos Membros, de entre os quais dois serão os delegados do Governo e os outros dois representarão, respectivamente, por um lado os empregadores, por outro, os trabalhadores de cada um dos Membros.

[13] Em decisão da 3ª Turma do Tribunal Superior do Trabalho julgou regular a denúncia feita pelo governo brasileiro da Convenção 158, considerando-a inconstitucional (Processo: AIRR-1430-79.2014.5.17.0007)

prevalecido a influência predominante do Estado nas votações da Conferência, em virtude de sua política interna que lhe permite interferir na escolha dos representantes patronais e dos empregados. No Brasil essa circunstância decorre da organização sindical adotada na legislação trabalhista, com a unicidade sindical, sem respeito à liberdade de sindicalização até a pouco prevalecente. A figura do "pelego", representante sindical ligado ao governo, perdurou por largo período.

Como quer que seja, a constituição da OIT foi o germe da Declaração Universal dos Direitos Humanos e pode ter influído na estrutura da própria ONU, com a criação do Conselho Econômico e Social, como órgão permanente. Foi o reconhecimento de que a paz e segurança internacionais requerem sejam observados padrões adequados no tratamento das relações de trabalho. Suas conferências periódicas têm emitido declarações, como a de 10 de maio de 1944, em Filadélfia, com exortação sobre as relações de trabalho e políticas sociais. Nessa Declaração, indicou a amplitude dos princípios da Organização, a abranger todos os povos do mundo:

> "A Conferência afirma que os princípios enunciados na presente Declaração são plenamente aplicáveis a todos os povos do mundo e que, se nas modalidades da sua aplicação tem de ser devidamente considerado o grau de desenvolvimento social e económico de cada povo, a sua aplicação progressiva aos povos que ainda são dependentes, assim como àqueles que atingiram o estado de se governarem a si próprios, é um assunto que diz respeito ao conjunto do mundo civilizado."

Dentre esses princípios, a Declaração especificou: a) o trabalho não é mercadoria; b) a liberdade de expressão e de associação é uma condição indispensável para um progresso constante; c) a pobreza, onde quer que exista, constitui um perigo para a prosperidade de todos; d) a luta contra a necessidade deve ser conduzida com energia inesgotável por cada nação e através de um esforço internacional contínuo e organizado pelo qual os representantes dos trabalhadores e dos empregadores, colaborando em pé de igualdade com os dos Governos, participem em discussões livres e em decisões de carácter democrático tendo em vista promover o bem comum.

Não obstante nem sempre sejam observados em todos os Estados, são princípios a servirem de baliza para a regência das relações de trabalho, em conformidade com o desenvolvimento das relações sociais.

Organização Internacional de Polícia Criminal – Interpol (OIPC)

A tendência à universalização do Direito iniciada no século XIX, se aprofundou no início do século XX, em outra área de interesse comum dos Estados. A constituição da OIPC – Interpol foi indício de alargamento dessa tendência. Desta vez, direcionou-se à cooperação entre Estados para investigação de ilícitos penais. Já se percebia a atividade internacional de grupos integrantes de organizações criminosas internacionais a desafiar a jurisdição territorial dos Estrados. Nem sempre tratados de extradição eram e são suficientes para essa colaboração, tendo em vista suas limitações e a diversidade de legislações.

Essa carência somente poderia ser superada com a colaboração de Estados interessados em dar efetividade a políticas de apuração de atividades criminosas em seus territórios, com reflexos no exterior. Isto levou à constituição da Organização Internacional de Polícia Criminal (conhecida pela sigla Interpol) [14]. A iniciativa resultou de reunião de autoridades de 24 países realizada em 14 a 18 de abril de 1914, em Mônaco, para examinar a possibilidade de cooperação e solução de crimes e técnicas de identificação e de extradição entre tais países. Após o término da I Guerra Mundial, foi formada, em 1923, a Comissão Internacional de Polícia Criminal, com sede em Viena. Em suas primeiras ações internacionais registra-se a divulgação de nome pessoas procuradas no Jornal Internacional de Segurança Pública.

Ao longo do tempo, a Organização foi se aprimorando e adaptando sua estrutura às novas formas de delitos internacionais, com a criação de departamentos especializados na sua prevenção, dentre as quais o registro de práticas criminosas por meio de moedas e passaportes falsos, delitos de caráter nitidamente internacional. Em 1935, criou a rede internacional de

[14] Página da MapInterpol na Intenet, 2019

rádio, iniciando providências para comunicações à distância que, em 1966, já abrangia 34 países.

Durante o regime nazista, suas atividades foram interrompidas, em virtude de interferência do governo da Alemanha. Recomeçaram em 1946, portanto, após o fim da II Guerra Mundial, com a mudança de sua sede para Paris e, posteriormente, para Saint Cloud e Lyon, desde 1989, onde atualmente está situada. O desenvolvimento dessas atividades resultou na sua constituição como Organização Internacional de Polícia Criminal, com autonomia para coletar dados dos países membros, que lhes financiavam as atividades. Seu estatuto, aprovado na 26ª sessão da Assembleia Geral realizada em 1956, foi modificado em diversas oportunidades, a última das quais em Beijing, em 2017.

Em 1982 adotou as Regras de Cooperação de Polícia Internacional, como estrutura para processar dados, como nomes e impressões digitais, atuando por meio de Escritórios Nacionais Centrais, que integram as administrações dos países em que estão localizados, em coordenação, com o Secretário Geral da Interpol. Posteriormente, criou sistema de comunicações para assegurar o compartilhamento de informações entre todos os países, bem como de passaportes e documentos de viagem roubados, com mais de 80 milhões de registros.

No exercício de suas atividades a Interpol colabora com a *United Nations Security Council Special Notice* para alertar autoridades sobre entidades sujeitas às sanções criminais, como bloqueio de bens, impedimento de viagem e embargo de armas.

Universalidade da Interpol

Esse breve relato revela a evolução de uma iniciativa de propósitos inicialmente limitados, cuja expansão foi provocada pela ampliação das relações internacionais e das atividades ilícitas no comércio internacional, despertando o interesse de praticamente todos os países. O número de membros da Interpol subiu, atualmente, para 194, comparável ao da própria ONU, a revelar a universalidade de suas atividades e o interesse generalizado em prevenir e investigar atividades criminosas.

O artigo 2º de seu estatuto esclarece ser seu objetivo:

a) conseguir e desenvolver, no marco das leis dos diferentes países e do respeito à Declaração Universal dos Direitos Humanos, a mais ampla assistência recíproca das autoridades de polícia criminal;
b) estabelecer e desenvolver todas as instituições que possam contribuir para a prevenção e a repressão das infrações de direito comum.

Essa assistência é feita com a colaboração de outras organizações internacionais voltadas ao combate ao crime organizado e à atividade criminal internacional, pelas diversas formas que têm assumido. O limite dessa assistência está estabelecido no art. 3º de seu estatuto, segundo o qual lhe é vedada qualquer atividade ou intervenção em questões ou assuntos de caráter político, militar, religioso ou racial. Está fora do escopo da Interpol a atuação como agência policial, não lhe competindo cumprir mandatos de captura, mas, apenas investigar e prestar assistência para as autoridades policiais dos países com jurisdição para processar os envolvidos. Com esse propósito, fornece informações pertinentes sobre fatos tipificados como crimes comuns, não compreendidos nas limitações previstas no art. 3º de seu Estatuto.

Segundo seu Regulamento interno, a Interpol auxilia autoridades dos Estados membros na prevenção e na investigação relativas à infrações penais, na localização de pessoas desaparecidas ou identificação de cadáveres. Essas atividades são também exercidas com o fim de prevenir e reprimir infrações penais no quadro do comércio internacional.[15]

Estrutura administrativa

Sua estrutura administrativa conta com o Secretário Geral, que comanda e coordena as atividades administrativas e a Assembleia Geral, que se reúne anualmente para tomar decisões. Gere a coleta de informações dos países que a integram, para auxiliar na investigação e descoberta de autores de infrações envolvendo o comércio internacional e crimes de natureza econômica, para

[15] SOUHEIL EL-ZEIN, "L'OIPC-INTERPOL", *in L'Ilicite dans le Commerce Internacional*, Litrec, volume 6, Universidade de Bourgogne, 1996, p. 561-577.

fins de pedidos de extradição dos implicados, ou de simples apuração de responsabilidades. A sofisticação das transações internacionais, com o uso de cartões de crédito, cheques de viagem, ou outros mecanismos de pagamento internacionais tem exigido a cooperação acentuada de países, para os quais a Interpol está apta a prestar assistência.

Outras atividades relacionadas com a corrupção, lavagem de dinheiro, tráfico de droga e de pessoas, contrabando têm também exigido a colaboração da Interpol, detentora de arquivos e informações que auxiliam os países em investigações, sobretudo para a obtenção de provas. De maneira geral, passou a Interpol a ser considerada uma entidade internacional autônoma voltada à colaboração dos Estados para a apuração e punição de crimes transfronteiras, diante da incapacidade que todos possuem, confinados na jurisdição territorial que os caracteriza.

Capítulo 4
AS ORGANIZAÇÕES INTERNACIONAIS GLOBAIS[1]

Breve histórico

O processo de transformação da ordem internacional, que leva à universalização do Direito, nos seus diversos aspectos, por ser processo, avança aos poucos, as vezes aos solavancos. As resistências arraigadas na estrutura tradicional da ordem internacional impedem modificações abruptas. Por isso, o sistema inaugurado com os tratados da Paz de Vestfália perdura e à custo vem sendo superado, com recuos e progressos, estes lentos, mas significativos a se manter.

No século XX, a iniciativa pioneira para essa modificação pode ser localizada na realização da Conferência de Haia de 1907, seguindo a de 1899, em que, pela primeira vez, os Estados sul-americanos foram convidados a participar de um conclave internacional. Relembre-se terem sido esses Estados os primeiros a se libertarem do sistema colonialista até então vigente, sob domínio dos países europeus, resistentes à mudanças do *statu quo*, que presidiu as relações internacionais até então. A Tríplice Aliança, entre Áustria, Prússia e Rússia, destinada a pôr cobro às aventuras guerreiras de Napoleão, foi o germe para o Concerto Europeu, de 1815, com a inclusão do Reino Unido e, posteriormente, da França. O objetivo desses Estados então dominantes no cenário internacional foi o de manter o *status quo* no mundo e, com isso,

[1] Este capítulo complementa e atualiza artigo do autor, A Reforma da Carta da ONU, publicado em *Estudos Avançados da USP*. São Paulo, vol.9, nº 25,1995

evitar a declaração de independência de colônias, como começava a acontecer na América Latina, com a Argentina, em 1815. É relevante lembrar que até os Estados Unidos estavam fora do cenário internacional naquela ocasião. Somente em 1892 as principais potências europeias elevaram a graduação dos representantes diplomáticos naquele país de ministros para embaixadores.[2]

A declaração do presidente dos Estados Unidos James Monroe, em 1823, no Congresso americano, conhecida como Doutrina Monroe, procurou obstar iniciativas europeias nas cercanias das fronteiras daquele país, com ameaça à sua segurança. Essa Doutrina, ao contrário do incorretamente expresso no art. 21 do Tratado que constituiu a Sociedade das Nações, não é um acordo regional, mas manifestação unilateral do país, para sua própria defesa[3]. Na verdade, não se trata propriamente de erro, mas de entendimento típico da cultura anglo-saxã, sobretudo norte-americana, de considerar de interesse geral pretensão própria, ainda que não compartilhada por outras nações.[4] Na época em que foi declarada muitos países latino-americanos já haviam obtido sua independência e não firmaram acordo para a aprovação dessa doutrina. Trata-se, pois, de ato unilateral e não de acordo regional. Apesar disso, a proclamação da Doutrina não obstou os Estados Unidos de apoiarem o Reino Unido contra a Argentina, na guerra das Malvinas/Falklands, em 1982, o que revela ter-se tratado de manifestação episódica em defesa própria e não do continente americano.

A Sociedade das Nações

A eclosão da então denominada Grande Guerra, no período de 1914 a 1918, despertou na comunidade internacional a consciência sobre a necessidade de

[2] PAUL KENNEDY, *Ascenção e Queda das Grandes Potências*, Editora Campus, 4ª Edição, Rio de Janeiro, 1989, p. 191

[3] **Art. 21.** Os compromissos internacionais, tais como tratados de arbitragem e os acordos regionais como a doutrina de Monroe, que asseguram a manutenção da paz, não são considerados incompatíveis com nenhuma das disposições do presente Pacto.

[4] Segundo P. RENOUVIN e J. B. DUROSELLE, embora alguns negaram e declararam que os interesses da humanidade inteira, e não os de sua própria nação, constituíam o primordial objetivo da ação a seu cargo. "Esta é uma atitude tipicamente anglo saxônica, mais especialmente americana". *Introdução à História das Relações Internacionais*, Difusão Europeia do Livro, Paris, 1967, p 335.

cooperação de todos os países para evitar incidentes similares. Dos entendimentos entre os vencedores resultou a constituição da Sociedade das Nações, em 1919, após, portanto, o término do conflito e da celebração dos Tratados de Paz em Versalhes.

Grande entusiasta da iniciativa, Woodrow Wilson, presidente dos Estados Unidos, se empenhou pessoalmente para sua concretização. Formulou 14 pontos a serem observados no pós-guerra para assegurar a paz internacional e organizar as relações entre os Estados.[5] Constituída a Sociedade das Nações, experiência pioneira no Direito Internacional, dela não participou o país cujo presidente empreendeu esforços para sua constituição, com a não ratificação do Tratado pelo Congresso americano, ficando os Estados Unidos fora da organização.

Essa ausência reflete o ânimo isolacionista que perdurava na política dos Estados Unidos, apesar de sua participação no conflito armado. Mesmo essa intervenção refletiu a defesa do interesse nacional. Fora provocada pelo afundamento de navios americanos por submarinos alemães, como represália à ajuda propiciada aos países inimigos da Alemanha.

[5] Os 14 pontos sugeridos indicam providências de pós-guerra a serem observadas, em síntese:
1.º A acordos de paz abertos, sem acordos secretos;
2.º Livre navegação, além das águas territoriais, tanto na guerra como na paz, exceto em caso excepcional de cumprimento a pactos internacionais;
3.º Remoção de barreiras económicas e estabelecimento de igualdade de condições de comércio entre as nações consentâneas à paz e à sua manutenção;
4.º Redução de armas nacionais ao mínimo necessário à segurança interna;
5.º Ajustes livres imparciais e abertos às reivindicações das colónias;
6.º Evacuação das tropas alemãs da Rússia, e respeito pela sua independência;
7.º Evacuação das tropas alemãs da Bélgica;
8.º Evacuação das tropas alemãs da França, inclusive da contestada região da Alsácia-Lorena;
9.º Reajuste das fronteiras italianas dentro de linhas nacionais claramente reconhecíveis;
10.º Autogoverno limitado para o povo austro-húngaro;
11. Evacuação das tropas alemãs dos Balcãs e independência para o povo balcânico;
12.Independência para a Turquia e autogoverno limitado para as outras nacionalidades até então sob o Império Otomano;
13. Independência para a Polônia;
14. Formação de associação geral de nações, sob pactos específicos para fornecer garantias mútuas de independência política e integridade territorial, para todos Estados, grandes e pequenos.

O ingresso desse país na guerra deveu-se também em defesa de seus interesses na Europa, ameaçados com a retirada da Rússia de sua aliança com o Reino Unido e França, em virtude da revolução de que resultou a formação da União Soviética. Fornecedores de alimentos e de empréstimos a países europeus afetados pela guerra, os Estados Unidos viram-se forçados a intervir no conflito, para evitar eventual derrota, com risco dos investimentos de seus nacionais feitos na área. Pesou ainda na decisão americana o conhecimento de ofertas secretas de uma aliança da Alemanha com o México, por meio do que ficou conhecido como "Telegrama Zimmermann", em que a Alemanha oferecia ajuda ao México para a retomada de territórios integrados na união americana.[6]

A fundação da Sociedade das Nações nasceu enfraquecida pela ausência de algumas grandes potências de então, sobretudo dos Estados Unidos, país que já despontava com relevância no cenário internacional, grande parte em virtude de sua participação na Grande Guerra. A incapacidade de Wilson de convencer o Senado a aprovar o Tratado de Versalhes, com a criação da Sociedade das Nações, levou o país a firmar um tratado de paz em separado, com Alemanha, Áustria e Hungria, em 1921.[7] O Brasil, um dos fundadores, dela saiu, em 1926, após sua preterição para a Alemanha, na eleição para o Conselho, contra a qual se opôs.

A Sociedade das Nações não conseguiu ser levada a sério por muito tempo, não tendo sido capaz de evitar a invasão da Manchúria, da China, pelo Japão, em 1931 e da Abissínia, atual Etiópia, pela Itália, em 1935, sob o regime fascista de Benito Mussolini, que inaugurou, com a anexação daquele país, o Império da Itália. Não obstante, a criação do Tribunal Permanente de Justiça Internacional, como um de seus órgãos permanentes, teve atuação relevante e perdurou, após sua extinção, com a sucessora, a Corte Internacional de Justiça, da ONU, a retratar a aspiração da comunidade internacional de solução pacífica de controvérsias.

As duas Guerras Mundiais, com os efeitos catastróficos provocados, despertaram nos países vencedores, a convicção de que, ao seu término, seria

[6] PAUL KENNEDY, *Ascenção e Queda das Grandes Potências*, Editora Campus, 4ª Edição, Rio de Janeiro, 1989, p. 262,

[7] JEAN-BAPTISTE DUROSELLE, *Histoire Diplomatique de 1919 à nos Jours*, Dalloz, Paris, 10ª edição, 1990, p. 61.

momento de estabelecer balizas mais firmes para regular as relações internacionais como um todo. Havia um processo em curso, desde o início do século XX, com a Conferência de Haia de 1907, em sequência à de 1899, com a aprovação de diversas resoluções, dentre as quais a formação do Tribunal Permanente de Arbitragem. Foi iniciativa pioneira para institucionalizar um organismo internacional concebido para resolver pendências entre Estados, de forma pacífica e ordenada. Foi a primeira tentativa séria de substituir o uso da força nas relações internacionais, por mecanismo pacífico de solução de controvérsias, que a I Guerra Mundial frustrou. Registrou a tendência, já delineada, para eliminar de vez a autotutela, como meio de defesa de interesses nacionais.

O Pacto Briand/Kellog

A constituição da Sociedade das Nações[8], embora não tenha conseguido evitar a II Guerra Mundial, representou significativa evolução das relações internacionais. Foi o reconhecimento efetivo de que o sistema de soberania dos Estados, fundado nos tratados da Paz de Vestfália, necessitava de ajustes. O Tratado de Renúncia à Guerra, conhecido como Pacto Brian/Kellog[9], ou Tratado de Paris, de 1929, no curso, portanto, da vigência da Sociedade das Nações, mas celebrado fora dela, contou com a adesão de numerosos países.[10] É tido como ainda vigente, sendo outra iniciativa a indicar a tendência de

[8] O Brasil ratificou o Tratado de Paz de Versalhes assinado em 28.07.1919, pelo decreto nº 3.875, do Congresso nacional, divulgado pelo decreto do executivo nº 13.990, de 12.01.1920.

[9] O projeto do Tratado foi redigido pelo Secretário de Estado dos Estados Unidos, Frank B. Kellogg e o ministro francês das relações exteriores Aristide Briand, ficando seus nomes vinculados ao Pacto.

[10] A condenação do recurso à guerra e o estímulo à solução pacífica de controvérsias estão inscritos nos artigos 1 e 2: "Artigo I As Altas Partes contratantes declaram solenemente, em nome dos respectivos povos, que condenam o recurso à guerra para a solução das controvérsias internacionais, e a ela renunciam como instrumento de política nacional nas suas mútuas relações. Artigo II As Alta Partes contratantes reconhecem que o ajuste ou a solução de todas as controvérsias ou conflitos qualquer natureza ou origem, que se suscitem entre elas: nunca deverá ser procurado senão por meios pacíficos. " Dele foram signatários: Alemanha, Bélgica, Estados Unidos, França, Índia, Irlanda, Itália, Japão, Nova Zelândia, Polônia, Reino Unido e Tchecoslováquia

estimular as soluções pacíficas de controvérsias entre Estados e evitar o uso da força nas relações internacionais, como ratificado pela ONU.

O Pacto declara a renúncia de seus signatários a usar a guerra como instrumento de política internacional. Na América Latina deixaram de firmá-lo a Argentina, Bolívia e Brasil, tendo este considerado supérflua sua participação, pois os princípios nele expressos já constavam de sua Constituição. Contudo, resolveu a ele aderir. sob o governo então provisório de Getúlio Vargas, pelo Decreto nº 24.557, de 03.07.1934[11], cedendo a pressões diplomáticas dos Estados Unidos, com sua política pan-americana inaugurada, em 1933, por Franklin D. Roosevelt.

Não obstante essa declaração solene, Japão e Itália, que a firmaram, romperam o compromisso de não usar a força armada, com as invasões que realizaram, enfraquecendo o sistema da Sociedade das Nações.[12] Foi a continuação

[11] Decreto nº 24.557, de 03 de julho de 1934 – Promulga o Tratado de Renúncia à Guerra, concluído e assinado em Paris a 27 de agosto de 1928. O Chefe do Governo Provisório da República dos Estados Unidos do Brasil: Tendo feito declarar, por nota da Embaixada do Brasil em Washington, datada de 20 de fevereiro último, ao Governo dos Estados Unidos da América, que o Governo brasileiro aderia ao Tratado de Renúncia à Guerra, concluído e assinado em Paris a 27 de agosto de 1928; e, tendo sido confirmada essa adesão, em 10 de maio próximo passado, pelo respectivo depósito do instrumento de ratificação, conforme comunicou por nota de 24 do mesmo mês o Departamento de Estado dos Estados Unidos da América à Embaixada do Brasil em Washington; Decreta que o referido Tratado, apenso por cópia ao presente decreto, seja executado e cumprido tão inteiramente como nele se contém. Rio de Janeiro, DF, em 3 de julho de 1934, 113º da Independência e 46º da República. GETÚLIO VARGAS, Felix de Barros Cavalcanti de Lacerda

[12] Esse compromisso está inscrito nos artigos 10 e 11 do Pacto: **Art.10.** Os Membros da Sociedade comprometem-se a respeitar e manter contra toda agressão externa a integridade territorial e a independência política presente de todos os Membros da Sociedade. Em caso de agressão, ameaça ou perigo de agressão, o Conselho resolverá os meios de assegurar a execução desta obrigação.

Art.11. Fica expressamente declarado que toda guerra ou ameaça de guerra, quer afete diretamente ou não um dos Membros da Sociedade, interessará à Sociedade inteira e esta deverá tomar as medidas apropriadas para salvaguardar eficazmente a paz das Nações. Em semelhante caso, o Secretário Geral convocará imediatamente o Conselho a pedido de qualquer Membro da Sociedade.

Além disso, fica declarado que todo Membro da Sociedade tem o direito de, a título amigável, chamar a atenção da Assembleia ou do Conselho sobre qualquer circunstância de natureza a afetar as relações internacionais e que ameace, consequentemente, perturbar a paz ou o bom acordo entre as Nações, do qual depende a paz.

da política de poder estatal da autotutela a prevalecer sobre compromissos internacionais.

Apesar do desrespeito por aqueles países, o Pacto Briand/Kellog representou evolução nas relações internacionais, na mesma linha da Emenda Drago/Porter, aprovada na Conferência de Haia de 1907, que considerava ilegal o uso da força pelos Estados para a cobrança de dívidas. São dois instrumentos adotados em paralelo às disposições do tratado que constituiu a Sociedade das Nações, o primeiro a ela anterior, a seguir a mesma trilha para disciplinar o uso da força pelos Estados e evitar a autotutela dos interesses de cada Estado. A linha de coerência desses instrumentos com o texto do tratado da Sociedade das Nações revela a tendência da comunidade internacional de dar ênfase às soluções negociadas e pacíficas de litígios.

Essa evolução, embora significativa, a indicar a aspiração comum de abolir a força nas relações internacionais, com o estímulo às negociações pacíficas, não impediu a eclosão da II Guerra Mundial, com a anexação da Áustria pela Alemanha, nos padrões tradicionais da ordem internacional do século XIX. As demais invasões realizadas pela Alemanha, que denunciara o tratado que constituiu a Sociedade das Nações e dela se retirara, em 1933, foram o reflexo do entendimento ainda em voga de legitimidade do uso da força para atender interesses nacionais.

O rompimento de tratados, como o de renúncia à guerra, era prerrogativa de Estados soberanos, amparados pelo princípio da autotutela de interesses nacionais e, ainda do conceito de guerra justa ou injusta, prevalecente no século XIX e acolhido pelo Direito Internacional então vigente, não obstante opiniões doutrinarias contrárias, como explica Hans Kelsen[13]. A mentalidade reinante ainda não se libertara da tradicional estrutura internacional fundada na soberania dos Estados. Soberanos, podiam eles firmar e desfazer-se de tratados, a seu talante, fundados apenas na força física disponível. Isto explica a desenvoltura com que Japão[14], Itália[15] e, depois, a Alemanha[16] agiram sem respeitar os compromissos assumidos.

13 HANS KELSEN, *Princípios de Derecho Internacional Publico,* Libreria El Ateneo, Buenos Aires, 1965. P.28-29,

14 O Japão se retirou da Sociedade das Nações em 27 de março de 1933

15 A Itália saiu em 1937, após sofrer sanções por ter invadido a Etiópia.

16 A Alemanha se retirou em 19 de outubro de 1933, já sob o governo de Hitler.

O Pacto Briand/Kellog, de 1929 indicou conceitos para a manutenção da paz. Seu propósito foi o de proibir o uso da força como instrumento de política nacional, fortaleceu a tendência, ao deixar expresso a renúncia à guerra, como instrumento de política internacional, aspiração também frustrada pelos acontecimentos subsequentes que conduziram à II Guerra Mundial. Foi mais um elo na cadeia de instrumentos internacionais, para a abolição do uso da força armada e a estimular as negociações como base para as relações internacionais.

Todavia, isso não bastava. Era necessário ir à raiz dos problemas de relações internacionais, provocadoras de pendências e conflitos, que poderiam, como no passado, desaguar em violência, com o uso de armas letais. Reconheceu-se que a economia constituía fator de desgaste nas relações internacionais, com Estados carentes de matérias primas para preencher suas necessidades, a pressionar os que dela eram detentores para as fornecer, pacificamente, ou, mediante métodos agressivos, por vezes mediante o uso da força.

O caso do Japão

O caso do Japão, antes do início da II Guerra Mundial – e, possivelmente, uma das causas colaterais remotas – era emblemático, embora não o único. Desprovido de fontes de petróleo e de outros minerais para abastecer sua estrutura industrial e militar em expansão, o Japão invadiu a Manchúria, na China, em 1931, em busca dessas matérias primas, com repercussão geral, sobretudo na então União Soviética.[17] A Itália seguiu o exemplo, ao invadir a Abissínia em 1935, para incorporá-la ao Império da Itália, após incidentes, pretextos e longas tratativas. As invasões alemãs foram a continuação do ritmo de atos unilaterais com o uso da força armada, usuais nos séculos anteriores e causadores da I Guerra Mundial. Eram tentativas de manter o padrão antigo da autotutela, sem considerações de tratados e compromissos internacionais, em contraposição à tendência delineada de abolição do uso da força e a ênfase nos entendimentos pacíficos para solucionar controvérsias.

[17] PAUL KENNEDY, *Ascenção e Queda das Grandes Potências*. Editora Campus, 4ª edição, tradução de Waltensir Dutra, Rio de Janeiro, 1989, p. 321-323.

Afastadas as causas de conflitos internacionais motivadas por credos religiosos, apanágio das ocorridas nos séculos antigos, as contendas internacionais no século XX tiveram, em grande parte, origem em pretensões e rivalidades de fundo econômico, além da constatação da disparidade de desenvolvimento entre as nações, geradora de inconformidades. Como destacou Paul Kennedy, citando o Secretário de Estado dos Estados Unidos, Cordel Hull, *"a crise global da década de 1930 fora causada, em grande parte, pelo mau funcionamento da economia internacional, pelas tarifas protetoras, pela concorrência econômica desleal, pelo acesso restrito às matérias primas, pelas políticas governamentais autárquicas"*[18]

Fatores paralelos dos efeitos da crise de 1929

Outros fatores específicos influíram na convicção geral da necessidade de estabelecer novos padrões de comportamento dos Estados, para mudar de vez hábitos antigos, a começar pelo relacionamento na esfera econômica. Os efeitos da crise financeira de que resultou a quebra da Bolsa de Nova Iorque, em 1929, foram um deles. Suas consequências se espalharam por todo o mundo. A interligação das economias já era uma realidade a ser considerada nas relações internacionais. A crise em um país repercutia nos demais. A utilização da taxa de câmbio como instrumento de política comercial, com a oscilação artificial do valor da moeda, para atender a interesses de exportadores e importadores, e os acordos bilaterais de tratamento preferencial e discriminatório, igualmente, eram hábitos geradores de controvérsias e animosidades. Pairava no ar a necessidade de transformações.

A constituição da ONU

Esse conjunto de fatos levaram os países aliados na guerra a se reunir em Dumbarton Oaks, Washington, entre agosto e outubro de 1944, para examinar o estágio das relações internacionais afetadas pela guerra e seus desdobramentos. Desses entendimentos resultou a criação de uma organização internacional

[18] PAUL KENNEDY, *Ascenção e Queda das Grandes Potências*, p. 364.

em substituição à falida Sociedade das Nações, de caráter abrangente e dotada de normas de aplicação universal. Aprovou-se a carta da ONU, que não se contentou em estabelecer princípios para evitar conflitos armados. Considerou indispensável prever outros fatores capazes de perturbar as relações internacionais. Foi uma das razões para incluir em sua estrutura, como órgão permanente, o Conselho Econômico e Social, com as funções estabelecidas no art. 62 da Carta, com foco em temas de caráter econômico, social, cultural, educacional e conexos [19].

Efeitos da II Guerra Mundial

A constituição da ONU foi um dos efeitos diretos da II Guerra Mundial, movida pela consciência da necessidade de reorganizar a estrutura da comunidade internacional, em bases diversas da que presidiu a que regeu a Sociedade das Nações. Concebeu-se a ONU, não como organização de Estados, como sua antecessora, cujo tratado constitutivo, em seu preâmbulo, faz referência às "Altas Partes Contratantes", ou seja, os Estados. Preferiu-se não os incluir no preâmbulo e sim " *nos, os povos das nações unidas* RESOLVIDOS a preservar as gerações vindouras do flagelo da guerra, que por duas vezes, no espaço de uma vida humana, trouxe sofrimentos indizíveis à humanidade...." A indicação de "*povos*" em vez de "altas partes contratantes", como sua antecessora, reflete aspiração de superação da estrutura da ordem internacional baseada em Estados. Não obstante a nomenclatura adotada e ter sido firmada por Estados, atuaram estes como representante dos "povos" que os organizam e que devem, em princípio e, em teoria, representá-los. A referência à sofrimento da humanidade – e não apenas dos povos atingidos pela conflagração –

[19] Artigo 62. 1. O Conselho Econômico e Social fará ou iniciará estudos e relatórios a respeito de assuntos internacionais de caráter econômico, social, cultural, educacional, sanitário e conexos e poderá fazer recomendações a respeito de tais assuntos à Assembleia Geral, aos Membros das Nações Unidas e às entidades especializadas interessadas.2. Poderá, igualmente, fazer recomendações destinadas a promover o respeito e a observância dos direitos humanos e das liberdades fundamentais para todos.3. Poderá preparar projetos de convenções a serem submetidos à Assembleia Geral, sobre assuntos de sua competência. 4. Poderá convocar, de acordo com as regras estipuladas pelas Nações Unidas, conferências internacionais sobre assuntos de sua competência.

é indicação firme da tendência de estabelecer normas de abrangência global. A estrutura formal da ordem internacional mantinha-se – como ainda se mantém – apesar das modificações verificadas desde sua fundação organizada em Estados.

Ao contrário da Sociedade das Nações, formada depois da guerra para dar certa organização às relações internacionais, a ONU foi concebida em plena Segunda Guerra Mundial, por número reduzido de Estados, para prover a paz e segurança das nações, contra os países qualificados como inimigos de todos, responsáveis pelos acontecimentos dos dois conflitos mundiais, Alemanha, Itália e Japão. Foi uma união de aliados contra os regimes daqueles Estados, provocadores da guerra. Posteriormente, o desenvolvimento das relações internacionais permitiu a superação dessa qualificação, com a admissão daqueles países no rol dos membros da organização. Prevaleceu a harmonia a reger as relações internacionais, dando-se caráter global à organização.

A composição do Conselho de Segurança, inicialmente de 11 e, depois, de 15 membros, dos quais 05 permanentes, com poder de veto de qualquer resolução, e os demais não permanentes, tem sido apontada como um dos fatores de estabilidade da instituição. Os cinco membros permanentes são as potências com maior expressão política e militar, China, Estados Unidos, França, Reino Unido e a então União Soviética, atualmente sucedida pela Rússia, todas ainda atuantes na organização. De certa forma, o Conselho de Segurança da ONU é a reprodução modificada do Concerto Europeu de 1815, a congregar as maiores potências para governar o planeta. O poder de veto, criticado pelo caráter elitista que o caracteriza, tem impedido a aprovação de resoluções contrárias aos países que o adotaram em diversas ocasiões, o que se tem mostrado ser mecanismo útil para manter todos na organização, evitando as defecções ocorridas Sociedade das Nações.

A constituição da ONU fortaleceu a tendência de resolução de controvérsias por meios pacíficos, tendo previsto, no art. 33.1 da Carta, os meios políticos de solução de litígios, como as negociações, inquérito, mediação, conciliação e os meios jurídicos, como a arbitragem e a solução judicial, por meio da Corte Internacional de Justiça, como um de seus órgãos. Sintomaticamente, enquanto no século XIX a arbitragem entre Estados floresceu e até inspirou a criação do Tribunal Permanente de Arbitragem, com sede em Haia, prevaleceu a solução judicial, por meio da Corte Internacional de

Justiça para resolver litígios contenciosos, ou decisões consultivas. Da mesma forma, o Tribunal Internacional do Direito do Mar, criado pela Convenção das Nações Unidas sobre o Direito do Mar, tem sido a via preferida para resolver controvérsias sobre interpretação e aplicação da convenção.

Em ambos os casos, verifica-se a tendência à constitucionalização da ordem internacional, com a previsão de entidades destinadas não apenas a estabelecer princípios e normas de Direito, como mecanismos de solução pacífica de controvérsias. A criação do Tribunal Penal Internacional faz parte desse quadro institucional, como os tribunais formados para a apuração de crimes ocorridos nos países oriundos da ex-Iugoslávia e de Ruanda.

Os entendimentos para a criação da ONU não eram isolados. Estavam integrados em outros tendentes a abarcar e regular, com maior precisão, ações complementares e necessárias para atender o objetivo mais amplo que a animou, o de manter a paz e segurança internacional.

As Conferências de Bretton Woods

Nesse contexto é que, em julho de 1944, antes, portanto, das reuniões que levaram à constituição da ONU, haviam sido realizadas conferências em Bretton Woods, New Hampshire, nos Estados Unidos, com a participação de 730 delegados das 44 nações aliadas na II Guerra, para estabelecer regras destinadas a reger as relações comerciais e financeiras dos Estados. Imaginou-se um tripé, para abarcar todo conjunto de fatores capazes de afetar as relações entre os Estados, compreendendo a criação de fundo destinado a socorrer países com problemas de balanço de pagamento; a formação de um banco internacional dotado de recursos para a reconstrução de economias destroçadas pela guerra, o financiamento de projetos de investimentos em infraestrutura e a constituição de entidade destinada a regular as relações comerciais entre os Estados.

Os entendimentos para a formação do fundo foram bem-sucedidos, com a criação do Fundo Monetário Internacional (FMI) e a instituição financeira para auxiliar a reconstrução dos países afetados pela guerra, com o Banco Internacional de Reconstrução e Desenvolvimento, o Banco Mundial (Banco Mundial, ou BIRD). Já a ideia da Organização Internacional do Comércio para regular as relações comerciais malogrou, tendo-se, em seu lugar, estabelecido um acordo provisório, destinado a estabelecer as bases para sua constituição futura, por meio de rodadas negociações periódicas. Esse acordo ficou denominado Acordo Geral de Comércio e Tarifas, conhecido pela sigla em língua inglesa de GATT (*General Agreement on Trade and Tariffs*). Foi estratégia que permitiu rodadas de negociações periódicas em que disparidades, dissensões e controvérsias sobre comércio foram expostas e negociadas. O ciclo de negociações foi produtivo e dele resultou a constituição da Organização Mundial do Comércio.

A tendência ao universalismo presidiu os Acordos de Bretton Woods, com o escopo de estabelecer bases para a cooperação entre os Estados nas áreas econômicas e comerciais. Prevaleceram nesses entendimentos, as ideias do economista britânico, John Maynard Keynes, em contraposição às do americano Harry Dexter White. O viés ocidental da economia de mercado a elas subjacente levou ao desinteresse dos países sob influência da União Soviética, defensores da economia estatal planificada. Não obstante tenham firmado os acordos, não o ratificaram, deixando, portanto, de integrar o rol dos países fundadores dessas entidades.

O Banco Mundial fora concebido como instituição destinada a atingir os mesmos objetivos do Plano Marshall, idealizado pelos Estados Unidos para auxiliar o reerguimento de países europeus afetados pela II Guerra. A palavra "reconstrução" incluída na denominação oficial do Banco, indica o objetivo de contribuir para aquele esforço, ideia central do Plano Marshall americano para evitar o alastramento da influência soviética na região. É de se lembrar que, ao final da refrega, a Rússia, a caminho da Alemanha, invadira diversos países do Leste Europeu, libertando-as do domínio alemão, e neles estabelecera sua zona de influência, com a implantação do sistema comunista de governo. Com o Plano Marshall, pretendeu-se fornecer recursos para os países europeus afetados, atraindo-os para a área ocidental e os afastando da influência soviética na Europa. Essa estratégia, pode-se dizer, foi utilizada por empresas exportadoras americanas para instalar na região subsidiárias para produzir e distribuir no local produtos antes exportados. Foi o nascimento da estratégia multinacional das empresas, com a instalação de subsidiárias no exterior.

A formação do COMECON pela União Soviética e seus aliados

Apesar de não ratificarem os Acordos de Bretton Woods, os países sob liderança da então União Soviética, formaram, entre si, em 1949, o Conselho para Assistência Econômica Mútua – COMECON. Foi concebido como resposta ao Plano Marshall e às instituições criadas nas reuniões de Bretton Woods, a indicar a consciência do universalismo das matérias aprovadas por aqueles acordos, não obstante a falta de sintonia política e interesses divergentes.[20] Participaram dessa entidade, dentre outros, a União Soviética, a então República Democrática da Alemanha, a Bulgária, a Polônia, a Romênia e a Tchecoslováquia. Posteriormente Cuba e Vietnã a ela se juntaram, tendo sido extinta em 1991, após a dissolução da União Soviética e o fim da Guerra Fria, da qual fora um dos partícipes.

O Fundo Monetário Internacional – FMI

O Fundo Monetário Internacional (FMI) é fruto das reuniões de Bretton Woods (EUA), em julho de 1944, constituindo uma das pernas do tripé então imaginado para abrigar todos os aspectos relevantes da área econômica. Integram-no, atualmente, 188 países, a revelar sua universalidade, a abranger a quase totalidade dos países do planeta, dentre os quais a Rússia e os países que em torno dela gravitavam. Seu estatuto, aprovado em 27 de dezembro der 1945, prevê a cooperação internacional monetária, a expansão do comércio internacional, a estabilidade do câmbio, dentre outros[21]. Sua principal função

[20] JOSÉ CARLOS DE MAGALHÃES, *Direito Econômico Internacional*, Juruá Editora, Curitiba, 2ª edição, 2017, p. 71

[21] Art. 1º Os objetivos do Fundo Monetário Internacional são:
(i) Promover a cooperação monetária internacional por meio de uma instituição permanente que forneça um mecanismo de consulta e colaboração no que respeita a problemas monetários internacionais;
(ii) Facilitar a expansão e o crescimento equilibrado do comércio internacional e contribuir, assim, para o estabelecimento e manutenção de níveis elevados de emprego e de rendimento real e para o desenvolvimento dos recursos produtivos de todos os membros, como objectivos primordiais da política económica;
(iii) Promover a estabilidade dos câmbios, manter regulares arranjos cambiais entre os membros e evitar desvalorizações cambiais competitivas;

é a de assegurar a estabilidade monetária, tendo previsto sistema de taxas de câmbio e de pagamentos internacionais. O Convênio constitutivo do FMI entrou em vigor em 27 de dezembro de 1945, com 29 membros associados, dentre eles o Brasil.[22]

Sua estrutura administrativa compreende a Assembleia de Governadores, constituída por um governador e um suplente de cada país, reunindo-se uma vez por ano. Vinte e quatro deles formam o Comitê Monetário Internacional. A Diretoria Executiva tem a incumbência de administrar as atividades do Fundo, sob supervisão do Comitê, sob comando da Diretora-Geral.

O sistema de votos está baseado na proporção de quotas que cada país possui, o que confere maior peso aos que detém maior número – os Estados Unidos são o que, isoladamente, as possui e, em conjunto com os demais países ocidentais, exercem o controle[23] – com processo de revisão periódica a possibilitar o aumento de participação dos países emergentes[24]. O pagamento das quotas subscritas é feito por meio de moeda conversível e de moeda local do país subscritor. A unidade de conta para a aferição de valores, criada em 1967, na Conferência do Rio de Janeiro, é o Direito Especial de Saque, com base em cesta de cinco moedas, que variaram ao longo do tempo, sendo, no ano de 2019, o dólar, euro, iene, libra esterlina e o yuan renminbi chinês.

(iv) Auxiliar a instituição de um sistema multilateral de pagamentos respeitantes às transacções correntes entre os membros e a eliminação das restrições cambiais que dificultam o desenvolvimento do comércio mundial;
(v) Proporcionar confiança aos membros, pondo à sua disposição os recursos do Fundo sob garantias adequadas, dando-lhes assim possibilidade de corrigirem desequilíbrios das suas balanças de pagamento sem recorrerem a medidas destrutivas da prosperidade nacional ou internacional;
(vi) De acordo com o que precede, abreviar a duração e diminuir o grau de desequilíbrio das balanças internacionais de pagamentos dos membros.

[22] O Brasil ratificou o Convênio por meio do Decreto-Lei 8.479, de 27.12.1945 e Decreto 21.177, de 27.05.1946.

[23] Segundo informe do Banco Central do Brasil, os Estados Unidos possuem 17,40% dos votos e o Brasil, 2,32%, atrás da Rússia, que detém 2,71%, em 2019, estando entre os dez países com maior peso.

[24] **SECÇÃO 5 – do ato constitutivo estabelece: “ (d) salvo expressa disposição em contrário, todas as decisões do Fundo serão adoptadas por maioria dos votos. ”**
Com isso, os Estados Unidos e demais países industrializados detém o controle da organização.

Essa moeda substituiu o dólar referido no ato constitutivo do FMI, ao ter deixado de ser conversível em ouro, em 1º de agosto de 1971, por decisão do presidente Richard Nixon, dos Estados Unidos.[25] A deliberação de tornar a moeda inconversível decorreu, dentre outras razões, das sucessivas conversões realizadas pelo governo francês, sob a presidência do general De Gaulle, forçando o governo americano a decretá-la, deixando, assim, de ser a moeda de referência do fundo. Essas conversões foram motivadas, também, pelo expressivo *déficit* na balança de pagamentos daquele país e pelas despesas militares incorridas em virtude da guerra do Vietnã, financiadas, em grande parte, por empréstimos internacionais.[26]

Atuação

O FMI tornou-se uma instituição internacional de vocação e de efetividade universal, com credibilidade adquirida por sua atuação técnica na consecução de seus objetivos. Não obstante sediada em Washington e ter os Estados Unidos como o maior quotista, tem-se pautado por critério técnicos na concessão de empréstimos a países com problemas de balanço de pagamento. O sistema utilizado é o de celebrar acordos específicos com Estados interessados na concessão de empréstimos, subordinada ao cumprimento de condições pré-estabelecidas. Essas condições têm sido rigorosas, a obrigar os pretendentes a adotar políticas monetárias ortodoxas, com o objetivo de regularizar o balanço de pagamento e adotar políticas fiscais adequadas. Os acordos regulam a abertura de crédito ao país em montante determinado, a ser utilizado e pago no período ajustado, subordinado ao cumprimento de etapas e das condições programadas sobre a condução da política monetária do país. O histórico dessas negociações e do cumprimento desses acordos revela certa flexibilidade da apreciação do FMI sobre condições não inteiramente adimplidas, com prorrogações de prazo, como por diversas vezes solicitados pelo Brasil, quando de sua crise da dívida externa, nos anos 1980.

[25] Quando da constituição do FMI, em 1944, o valor do dólar americano fora fixado em 0,888571 o grama de ouro fino, tendo-se, posteriormente, adotado o câmbio flexível.

[26] TONY JUDT, *Post War – A History of Europe since 1945*, Peguin Books, Nova Iorque, 2005.

Efeitos

O grande efeito desses acordos foi o de conferir credibilidade ao país contratante, a permitir aos investidores internacionais aportar recursos e investimentos, fiados no monitoramento periódico dos agentes do Fundo nas contas públicas.[27] De fato, na crise financeira dos anos 1980, a afetar diversos países, dentre eles o Brasil, a celebração de acordos com o FMI constituía condição para o país obter financiamentos privados. As condições dos acordos na condução da política monetária do Estado resultam em restrições à independência das autoridades governamentais de a definir, de acordo com seus parâmetros. Essa circunstância gera, vez ou outra, inconformidades internas nos países, com alegação de afronta à soberania nacional, não obstante o caráter voluntário da celebração dos acordos.

Na verdade, tais acordos obrigam as partes a dar cumprimento aos termos e condições livremente pactuados, impondo às autoridades governamentais restrições a sua liberdade na adoção de políticas não conformes com as condições acordadas. Sua efetividade, ou eficácia, decorre da apreciação da comunidade internacional sobre o comportamento do Estado no seu cumprimento. O que está em jogo é a credibilidade do país e não apenas a definição ou a caracterização dos acordos como instrumentos internacionais, de cumprimento compulsório. O interesse no adimplemento das condições acordadas está na demonstração aos investidores privados internacionais da confiabilidade do país, atestada pelo FMI, com seu monitoramento das contas públicas constante. A aprovação dos acordos e de seu cumprimento ratificam a idoneidade e a seriedade do país em ajustar suas contas públicas, a autorizar investidores privados a fornecer empréstimos com taxas de juros e condições menos onerosas. O FMI, de certa forma, atua como fiador informal dos compromissos financeiros assumidos pelos país devedor.

[27] Sobre o tema, vide LEONARDO ANDRADE MACEDO, *O Fundo Monetário Internacional e seus acordos stand-by*, Del Rey Editora, Belo Horizonte, 2007.

O FMI e as agências de risco

O efeito colateral dos acordos de abertura de crédito ajustados com o FMI, como baliza para os investidores internacionais aplicarem recursos no país contratante, sofreu certa alteração, com a evolução das relações internacionais. As agências privadas de classificação de risco assumiram essa função. Na década de 1980, por ocasião da crise da dívida externa de diversos países, o papel do FMI foi relevante não só na concessão de empréstimos, com abertura de crédito, como no monitoramento das políticas econômicas e fiscais nacionais dos países afetados.

Esse acompanhamento e supervisão era essencial para conferir credibilidade ao país, habilitando-o a obter condições favoráveis em financiamentos privados. Atualmente as agências de classificação de risco privadas passaram a desempenhar essa tarefa. Mesmo os Estados que não enfrentam problemas de balanço de pagamentos estão atentos à classificação de risco que essas agências lhes conferem. A taxa de juros em empréstimos internacionais e o aporte de recursos em investimentos no país estão intimamente vinculados a essa classificação.

Há transferência da função de um organismo internacional oficial, do qual os Estados fazem parte, para empresas privadas independentes, como expressão da sociedade civil a interferir na condução da política monetária e fiscal públicas. É ingrediente novo nas relações internacionais a indicar alteração de rumos na ordem internacional e o avanço da sociedade civil como protagonista internacional em mais uma área. Esse novo ingrediente nas relações econômicas internacionais é indício veemente da modificação da ordem internacional e da participação ativa de integrantes da sociedade civil na condução da economia mundial. São os Estados que se subordinam aos critérios de classificação de risco das agências privadas e não o contrário.

Banco Internacional de Reconstrução e Desenvolvimento – Banco Mundial

O Banco Mundial foi uma das pernas do tripé idealizado nas reuniões de Dumbarton Oaks para reorganizar a estrutura estatal destruída pela II Guerra Mundial, imaginado conjuntamente com a criação do FMI e da OIC, esta não formada. O intento foi o de fornecer recursos para a reconstrução dos países afetados pela II Guerra, como os da Europa. Essa circunstância foi indicada na sua denominação social. Atualmente dele fazem parte a quase totalidade dos países que integram a ONU, com exceção de Cuba e Coreia do Norte, após ter sua composição inicial sido alterada com o ingresso dos países saídos do sistema de tutela, abolido pela ONU nos anos 1960, os então denominados "países novos".

Sua estrutura administrativa é similar à do FMI e compreende a Assembleia de Governadores, em que o voto é distribuído de acordo com a participação no capital do Banco e um Conselho com 25 Diretores. Esse poder de voto foi revisto em 2010 para aumentar a participação dos países em desenvolvimento. Os Estados Unidos possuem poder de veto e, dentre os países com maior poder de voto, em 2019, encontram-se Alemanha, China, França, Índia e Japão.

Objetivos

Seus objetivos estatutários, dentre outros, são o de auxiliar a reconstrução e desenvolvimento dos países membros; a promoção de investimentos privados, por meio de garantias ou participação em empréstimos privados; a promoção do desenvolvimento equilibrado a longo prazo. Esses propósitos complementam os do FMI que se destinam a reorganizar o sistema financeiro internacional como um todo. O Banco Mundial focalizava, inicialmente, projetos de reconstrução dos países membros afetados pela guerra. Depois, atentou para a promoção do desenvolvimento e financiamento de projetos nacionais com esse objetivo. Foi evolução significativa diante da disparidade de desenvolvimento dos Estados, a requerer a alteração de objetivos para abrigar também a parcela da comunidade internacional carente de recursos. No exercício de suas atividades o Banco Mundial conta com recursos financeiros aportados pelos Estados membros destinados, inicialmente, aos projetos de reconstrução e, depois, a de investimentos e desenvolvimento. Além do financiamento público feito pelos Estados, conta com meios privados fornecidos à sua subsidiária Sociedade Financeira Internacional (SFI), para a concessão de créditos a países menos desenvolvidos, sem exigir garantias dos tomadores, salvo a de não oferecimento de preferências a outros credores (*negative pledge*),

A dinâmica das atividades do Banco Mundial levou-o a condicionar a concessão de empréstimos à alterações estruturais dos países tomadores, em complemento à ação do FMI, de forma a lhes possibilitar modernizar suas estruturas administrativas. São empréstimos para fins de desenvolvimento econômico e social aportados em parcelas, na medida do cumprimento das etapas de alterações estruturais projetadas. Visam esses empréstimos não apenas a financiar projetos, mas, paralelamente, a modernizar a estrutura administrativa e gerencial dos países tomadores.

Os recursos aportados são concedidos a juros de mercado. Têm se destacado a mudança de foco na concessão de financiamentos para dar prioridade a projetos de desenvolvimento de países pobres, levada a efeito a partir de 1968, sob a administração presidida por Robert McNamara, antigo Secretário de Estado dos Estados Unidos. Sua nomeação, como político e não banqueiro, modificou a atuação do Banco, que passou a encarar com mais rigor aspectos ambientais e de desenvolvimento sustentável nos projetos de financiamento. Essa estratégia visava a incentivar investimentos estrangeiros, para participar do processo de desenvolvimento de tais países.[28] Assim, em vez de se limitar a empregar recursos, o Banco Mundial resolveu ir além e focalizar medidas de interesse social nos projetos a ele submetidos.

A Sociedade Financeira Internacional (SFI)

Enquanto o Banco Mundial destina recursos para o setor público, Estados e suas ramificações públicas, a Sociedade Financeira Internacional (SFI), também conhecida como International Finance Corporation (IFC, na sigla em inglês), criada em 20 de maio de 1955, com sede em Washington, ampliou o espectro da ação financeira da entidade para fornecer recursos diretamente a entidades privadas.

Dentre seus objetivos se destaca o aporte de recursos à empresas produtivas, à procura de oportunidades de investimentos, com a reunião de capitais privados nacionais e estrangeiros do país interessado e o estímulo para o fluxo

[28] MANUEL PORTO e VICTOR CALVETE, "O Grupo Banco Mundial", in *Organizações Internacionais,* edição da Fundação Calouste Gulbekian, Lisboa, 2006, p.517 e segs.

de capitais nacionais e estrangeiros. Foi estratégia para impulsionar economias carentes de recursos, com a participação de investimentos privados estrangeiros. A ação da SFI compreende a apresentação de soluções de desenvolvimento para cada caso para atender às necessidades dos tomadores de seus recursos, além de conhecimentos e experiência adquiridos pelo grupo a que pertence a instituição. Segundo informe por ela divulgado, sua atuação tem permitido mobilizar capital privado em parcerias de longo prazo, aptas a ajudar a superar limitações estruturais de países destinatários dos recursos, na área de finanças, capacidade profissional e regulatória. Dela fazem parte 178 países.

Associação Internacional para o Desenvolvimento (AID)

Além da SFI, o Banco Mundial criou, em 1960, a Associação Internacional para o Desenvolvimento (AID), com objetivos similares aos do Banco, mas restrito aos países membros economicamente menos favorecidos, com o oferecimento de crédito de longo prazo, com período de carência de dez anos. Registra-se a concessão de US$161 bilhões a 108 países membros, notadamente os mais pobres.[29] De seu ato constitutivo consta, dentre seus objetivos, a promoção do desenvolvimento econômico, o aumento da produtividade e a elevação do "nível de vida nas regiões menos desenvolvidas do mundo, compreendidas dentro dos territórios dos membros da Associação, especialmente mediante a contribuição de recursos financeiros para atender às suas necessidades de desenvolvimento mais prementes, em condições mais flexíveis e menos onerosas para a balança de pagamentos do que as dos empréstimos convencionais, contribuindo desta forma para a promoção dos objetivos de desenvolvimento do Banco Internacional para Reconstrução e Desenvolvimento (...) e complementação de suas atividades." (art. 1º).

Centro Internacional para a Resolução de Disputas sobre Investimentos (CIRDI)

Outra iniciativa relevante do Banco Mundial foi a criação do Centro Internacional para a Resolução de Controvérsias sobre Investimentos (CIRDI,

29 MANUEL PORTO e VICTOR CALVETE, op. cit., p. 541.

ou ICSID, na sigla em inglês), que visa a resolver litígios decorrentes de contratos de financiamentos por ele concedidos. O sistema adotado foi o da arbitragem, tendo como partes a empresa privada investidora e o país tomador do empréstimo. Um dos pontos relevantes desse sistema é o da renúncia à imunidade de jurisdição do Estado, que se obriga a se submeter à normativa do Centro, do qual fazem parte cerca de 142 Estados, abstendo-se de utilizar seu sistema judicial.

Trata-se de avanço inovador nas relações internacionais, com o afastamento da norma clássica de imunidade de jurisdição dos Estados e do esgotamento de recursos internos, como condição para as controvérsias serem submetidas ao foro internacional. O Estado, ao aceitar submeter controvérsias decorrentes de empréstimos feitos pelo Banco Mundial, contém a renúncia a imunidade de jurisdição e à condição de esgotamento de recursos internos. Essa condição somente é válida para os países que concordam em participar desse Centro. O Brasil dele não faz parte.

Agência Multilateral de Garantias de Investimentos

Também não pode passar despercebida a criação da Agência Multilateral para a Garantia de Investimentos (MIGA, na sigla em inglês), destinada a cobrir os riscos políticos em investimentos e empréstimos concedidos pelo Banco. Trata-se de garantia de seguro, relevante no cenário internacional para prevenir e evitar os efeitos de movimentos políticos, revolucionários ou de guerra, a afetar investimentos e ações financiadas pela entidade. O seu objetivo, como descrito no artigo 2º de seu ato constitutivo, é o de promover o fluxo de investimentos produzidos entre os países-membros e dirigidos aos países em desenvolvimento, complementando as atividades do Banco Mundial e da Sociedade Internacional de Financiamento e outras instituições internacionais de financiamento para o desenvolvimento.[30]

[30] Não obstante o Brasil não tenha aderido ao sistema de solução de controvérsias (CIRDI), acolheu a Agência de garantia, ao ratificar a Convenção que a criou, consoante Decreto 698, de 8.12.1992, após a ratificação pelo Decreto Legislativo n° 66, de 16 de setembro de 1992.

Esse resumo das atividades do Banco Mundial e de suas subsidiárias revela a tendência acentuada à globalização das relações econômicas entre os países como um todo e o interesse no aplainamento de diferenças em benefício dos países menos desenvolvidos. Sua estrutura, como a do FMI, todavia, é a tradicional, com a presença sólida dos Estados a lhes dirigir as atividades, de acordo com os limites dos estatutos de ambas as entidades. De ambos, a sociedade civil não participa.

Normas do BIRD sobre licitação e a lei nacional[31]

A concessão de empréstimos pelo Banco Mundial está subordinada ao cumprimento de algumas diretrizes, dentre as quais a da licitação pública internacional, a permitir maior participação de interessados na construção da obra financiada.

Essas diretrizes, por vezes, contrastam com as observadas pelos países interessados, que possuem normativa diversa regulada por lei. Esse contraste constitui entrave sério, pois, é condição para o financiamento a adoção das diretrizes do Banco.

É o caso do Brasil, em que as diretrizes aprovadas pelo BIRD, sobre licitações feitas por órgãos públicos não coincidem com as adotadas no país. O fato suscita certa perplexidade às autoridades responsáveis pela condução de licitações públicas. Trata-se de questão crucial, pois, se as diretrizes do Banco não forem observadas, o financiamento não será concedido. De outro lado, a lei local, por dispor de maneira de diversa pode ser obstáculo.

Como a lei brasileira sobre licitações públicas prevê procedimento diferente do adotado pelo BIRD, os funcionários encarregados de examinar sua conformidade com a lei têm dúvidas sobre sua aplicação. Se as aceitam podem ser acoimados de ilegalidade, no exame normalmente feito, *a posteriori*, pelo Tribunal de Contas. Se as recusam, o financiamento não será concedido, com grave perda para o país.

[31] Este capítulo é versão modificada da publicada sob o título "Aplicação das Normas do BIRD sobre Licitação, *in* Licitações nos Empréstimos do Banco Mundial – Uma Abordagem Jurídica", coord. SAMPAIO, Eduardo. A. de A., Projeto Nordeste do Ministério da Educação e do Desporto, p. 23/35, 1998

A velha polêmica da vigência do tratado em conflito com lei nacional

A matéria suscita considerações sobre as relações entre direito interno e direito internacional. Os tratados firmados pelo país têm origem internacional e podem ter efeitos no interior do Estado, enquanto as leis, fundadas na Constituição, regem relações no plano interno, mas podem produzir efeitos internacionais. A subordinação ou interrelação entre tais direitos é questão que tem suscitado exame entre internacionalistas, havendo quem sustente que o Direito é uno, abrangendo a ordem interna e a internacional, pouco importando a origem formal das normas que o compõem, enquanto outros apegam-se a essa origem, afirmando que a esfera de um não interfere com a de outro.

A controvérsia já é antiga e vem desde a famosa polêmica entre Triepel e Kelsen [32], travada em dois cursos proferidos na Academia de Haia, na década de 1920. Triepel, apoiado por Anziloti[33] afirma que a ordem interna é autônoma e independe da internacional, enquanto Kelsen considera a ordem jurídica concêntrica, abrangendo a interna e a internacional, como um só todo. O monismo, sustentado por Kelsen, em contraposição ao dualismo de Triepel e Anziloti, deixou ramificações, havendo os que defendem a prevalência do direito internacional sobre o direito interno [34] e os que entendem o contrário, a preponderância do direito interno sobre o internacional. Na linha de raciocínio de Triepel, registra-se no Brasil o apoio de Amílcar de Castro, para quem os tratados internacionais somente obrigam na ordem interna, após a edição de lei que lhes reproduza o conteúdo e, assim, o que obriga, no plano interno, é a lei e não o tratado[35].

32 HEINRICH TRIEPEL, "Les Rapports entre droit interne et le droit international" in *Recueil des Cours,* vol. I, p. 77 e ss. (1923) e HANS KELSEN, "Les Rapports de Système entre le droit interne et le droit international public" in *Recueil des Cours*, vol.14 , p 231 e ss. (1926).

33 Anziloti: *Corso de Diritto Internacional,* (1955), pag. 49 e ss.

34 É o caso de ALFRED VERDROSS, defensor do monismo moderado, para quem "o direito estatal somente pode mover-se com inteira liberdade dentro dos limites fixados pelo Direito Internacional", *Derecho Internacional Publico,* 1967, p. 65.

35 – Segundo AMILCAR DE CASTRO, " O direito internacional privado, para quem o considere setor da ordem jurídica nacional, não pode, como direito positivo, emanar *diretamente* de tratado, este só opera na ordem internacional, que é independente da nacional, e entre ordens independentes, não podem as normas de uma provir da outra" *Direito Internacional Privado,* Forense, Rio, 1968, 2ª edição, p. 126

Esse raciocínio foi acolhido pelo Ministro Cunha Peixoto, em substancioso voto proferido em decisão do Supremo Tribunal Federal[36]. que se tornou paradigma, embora não especificamente sobre esse ponto.

Já os monistas sustentam que a norma de direito internacional revoga a interna, sobre a qual tem prevalência, ou esta se sobrepõe à internacional, não se justificando a coexistência de duas normas, uma para efeito interno e outra externo. Essa é a posição adotada, no Brasil, por Haroldo Valadão, apoiado em diversas manifestações do Supremo Tribunal Federal, em julgados por ele apontados em seu trabalho [37] e por Vicente Marotta Rangel, que refere, em seu trabalho, autores brasileiros com o mesmo pensamento, dentre os quais Pedro Lessa, Philadelpho Azevedo e Hildebrando Acioly.[38]

Não obstante, a polêmica entre monistas e dualistas encontra-se de certa forma ultrapassada, havendo quem, como o jurista britânico, Sir Gerald Fitzmaurice, a considere irreal, artificial e estritamente fora de foco (*"the entire monist-dualist controversy is unreal, artificial and stictly beyond the point"*).[39] De fato, com a multilateralidade cada vez mais acentuada das relações entre os Estados, sobretudo com o surgimento, no segundo pós-guerra, de inúmeros organismos internacionais produtores de grande número de resoluções e normas obrigatórias para seus participantes, há penetração das normas internacionais nos direitos nacionais, influenciando-os e estabelecendo-lhes limites antes desconhecidos.

A evolução do conceito de soberania do Estado, substituído pelo de jurisdição é consequência da realidade da limitação dos poderes do Estado na ordem internacional e, por vezes, também na ordem interna. Decisão da Corte Permanente de Justiça Internacional, que se tornou clássica, reconheceu, no caso das nacionalidades de Tunísia e Marrocos[40], de que *"a questão de se uma*

36 Voto vencedor no Acórdão que decidiu o Recurso Extraordinário n. 80004-SE, publicado na RTJ, 83/809.

37 Haroldo Valadão, *Direito Internacional Privado*, 3ª. edição, 1971, p.. 96.

38 Vicente Marotta Rangel, "La procédure de conclusion des accords internationaux au Brésil" in *Revista da Faculdade de Direito de São Paulo*, 1960, v. 55, p. 264-265.

39 GERALD FITZMAURICE, "The General Principles of International Law", *Recueil de Cours*, vol. 92 (1957), vol. II, p. 1 a 71.

40 O caso originou-se dos Decretos de Nacionalidade promulgados pela Tunísia e Marrocos, em novembro de 1921, conferindo a nacionalidade francesa – e a consequente obrigação de prestar serviço militar – a pessoas nascidas na Tunísia e em Marrocos, de pai ou mãe nascidas

certa matéria está ou não dentro da jurisdição de um Estado é questão essencialmente relativa; depende do desenvolvimento das relações internacionais".

A modificação da lei por norma de Direito Internacional

A influência do Direito Internacional sobre os direitos nacionais ultrapassa a simples questão de forma – edição de lei incorporando o texto de um tratado ou a aplicação direta, independentemente de recepção formal por lei interna – chegando a provocar alterações constitucionais, como foi o caso da África do Sul, compelida a abolir o *"apartheid"*, em virtude da pressão internacional e das sanções impostas pelo Conselho de Segurança da ONU. No entanto, o art. 2.7 da Carta da ONU estabelece que nenhum de seus dispositivos autorizará as Nações Unidas a intervirem em assuntos que dependam essencialmente da jurisdição de qualquer Estado. A questão dos direitos humanos, pode-se dizer, deixou de ser matéria subordinada à jurisdição doméstica dos Estados, para ser de interesse internacional, aplicando-se aqui a famosa observação da Corte Permanente de Justiça Internacional já referida.

O caráter transnacional adquirido pelas relações internacionais, após a constituição da ONU, fez com que os valores e princípios consagrados pela comunidade internacional interferissem com a ordem interna, alterando-a e condicionando o comportamento dos Estados no plano interno. É dentro desse quadro que se deve examinar a matéria sobre as relações entre o direito interno e o direito internacional.

A Convenção sobre Direito dos Tratados, de 1969, em vigor desde 27 de janeiro de 1980, refletindo princípios gerais de direito internacional, dispõe, no art. 27, que *"uma parte não pode invocar as disposições de seu direito interno para justificar o descumprimento de um tratado"*. E o art. 11 da Convenção sobre

naqueles locais. Embora a França considerasse a outorga de nacionalidade uma questão doméstica, sujeita, assim, à sua competência (ou soberania), a Corte entendeu, acolhendo pretensão da Inglaterra, que a ela se opôs, que "a questão de se uma certa matéria está ou não dentro da jurisdição de um Estado é uma questão essencialmente relativa; ela depende do desenvolvimento das relações internacionais", *in* HERBERT W. BRIGGS, *The Law of the Nations,*, Appleton-Century-Crofts, Inc., New York, 2ª edição, p. 452/453.

Tratados, assinada na VI Conferência Interamericana, de 20 de fevereiro de 1928, em Havana [41], vai mais longe:

> *"art. 11 – Os tratados continuarão a produzir os seus efeitos, ainda quando se modifique a constituição interna dos Estados contratantes. Se a organização do Estado mudar, de maneira que a execução seja impossível, por divisão de território ou por outros motivos análogos, os tratados serão adaptados às novas condições".*

Esses dois textos internacionais ratificam a tendência de conferir aos tratados caráter obrigatório no plano interno do Estado e não simplesmente na esfera internacional. A pretendida separação formal entre as áreas interna e externa ignora que o Estado atua, seja numa, seja noutra, como simples delegado da nação, do povo, dotado de jurisdição originária e, assim, autoridade para declarar o direito, que, provindo da mesma fonte, é um só, a refletir aspirações comuns traduzidas na norma. Dentro dessa perspectiva, se o Executivo, atuando como delegado da Nação, firma tratado, posteriormente ratificado pelo Congresso, também em sua condição de poder delegado da Nação, não há por que distinguir os efeitos internos e externos de um tratado, sobretudo se disciplina relações no âmbito interno do Estado.

Resoluções de Organizações Internacionais e a lei nacional

A participação do Estado em organismo internacional também pode causar a alteração da forma pela qual o direito internacional interfere com as normas internas. A aprovação de uma resolução, mesmo contra o voto do Estado, obriga-o na ordem internacional e pode sujeitá-lo a sanções em caso de descumprimento. Apesar dessa evolução, são ainda as Constituições dos Estados os instrumentos que regulam, no âmbito interno, os limites da interferência do direito internacional na ordem nacional.

[41] Ratificada pelo Brasil em 30 de julho de 1929, objeto do Decreto 18.596, de 22 de outubro de 1929 (DOU de 12 de dezembro de 1929), Cf. Vicente Marotta Rangel, in *Direito e Relações Internacionais*, 4a. edição, Ed. Rev. Trib., p. 237 e ss.

Essa a tendência que se registra na maioria dos Estados. No Reino Unido, a esse propósito, em que não há constituição escrita, prevalece o entendimento de que o Ato do Parlamento tem supremacia sobre quaisquer outros, inclusive os de caráter internacional, costume ou tratado. Igualmente, nos Estados Unidos, não obstante a Constituição disponha que o direito internacional constitui lei do país, é a Constituição que tem prevalência sobre quaisquer outros instrumentos legais, mesmo tratados. Naquele país, como no Brasil, o tratado revoga lei anterior com ele conflitante e lei posterior revoga tratado[42].

Diante disso, o exame da compatibilidade das normas e procedimentos sobre licitação estabelecidos pelo BIRD, para as aquisições ou realização de obras ou a prestação de serviços com seu financiamento, com a normativa interna sobre licitação deve ser apreciada não apenas à luz da legislação pertinente, mas, sobretudo, da Constituição. Em outras palavras, se tais normas e procedimentos divergem dos previstos na lei, importa verificar se atendem os princípios que governam a matéria estabelecidos na Constituição.

O art. 37 da Constituição brasileira de 1988

Isto porque, embora os procedimentos possam ser divergentes, se atenderem a mesma finalidade de publicidade e igualdade de tratamento consagrados na Constituição, não haveria o que se questionar. E tais princípios encontram-se inscritos no art. 37 n.º XXI da Constituição Federal brasileira, *"in verbis"*:

> "Art. 37 – ......
> XXI – ressalvados os casos especificados na legislação, as obras, serviços, compras, alienações serão contratados mediante processo de licitação pública que assegure igualdade de condições a todos os concorrentes, com cláusulas que estabeleçam obrigações de pagamento, mantidas as condições efetivas da proposta, nos termos da lei, o qual somente permitirá as exigências de qualificação técnica e econômica indispensáveis à garantia do cumprimento das obrigações".

[42] Third Restatement of the Foreign Relations Law of United States, n°s 1, 111-115 – (American Law Institute, 1987)

Verifica-se que a Constituição estabelece o princípio da isonomia, fazendo a ressalva dos "casos especificados na legislação", podendo incluir-se no conceito de "legislação" os tratados firmados pelo Brasil, devidamente ratificados e vigentes no país.

O Supremo Tribunal Federal, em decisão histórica de que adiante se falará, deixou assentado que os tratados celebrados pelo Brasil se equiparam às leis, revogando-as, e sendo por elas revogado no plano interno. Em outras palavras, um tratado revoga as leis anteriores com ele conflitantes e a lei posterior revoga os dispositivos do tratado posterior, não obstante continue o país obrigado perante a ordem internacional.

Essa manifestação da cúpula do Judiciário se deu, pelo menos, em duas oportunidades. A primeira, na decisão sobre a vigência, no país, das Convenções sobre Lei Uniforme sobre Cheques, Nota Promissória e Letra de Câmbio, aprovadas em Genebra, em 1932, ratificadas e aprovadas pelo Congresso Nacional, pelo Decreto Legislativo n. 54 e promulgadas pelo Presidente da República, pelos Decretos n.º 57.595 e 57.663, de 7 e 24 de janeiro de 1964, respectivamente. Discutiu-se a vigência, no país, daquelas leis uniformes, independentemente da edição de lei específica com a reprodução de seu conteúdo, contra o entendimento de que a simples promulgação, pelo Executivo, dos decretos, após sua aprovação pelo Congresso, seria suficiente para tê-las como vigentes, e, em consequência, revogado o Dec. 2.044, de 1908, antiga lei cambial brasileira. Não se tratou, pois, da questão de revogação da lei por tratado, mas da forma em que essa revogação deveria operar-se.

Prevaleceu o entendimento de que, tendo o Congresso aprovado as Convenções, não se justificaria a reprodução do texto em nova lei. A decisão foi tomada pelo Plenário do STF, no Recurso Extraordinário n. 71.154, sendo relator o Ministro Oswaldo Trigueiro [43] e reiterada em outras oportunidades.

A segunda versou sobre a constitucionalidade do Decreto n.º 427/69, que estabeleceu o requisito de registro das notas promissórias, para sua validade, tendo-se objetado que essa exigência, por não estar prevista na Lei Uniforme sobre Nota Promissória, seria inconstitucional. A Suprema Corte, em v. Acórdão com diversos votos discordantes dos fundamentos, mas concordantes com a conclusão decidiu:

[43] Revista Trimestral de Jurisprudência, vol. 58, pag. 70

> "Embora a Convenção de Genebra que previu uma lei uniforme sobre letras de câmbio e notas promissórias tenha aplicabilidade no direito brasileiro, não se sobrepõe às leis do país, disso decorrendo a constitucionalidade e consequente validade do Dec. Lei n. 427/69, que instituiu o registro obrigatório da nota promissória em repartição fazendária, sob pena de nulidade do título "[44]

Essa decisão do Supremo Tribunal Federal foi objeto de desenvolvimento pelo Superior Tribunal de Justiça que, ao reafirmá-la, aplicou o princípio de interpretação do direito brasileiro de que a lei especial não é revogada, nem revoga lei geral, convivendo ambas a regular relações distintas. Diz a ementa do Acórdão:

> "Lei-Tratado
> O tratado não se revoga com a edição de lei que contrarie norma nele contida. Perderá, entretanto, eficácia, quanto ao ponto em que exista antinomia, prevalecendo a norma legal.
> Aplicação dos princípios pertinentes à sucessão temporal das normas, previstos na Lei de Introdução ao Código Civil. A lei superveniente, de caráter geral, não afeta as disposições especiais contidas em tratado. Subsistência das normas constantes da Convenção de Varsóvia, sobre transporte aéreo, ainda que disponham diversamente do contido no Código de Defesa do Consumidor."[45]

A decisão equipara o tratado à lei, também para efeito de aplicação de normas de interpretação do direito intertemporal. Porisso que, na fundamentação, a Corte declarou:

"No caso, o estabelecido pela Convenção constituiu lei especial, que não se afasta pela edição de outra, de caráter geral. As normas convivem, continuando as relações, de que cuida a especial, a serem por ela regidas. E não há

[44] RE n. 80004 – SE, Tribunal Pleno, RTJ, n. 83/809.

[45] Recurso Especial n° 58736 MG (95.0000670-7), Relator Min. Eduardo Ribeiro, de 13 de dezembro de 1995.

dúvida alguma sobre o cunho de generalidade das regras contidas nos artigos invocados do Código de Defesa do Consumidor"

Pode-se, pois, inferir dessas decisões que os tratados internacionais ratificados pelo Brasil integram a legislação interna, no sentido amplo do texto constitucional. Por outro lado, a ressalva contida no inciso XXI do art. 37 da Constituição, deixando ao legislador ordinário liberdade para estabelecer o processo de licitação, permite concluir que o legislador está autorizado a prever exceções ao processo de contratação, mediante licitação pública, deixando, se for o caso, de atender ao princípio da igualdade de condições a todos os concorrentes, impondo apenas sejam especificados em lei essas exceções.

Disso conclui-se que a Constituição não estabeleceu princípio rígido não modificável pelo legislador ordinário, no que toca especificamente ao procedimento licitatório, além dos genéricos aplicáveis a todos os atos da administração pública previstos no *caput* do art. 37.

Diretrizes sobre licitações do BIRD e a lei brasileira

Assentada essa premissa, deve-se indagar se as diretrizes aprovadas pelo BIRD sobre licitação para realização de obras ou a prestação de serviços por ele financiadas integrariam a legislação interna brasileira, no sentido estabelecido na ressalva já mencionada. A resposta deve ser negativa, uma vez que tais diretrizes não se equiparam a tratados, nem a resoluções de organismo internacional, pelo menos no estágio atual do desenvolvimento das relações internacionais. Todavia, refletem o consenso dos países dele integrantes e os princípios de comum acordo adotados sobre determinada matéria.

Se não integram a legislação interna, impõe-se o exame das disposições dessas diretrizes, para se aquilatar sua compatibilidade com os princípios reguladores das licitações públicas. A norma constitucional em exame inscreve, como princípio básico e específico da licitação, "*a igualdade de condições a todos os concorrentes*", que a Lei 8.666/93 observou, ao esclarecer, no art. 3º, que "*a licitação destina-se a garantir a observância do princípio constitucional da isonomia*".

O processo para assegurar a observância desse princípio não está definido no diploma constitucional, que o relegou ao legislador ordinário. O fato de as normas do BIRD preverem procedimento diverso do estabelecido na Lei 8.666, de 1993, não significa, por si só, desobediência ao mandamento constitucional. Seria preciso que tal procedimento violasse o princípio básico de "*igualdade de condições a todos os concorrentes*" e, mesmo que isso ocorresse, a ressalva dos "*casos especificados na legislação*", permite concluir haver o Constituinte deixado ao legislador ordinário discrição para decidir sobre o assunto.

O exame das normas de procedimento para licitações financiadas pelo BIRD revela que "*a igualdade de condição a todos os concorrentes*" está preservada. As normas sobre aquisições com empréstimos do BIRD e Créditos da AIF contém princípio similar ao da Constituição, como se vê do Capítulo II – Licitação Pública Internacional, cujo art. 2.1 está assim redigido:

> 2.1 – O objetivo da licitação pública internacional, tal como se descreve nas presentes Normas, é proporcionar a todos os possíveis licitantes qualificados informação oportuna e adequada das necessidades de um Mutuário e proporcionar a tais licitantes uma oportunidade igual para apresentar propostas relativas aos bens e obras necessários.

Já as normas para a contratação de consultores para os mutuários do BIRD e para o BIRD, como agência executora, não requerem, necessariamente, a licitação pública. O método normal de seleção consiste no convite de 3 a 6 firmas qualificadas e com experiência, para apresentar propostas e, mediante processo apropriado, faz-se a escolha da empresa mais conveniente para a tarefa (parágrafo 2.02). O processo de seleção prevê, em ordem cronológica, diversas etapas, a saber: a-) elaboração dos termos de referência da tarefa; b-) preparação da estimativa de custo; c-) elaboração de uma lista curta de firmas; d-) definição dos procedimentos de seleção; e-) envio de uma carta convite para apresentação de propostas às firmas da lista curta; f-) avaliação das propostas das firmas e seleção de uma firma para negociar o contrato; e g-) negociação do Contrato com a firma selecionada.

De todo o elenco de procedimentos, tem relevo a preparação de uma "lista curta" de consultores, selecionados de uma lista mais ampla, feita com base numa lista maior obtida mediante anúncios de embaixadas e associações profissionais, do conhecimento do próprio Tomador, ou, em circunstâncias excepcionais, do Banco. Essas listas longas não devem ser usadas para convocar proponentes, em virtude das desvantagens que oferece, sobretudo consumo de tempo, com a possibilidade de avaliação inadequada e o desencorajamento das melhores firmas (parágrafo 2.14). Tal critério reflete a experiência do Banco em todo o mundo e visa, como se nota na justificativa, a evitar custos desnecessários e a possibilitar, ao mesmo tempo, a escolha que melhor convém ao Tomador.

A dispensa de licitação, por outro lado, é expressamente prevista na lei 8.666/93, para as numerosas hipóteses elencadas no art. 24, a indicar que a concorrência pública não é a única forma de assegurar a observância do princípio da igualdade entre os concorrentes.

Jurisprudência brasileira sobre o tema

A jurisprudência brasileira, por seu turno, começa a apreciar a matéria, tendo já manifestado o entendimento de que são válidas e aplicáveis no país, as normas sobre procedimento licitatório amparados em financiamentos do BIRD. A esse respeito, registra-se decisão do E. Tribunal de Justiça de Mato Grosso do Sul, cuja ementa ilustra o acolhimento daquelas normas:

> "Em licitação internacional, para a compra de material, com emprego de recursos alocados perante organismos internacionais, a observância de normas de licitação, ditadas por estes organismos, não se constitui em ilegalidade ou quebra da Soberania Nacional, se, no contrato de empréstimo celebrado pela União, devidamente autorizada pelo Senado Federal, com o BIRD, no caso, consta expressamente a obrigação de serem observadas estas normas. O Estado, que foi beneficiado com repasse de parte deste empréstimo, também está sujeito à obediência das mesmas normas de licitação. A observância de tais normas é permitida pelo disposto no art. 34 do Dec. Lei 2.300/86 ".[46]

[46] Rev. Trib. 708/150

Essa decisão foi proferida sobre concorrência aberta sob o regime de revogado Decreto Lei 2.300/86, que já continha norma conferindo tratamento diverso às concorrências internacionais (art. 34). A mesma orientação foi adotada pela 3a. Câmara Civil do Tribunal de Justiça da Bahia, no Acórdão 11.508-8/93, com a ementa seguinte:

> "Apelação cível. Mandado de Segurança. Contrato de empréstimo firmado com o BIRD. Autorização legal. Normas expedidas pelo BIRD. Dever de obediência. Inocorrência de quebra de soberania. Falta de direito líquido e certo. Apelação provida. A licitação internacional para a compra de material, com emprego de recursos alocados perante entidades internacionais, a observância de normas de licitação, ditadas por essas entidades, não se constituem em quebra da Soberania Nacional, se, no contrato de empréstimo celebrado pela União, ocorreu a autorização do Senado Federal e nele consta a obrigação de serem observadas essas normas. O Estado, beneficiado com o repasse, também está sujeito a essas normas. Assim, o edital, in casu, deverá ajustar-se às diretrizes da política monetária e do comércio exterior e atender às exigências dos órgãos competentes" [47]

A Lei 8.666/93 foi mais precisa e abrangente, tornando claro que, nas licitações para a realização de obras, prestação de serviços ou compras com recursos provenientes de organismo de que o Brasil faça parte, podem ser admitidas as normas e procedimentos daquelas entidades. Eis o que dispõe o parágrafo 5º do art. 42 da citada lei, com a redação dada pela Lei n º 8.883, de 8 de junho de 1994:

> "Art. 42 – Nas concorrências de âmbito internacional, o edital deverá ajustar-se às diretrizes da política monetária e do comércio exterior e atender às exigências dos órgãos competentes.
>
> ....
>
> § 5º – Para realização de obras, prestação de serviços ou aquisição de bens com recursos provenientes de financiamento ou doação oriundos

[47] Diário da Justiça da Bahia, 13.09.94, pag. 07, ementa oficial.

de agência oficial de cooperação estrangeira ou organismo financeiro multilateral de que o Brasil seja parte, poderão ser admitidas, na respectiva licitação, as condições decorrentes de acordos, protocolos, convenções ou tratados internacionais aprovados pelo Congresso Nacional, bem como as normas e procedimentos daquelas entidades, inclusive quanto ao critério de seleção da proposta mais vantajosa para a Administração, o qual poderá contemplar, além do preço, outros fatores de avaliação, desde que por elas exigidos para a obtenção do financiamento ou da doação, e que também não conflitem com o princípio do julgamento objetivo e sejam objeto de despacho motivado do órgão executor do contrato, despacho esse ratificado pela autoridade imediatamente superior".

Essas disposições, pela clareza de sua redação, seriam suficientes para afastar quaisquer dúvidas sobre o assunto. A lei faz referência à "*critério de seleção da proposta mais vantajosa para a Administração, o qual poderá contemplar, além do preço, outros fatores de avaliação, desde que por elas* (entidades internacionais) *exigidos para a obtenção do financiamento ou da doação*". Ora, os financiamentos concedidos pelo BIRD são subordinados à condição de licitação, segundo as regras e diretrizes por ele preconizadas, deixando de lado a normativa nacional.

Deve-se ter em mente que, tratando-se de banco de desenvolvimento internacional, destinado a financiar projetos de países carentes de recursos, muitos dos quais com legislação inadequada sobre o assunto, é compreensível que exija a observância de diretrizes e normas próprias que assegurem julgamento objetivo e isento de propostas, bem como normas de procedimento que atenda aos interesses da Administração.

Por fim, há que se considerar que, deixando de obedecer às regras contratualmente estabelecidas, para a concessão do financiamento, a entidade pública interessada não poderá recebê-lo. Se essas regras ferissem princípios ou normas constitucionais é evidente que o financiamento não poderia ser procurado, nem contratado, por ferirem a ordem pública interna. Não sendo esse o caso, não se pode inferir qualquer óbice que impeça tal contratação.

Organização Mundial do Comércio – OMC

A evolução do GATT para a OMC

A tendência para a formação do Direito Mundial se manifesta em diversas formas e em áreas distintas. Uma delas, com forte componente, é o da atividade comercial internacional, tradicional meio de aproximação de povos e de padronização de costumes. O longo processo pelo qual passaram as negociações sob a égide do Acordo Geral de Tarifas e Comércio (Acordo Geral ou GATT, na sigla em inglês), ao longo de sua existência, ilustra a força dessa tendência. Idealizado como um ajuste provisório, diante do fracasso da criação da Organização Internacional do Comércio, o Acordo Geral não chegou a se transformar propriamente em organização internacional. Foi concebido como acordo provisório, a atuar por meio de rodadas de negociações periódicas, sobre temas determinados em consonância com o momento ou pelas controvérsias a serem aparadas.

Diferentemente do Fundo Monetário Internacional e do Banco Mundial, cujas normas se impõem, como condição para os países interessados em contratar de empréstimos para fins de desenvolvimento ou para equilíbrio de balanço de pagamentos, o GATT não tinha poder algum, salvo o de acatamento voluntário de suas normas, nem sempre observadas. Os mecanismos de solução de controvérsias nele previstas tinham caráter mais diplomático do que jurídico, embora fossem previstas sanções pelo descumprimento de suas normas. Estimulava-se o entendimento direto por meio de comitê formado por representantes dos países interessados ou por terceiros não envolvidos na controvérsia que redigiam relatórios a serem submetidos a um Conselho para ser aprovado por unanimidade, com força vinculante.

Os temas essenciais que inspiraram o Acordo foram, de maneira geral, a proibição de tratados bilaterais de concessões e de vantagens tarifárias, a igualdade de tratamento fiscal entre produtos nacionais e estrangeiros, a concorrência leal, na fixação de preços comerciais, para evitar a prática de *dumping* e o estímulo para o livre comércio.

O artigo primeiro do Acordo Geral pode ser considerado a pedra de toque da transformação de costumes antigos, arraigados no comércio internacional, em que era comum ajustes bilaterais de concessões recíprocas, a excluir terceiros. Esse dispositivo estabeleceu, como baliza no comércio internacional, a cláusula da nação mais favorecida, em que toda vantagem, benefício de qualquer natureza concedido a um país, se estenderia automaticamente a todos.[48]

Outras condições destinadas a abrir os mercados foram a do tratamento nacional, com a previsão de não discriminação de normas fiscais e administrativas entre produtos nacionais e estrangeiros (art. III); a da concorrência leal, evitando-se práticas de *dumping* na exportação de produtos (art. IV); a utilização de tarifas aduaneiras como meio de proteção de mercados e a estabilização do ambiente comercial.

É certo que, vez ou outra, as normas do GATT deixaram de ser cumpridas, como a prática adotada, em certo momento, pelos Estados Unidos, de estimular países exportadores a estabelecer cotas de exportações de produtos a ele destinadas. Foi recurso indireto de proteção do mercado interno, contando com a colaboração dos países exportadores com fixação de cotas para exportação de determinados produtos para aquele país. Eram medidas adotadas pelos países exportadores, como meio de evitar rupturas comerciais e manter fluxo de exportações de outros produtos. Tais medidas, classificadas como "cinzentas", por não serem claramente infringentes à normativa do GATT, constituíam mecanismo que contrariava o princípio do livre comércio, tal como a política de subsídios governamentais para determinados produtos.

Da mesma forma, a qualificação de prática de *dumping*, pelos países que integram a União Europeia, era forma indireta e disfarçada de protecionismo, contra países em desenvolvimento. Obstáculos não tarifários também visava a impedir a livre comercialização de mercadorias, cujo aumento levou à negociação para a sua redução gradativa estabelecidas em rodadas de negociações. A de Tóquio abordou a questão e aprovou as medidas de salvaguarda, de caráter não tarifário, destinadas a evitar prejuízos a produtores nacionais em virtude de aumento desproporcional de importações. Os países ficaram autorizados a impor aumento de tarifas em caso de desequilíbrio provocado no mercado interno, a ser feito de forma justificada.

48 Segundo essa condição, todo privilégio concedido a um país se estende automaticamente aos demais. Evita-se, com isso, os antigos acordos bilaterais de concessões especiais de tratamento aos países dele partícipes. Essa prática era corrente no período colonial, em que a metrópole e suas aliadas auferiam vantagens não extensíveis aos demais países.

As negociações periódicas

A estratégia de rodadas de negociações periódicas teve o grande mérito de permitir aparar arestas e a estimular a compreensões da realidade econômica de cada participante, com a evolução normal das relações comerciais. A aprovação de acordos parciais, embora nem sempre cumpridos, eram indicativos de tendências solidificadas pelo reconhecimento comum da realidade cambiante. As regras para atender necessidades dos países menos desenvolvidos, a esse propósito, revelam o amadurecimento das nações, com a adoção da política de tratamento preferencial em favor deles.

A antiga aspiração dos países latino-americanos, os primeiros a se livrarem do jugo colonialista no século XIX, de igualdade jurídica entre os Estados, foi conquista difícil para serem admitidos no cenário internacional com a mesma estatura das antigas metrópoles. Todavia, embora juridicamente iguais, havia a desigualdade de desenvolvimento econômico a ser reconhecida. Essa desigualdade deveria ser aplainada, para evitar atritos e controvérsias. Foi momento de grandes debates entre os países industrializados e os menos desenvolvidos, caracterizados como embate Norte/Sul, a inspirar movimento nas Assembleias Gerais da ONU para a criação da malograda Nova Ordem Econômica Internacional para acolher as pretensões desses países.

O ciclo de rodadas, com a multiplicidade de temas tratados em cada uma e a complexidade de interesses de cada país, ou de grupo de países, evoluiu para a Rodada Uruguai de 1994, da qual resultou a criação da Organização Mundial do Comércio. Nesse contexto pesou a participação das empresas privadas, interessadas em abrir mercados e influir nas negociações. Os países subdesenvolvidos, por sua vez, haviam se insurgido contra a política de ajuda financeira adotada por Estados industrializados, como estratégia para auxiliá-los a se desenvolver. Percebia-se tratar-se de política que amparava as indústrias do país que propiciava o auxílio, sem grande proveito para o assistido. Iniciou-se pressão para substituir essa política por comércio e investimentos.

A tentativa de instauração de uma Nova Ordem Internacional

Em todo esse contexto há que se lembrar a ação dos países menos desenvolvidos nas Assembleias Gerais da ONU para a Instauração de uma Nova Ordem Econômica Internacional em que se defendia a expropriação de empresas estrangeiras, sem pagamento de indenização. Entre o direito de propriedade e o de desenvolvimento, este deveria prevalecer, como um dos postulados do Direito do Desenvolvimento. Diversas resoluções, dentre as quais a que aprovou a Soberania permanente sobre recursos naturais (Resolução 1803 (XVII) de Assembleia Geral, de 14 de dezembro de 1962) e a Carta de Direitos e Deveres Econômicos dos Estados (Resolução 3281 (XXJX), estavam nessa linha.

O movimento foi atropelado pela globalização da economia, que estabeleceu novos parâmetros para as relações econômicas internacionais, com participação maior das empresas privadas.

As Rodadas de Negociações do GATT

As sucessivas e periódicas rodadas de negociações[49] permitiram reconhecer diferenças e a necessidade de tratamentos diferenciados aos países menos desenvolvidos, com a abertura de exceções ao princípio da nação mais favorecida. Haveria que se tratar de forma desigual, situações desiguais. Uma das pretensões dos países menos desenvolvidos era a de exclusão da regra geral dessa condição, para permitir serem beneficiados em eventuais acordos bilaterais, não extensíveis a outros países. A modificação aprovada na Rodada Kennedy, de 1964, representou significativo avanço no apaziguamento das relações conflituosas com os países menos desenvolvidos, ao dispensar a reciprocidade de tratamento de concessões tarifárias para países em desenvolvimento, a atestar o reconhecimento das diferenças de estágio econômico de países carentes. Foi a constatação de que, embora juridicamente iguais,

[49] Foram oito as Rodadas de Negociações, a saber: 1 – Uruguai – 1947; 2 – Annency-1949; 3 – Toquay – 1957; 4 – Genebra – 1956; 5 – Dillon – 1960-1961; 6 – Kennedy – 1964-1967; 7 -8Tóquio – 1973-1979 e 8 – Uruguai – 1994.

os países são economicamente desiguais, a requerer tratamento diferenciado para mitigar os efeitos dessa desigualdade.

Essas negociações abriram caminho para entendimentos em Rodadas subsequentes, que resultaram nos Acordos de Marrakesh, com a constituição da Organização Mundial do Comércio (OMC), em 1º de janeiro de 1995, aprovada pela Rodada Uruguai de 1994. O ciclo de Rodadas, iniciada com a Rodada Uruguai -1947, teve o efeito de estratificar e consolidar princípios que prevaleceram e regularam o comércio internacional. Foi marco divisório, no plano dos entendimentos entre os Estados, da superação dos entraves que impediram, em 1948, a criação da Organização Internacional do Comércio, para completar o tripé então programado para estabelecer a planejada nova ordem internacional.

O papel predominante dos Estados na condução do comércio internacional não permitiu, naquele momento, a aprovação de regras uniformes. Foram necessárias rodadas periódicas de negociações sobre temas específicos, para permitir compreensão das realidades e características de cada país. Foi atitude cautelosa para avanços paulatinos necessários à superação de controvérsias e de interesses próprios do comércio internacional.

Nesse período, a política do livre comércio inspirada no Acordo Geral produziu resultados concretos com a criação zonas de livre comércio e uniões aduaneiras, como espaços econômicos e comerciais admitidos como exceção ao princípio da nação mais favorecida. Na verdade, não se tratava de exceção, mas de estratégia para, gradualmente, ampliar mercados e liberalizar o comércio internacional, ainda que por partes. A criação pioneira da Comunidade Econômica do Carvão e do Aço – CECA e do BENELUX, entre Bélgica, Países Baixos e Luxemburgo, foram iniciativas bem-sucedidas com seu alargamento com a admissão da França, Itália e a antiga República Federal da Alemanha, formando o Mercado Comum Europeu, evoluído para a Comunidade Econômica Europeia, germe da atual União Europeia. Esse longo processo, em região traumatizada pelas duas guerras mundiais, é fruto, pode-se dizer, da consciência dos povos europeus da necessidade de superar divergências locais em prol da harmonia e convergência de interesses comuns.

Essa experiência bem-sucedida inspirou a criação de outras entidades regionais, como a ALALC, na América Latina, terminada, sem sucesso, após doze anos de vigência, e, depois dela, a ALADI. Outra iniciativa, com o mesmo ideário, foi a criação do Mercosul, entre Argentina, Brasil, Paraguai e Uruguai, com a admissão posterior da Venezuela, ora suspensa, por violação da cláusula de observância de regime democrático.[50] Ainda na América do Sul criou-se o Pacto Andino, do qual fazem parte a Bolívia, Colômbia, Equador e Peru, após terem dele se retirado a Venezuela e Chile.

Outras organizações, igualmente, se formaram na América Central[51] e na África[52]. Com propósitos distintos, mas no mesmo quadro de cooperação comercial, os países do leste europeu criaram, em 1949, a Comecon – Comissão para a Assistência Econômica Mútua, em 1949[53], para se contrapor aos efeitos do Plano Marshall idealizado pelos Estados Unidos, para ajudar os países europeus e evitar o avanço da influência da então União Soviética.

Pode-se concluir terem essas organizações econômicas acentuado a tendência de liberalização do comércio internacional, com a redução de barreiras alfandegárias e eliminação de tratamento discriminatório no comércio internacional. Formam um conjunto de fatores que fortalecem a tendência, cada vez mais acentuada, em trajetória para aplainamento e harmonização de conceitos agrupados em um Direito Mundial, com a homogeneidade de interpretações de normas reguladoras do comércio internacional. O comércio sempre constituiu meio eficiente de aproximação de povos e de entendimentos.

A CNUCD/UNCTAD – contraponto do GATT

Paralelamente às rodadas de negociação do GATT, criou-se, em 1964, no âmbito da Conferência das Nações Unidas sobre Comércio e Desenvolvimento

50 Havia forte resistência à admissão da Venezuela por parte do Paraguai. Os demais países aproveitaram-se do incidente criado pelo impedimento do presidente daquele país, Fernando Lugo, pelo Senado, em processo controvertido. Com base nesse pretexto, os demais membros suspenderam o Paraguai do Mercosul e admitiram a Venezuela, então sob a presidência de Hugo Chavez, de orientação política similar a dos demais membros da entidade. Posteriormente, sob o governo de Nicolas Maduro, o país foi suspenso com base no mesmo fundamento.

51 Mercado Comum Centro-americano, criado em 1960, e integrado pela Costa Rica Guatemala, Honduras, Nicarágua e El Salvador.

52 Organização da Unidade Africana, criada em 1963, sucedida pela atual União Africana

53 Integraram o Comecon a Bulgária, Hungria, Mongólia, Polônia, República Democrática da Alemanha (Alemanha Oriental) (1950-1990), Romênia, Tchecoslováquia e União Soviética e Vietnã.

(CNUCD ou UNCTAD, na sigla em inglês), como órgão da Assembleia Geral da ONU, com o fim de promover a integração dos países em desenvolvimento na economia mundial. Resulta da estratégia adotada por esses países de utilizar o sistema de votação na Assembleia Geral de um voto para cada país para aprovar resoluções de seu interesse, mesmo com o voto contrário dos países industrializados, em minoria. Esse sistema lhes propiciou maioria para aprovar a criação de organizações ou órgãos setoriais, em movimento colateral ao pretendido pelos países desenvolvidos. A criação da CNUCD é fruto dessa estratégia, com objetivos paralelos e similares aos do GATT. Pretendeu-se aprovar normas no âmbito dessa organização para atender a interesses dos países em desenvolvimento, no quadro do embate Norte/Sul, então delineado. A pretensão de se contrapor ao GATT – entendida como associação "dos países ricos" – estava integrada no quadro da instauração de uma Nova Ordem Econômica Internacional, capitaneada pelos países em desenvolvimento e subdesenvolvidos. A criação da CNUCD revela o estágio do antagonismo agudo então existente entre os países industrializados e os não industrializados, superada com a globalização da economia e com o novo quadro que se instalou nas relações econômicas internacionais.

Foi no âmbito dessa organização que se aprovou o Sistema Geral de Preferências, idealizado pelo economista argentino Raul Prebish, nos moldes da política da Comissão para a América Latina – Cepal – em vigor desde 19.04.1989, ainda no âmbito do movimento para a criação de uma Nova Ordem Internacional. Conta, atualmente, com 43 países, não obstante tenha perdido, praticamente, utilidade com o rumo tomado pelas relações econômicas internacionais informadas pelo liberalismo, após o término da Guerra Fria. Teve, no entanto, o mérito de ser ingrediente a auxiliar na superação de dificuldades para regular o comércio internacional, com a constituição do GATT e da OMC.

O término da Rodada Uruguai: a constituição da OMC

O processo de negociações nas Rodadas de negociações do GATT, a atuação dos países em desenvolvimento em contraposição aos industrializados, o avanço da economia liberal, a atuação das empresas privadas na esfera internacional, a dinâmica das relações econômicas internacionais, com a interligação das economias cada vez mais acentuada, formaram quadro favorável para a institucionalização da uma organização de comércio mundial. A constituição da OMC, resultantes desses fatores, é o ponto mais alto alcançado nas tratativas para regular o comércio internacional, facilitado pelas modificações por que passou a comunidade internacional e contribuiu para o término do antagonismo que caracterizou a Guerra Fria e o confronto dos dois sistemas econômicos que perdurou por todo o pós-guerra.

Ao prevalecer o sistema capitalista sobre o da economia planificada estatal adotada pelo comunismo, adveio o neoliberalismo para o centro do mundo, impondo a necessidade de regulamentação por meio de organização internacional, agora possível, diante das modificações até então verificadas no cenário mundial, com a atuação dos novos atores públicos e privados.

A conclusão da Rodada Uruguai-1994, com a criação da OMC, constituiu etapa essencial para a transformação do processo de elaboração do direito do comércio e da resolução de controvérsias. Mais do que simples organização internacional intergovernamental, a OMC abalou o poder dos Estados de regular o seu próprio comércio internacional e de dispor, no âmbito interno, de normas que afetem esse comércio. Em certo sentido, a OMC assumiu feição supranacional de caráter universal que nem a ONU possui.

O interesse da China, em dela participar, com seu regime comunista e a pretensão de convencer os demais países de que seu sistema é de livre comércio, é sintoma claro do caráter universal da organização, a atrair todas as comunidades. Embora o regime político comunista não se afeiçoe ao do livre comércio, pretende ter adotado a economia de mercado, habilitando-a a integrar a organização. Reconhecidamente o sistema adotado é de capitalista de Estado, com empresas sob controle estatal, a atuar no mercado internacional, ao lado de empresas privadas. Todavia, algumas empresas chinesas clamam serem privadas, sem controle governamental, ao lado de outras do mesmo ramo de atividades, sob liderança de empresários privados.

Os rumos que o país tomara, com a revolução liderada por Mao Tsé Tung, que o retirou da decadência, ao impor regime comunista extremado, posteriormente perturbado pela violência da Revolução Cultural, foram alterados. Deng Xiaoping, vítima dessa Revolução Cultural, ao ser exilado para o campo, retornou ao poder, entre 1978 e 1992 e eliminou a rigidez do sistema, com a adoção de conceitos e práticas flexíveis à política econômica. Introduziu princípios de mercado, iniciando com a agricultura e, posteriormente, com a indústria e na área financeira. Fez a "Reforma para a Abertura", em 1978 e idealizou a fórmula de um país com dois sistemas, Hong Kong, capitalista, de economia de mercado, com certa autonomia, e as demais províncias, comunistas.[54]

Essa modificação permitiu a integração da China – recheada de percalços internos, com feroz oposição de radicais maoístas – no novo cenário internacional, como protagonista relevante, transformando-a na segunda economia do mundo, a rivalizar com os Estados Unidos, nas últimas décadas, sob comando de Xi Jinping. Essa alteração dos rumos da economia e política chinesas é dos sintomas relevantes da influência da globalização a invadir área até então impermeável às iniciativas ocidentais, que não as de domínio no passado, agora longínquo.

A conclusão da Rodada Uruguai – 1994, na Conferência de Marrakech, com a assinatura da Ata Final, em 15.04.1994, contendo o Acordo Constitutivo da OMC e de seus anexos, formou, em conjunto, os denominados Acordos de Marrakech, a saber: Acordos Multilaterais de Comércio de Bens, Acordo Geral sobre Comércio de Serviços (AGCS ou GAS, na sigla em inglês); Acordo sobre Aspetos dos Direitos de Propriedade Intelectual Relacionados ao Comércio (ADPIC, ou TRIPs, na sigla em inglês); Mecanismo de exame de Políticas Comerciais; Entendimento Relativos às Normas e Procedimentos sobre Solução de Controvérsias (ESC).[55]

A OMC continuou com o sistema de rodadas de negociações, tendo organizado a Rodada Doha, iniciada na capital de Qatar, em 2001, e ainda não terminada, diante da impossibilidade de entendimentos sobre as matérias principais em discussão, ou seja, subsídios agrícolas, proteção comercial e patentes. A Rodada Doha envolve 142 países, com preensões conflitantes entre os países desenvolvidos e os emergentes e menos desenvolvidos a serem acertadas nessas negociações. O foco principal das discussões versa sobre a política de subsídios agrícolas conferido pelos Estados Unidos e União

[54] HENRY PAULSON, Jr. *Dealing with China*, Headline Publishing Group, Londres, 2015, p. 3

[55] O Brasil ratificou sua participação na organização pelo Decreto Legislativo nº 30, de 15.12.1994, e objeto do Decreto nº 1.355, de 30.12.1994.

Europeia. A crise financeira de 2008 afetou o ritmo dos entendimentos, até o momento estagnados.

O Sistema de Solução de Controvérsias

Uma das novidades de maior relevância na estrutura da OMC é a previsão do Órgão de Solução de Controvérsias, destinado, como sua denominação indica, a resolver desentendimentos entre os Estados. Foi imaginada nos Entendimentos Relativos às Normas e Procedimentos para Solução de Controvérsias, acordado como Anexo 2 ao Acordo Constitutivo da organização. Esse Órgão não foi concebido como tribunal judiciário, mas como entidade a atuar por meio diplomático, mediante entendimentos destinados a superar divergências e, ao mesmo tempo, com caráter judicante, por meio de decisões vinculativas. As atividades desse órgão, não obstante, têm-se pautado pelo exame de dispositivos legais, mais do que em negociações diplomáticas. Há certa tendência em jurisdicionalizar as controvérsias, mais do que propiciar meios para entendimentos negociais.

O Sistema compreende uma fase preliminar de consultas bilaterais, em que o país interessado apresenta reclamação sobre medidas adotadas por outro que, segundo sua visão, contraria a normativa da OMC (artigo 4 do *Entendimento*). Essa fase permite negociações diplomáticas para superar a divergência. Decorridos 60 dias da reclamação, se não houver acordo para solucionar a controvérsia, caberá a provocação de um Grupo Especial, *ad hoc*, integrado por 3 especialistas constantes de lista apresentada pelos países membros. Esse Grupo Especial deve ser aprovado pelo OSC, pelo sistema de consenso negativo, ou seja, não será aprovado se todos os integrantes do Órgão votarem contra. Afasta-se, com isso, o direito de veto. O Grupo Especial instalado deverá, no prazo de 60 dias elaborar Relatório sobre a controvérsia apresentado ao OSC, que deliberará sob o mesmo sistema de consenso negativo, salvo se for interposto recurso de apelação ao Órgão Permanente de Apelação (OPA).

O objetivo do recurso é o reexame de matérias jurídicas do Relatório do Grupo Especial, com a produção de outro, com conclusões ou recomendação submetidas ao OSC, que decidirá, acolhendo-o ou não. Também aqui o sistema é do consenso negativo, em que somente se todos os integrantes recusarem a conclusão é que o Relatório do OPA não será adotado. A solução não possui caráter eminentemente jurídico, à semelhança dos tribunais judiciários, pois tem componente político, a facilitar a execução das decisões, usualmente com autorização à parte vencedora para adotar medidas compensatórias contra o vencido. Desde 1995, segundo informe da OMC, 591 casos foram submetidos ao OSC e mais de 350 decisões foram tomadas.

Algumas decisões deixam de ser implementadas pelos países vencedores, pois, ao adotarem medidas compensatórias ou de represálias para atingir produtos de origem do país vencido, os efeitos negativos recaem sobre outros setores empresariais do vencedor, que nada tem a ver com a controvérsia. A interação das economias torna inexequível separar setores de produção exclusivamente nacionais, a serem afetados por medidas punitivas impostas ao país, A consequência da sanção torna-se ineficaz. Seu efeito maior é o de provocar a retomada de negociações para superar impasses, aparar divergências e propiciar acordos, sem a adoção das sanções autorizadas. A interligação das economias e da permeabilização das fronteiras, ultrapassadas pelas relações internacionais, não mais restritas ao território de cada Estado, impõe novo modelo de atuação.

A influência dos países industrializados, nos embates com os menos favorecidos, tem sido reduzida. As controvérsias submetidas ao Órgão de Apelação, que registra controvérsias com envolvimento de países de diversos graus de desenvolvimento, demonstra igualdade de tratamento e certo aplainamento das relações econômicas internacionais. Os Estados Unidos, inconformados, têm se rebelado contra o sistema, com ameaças de políticos influentes, vez ou outra, de sua retirada da organização. Em 2019, essa irresignação motivou a estratégia de deixar de indicar membro para o compor o Órgão Permanente de Apelação, disso resultando sua paralisia temporária. Não obstante, os grupos especiais têm continuado a operar, enquanto aguarda a retomada das funções daquele órgão, provocando reações da União Europeia, ainda sem solução.

Grupo de Ação Financeira Internacional-GAFI

Outra iniciativa emblemática tendente a fortalecer a universalização do Direito e dar rumos à Nova Ordem Mundial, em gestação, são as medidas contra a delinquência financeira, corrupção e atividades terroristas, tomadas por Estados e por instituições internacionais. O Grupo de Ação Financeira Internacional-GAFI, criado em 1989, no âmbito da OCDE, em caráter informal, tem o propósito de disciplinar o uso dos paraísos fiscais, utilizado como expediente para a lavagem de dinheiro, sob roupagem lícita de remessas bancárias.

A estratégia para eficácia das recomendações

O GAFI redigiu quarenta recomendações em janeiro de 1990, revisadas em 1996, com Nove Recomendações Especiais para o combate ao financiamento ao terrorismo, consideradas padrão internacional e adotado na legislação de 180 Estados, o que confere universalidade de sua atuação. Os países com deficiência de legislação ou com insuficiência de ações na prevenção à lavagem de dinheiro e no combate à corrupção são indicados em comunicados internacionais, como forma de pressão.

O movimento para elaboração de regras anticorrupção, fruto de iniciativas múltiplas, mas integradas no âmbito regional, ou geral da ONU, do FMI, do Banco Mundial e da OMC, converge para certa harmonia, tendente a produzir, como efeito, a elaboração de regras de caráter geral, abrangendo a maioria dos Estados. A Convenção sobre o Combate à Corrupção de Funcionários Públicos Estrangeiros em Transações Comerciais Internacionais de 17 de dezembro de 1997, sob a égide da OCDE, é exemplo do resultado desse movimento, sem contar as leis nacionais com o mesmo propósito.[56]

Suas resoluções, mesmo sem eficácia jurídica formal, por serem apenas recomendações, constituem corpo de normas que influem na elaboração de leis internas, contribuindo para uniformizar procedimentos e ampliar as possibilidades de cooperação internacional. No caso do direito comunitário da União Europeia registra-se a proliferação de regulamentos e de diretivas a serem observadas pelos Estados, sob pena de sanções.

[56] Em vigor desde 1999, foi firmada pelos Estados membros da OCDE, bem como pelo Brasil, Argentina, Bulgária, Chile e República Eslovaca. A Convenção entrou em vigor em 1999 e o Brasil ratificou-a em 15 de junho de 2000 e objeto do Decreto nº 3.678, de 30 de novembro de 2000.

Esse conjunto normativo tende a aumentar, em detrimento do espaço jurídico de cada Estado membro. O direito comunitário da União Europeia se assemelha às normas internas vigentes para os países que a formaram, não se confundindo com as de caráter internacional geral. São normas de caráter regional.

Outra Convenção relevante, com foco na atuação do crime organizado, é Convenção sobre o Tráfico Ilícito de Entorpecentes e Substâncias Psicotrópicas, conhecida como Convenção de Viena, assinada, em 1988, naquela cidade, sob os auspícios da ONU.[57] Essa Convenção ampliou o escopo de outras Convenções da ONU sobre drogas, dentre as quais, a "*Single Convention on Narcotic Drugs*", de 1961, e a "*Convention on Psychotropic Substances*", de 1971.[58]

Essas convenções internacionais, juntamente com as leis nacionais por elas inspiradas, ao lado das Recomendações do GAFI, constituem o arcabouço legal destinado a restringir a ação do crime organizado, cada vez mais atuante na área internacional, em busca de legitimidade com a exploração de atividades lícitas e regulares. A territorialidade da jurisdição dos Estados, que facilita operações transnacionais de origem ilícita, constitui óbice para o enquadramento global, que tende a ser superado pelas Convenções e harmonização de legislações e de procedimentos.

As listas negra e cinza

Embora as recomendações do GAFI não tenham força jurídica vinculante, sua eficácia é expressiva. A elaboração de lista negra e cinza, com a indicação do nome dos países que não observam padrões de controle sobre atividades financeiras é suficiente para impor mudança de comportamento e alinhamento. Essa estratégia foi empregada com a publicação, em 2010, de lista de países em duas categorias, indicadas como "declaração pública" e a que reconhece

[57] O Brasil ratificou a Convenção de Viena contra o tráfico de drogas em 1988, pelo Decreto Legislativo n° 162, de 14.06.1991, e Decreto nº 154, de 26.06.1991. Posteriormente, editou a lei nº 9.613, 1988, que ampliou os efeitos da tipificação da lavagem de dinheiro.

[58] Luiz Maria Pio Corrêa, *O Gripo de Ação Financeira Internacional (GAFI) – Organizações internacionais e crime transnacional*, Coleção de teses de CAE, da Fundação Alexandre Gusmão, 2013, Brasília.

melhoria no cumprimento de diretrizes da entidade. A "declaração pública" corresponde à lista negra, com a inclusão de países que adotam contramedidas, como o Irã, e os que não possuem legislação apropriada sobre o tema, dentre os quais Angola, Coréia do Norte, Equador e Etiópia, além dos já assim classificados pelo reiterado descumprimento de medidas de controle, como Paquistão, Turcomenistão e São Tomé e Príncipe.[59]

O esforço diplomático do Equador para sair da lista negra, como relatado por Luiz Maria Pio Corrêa, levou o país a provocar a solidariedade da Cúpula da Unidade da América Latina e Caribe, em fevereiro de 2010, a revelar a repercussão da medida pelo GAFI na credibilidade do país. Segundo aquele autor, a retirada do Equador da lista foi conseguida após compromisso do governo equatoriano de dar cumprimento às Recomendações, juntamente com a apresentação de plano de ação com medidas concretas para combater a lavagem de dinheiro[60]. O que impressiona no resultado da ação do GAFI é o fato de o Equador não o integrar, sendo, portanto, a ele estranho, o que impediria ser atingido por qualquer sanção pelo não cumprimento de suas Recomendações. O conceito de soberania, da mesma forma, foi posto em xeque, com a submissão do país e seus esforços para sair da lista negra produzida por entidade da qual não participa.

Esse episódio demonstra o fortalecimento da tendência da universalização do Direito, com a padronização de normas internacionais, formais ou informais, como é o caso das editadas pelo GAFI, a impor condutas e controles de interesse geral.

Efeitos no Brasil

Os seus efeitos se alastram e influem na tomada de decisões legislativas e judiciais dos Estados, como ocorreu no Brasil, em 2019, na polêmica submetida ao Supremo Tribunal Federal sobre a necessidade de prévia autorização judicial para a comunicação ao Ministério Público Federal de informações

59 Luiz Maria Pio Corrêa, *O Gripo de Ação Financeira Internacional (GAFI) – Organizações internacionais e crime transnacional*, Coleção de teses do CAE, da Fundação Alexandre Gusmão, 2013, Brasília, p. 205.

60 Luiz Maria Pio Corrêa, op. cit. p. 206.

obtidas pelo Conselho de Controle de Atividades Financeiras (COAFI), Pesou na decisão em permitir a comunicação, sem autorização judicial prévia, de movimentação bancária atípica de qualquer pessoa, a possibilidade de a medida ser interpretada como restrição à apuração de atividades ilícitas, abrangidas pelas recomendações do GAFI.

Esses episódios se encaixam no quadro que compõe o conjunto de fatores tendentes a formar a ordem internacional, a vigorar neste século XXI.

Organização Mundial da Saúde

Saneamento – uma questão mundial antiga

A preocupação com a saúde e questões sanitárias foi constante em todos os tempos, sobretudo mais recentes. A história registra pragas a se espalharem em cidades com população reduzida, comparadas às da atualidade. A de Atenas, nos anos de 430 a 426, A.C., foi provocada pelo êxodo da população rural de Ática, fugida do avanço dos espartanos, a ela acorrendo em massa. O aumento repentino da população, com os inevitáveis reflexos sanitários, provocou a conhecida praga de Atenas, que vitimou dezenas de milhares de habitantes, número elevado para a época e para a cidade. O sofrimento das cidades sitiadas na Idade Média, impossibilitando suas populações de irem para foram dos muros de proteção, foi agravado pela contaminação de doenças e o enterramento de corpos em cemitérios mal localizados e em covas rasas. O lançamento de cadáveres infectados das forças sitiantes, por cima de muros de cidades sitiadas, com o propósito de alastrar a peste bubônica em episódio de Gênova, em 1347,[61] é dos fatos a indicar a gravidade da atuação do ser humano em épocas de conflitos bélicos.

No século XX noticia-se o emprego do gás mostarda nas I e II Guerras Mundiais, provocando, em setembro de 2013, a assinatura da Convenção sobre Armas Químicas, da qual fazem parte 189 países.

[61] *Historical ATLAS – A Compreensive History of the World*, Millenium House PTY Ltd., Austrália, 2008, p, 172.

A peste negra

A devastação sofrida pela Europa e Ásia pela conhecida "peste negra" nos anos de 1347 a 1353, foi, talvez, um dos piores pesadelos da história de crise sanitária a afetar a população mundial conhecida. Os navios utilizados por mercadores em viagens a paragens distantes da Europa, em busca de matérias primas, trouxeram, como viajantes clandestinos, nos porões, ratos negros infectados com a bactéria *Yersinia pesti,* reproduzidos em abundância. Transmitidos por pulgas neles hospedadas ao ser humano, contaminou populações inteiras, sob a forma de bulbos em axilas, com manchas negras, tomando a denominação de peste bubônica.

A Grande Praga de Londres, de 1665, dizimou um terço da população londrina. Ressurgiu, duzentos depois, provindo da Holanda, como descrita em livro de Daniel Defoe. Sua origem foi atribuída a diversas causas, sem conclusões definitivas, gerando superstições e invocações religiosas.[62]

Milhões de pessoas foram vitimadas nos séculos XII a XVI, não só na Europa, como na Ásia. O relato no livro de Fernand Braudel sobre a difícil conquista das planícies da Itália, encharcadas por periódicas inundações, seguidas de seca, mostra a grande dificuldade na conquista daquelas áreas. Nelas habitava o grosso da população, em contraste com a que se abrigava nas montanhas, de acesso difícil, menos vulnerável às influências externas, sobretudo as provindas de navios aportados nas cidades costeiras.[63] Eram áreas propícias à contaminação por fatores externos trazidos de navios mercantes, em espaço restrito e em condições sanitárias inadequadas.

O quadro relatado por historiadores sobre os efeitos daquela peste, que perduraram até períodos próximos do século XIX, em diversas partes do planeta, como China, Índia, África, demonstra o caráter universal dos problemas causados pela falta de saneamento adequado nas cidades. Ruas estreitas de terra batida, com fileiras de casas a despejar das janelas dejetos domésticos na via pública, onde transitavam porcos, gansos, patos, galinhas eram ambiente propício para o desenvolvimento de doenças infecciosas.

62 DANIEL DEFOE, *A Journal of the Plague Year 1665,* The Easton Press, Connecticut, 1978.

63 FERNAND BRAUDEL, *La Mediterranée,* Arts et Métiers Graphiques, Flammarion, Paris, p. 21 e ss

As encantadoras vielas europeias

Na Europa desenvolvida dos dias atuais ainda se pode ver resquícios do que fora em passado não muito distante, em cidades do interior da França, Itália, Portugal e outras, a atrair turistas inscientes das condições sanitárias de seus primórdios. As vielas estreitas agora visitadas abrigam lojas de luxo, ornamentadas por canteiros de flores, dotadas de água encanada, esgotos, e equipadas com dispositivos eletrônicos modernos. Esse quadro é bem diferente do que fora em tempos não muito distantes e similar ao que ainda é visto em favelas brasileiras e de países africanos.

Endemias, igualmente, assustaram, como a malária, resultante de águas empoçadas por chuvas torrenciais de verões quentes, não escoadas nas secas subsequentes. A gripe espanhola e o tifo na década de 1910, igualmente, causaram o morticínio em massa em diversas partes do mundo, tal como a tuberculose e a sífilis, no século XIX, a indicar a precariedade das condições de higiene da população. Diversos escritores se incluem no rol de pessoas afetadas por esses males.

Reflexos no Brasil: febre amarela e varíola

No Brasil imperial, as precárias condições sanitárias de cidades populosas, como Rio de Janeiro, capital do país, sob forte calor tropical, propiciavam o alastramento de mosquitos os mais diversos a infernizar a população[64], não ciente da origem dos males que a afligia. Os trabalhos de saneamento empreendidos pelo sanitarista Oswaldo Cruz, no início do século XX, em continuação aos seus trabalhos de pesquisa, tiveram de vencer a forte resistência da população, diante dos incômodos causados.

[64] O Almirante-em-chefe da esquadra britânica no Brasil, GRAHAM EDEM HAMOND, nos seus *Diários*, de 1825 e entre 1834/38, hospedado no navio durante sua estada no país, registra, em diversas passagens, os terríveis mosquitos a incomodá-lo, nas ocasiões em que pernoitou em terra. Em uma delas, registrou: "Diverti-me", entretanto, com mosquitos, durante a noite. Entraram por dentro do mosquiteiro e se banquetearam desesperadamente em mim .... Fui duramente mordido, mas, não coçando, e esfregando levemente cada inchação com água fria, a dor desapareceu rapidamente. " Edição J B., Rio de Janeiro, 1984, tradução de Paulo Fontainha Geyer, p. 18

A febre amarela e a varíola foram alvo de vacinação em massa provocada por mosquitos, causando irresignação de moradores da cidade, crentes de que a doença e sua propagação provinham de lavagem inadequada de roupas. A novidade da inciativa governamental, orientada por Oswaldo Cruz, imposta a todos, resultou na conhecida "revolta da vacina", estimulada pela imprensa e apoiada por líderes conhecidos como Ruy Barbosa, a indicar a resistência contra métodos sanitários inéditos no começo do século XX no Brasil.[65]

O movimento contra a campanha de vacinação provocou a rebelião da Escola Militar, sob comando do general Silvestre Travassos, com arruaças apoiadas por forças políticas de oposição, até ser subjugado pelo general Hermes Rodrigues da Fonseca[66], a demonstrar a dificuldade de modificar culturas. Todavia, ainda resiste em outras paragens, como informa Timothy Winegard, segundo quem, durante a Segunda Guerra Mundial, os soldados americanos no Japão eram vitimados por mosquitos, contra os quais medicamentos empregados eram inúteis ou com efeitos colaterais perniciosos. Estima o autor que, atualmente, cerca de 800.000 pessoas em cada ano são vítimas do mosquito transmissor da doença, imunizado contra medicamentos ao longo do tempo.[67]

Epidemias e endemias persistentes no século XXI

Em pleno século XXI, beneficiário de grandes conquistas tecnológicas em todos os setores, ainda há incidência da epidemia conhecida como AIDS, sigla inglesa a indicar a Síndrome Imuno-deficiência Adquirida (SIDA), causada pelo vírus HIV, espalhado pelo mundo, ao longo da segunda metade do século XX, e ainda resistente. Além dela surgiu na África a epidemia da Ebola e, no Brasil e Honduras, o Dengue, provocado pelo mosquito *aedes egipty*, hospedado em poças de água limpa em casas e em locais públicos, onde proliferam. Em ambos os casos, esforços sanitários continuam a ser feitos para combater o mal, dentre os quais o da paralisia cerebral de nascituros, provocados pelo

[65] Consoante edição nº 37 da Revista Manguinhos, de maio de 2017.

[66] *Novo Dicionário de História do Brasil, Edições* Melhoramentos, São Paulo, 1970, p. 215.

[67] Timothy Winegard, *The Mosquito*, Dutton Books, Text Publishing, in *The Economist*, edição de 3 de agosto de 2019, p.70

vírus da Zica, com providências sanitárias e de esclarecimento às populações de todas as classes sociais.

O vírus causador da poliomielite, combatido com rigor até sua extinção, ressurge em alguns lugares da África a causar preocupações, com sua disseminação e a campanhas de vacinação em massa. O sarampo, erradicado há muito, ressurge em São Paulo no século XXI, e em outros lugares, a impor campanhas de vacinação e de esclarecimento à população, desacostumada com a incidência, outrora mais conhecida. Em todos esses casos, os males não se limitam a um país ou a local determinado, mas a todos, em virtude da grande mobilidade de pessoas a transitar por todos os lugares, em viagens de trabalho ou de turismo, facilitadas pelos eficientes meios de transporte aéreo, marítimo e terrestre.

A mais recente é a COVID-19, surgida no ano de 2019, de que abaixo se falará, a se alastrar por todo o planeta, impôs o fechamento de cidades e de quarentenas a viajantes. Mudou a configuração das relações de trabalho, com funcionários a exercerem suas atividades em casa e participação de reuniões virtuais, por meio de aplicativos de computadores. Laboratórios privados esmeraram-se na criação de vacinas, em curto tempo, vencendo resistências de governos e provocando campanhas de vacinação em massa para debelar o que a OMC classificou como pandemia. A atuação da Organização foi relevante na divulgação de notícias sobre a gravidade da pandemia e a estimular ações governamentais e comportamento das pessoas no uso de máscaras e de hábitos de higiene.

Primeiras providências internacionais

A primeira Conferência Sanitária Mundial para abordar a questão sanitária foi realizada em Paris, em 1861, na qual se adotou regulamento internacional sobre sistema de quarentena, com o isolamento durante quarenta dias em caso de epidemias, bem como o regime de lazareto, no Mediterrâneo.[68] Em sequência, registra-se a Convenção Geral sobre Quarentenas, de 1903

[68] MANUEL DIEZ DE VELASCO, *Las Organizaciones Internacionales*, Editorial Tecnos, Madrid, 1997, p. 118

e a criação do Escritório Internacional de Higiene Pública, em 1907, com a participação de 55 Estados.

A matéria foi retomada na Carta da Liga das Nações, logo após o término da I Guerra Mundial, no artigo 23, 6:

> Art.23. Sob a reserva e em conformidade com às disposições das Convenções internacionais atualmente existentes, ou que serão ulteriormente concluídas, os membros da Sociedade:
> 6. esforçar-se-ão por tomar medidas de ordem internacional a fim de prevenir e combater moléstias.

Embora referido em termos vagos, como mera recomendação, o interesse pela adoção de medidas preventivas se materializou com a constituição de Comitê Consultivo e Comitê de Higiene, além de Secretariado. Antes, já havia sido constituída, no continente americano, a Organização Pan-americana de Saúde, em 1902, a mais antiga do mundo, devotada aos países da América. Com o desenvolvimento das relações internacionais na área da saúde e higiene, essa entidade passou a integrar o sistema da Organização Mundial da Saúde, no âmbito da ONU, com escritório regional para as Américas, com sede em Washington, tornando-se parte da Organização dos Estados Americanos, com escritórios de 27 países.

Os atos constitutivos da OMS

A aprovação dos atos constitutivos da OMS deu-se em 22 de julho de 1946, portanto, logo após, o término da II Guerra Mundial, e aberta a todos os membros das Nações Unidas. Seu objetivo é *"a aquisição, por todos os povos, do nível de saúde mais elevado que for possível"* (art.1º). Para alcançá-lo, o artigo 2º da Convenção discriminou, pormenorizadamente, as ações a serem tomadas, a revelar a disposição ambiciosa que animou sua criação e o caráter universal de sua atuação.[69] Sua estrutura é composta pela Assembleia Mundial da Saúde; o Conselho Executivo e o Secretariado.

69 Para alcançar os objetivos da Organização o Artigo 2º discrimimna extenso rol de atividades.

Amplitude de atuação

Não é apenas o extenso rol de objetivos que indica a aspiração de universalidade da sua atuação. Quer abarcar todas as organizações regionais pré--existentes a ela sob seu manto, para facilitar a disseminação e eficácia a suas recomendações para o maior número possível de povos. Afinal, a interligação das comunidades requer providências gerais, não restritas a determinadas áreas. É o que se registra no art. 54:

> Artigo 54
> A Organização Sanitária Pan-Americana, representada pelo *Pan-American Sanitary Bureau*, as Conferências Sanitárias Pan-Americanas e todas as outras organizações regionais intergovernamentais de saúde que existam antes da data da assinatura desta Constituição serão, em tempo oportuno, integradas na Organização. Esta integração será efetuada, logo que seja possível, por uma ação comum, baseada no consentimento mútuo das autoridades competentes, expresso pelas organizações interessadas

A amplitude de sua atuação está, ainda, registrada em outras disposições dos seus atos constitutivos,[70]como estratégia para tornar efetiva e eficaz suas ações em maior número possível de países.

A atuação da OMS envolve a organização de exposições e publicações sobre extensa gama de temas de interesse sanitário e da saúde, como agronegócio,

[70] Capítulo XVI – Relações com outras organizações
Artigo 69: A Organização será posta em conexão com as Nações Unidas como uma das instituições especializadas referidas no artigo 57 da Carta das Nações Unidas. O acordo ou acordos pondo a Organização em conexão com as Nações Unidas ficarão sujeitos à aprovação por uma votação de dois terços da Assembleia da Saúde.
Artigo 70: A Organização estabelecerá relações efetivas e cooperará estreitamente com outras organizações intergovernamentais quando for conveniente. Qualquer acordo formal concluído com tais organizações ficará sujeito à aprovação por uma votação de dois terços da Assembleia da Saúde.
Artigo 71: A Organização pode, em assunto dentro da sua competência, tomar todas as disposições convenientes para consultar e cooperar com organizações internacionais ou governamentais e, com aprovação do Governo interessado, com organizações nacionais, governamentais ou não governamentais.

agroecologia, câncer, sem suas diversas manifestações, tabagismo, prevenção, dentre outras. Nesse mister, tornou-se referência internacional para assuntos de saúde e sanitários, com a divulgação de informações, resultado de pesquisas e a definição de índices e fatores a nortear a ação de todos os países.

Suas atividades são financiadas pelo Banco Mundial e por dotações de Estados interessados em suas pesquisas e estudos, além de recursos fornecidos por entidades privadas. A influência do Banco Mundial, em virtude de sua posição de principal financiador da Organização induziu-a a direcionar suas atividades na década de 1970, no controle populacional e na educação. Essa dependência econômica do Banco Mundial foi reduzida ao final da década de 1980, com o aporte de recursos extraorçamentários providos por agências multilaterais e países doadores. Pesou em decisões de direcionar suas atividades a constatação de que a questão de saúde pública e sanitária está na raiz dos problemas de desenvolvimento de países carentes.

Percalços e resistências

Ao longo de sua trajetória, a Organização sofreu percalços internos e externos, com controvérsias sobre o foco de sua atuação. Teve de se adaptar às modificações no quadro internacional, com o programa de descolonização empreendido pela ONU, na década de 1960, com o ingresso de países africanos, com prioridades próprias, a afetar programas, da mesma forma que o interesse da sociedade civil, por meio de entidades privadas. A credibilidade de que sempre desfrutou, no entanto, permitiu superar dificuldades e angariar fundos e colaboradores, em parcerias público-privadas para atingir fins programados.[71]O que se nota é a sobrevivência da iniciativa que se fortalece no plano internacional, com o prestígio de sua atuação na formulação de programas de educação sanitária a auxiliar na luta perene da Humanidade contra males provocados por epidemias e endemias.

[71] Para uma análise mais pormenorizada do tema sobre saúde global, vide THEODORE M. BROWN; MARCOS CUETO e ELIZABETH FEE em versão ampliada do trabalho "The World Health Organization and the transition from international to global public health", *American journal of public health*, v. 96, n. 1, p. 62-72, 2006. Traduzido por Annabella Blyth. Revisão técnica de Gilberto Hochman, sob os auspícios de Creative Commons Atribution License

O novo coronavirus de 2019/2020

O vírus apodado de SARS-CoV-2, foi detectado em fins de 2019, na província chinesa de Wuhan, cidade com onze milhões de habitantes localizada na China central. A doença por ele provocada, denominada *covid19*, atinge os pulmões, causando dificuldades respiratória e asfixia, levando à morte. A OMS, alarmada com a contaminação rápida dos efeitos do vírus, veio a público, por meio de seu Diretor Geral, com informações em transmissão mundial pela televisão, sobre a epidemia e seus efeitos. Trata-se de novo agente a causar grande impacto na saúde pública, como a Síndrome Respiratória Aguda Grave (SARS), identificada em 2002 e a Síndrome Respiratória do Oriente Médio (MERS), percebida em 2012. Aparentemente decorre de consumo de animais selvagens, como o morcego, integrado aos hábitos alimentares da região.

Grande número de países foi célere em tomar providência para isolar populações e promover quarentenas forçadas, tendo sido repatriados estrangeiros que estavam em Wuhan, que ficou sob isolamento total. Graças aos meios de comunicação e de transporte, rapidamente foram retirados da China estrangeiros que poderiam contrair e espalhar o vírus em seus países e mantidos em quarentena. O Brasil também repatriou brasileiros do exterior, tendo providenciado o confinamento de pessoas vindas da China, em Base Aérea de Anápolis, Goiás. A despeito dessas providências, registrou-se, em princípios de 2020, a presença do vírus em cidades da Itália alvos de grande afluxo de turistas provindos de países estrangeiros. O fato despertou alerta diante da possibilidade de alastramento mundial do vírus e do registro de mortes por ele provocadas.

Essa pandemia, em pleno século XXI, revela o constante risco de contaminação de vírus e bactérias das mais diversas origens, em época caracterizada por grande mobilidade social em todas as partes do planeta. A rápida reação da comunidade internacional, contudo, auxiliada pela também pronta intervenção da OMS, pode impedir os efeitos nefastos de contaminações que, no passado, vitimaram milhões de pessoas em pouco tempo.

A seriedade da crise levou o Diretor Geral da OMS, Tedros Adhanom Ghebreyesus, a declarar a existência de pandemia, a afetar todos os países. A transmissão televisiva, em conjunto com o FMI, para todo o planeta foi eloquente a demonstrar a gravidade do fato. A Itália declarou emergência nacional e confinamento da população em suas casas, ficando as ruas vazias e os centros de turismo, antes lotados de pessoas, sem movimento algum. O mesmo fez a França, com o fechamento de locais de atração turística internacional, como o Museu do Louvre e a torre Eiffel. Os Estados Unidos, Espanha e o Reino Unido declararam emergência nacional. Campanhas pela imprensa, redes sociais e televisão alertaram a população sobre as medidas preventivas para evitar o alastramento do mal, tendo sido cancelados eventos esportivos e concentração de populações.

Os efeitos nefastos da pandemia, o número crescente de pessoas infectadas e de mortes por ela causadas produziram reflexos na economia em todos os países. Para amenizá-los, foram criados programas de auxílio financeiro às pessoas carentes, reduzindo o impacto negativo da paralização das atividades econômicas.

No Brasil, a sociedade civil atuou para suprir a insuficiência da ação estatal, com o aporte de recursos materiais por empresas e fundações privadas dedicadas aos mais diversos fins. Foram feitas doações de equipamentos hospitalares, respiradores, cestas básicas para populações carentes, dentre outras contribuições. É a face visível da atuação da sociedade civil, a suprir carências das autoridades governamentais.

Reações

Nesse episódio, a OMS destacou-se como referência internacional a orientar Estados e a influir em políticas internas resistentes na adoção de medidas de isolamento social por ela recomendadas. Os efeitos da quarentena mundial desconhecidos podem ser o início de novo ciclo histórico nas relações humanas, desvinculadas da economia, mas a ela afetando de uma ou outra forma. Os reflexos na economia da ausência de atividade produtiva decorrem da redução das receitas das empresas e dos tributos, levando autoridades governamentais a despejar recursos consideráveis para amenizar os efeitos sociais da crise pandêmica. O resultado do levantamento do PIB dos países em geral foi desastroso e se refletiu fortemente no PIB Mundial.

Um dos episódios que chamou a atenção da comunidade internacional foi a atitude do governo federal norte-americano, inconformado com a adoção de medidas de isolamento decretadas por estados da federação e seus efeitos na economia nacional. Mostrou certo alheamento às consequências da pandemia, a contribuir para o aumento de infectados e de óbitos. Aquele país registrou o maior número de pessoas atingidas em todo mundo. O próprio presidente acabou por contrair o vírus, a semelhança de outras autoridades do país e de outros, como o do Reino Unido.

No Brasil comportamento similar foi adotado por autoridades federais, ao se oporem à política de isolamento social imposto pela generalidade dos demais países. Os Estados-membros e os municípios brasileiros tomaram a si a iniciativa de estabelecer política de quarentenas e isolamento social. O Supremo Tribunal Federal, provocado, reconheceu a competência constitucional concorrente das entidades federadas e dos municípios para adotar normas sobre o tema em suas jurisdições[72]. O dilema entre preservar a economia e a saúde da população persistiu, com o argumento de que a mortalidade de milhares de vítimas do *covid19* não poderia prejudicar o emprego de milhões de trabalhadores e a atividade econômica em geral.

Especulava-se, paralelamente, sobre a modificação de comportamento de populações inteiras submetidas a longo período de isolamento. Escritórios de empresas, com amplos salões, antes atulhados de funcionários sentados em pequenos compartimentos separados uns dos outros por paredes de baixa altura, com mesas e computadores individuais, foram esvaziados pelo trabalho em casa, em ambiente seguro contra o vírus.

A duração da nova modalidade, se persistir, pode contribuir para mudança de comportamento geral e na mobilidade urbana, com o esvaziamento de ruas e praças e dos transportes individuais e coletivos. O trabalho em casa e a realização de reuniões à distância, por meios virtuais, sem exigir deslocamentos, pode produzir algum efeito na organização social em geral. É ainda incógnita a ser desvendada com o tempo,

Alguns desses efeitos podem ser notados, como a redução da ansiedade de consumo exacerbado nos últimos tempos, a ensejar a tomada de consciência

[72] O governo federal editou a Medida Provisória nº 926/2020, para avocar a si a jurisdição sobre a mobilidade social, para interferir com a política dos Estados-membros de redução da atividade econômica provocada pela quarentena forçada. A medida foi examinada pelo Supremo Tribunal Federal que reconheceu a competência concorrente dos Estados-membros e dos municípios para legislar sobre o tema na área de suas jurisdições.

da inutilidade de acumular bens supérfluos, a requerer mudança de hábitos. O confinamento das pessoas em suas casas provocou a redução do uso de automóveis e do transporte público, com a consequente diminuição de emissão de gases poluentes, a contribuir para a melhoria do meio ambiente. A isso se adiciona o retorno da convivência familiar mais estreito, com famílias a tomarem refeições juntas, forçadas pela quarentena e pelo trabalho à distância. Pode ser o benefício de um mal coletivo a provocar alterações saudáveis.

Efeitos paralelos

A crise pandêmica em pleno século XXI mostra que a Humanidade, com todo o aparato científico de que dispõe, é refém dos efeitos de sua ação no planeta. Nada está seguro, não obstante a longevidade alcançada nas últimas décadas e a relativa redução da mortalidade infantil.

A exigência de vacinação em massa em campanhas periódicas, ou como condição de embarque nos meios de transporte para países onde há endemias constitui providência a que as populações se submetem, agora sem a antiga resistência, Já há consciência de que certos males se disseminam por todo o canto e o meio de evitá-lo compreende vacinações em massa e obras de saneamento básico, para evitar a proliferação de vírus maléficos.

As pesquisas para descobrir e produzir vacinas apropriadas requerem longo prazo com a realização de testes e aprovações pelas autoridades da saúde, além das dificuldades práticas, nem sempre passíveis de superação pelos países menos desenvolvidos, carentes de recursos e de tecnologias. Contudo, apesar do curto período do aparecimento da pandemia, vacinas já foram desenvolvidas, incialmente por alguns laboratórios na China, Estados Unidos, Reino Unido e Rússia e submetidas à aprovação de agências governamentais. Superada a fase de testes, foram distribuídas para todos os continentes, com a redução gradativa do mal em 2022. O ressurgimento de vírus resistentes mantém as autoridades atentas para evitar contaminações.

Por outro lado, obras de saneamento apropriadas para impedir ou dificultar o aparecimento de moléstias e epidemias não rendem votos em campanhas eleitorais. A canalização de esgotos, soterrados nas vias públicas – e, assim, não visível pela população, em contraste com a construção de viadutos ou de estradas – e a despoluição de rios e de córregos são dispendiosas e, por vezes, de longo prazo, a superar tempo de mandatos de autoridades governamentais, com inaugurações por sucessores no cargo.

Ademais, as pessoas afetadas pela inércia governamental são, em geral, desprovidas de poder de influência e de conhecimento adequado para impor modificações ou providências adequadas. As mortes e prejuízos causados por inundações periódicas em grandes cidades brasileiras e o desbarrancamento de encostas a destruir habitações nelas construídas irregularmente, com a conivência ou omissão de autoridades municipais, nem sempre contam com ação eficaz para evitá-las.

Nesse quadro, aponta-se o papel das universidades e laboratórios farmacêuticos como protagonistas ativos no combate a essas epidemias e endemias, com a condução de estudos e pesquisas e produção de medicamentos específicos, em grande escala. A penicilina foi a salvação de numerosas vítimas das mais variadas doenças, da mesma forma como medicamentos desenvolvidos após custosas pesquisas foram e são utilizados para debelar males advindos desses episódios.

Interesse da Humanidade

Como se nota, a questão não interessa apenas a um país ou a uma região, mas a todo o planeta, enfim à Humanidade. Se, no passado, o transporte de mercadorias provindas de regiões distantes carregava também vírus e bactérias desconhecidos nos locais de desembarque, atualmente o número de viagens internas e internacionais é muito mais elevado, a justificar providências internacionais mais severas.

O tema é dos que indicam a forte tendência à universalização de normas jurídicas de aplicação geral e de ações para todos os continentes e povos, independentemente de civilizações, culturas e grau de desenvolvimento econômico ou social. O interesse é da Humanidade, a prevalecer sobre divergências políticas ou ideológicas, como o do efeito estufa provocado pela emissão de carbono e o consequente aumento da temperatura.

O efeito colateral das quarentenas decretadas pela generalidade dos países afetados e a consequente redução da atividade econômica, pode ser indício de fim do ciclo da economia que passou a governar a Humanidade, em substituição ao da religião, com os nefastos efeitos conhecidos.

Houve o desestímulo do consumo de bens e o aumento de compras pela Internet de produtos essenciais recebidos em domicílio e entregues por ciclistas e motociclistas, ou por meio de drones, novidade em expansão para uso de fins urbanos e domésticos. Esse novo procedimento, a dispensar o comparecimento pessoal a lojas e supermercados, pode contribuir para a alteração de rumos e de hábitos de consumo exacerbados pela economia liberal. Pode contribuir para a mudança de comportamento das empresas de criar produtos novos e os lançar sem aguardar o período de amortização de investimentos feitos em outros mais antigos, em contínuo processo de estímulo de consumo.

Organização Mundial das Aduanas

Introdução

As importações e exportações constituem o cerne do comércio internacional a afetar todos os países, ao lado dos investimentos financeiros. Controles de entrada e de saídas de bens são exercidos por todos os Estados, seja por razões fiscais, sanitárias, ambientais ou, ainda, de interesse econômico de proteção da economia local. As exigências regulamentares podem impedir o fluxo regular de mercadorias, ou agravá-las, podendo restringir o comércio de produtos sensíveis ao país que as adotam.

A utilização de regulamentos aduaneiros pode ser usada como arma de proteção de mercados locais e de políticas discriminatórias, interferindo com o livre comércio, embora constitua mecanismo legítimo de defesa e de controles do ingresso e de saída de mercadorias. É também meio de impor respeito à costumes e padrões de inspiração religiosa, como o de exportação de carnes para países de credo muçulmano e judaico, a exigir atestado de conformidade com ritos religiosos, elaborado por sacerdotes, dentre os documentos de exportação.

Interesse na padronização de regulamentos

A diversidade de regulamentos aduaneiros despertou o interesse geral de uniformização e de criação de fórum para discussões sobre o tema. Já em 1947, 13 países europeus, sob influência das normas do GATT, fundaram a Organização Mundial das Aduanas (OMA), conhecida pela sigla em inglês WCO (*World Customs Organization*). O objetivo inicial foi o de estabelecer, na Europa e entre os países que a constituíram, regras uniformes de controles aduaneiros, evitando disparidades.[73]

O desenvolvimento das atividades dessa Organização levou-a a estabelecer o Comitê de Cooperação Aduaneira (*Customs Committee Council* – CCC), em janeiro de 1953, em Bruxelas, com a presença agora de 17 Estados europeus. O sucesso da iniciativa estimulou ao aumento de participantes que aderiram à Organização elevando-se para 183 administradores aduaneiros, a operar em todos os continentes.

Em 1994, foi adotada sua atual denominação, a refletir a transição para verdadeira instituição intergovernamental de caráter universal. A entidade é responsável por processar mais de 98% de todo comércio internacional, a indicar sua abrangência e, mais do que isso, a tendência à padronização de condutas a refletir e fortalecer a tendência da formação de um Direito Mundial, regulador, com certa uniformidade, da multiplicidade de temas das relações internacionais.

Objetivos e estrutura

O objetivo da OMA é conferir eficiência às atividades aduaneiras, com normas destinadas a proteger o consumidor, o meio ambiente, a evitar e a combater o tráfico de drogas e a lavagem de dinheiro, além de outras. Dentre suas ações, destaca-se a publicação periódica do que denomina *HS Nomemclature*, (*Harmonized Commodity Description and Coding System*), a última das quais em

[73] Sobre o tema, vide Alain Lesaffre, "Pour mieux conaitre l'Organisation Mondiale des Douanes", *in L'Ilicite dans le Commerce International*, sob direção de Philippe Kahn e Catherine Kessedjian, Litec, Bourgogne, 1996, p 593.

vigor desde janeiro de 2017, com normas aduaneiras abrangendo ampla gama de produtos, desde animais vivos até manufaturados dos mais diversos fins e utilidades. Trata-se de sistema que permite identificar, pelo mesmo código, produtos exportados em todo o mundo, tendo-se transformado em idioma internacional do comércio exterior, do qual se serviu, como base, a Nomenclatura Comum do Mercosul.

A OMA é administrada por um Conselho, criado em 15.12.1950, e por uma Secretaria integrada por cerca de cem técnicos e equipes integradas por pessoas de diversas nacionalidades. Serve de fórum para troca de experiências entre os representantes de seus membros, bem como provê assistência técnica e serviços de treinamento e suporte para modernizar a administração das aduanas.

Atividades

As atividades da OMA têm como base a aplicação de princípios universalmente aceitos de práticas de governança, com transparência e divulgação de conhecimentos propiciados por pesquisas destinadas à criação de instrumentos inovadores e de ferramentas que incorporem avanços tecnológicos.[74]

No desenvolvimento dessas atividades, a OMA criou, em 2005, o programa denominado *SAFE Framework of Standards to Secure and Facilitate Global Trade* (*SAFE Framework*), com o propósito de impedir o terrorismo internacional, assegurar a cobrança de receitas e promover a facilitação do comércio em todo o mundo.

A edição de 2018 desse programa incluiu, dentre seus objetivos, o fortalecimento da cooperação entre as administrações aduaneiras, com a troca de informações, reconhecimento mútuo de controle e de reconhecimento de Operadores Econômicos Autorizados e assistência administrativa mútua. Além disso, estimulou a cooperação com agências governamentais para regular o controle e fluxo de determinados bens, como armas, materiais perigosos e passageiros.[75]

[74] http://www.wcoomd.org/en/about-us.aspx

[75] http://www.wcoomd.org/en/topics/facilitation/instrument-and-tools/frameworks-of--standards/safe_package.aspx

Ao desenvolver suas atividades, a OMA aprovou, em reunião de Bruxelas de 26.06.1999, o Protocolo de Revisão da Convenção Internacional para a Simplificação e a Harmonização dos Regimes Aduaneiros (Convenção de Quioto Revisada), celebrada em 18 de maio de 1973. Estabelece esse Protocolo base para a modernização das aduanas, com o sistema de guichê único, reduzindo a burocracia e instituindo gestão coordenada de fronteiras. Contém o compromisso das partes de simplificar e de harmonizar seus regimes aduaneiros e conformarem-se com as condições nele previstas, com normas transitórias e práticas recomendadas constantes dos Anexos, consoante estabelecido nos artigos 2º e 3º.[76]

Participação do Brasil

A representação brasileira na OMA é de competência da Secretaria da Receita Federal, com apoio do Ministério das Relações Exteriores. Não obstante o Brasil tenha participado dessa organização desde 1981, não havia ratificado o Protocolo de Quioto de modernização das aduanas, até o ano de 2019. Ao encaminhá-lo para a ratificação, a Câmara dos Deputados esclareceu constituir instrumento-base para procedimentos aduaneiros modernos, "como o sistema de "guichê único" nas fronteiras comuns, para diminuir a burocracia, e a adoção de gestão coordenada de fronteiras. Entre os objetivos do acordo estão o desenvolvimento de práticas e procedimentos de fronteiras uniformes em todo o mundo; a redução de custos de processos aduaneiros; capacitação para mudança no ambiente de negócios, com estímulo ao cumprimento voluntário de normas."[77] O plenário do Senado Federal aprovou-o, por meio do

[76] Artigo 2º – Âmbito de aplicação da Convenção. Cada Parte Contratante compromete-se a promover a simplificação e a harmonização dos regimes aduaneiros e, com esta finalidade, a conformar-se, nas condições previstas na presente Convenção, com as normas, normas transitórias e práticas recomendadas constantes dos Anexos à presente Convenção. Todavia, será lícito a qualquer Parte Contratante conceder maiores facilidades do que as previstas na Convenção, recomendando-se a concessão de tais facilidades na medida do possível. Artigo 3º As disposições da presente Convenção não constituem obstáculo à aplicação da legislação nacional no que se refere a proibições ou restrições aplicáveis a mercadorias sujeitas a controle aduaneiro.

[77] Decreto Legislativo nº 56 de 18/06/2019

Projeto de Decreto Legislativo nº 74, em 19 de junho de 2019, com o que se encontra ratificado aquele instrumento.[78]

A constituição da OMA e suas atividades, com o interesse despertado pela generalidade dos Estados, é mais um ingrediente a fortalecer a tendência, cada vez mais acentuada, de universalização das normas jurídicas.

Organização Internacional da Aviação Civil (OIAC)

Em decorrência do aumento do transporte aéreo, por ocasião do final da II Guerra Mundial, 52 países se reuniram em Chicago, em 07 de dezembro de 1944, para assinar a Convenção sobre a Aviação Civil Internacional. O Brasil é um deles, tendo ratificado a Convenção em 26 de março de 1946.[79] Em outubro de 1947, a OIAC tornou-se agência especializada da ONU, vinculada ao Conselho Econômico Social e possui, atualmente, 191 membros, a indicar a universalidade da instituição e das normas que edita.

O seu objetivo é o de evitar abuso e ameaça ou perigo para a segurança das nações e evitar atrito ou desinteligência que possam surgir desse meio de transporte. Ao mesmo tempo, as partes concordaram em estabelecer princípios e entendimentos para o desenvolvimento da aviação civil e os serviços de transporte aéreo internacional, como relata o preâmbulo da Convenção.

Vocação universal

Esta é mais uma organização internacional de vocação universal, a abrigar a quase totalidade dos países, diante de seus objetivos e das características das atividades aéreas interestatais, a requerer regulamentação e entendimentos

[78] Não obstante a ratificação dos tratados internacionais seja atribuição do Congresso, por meio de Decreto Legislativo, como previsto no art. 59, nº VI, da Constituição Federal, a praxe brasileira, despida de suporte constitucional, prevê a edição posterior de decreto do executivo, denominado "promulgação". Trata-se de anomalia mantida, mesmo após ter provocado incidente internacional sobre a vigência de tratado ratificado pelo Legislativo, sem o ato posterior do decreto do Executivo, não previsto na Constituição.

[79] Objeto do Decreto 21,713, de 27 de agosto de 1946.

pacíficos. Dentre seus considerandos, destaca-se o interesse comum em "*evitar todo atrito ou desinteligência e estimular entre as nações e os povos a cooperação da qual depende a paz do mundo*". Para esse fim acordaram em estabelecer "*certos princípios e entendimentos para que a aviação civil internacional se desenvolva de maneira segura e sistemática, e que os serviços de transporte aéreo internacional, se estabeleçam numa base de igualdade de oportunidades, funcionem eficaz e economicamente, concluem a presente Convenção com este objetivo.*"

É a referência internacional para a aviação civil, regulada por normas e práticas por ela recomendadas, de aceitação geral, conhecidas como *Standards and Recommended Practices – SARPS*, de acordo com recomendações da Comissão de Navegação Aérea (*Air Navigation Commission – ANC*). registrando-se mais de dez mil, em 19 Anexos da Convenção de Chicago que a criou e observadas na rede de transporte aéreo global, com cerca de mais de 100 mil voos diários, segundo informe da ANAC[80].

Estrutura administrativa

Sua estrutura administrativa é extremamente sofisticada e complexa, constituída pela Assembleia dos 191 Estados que a integram, que elege um Conselho com representantes de 36 Estados, com mandato de três anos, que, por sua vez, instala diversos Comitês Permanentes para examinar áreas específicas, além de painéis, como o de Regulação de Transporte Aéreo, de análise de dados da aviação, de economia de serviço de navegação aérea e outros. Uma das contribuições mais eficientes da OIAC é a elaboração de Códigos para designar aeroportos e companhias aéreas, com quatro letras para identificar aeroportos e três para companhias aéreas, além de códigos alfanuméricos para aviões. Atualmente, a entidade tem-se dedicado a regulamentar o uso de drones, com registros e sistema de funcionamento para esse aparelho, com o propósito de evitar abusos e conferir segurança

[80] Agência Nacional da Aviação Civil.

A OIAC e a IATA/AITA

Ao lado da OIAC, atua, também com emissão de códigos próprios, a Associação Internacional de Transportes Aéreos (AITA, ou, na sigla inglesa IATA), uma organização internacional de empresas de linhas aéreas, fundada em 1945, em Havana, Cuba, atualmente com sede em Montreal. Enquanto a OIAC é constituída por Estados, a IATA é integrada por empresas privadas de transporte aéreo, com códigos próprios de identificação de três letras a indicar aeroportos, facilitando, pela padronização, a identificação de cada um. Atualmente conta com 290 companhias aéreas associadas com sede em 117 países. Dentre suas atividades registra-se a representação dos interesses das empresas aéreas em governos e a simplificação e padronização de procedimentos relativos aos fluxos e segurança de passageiros. Suas atividades padronizadoras de procedimentos e de tarifas pode caracterizar cartel, tendo obtido imunidade de alguns governos contra processos antimonopólio, até porque alguns Estados são delas controladores.

Capítulo 5
REFLEXOS NO MERCOSUL

Introdução

A tendência à universalização do Direito, que se processa, em parte, pela atuação coordenada dos Estados em caráter global, também ocorre por etapas, por meio de acordos regionais, com o mesmo propósito.

As organizações internacionais regionais contribuem para esse efeito, ao estabelecerem normas e princípios destinados a reger relações de uma região, em sintonia com preceitos de caráter geral. Essa tendência se verifica com a constituição de diversos organismos regionais, mormente de caráter econômico como Mercosul, Associação Europeia de Livre Comércio (AELC), Pacto Andino, Nafta, Caricom, APEC-Cooperação Econômica da Ásia e do Pacífico; Comunidade dos Estados Independentes – CEI, dentre outros. Algumas evoluíram para constituírem bloco mais amplo a abranger relações globais entre os participantes, como o Mercado Comum Europeu, que, vindo da Comunidade Europeia do Carvão e do Aço – CECA, evoluiu para se transformar na Comunidade Econômica Europeia e, finalmente, na União Europeia, integrada por 27 países europeus.

Trata-se de entidade com certa tendência à federalização dos Estados, dotada de moeda própria regional, o euro, Banco Central e Parlamento e representação internacional própria e independente dos países que a integram. Os europeus passaram a ser nacionais de seus países e cidadãos da Europa, condição intermediária, possivelmente em direção a uma nacionalidade europeia, à maneira dos Estados Unidos. É questão de tempo e de solução satisfatória de percalços, como os opostos pelo Reino Unido, com sua decisão de retirada da União, após longo processo interno de debates parlamentares, conhecido como *Brexit*, afinal aprovado em janeiro de 2020.

A evolução dos países europeus para a atual União Europeia chega a surpreender, depois dos dois conflitos mundiais nela verificados, com antagonismos acirrados, conflitos de nacionalidades, perdas de parte de territórios nacionais transferidos para outros países, posteriormente retomados, controvérsias as mais diversas não resolvidas pacificamente. Foram momentos de catarse que serviu para a compreensão de que é melhor para todos viver em união pacífica e de colaboração mútua, encerrando ciclo de pretensões hegemônicas unilaterais, como pretendido por Napoleão e Hitler, com início de outro menos conturbado e, espera-se, duradouro.

Na América Latina a tendência de colaboração entre os países sempre foi mais tímida, tendo-se iniciado com a Associação Latino-Americana de Livre Comércio ALALC, inspirada no exemplo bem-sucedido do Mercado Comum Europeu, terminando, após doze anos, sem grande sucesso. Foi substituída pela ALADI e, no extremo sul, pelo Mercado Comum do Sul, Mercosul, integrado por Argentina, Brasil, Paraguai e Uruguai, com a admissão posterior da Venezuela, depois suspensa do grupo, por violação da cláusula que impõe a observância de regime democrático.

O Mercosul teve momentos de grande atuação e sucesso, parecendo, inicialmente, ter sido iniciativa bem-sucedida, temperada por retrocessos e mesmo paralisia, em virtude de desencontros de interesses conflitantes e desinteresses momentâneos. Conseguiu, apesar disso, estabelecer o Tribunal Arbitral do Mercosul, que resolveu cerca de dez controvérsias entre os países membros, a indicar estabilidade e força do sistema. Contudo, mesmo tendo tido sucesso na solução das controvérsias a ele submetidas, sem despertar reclamos, foi substituído pelo Tribunal Arbitral instituído pelo Protocolo de Olivos, que o reformulou, deixando de ter a expressão inicial bem-sucedida.

Diversos atos foram aprovados pelos órgãos diretivos do Mercosul, sobre diversos temas, a criar condições para estabelecer um mercado comum, como o Protocolo de *Las Leñas*, sobre solução de controvérsias, além de outros a formar corpo legislativo propício para alcançar o resultado desejado.[1] O Brasil deu tal importância à integração latino-americana que sua Constituição de 1988 registrou esse intento como um de seus princípios.[2]

Acordo sobre concorrência

Dentre esses atos, pode-se destacar o "Protocolo de Defesa da Concorrência no Mercosul – Protocolo de Fortaleza", de 17.12.1996, ratificado pelo Brasil, conforme Decreto nº 3.602, de 18/9/2000. Trata-se de acordo para regular a concorrência, afinado com políticas nacionais e com a tendência internacional de evitar monopólios e estimular a livre concorrência. Essa iniciativa constituiu reação contra a antiga política dos países latino-americanos de substituição de importações, com a fabricação no país de produtos importados. Procurou-se abandonar a política de desenvolvimento autárquico com a abertura das economias. A redução das tarifas alfandegárias poderia ensejar o aumento das importações, necessárias para a modernização do parque industrial e, ao mesmo tempo, estimular o ingresso de maior volume de investimentos estrangeiros.

Essa política coincidiu com a tendência de globalização da atividade empresarial, gerando processo de concentração cada vez maior de empresas,

[1] Há número significativo de instrumentos firmados no âmbito do Mercosul. Dentre eles podem ser citados: Protocolo de Assistência Jurídica em Assuntos Penais; Protocolo de Medidas Cautelares; Protocolo de Buenos Aires sobre Jurisdição Internacional em Matéria Contratual; Protocolo de San Luis em Matéria de Responsabilidade Civil Emergente de Acidentes de Trânsito entre os Estados Partes do Mercosul; Protocolo de Santa Maria sobre Jurisdição Internacional em Matéria de Relações de Consumo; Políticas Públicas que distorcem a Competitividade; Protocolo de Colônia para a promoção e a proteção reciproca de investimentos no Mercosul; Protocolo sobre Promoção e Proteção de Investimentos provenientes de Estados não membros do Mercosul; Regulação Mínima do Mercado de Capitais; Acordo de Recife para a Aplicação dos Controles Integrados na Fronteira dos Países do Mercosul; Regulamento de Origem das Mercadorias do Mercosul; Acordo sobre Transporte Multimodal Internacional entre os Estados parte do Mercosul; Norma de Aplicação sobre Despacho Aduaneiro de Mercadorias.

[2] Art. 4º A República Federativa do Brasil rege-se nas suas relações internacionais pelos seguintes princípios: Parágrafo único. A República Federativa do Brasil buscará a integração econômica, política, social e cultural dos povos da América Latina, visando à formação de uma comunidade latino-americana de nações.

em diversos setores, desde o financeiro ao industrial em geral, sobretudo os relacionados com a produção de automóveis, eletrodomésticos, alimentos industrializados e outros. A globalização regional – que desperta resistências e dúvidas quanto aos benefícios possíveis de serem gerados nos países emergentes – inscreve-se na tendência criada com a política que inspirou a Organização Mundial do Comércio, de liberalização de ampliação dos mercados nacionais e regionais, segundo os padrões da livre concorrência.

A modificação no cenário internacional provocou a necessidade de adaptação das políticas internas, compelindo os países latino-americanos a adotar normas para disciplinar a concorrência e evitar monopólios, tão ao gosto daqueles países. O novo ideário conduziu à rejeição de atos, acordos e condutas que a restrinjam ou eliminem a concorrência, evitando concentrações danosas e ineficientes tendentes a formar monopólios, por si só inibidores do processo concorrencial.

O Tratado de Assunção e a defesa da concorrência no Brasil

O tema já fora examinado no Tratado de Assunção, que criou o Mercosul como união aduaneira O artigo 4° previu a coordenação de políticas nacionais sobre a concorrência comercial, como uma das metas do acordo. Optou-se pela adoção de "normas comuns", incorporadas nos ordenamentos jurídicos nacionais, e não pela via convencional, por meio de tratados reguladores da atividade econômica na área. Essa opção prudente evitou longas e possivelmente infrutíferas discussões sobre normas concorrenciais, deixando aos países membros liberdade para tomar decisões sobre a política concorrencial a ser coordenada, por meio de entendimentos oportunos.

Os países do Mercosul não possuem tradição sobre o assunto. No caso do Brasil em particular, constata-se enorme disparidade entre a aspiração de defender a concorrência livre, por meio de normas legais, como a lei 4.137, de 1962, e antes dela pela lei Agamenon Magalhães, de 1945[3] – iniciativas pioneiras no país – e a realidade efetiva da prática governamental e empresarial. De fato, o Conselho Administrativo de Defesa Econômica (CADE) foi criado

[3] Decreto-Lei nº 7.666, de 22 de junho de 1945.

à imagem do *Federal Trade Commission* dos Estados Unidos, como mecanismo teoricamente capaz de evitar práticas e condutas e abuso do poder econômico, inibidoras da livre concorrência. No entanto, o CADE, em sua primitiva concepção, teve dificuldades para exercitar suas atribuições com eficiência, tendo sido usado apenas como forma de pressão por interessados contra empresas concorrentes, mais do que como recurso efetivo contra práticas condenadas. No início de suas atividades, poucas vezes foi acionado, não tendo produzido jurisprudência expressiva, em seus primeiros 34 anos de existência, antes de ser reformulado, para a atual configuração, a refletir amadurecimento maior sobre questões concorrenciais e de concentração de empresas.

A trajetória do CADE passou por percalços próprios de iniciativas a que o sistema econômico brasileiro não estava acostumado. A existência de monopólios em certas atividades consideradas estratégicas, como extração de petróleo, geração de energia e outras, como a lei que criou a reserva de mercado para produtos de informática,[4] era característica do sistema, na contramão do propugnado pela instituição da autarquia e pelas leis que a criaram.

A ideia da livre concorrência e a proibição de carteis sempre foi teórica e letra morta na legislação brasileira sobre o tema. Todavia, aos poucos, foi-se sedimentando na sociedade brasileira a noção da livre concorrência, os inconvenientes dos monopólios e a ineficiência da política de substituição de importações por produtos locais adotada por algum tempo no país. A constatação da necessidade de mudar rumos inspirou a reformulação legislativa, com a edição da ora revogada lei 8.884, de 1994, em que o CADE passou a contar com a participação fragmentada de duas secretarias, uma vinculada ao Ministério da Fazenda – Secretaria de Assuntos Econômicos – e outra ao da Justiça – a Secretaria de Direito Econômico. Os processos levados ao órgão e a dinâmica dos negócios empresariais motivaram nova reformulação da sua estrutura pela lei 12.529/2011, que criou o Sistema Brasileiro de Defesa da Concorrência, formado pelo Conselho Administrativo de Defesa Econômica - CADE[5] e pela Secretaria de Acompanhamento Econômico do Ministério

[4] Lei federal nº 7.232 de 29 **de** outubro **de** 1984

[5] Art. 5º O Cade é constituído pelos seguintes órgãos:
I – Tribunal Administrativo de Defesa Econômica;
II – Superintendência-Geral; e
III – Departamento de Estudos Econômicos.

da Fazenda, (art. 3°). Foi-lhe atribuída competência plena de instruir e julgar processos sobre infrações à ordem econômica e atos de concentração de empresas, com análise prévia de atos de fusão, incorporação e aquisição de empresas.

Essa longa trajetória é fruto de amadurecimento da sociedade brasileira e, sobretudo, dos efeitos da Constituição de 1988, cujo art. 174 impõe a não ingerência do Estado no setor privado[6]. Com base nesse dispositivo, foi editada a Lei nº 13.874, de 2019, que instituiu a Declaração de Direitos de Liberdade Econômica, que estabelece normas de proteção à livre iniciativa e ao livre exercício de atividade econômica e disposições sobre a atuação do Estado como agente normativo e regulador, nos termos do inciso IV do caput do art. 1º, do parágrafo único do art. 170 e do caput do art. 174 da Constituição Federal, (art. 1º).

Influiu para essa mudança o novo cenário delineado na área internacional, com o liberalismo econômico e os efeitos do fim da Guerra Fria. A intervenção do Estado na economia e nas relações privadas, comum no passado, foi etapa vencida, tendo prevalecido a autonomia da sociedade civil, sem intervenção de autoridades estatais.

A livre concorrência e os efeitos da inflação

O ideário que inspirou as normas sobre concorrência e a criação do CADE no Brasil representa evolução significativa da política sobre o tema. A intervenção estatal na economia privada, com o tabelamento de preços, criação de órgãos de controle da atividade econômica, a atuação de monopólios estatais, como o da exploração de petróleo e de recursos minerais, e a reserva de mercado sobre produtos de informática, contrastam com os princípios do livre mercado. É certo que, com o processo inflacionário crônico que o país assistiu nas décadas de 1950 a 1990, a adoção de planos de estabilização econômica implicava a intervenção estatal aguda nas práticas comerciais, retirando a

[6] Art. 174. Como agente normativo e regulador da atividade econômica, o Estado exercerá, na forma da lei, as funções de fiscalização, incentivo e planejamento, sendo este determinante para o setor público e indicativo para o setor privado

liberdade ao empresário, limitando-lhe a faculdade de fixar preços, salários e decidir sua própria estratégia.

Esse fenômeno também se verificara nos Estados Unidos, onde o princípio da livre concorrência constitui, há séculos, a base do sistema jurídico-econômico da nação. Na década de 1930, com a grande depressão que lá se instalou após a quebra da Bolsa de Nova Iorque, em 1929, registrou-se a intervenção do Estado na economia, com a política do *New Deal,* continuando durante a II Guerra Mundial. Foi retomada em épocas posteriores de inflação e recessão, até a controvertida iniciativa do governo de estabilizar preços em 1971, provocando grande número de manifestações contrárias e ações judiciais a contestar a constitucionalidade da lei de estabilização da economia.

A ortodoxia do livre mercado e do liberalismo econômico do século XIX, abalada pelos acontecimentos que levaram à Primeira Guerra Mundial, com as crises econômicas que gerou, causadoras de desemprego em massa em quase todos os países ocidentais, foi abandonada até superar os seus efeitos nefastos. A política do *New Deal,* introduzida pelo governo Roosevelt, ao criar o Estado do Bem-Estar Social (*welfare state*), dá bem a medida da alteração sofrida na política econômica do país que sempre timbrou em observar o liberalismo e a livre concorrência.

As intervenções do Estado na economia americana, sobretudo, para debelar o processo inflacionário ou para prestar assistência a camadas mais carentes da população, levaram economistas e cientistas políticos, como John Kenneth Galbraith, a sustentar que a concorrência de mercado era coisa do passado.[7] Esse, também, foi o rumo que as economias latino americanas tomaram na décadas de 1950/1990, sobretudo a brasileira, que a adotara após a crise de 1929, então às voltas não apenas com elevadas taxas de inflação, como também com recessão crônica, provocando sucessivas intervenções governamentais e idealização de planos de estabilização, nem sempre bem-sucedidos.

Além disso, a malograda política de substituição de importações sugerida pela CEPAL e o forte protecionismo do mercado brasileiro, impedindo o ingresso de produtos estrangeiros, fortaleceu o caráter intervencionista do Estado na economia, que tomou a feição de economia dirigida, não subordinada

[7] GALBRAITH, JOHN KENNTEH, *The New Industrial State,* a Mentor Book from New American Library, Nova Iorque,1967.

às normas da livre concorrência. Esse cenário acabou por ser alterado com a estabilização da economia conseguida com o plano econômico que instituiu o Real como nova moeda que vingou. Foi o último de sucessivas desvalorizações da moeda, provocadas pela hiperinflação que assolou o país, com a retirada periódica de três zeros no valor de cada uma e a introdução de outra, com nova denominação (cruzeiro, cruzeiro novo, cruzeiro, cruzado, cruzado novo), sem que fosse debelado o agudo processo inflacionário. A população brasileira rapidamente absorveu a insegurança, com ela convivendo nos negócios rotineiros, com a adoção da correção monetária, como mecanismo cautelar para evitar os efeitos da inflação. Esse mecanismo extraordinário e transitório dc insegurança jurídica sobre o valor da moeda acabou por ser inscrito no Código Civil como norma permanente, a despeito de o processo inflacionário ter sido debelado.

Foi período dos mais difíceis experimentado pelo país, em processo de retomada da democracia regulada pela Constituição de 1988, em meio à grave crise econômica e aumento descontrolado da dívida externa, que o levou à decretação de moratória, diante da incapacidade de seu pagamento. Foi momento em que se registrou o primeiro processo de impedimento do presidente da República de sua história, em outubro de 1992. Foi teste difícil pelo qual passou o regime democrático, recém-inaugurado e vencido sem traumas institucionais, a revelar amadurecimento da sociedade brasileira.

O processo inflacionário se acelerara com a construção de Brasília, nos anos 1955-1960. O regime militar imposto em 1964 não conseguira contê-lo, mesmo com empréstimos do FMI, com planos de estabilização nunca cumpridos nos prazos acordados e com vencimentos prorrogados, após difíceis negociações. O período de altos índices de inflação foi, finalmente, ultrapassado no regime democrático sob presidência de Itamar Franco (1992/1995) e de seu ministro da Fazenda, depois eleito presidente, Fernando Henrique Cardoso. Para isso contribuiu a eficácia do último plano econômico e a estabilização da economia, com o simultâneo equacionamento do pagamento da dívida externa, após moroso ajuste com os bancos credores. Foi decisivo para esse resultado a segurança jurídica oferecida pelo país aos investimentos estrangeiros, por meio da lei 4.131/62, a garantir o livre ingresso e saída de capitais externos, sem restrições ou condições, salvo o registro no Banco Central para simples controle de entradas e saídas de capitais estrangeiros.

Não é demais lembrar que naquele período diversos países impunham condições para aceitar investimentos estrangeiros, como México, Japão e os integrantes do Pacto Andino, levando os Estados Unidos a propor a celebração de tratados de navegação e amizade para assegurar não só o pagamento de indenização em caso de desapropriação, como tratamento não discriminatório a empresas americanas. A lei brasileira, vigente desde 1962, sob regime parlamentar, depois substituído pelo presidencialismo, sempre assegurou o repatriamento de investimentos e de lucros, sem discriminar as empresas de capital externo ou empresas estrangeiras. Mesmo tendo passado por turbulências, com a declaração de moratória, em virtude de problemas de seu balanço de pagamentos, o país não impôs restrições ao livre ingresso e retorno de capitais estrangeiros. O já referido art. 174 da Constituição de 1988 veio a sancionar ideário da comunidade brasileira e evitar a repetição de eventuais políticas intervencionistas.

As modificações no panorama internacional e o neoliberalismo

O cenário brasileiro, tumultuado pelas dificuldades econômicas e o processo inflacionário insistente, não era infenso às influências externas. As modificações no panorama econômico internacional com a queda do muro de Berlim, em 1989, a dissolução da União Soviética e o fim da Guerra Fria foram decisivas para provocar alterações na economia dos países da América Latina. Também contribuiu para isso o encerramento, na década de 1980, dos regimes militares instalados na região com o estímulo e decidido apoio dos Estados Unidos, no quadro da Guerra Fria. Afastado o espectro da contaminação das ideias comunistas, com a falência do sistema implantado na União Soviética, os regimes militares anticomunistas perderam o pretexto para se manterem no poder e se desmoralizaram.

Outros fatores também influíram na alteração dos rumos da economia e na política regional. Dentre eles pode-se destacar a crise do petróleo dos anos 1979/1980, o aumento da dívida externa de diversos países, como México e Brasil, com a constatação da impossibilidade de seu pagamento, a derrocada do sistema de economia planificada, a extinção abrupta da URSS, a solidificação da Comunidade Econômica Europeia, transformada em União Europeia, com o tratado de Maastrich, a superação, pelos Estados Unidos, da antiga resistência em participar de blocos econômicos, ao criar o NAFTA, com o Canadá e México e a globalização da economia.

Todo esse conjunto influiu para que os países da América Latina, se inclinassem à economia de mercado, limitando a participação do Estado no processo econômico. Não foi por coincidência que a Constituição brasileira de 1988, registrou as expectativas da nação e deixou inscrita, no art.174, norma que expressa a aspiração da comunidade nacional sobre o assunto.

O processo de estatização da economia instaurado pelos regimes militares, a partir de 1964, criando situações de monopólio, também foi reduzido pela norma constitucional do art. 173, que limitou a exploração direta pelo Estado de atividade econômica somente "*quando necessária aos imperativos da segurança nacional ou a relevante interesse coletivo*". Embora contenha subjetivismo na identificação e apreciação desses conceitos, há limitação do poder estatal, a exigir fundamentação para eventual intervenção.

A desestatização das economias nacionais

A política de desestatização das economias nacionais passou a ser a tônica geral, não ficando o Brasil e os demais membros do Mercosul, à margem dessa tendência de retirar o Estado do processo econômico privado. O governo Reagan dos EUA (1981/1988) atuou nesse sentido, com a política de redução de impostos e de juros baixos, com o que reativou a economia norte-americana e estimulou a reorganização industrial. Facilitou a prática de atos de concentração de empresas americanas, como meio de defesa contra a crescente invasão de capitais estrangeiros, sobretudo japoneses, compradores de importantes complexos industriais e de serviços daquele país. Essa investida motivou reação de políticos e de consumidores, estimulados pela imprensa, com medidas de boicote contra produtos de origem japonesa, temerosos da influência e da concorrência então instaurada em setores relevantes da economia americana. Foram procedimentos na contramão do ideário norte americano da livre concorrência e do livre mercado, adotados sob pretexto de defesa de interesses nacionais. No Reino Unido, a mesma política fora inaugurada no governo de Margareth Thatcher (1979 a 1990) com o processo de privatizações de empresas e o consequente afastamento do Estado da atividade empresarial. O embate travado com o poderoso sindicato dos mineradores de carvão mineral encaixa-se nesse quadro.

A adequação do Brasil à nova tendência internacional

As normas constitucionais brasileiras de 1988 revelam a profunda transformação que a nação impôs ao Estado, com a adequação das instituições jurídicas e econômicas do País aos novos rumos da economia e política internacionais. A previsão de cláusulas pétreas na Constituição, não modificáveis senão pela própria nação, em plebiscito, ou assembleias constituintes, e, assim, insuscetíveis de serem aprovadas por meras emendas constitucionais, impôs limitação relevante ao Estado. A nação subjugou-o, pelo menos nas matérias definidas como "cláusulas pétreas", ao longo de sua vigência.

A abertura do mercado a produtos estrangeiros, com a liberação das importações e a privatização de algumas empresas estatais constituíram decisões que atenderam aquelas aspirações. Mais do que isso, sintonizou o País com a tendência da economia internacional, modificada com o surgimento de novos atores, sobretudo os do Leste Europeu, ansiosos por investimentos estrangeiros e de participação efetiva do processo econômico internacional, do qual estavam alijados, quando integravam a zona de influência da extinta URSS.

Possibilitou, também, o ingresso de novos concorrentes, criando condições para o fortalecimento da economia de livre mercado, não mais sujeito apenas aos produtores locais, também estimulados pela abertura das importações a se modernizarem e se capacitarem para enfrentar a competição externa. Por outro lado, os espaços econômicos, ampliados pelo Leste europeu e Ásia provocaram modificação no comportamento das empresas e a adoção de estratégia da globalização de diversos setores produtivos.

Nesse quadro, teve relevância a criação da Organização Mundial do Comércio, em 1994, que revolucionou a sistemática até então observada do comércio internacional. A OMC, não mais mero tratado, como o GATT, mas organização internacional de caráter universal, estabeleceu, de forma clara e definida, princípios norteadores da abertura das economias nacionais. Vetou ou reduziu práticas de adoção de subsídios agrícolas e de protecionismo oficial, não obstante não tenha impedido protecionismo disfarçado, como os decorrentes da tentativa de caracterizar como *dumping social*, produtos oriundos de países que apresentam custos de salários mais baixos do que os dos países industrializados, como era o caso da China, em particular, principal alvo da investida.

A defesa da concorrência e do consumidor

A adoção do liberalismo, ou neoliberalismo econômico pelo Brasil motivou a aprovação de diversas leis disciplinadoras da atividade empresarial, dentre as quais o Código de Defesa do Consumidor – CDC (Lei 8.078, de 11 de setembro de 1990), que, ao aprovar a Política Nacional de Relações de Consumo, ratificou os princípios estabelecidos no art. 170 da Constituição Federal, a presidir as relações econômicas no país. O Código coibiu e reprimiu abusos no mercado de consumo e a concorrência desleal (art.4°), criando, ao mesmo tempo, regras de proteção do consumidor. São normas compatíveis com as de mercado livre e conferem proteção ao consumidor contra excessos ou condutas abusivas das empresas, coerentes com as que disciplinam a concorrência e a concentração empresarial, evitando a formação de monopólios.

As hipóteses previstas no artigo 39 do CDC são similares, algumas idênticas, às do art. 36 da Lei 12.429/2011, que estabeleceu o Sistema Brasileiro de Defesa da Concorrência e regula a prevenção e repressão ao abuso do poder econômico. Teve surpreendente efetividade, com acatamento generalizado pelos empresários e consumidores, sem contestações ou resistências, por meio de ações judiciais ou administrativas. Na verdade, suas disposições atenderam aspirações da comunidade como um todo. Do lado dos empresários, pelo estabelecimento de normas claras e adequadas a propiciar segurança jurídica, diante da razoabilidade de requisitos a serem cumpridos; por parte do consumidor, pela compreensão dos limites de suas exigências.

De fato, a observância da imposição legal sobre a obrigação de os fabricantes divulgarem os insumos e o conteúdo dos produtos, a previsão de normas específicas sobre contratos de adesão, os princípios sobre publicidade e outras disposições revelaram amadurecimento do empresário e do consumidor brasileiro sobre as relações de consumo e o respeito pelas normas de concorrência. Demonstraram também a sintonia do país com outras comunidades industrializadas, em que as relações de consumo tem sido objeto de atenção e normatividade acentuadas. De certa forma, é uma das consequências do processo de padronização das relações de consumo, resultante dos efeitos da mundialização do Direito e sua influência na população brasileira.

A abertura dos mercados e o Mercosul

A tendência de abertura do mercado, com a consequente necessidade de prover instrumental jurídico que o preserve contra práticas abusivas e que proteja o consumidor, também se refletiu no âmbito do Mercosul, tendo o Conselho da organização aprovado o Protocolo nº 21/94 que estabeleceu pauta para a disciplina da defesa da concorrência.[8]

Em linhas gerais, o Protocolo prevê que, em caso de violação à livre concorrência, o Estado-parte apresentará à Comissão de Comércio pleito sobre a violação, o qual iniciará a investigação no prazo de 30 dias, de acordo com sua própria legislação. Se o Estado afetado, após o término das investigações, considerar que persistem os efeitos, recorrerá ao procedimento previsto no Protocolo de Ouro Preto que reformulou a estrutura do Mercosul, dando-lhe personalidade jurídica internacional e caráter obrigatório, e, assim, supranacional, às decisões da Comissão, das resoluções do Grupo Mercosul e às diretrizes da Comissão do Comércio.

A nova estrutura criada pelo Protocolo de Ouro Preto permite vislumbrar a atuação supranacional dos órgãos do Mercosul, em processo dinâmico que poderá, paulatinamente, acelerar a integração almejada. Há, ainda, resistência de autoridades governamentais em admitir essa supranacionalidade, apegando-se à estrutura de união aduaneira com que foi concebida a organização. Todavia, o caráter obrigatório das decisões, resoluções e diretrizes dos órgãos da entidade permite concluir a supranacionalidade dos seus efeitos, facilitando o aperfeiçoamento e desenvolvimento da Organização.

O Protocolo 21/94 contém, como anexo, o que denominou "Pautas Gerais de Harmonização", estabelecendo critérios para a definição das normas de

[8] Posto em vigor no Brasil pelo Decreto 3.602, de 18 de setembro de 2000.

defesa da concorrência. Solicita aos Estados-membros informações sobre a compatibilidade de suas legislações nacionais, ou projetos em tramitação, com a referidas pautas. Tem-se, dessa disposição, que se pretende harmonizar as leis nacionais sobre concorrência, com base nos parâmetros então estabelecidos.

As "*pautas gerais de harmonização*" preveem a proibição de acordos e práticas concertadas entre os agentes econômicos e decisões de empresas que visem a ou tenham por efeito impedir, restringir ou distorcer a concorrência. Vedam, ainda, o abuso de posição dominante, em todo ou em parte substancial do Mercosul, relacionando condutas que podem configurar abuso de poder. Finalmente, as pautas contêm previsão de controle de atos de concentração de empresas, sem, contudo, proibi-las. Trata-se de regra estratégica, pois, deixando de proibir as concentrações, como atos contrários ou nocivos à concorrência, por si só, permite o seu controle com realismo, sobretudo em momento em que, em outros países, como nos Estados Unidos e mesmo na União Europeia, essa concentração tem sido permitida, até para preservar a concorrência em certos setores oligopolizados, que demandam grandes investimentos.

O mecanismo para permitir essa concentração está na definição do que seja "mercado relevante". Foi o que ocorreu com a indústria da aviação civil, admitida e até estimulada pelos governos interessados na defesa de grandes empresas do setor, (Boeing, nos Estados Unidos e Airbus, na Europa). O conceito de "mercado relevante" passou a abranger o planeta como um todo e não regional. Ambas as empresas atuariam no mercado de construção aeroviárias no mundo todo, formando oligopólio admitido pelas autoridades de ambas as áreas. Como se percebe, o conceito é fluido, a admitir interpretação subjetiva e casuística, sujeita a influências e interesses políticos de autoridades governamentais, em contendas internacionais. E é razoável que assim seja, diante da dinâmica permanente das formas e mecanismos de acertamento de negócios, com configurações aceitáveis em um momento e condenadas em outro, em virtude de fatores novos que as altera.

A lei uniforme sobre concorrência no Mercosul e suas dificuldades

Os diferentes enfoques de situações concorrenciais e de concentração de empresas têm sido motivo para estudos para a adoção de lei uniforme nos países da área do Mercosul, para a definição de normas de aplicação interna e comunitária e para estabelecer parâmetros para sua interpretação. Todavia, não é suficiente a aprovação de norma comum a todos os membros. É necessária a aplicação e interpretação uniforme, o que é altamente improvável. É o que acontece na aplicação das leis uniformes, de maneira geral aprovadas em convenções internacionais. A norma pode ser a mesma, mas sua interpretação ou aplicação pode divergir de um país para outro, ou de momento para outro, como ocorre com toda norma jurídica, mesmo no direito interno, em que os tribunais superiores atuam para solucionar divergências de julgados de juízes inferiores. Outras disposições normativas podem interferir com a aplicação de determinado dispositivo legal, disso resultando entendimentos diversos em cada local e em cada momento, sempre a depender do caso concreto a ser analisado.

Ademais, nem todos os países do Mercosul dispõem de legislação sobre abuso do poder econômico ou de controle da concorrência. Somente Argentina e Brasil as possuem, com mecanismo de controle, mesmo assim com enfoques diferentes. Não há nesses países tradição de mercado livre e de normas concorrenciais, tratando-se de novidade que requer certo aprendizado, sobretudo pelas autoridades encarregadas da fiscalização dos atos tidos como contrários à concorrência.

Outra dificuldade a ser superada é a necessidade de distinção entre atos que interessam apenas ao âmbito interno de um Estado-membro, sem repercussão nos demais, dos que interferem com estes, ensejando a atuação comunitária, a requerer duplicidade de órgãos para o exame desses atos.

A experiência europeia, a esse respeito, pode ser útil, em seu longo percurso de implantação de ações de interesse comunitário, paralelamente às de cada Estado. O processo de concentração de empresas, na Europa, acelerou-se a partir dos anos 1980. Registrou-se no período significativo afluxo de empresas de fora da região em relação ao período anterior, causado pela unificação provocada pelo Tratado de Maastrich, com atrativos e prerrogativas a atraí-las.

Daí haver a Conselho das Comunidades Europeias, diante de proposta da Comissão, aprovado, em 21.12.1989, o Regulamento nº 4064/89, que instituiu o Controle de Concentração entre empresas, para disciplinar os processos de concentração, com regras precisas e bem definidas que permitem distinguir atos que afetem apenas um país membro, dos que atingem a outros, dentro da Comunidade. O sistema de guichê único acolhido pela Regulamento, permite que o interessado ingresse com pedido em um único órgão. A Comissão tem competência apenas para resolver procedimentos de concentração que afetem mais de um Estado-membro, enquanto atos sem repercussão fora da esfera interna continuam sob a competência dos órgãos nacionais respectivos.

Dessa forma, os Estados-membros não podem adotar medidas restritivas contra operações subordinadas ao Regulamento, sendo-lhes facultado apenas tomar medidas de proteção de "*interesses legítimos*", tais como nele enunciados, e que dizem respeito à segurança pública e regras prudenciais determinadas de interesse de um país membro. Não há, nesse sistema, possibilidade de duplo controle: ou se faz pela Comunidade, nos termos do Regulamento, ou pelo Estado, nos casos que escapam à regra comunitária. Esse sistema entrou em vigor em 21 de setembro de 1990 (art. 25).[9]

[9] Sobre o assunto, vide, CHRISTOPHER BELLANY e GRAHAM CHILD, com edição espanhola a cargo de ENRIC PICAÑOL, *Derecho de la Competencia en el Mercado Comum,* Editorial Civitas, Madrid, 1992, p. 549 e ss.

Capítulo 6
INSTRUMENTOS GLOBAIS

O sistema instituído pela Declaração Universal dos Direitos Humanos

A tendência ao universalismo do Direito e o globalismo manifestam-se de diversas formas e por instrumentos diferentes, cabendo ao intérprete identificar similitudes e diferenças que a reforçam e, por vezes, enfraquecem-na. Dentre os fatores a fortalecer a tendência globalista pode-se indicar o consenso alcançado sobre a proteção e definição dos direitos humanos. O começo insuspeitado foi ato interno, produto da insatisfação da população francesa com a monarquia absoluta, a expressar ansiedades por mudança do modelo político e social e o acatamento de aspirações comuns.

Disto nasceu a Declaração dos Direitos do Homem e do Cidadão, da Revolução Francesa, de 1789. Foi ato resultante de movimento revolucionário que derrubou instituições sedimentadas há séculos e esclerosadas geradoras de abusos e desrespeito a valores e princípios sociais. Os preceitos nela contidos incorporam expectativas e aspirações que extrapolaram a nação francesa, por coincidem com os da comunidade internacional. A consciência de que a soberania reside na nação – e não no monarca – como indicado no seu artigo 3º, foi evolução de conceito que transformou a noção da fonte divina do poder estatal, transferindo-o para os ombros do povo. O monarca absoluto de tempos anteriores deixou de existir e a democracia prevaleceu em grande parte do planeta e em todo o Ocidente.

Mas, não foi ato isolado. Os Estados Unidos, na mesma época, ao se declararem independentes e aprovarem sua Constituição, haviam assentado idêntico conceito, princípios e valores. Foi o povo que a aprovou. Ambos os atos iriam irradiar efeitos para o resto do mundo ocidental e influir nas demais civilizações.[1]

A Declaração francesa abriga valores e princípios ocidentais de democracia, alguns de abrangência universal, como o de que os homens nascem e são livres e iguais em direitos, a negação de distinções sociais, só admissíveis se fundamentadas na utilidade comum. Indica que a finalidade de toda associação política é destinada à conservação dos direitos naturais e imprescritíveis do homem, como a liberdade, a propriedade a segurança e a resistência à opressão tem, como preceito, que nenhum indivíduo pode exercer autoridade que não emane do povo, devendo ser assegurada a liberdade de ação não prejudicial ao próximo e a imposição de limites à lei, como a expressão da vontade geral.

As duas guerras mundiais do século XX geraram a convicção de que era necessário novamente mudar o curso da história e dotar a comunidade internacional de instrumento jurídico claro para assegurar a observância de valores, princípios e aspirações comuns, já delineados na Declaração dos Direitos do Homem e do Cidadão. Esse ideário inspirou os redatores da Carta da ONU a nela registrar propósitos e princípios, a motivar a posterior ampliação de instrumentos jurídicos para serem observados nas relações internacionais entre Estados e abarcar temas subjacentes despertados pelo conflito armado.

É fruto dessa estratégia a Declaração Universal dos Direitos Humanos. Seus preceitos, fundados em grande parte em valores ocidentais, coincidem com os de outras civilizações. Foi aprovada por Resolução da Assembleia Geral da ONU, em 10 de dezembro de 1945, que, segundo sistema daquela organização, não tem força vinculante obrigatória para os Estados, como as

[1] A Declaração dos Direitos do Homem e do Cidadão foi obra do povo francês, como esclarece o seu preâmbulo: "Os representantes do povo francês, ... resolveram declarar solenemente os direitos naturais, inalienáveis e sagrados do homem..."; Da mesma forma, a Constituição dos Estados Unidos esclarece: "Nós, o povo dos Estados Unidos ... promulgamos e estabelecemos esta Constituição para os Estados Unidos da América". No Brasil, o Imperador D. Pedro I, reconheceu que todo poder emana do povo, princípio reproduzido em todas as Constituições republicanas, à exceção da primeira, em 1891.

Resoluções do Conselho de Segurança. Todavia, a despeito disso, tornou-se o pilar do que se pode denominar Sistema dos Direitos Humanos, pela incorporação de outros instrumentos correlatos sobre temas complementares. Passou a integrar a categoria de normas jurídicas dotadas de *jus cogens* a que se refere o art. 53 do Tratado de Viena sobre o Direito dos Tratados.[2] Vale dizer, seu conteúdo constitui princípio geral de direito internacional a prevalecer sobre tratados e quaisquer outros atos internacionais

Os trinta e nove artigos nela distribuídos contêm preceitos que expressam valores e princípios acolhidos pela civilização ocidental em geral, grande parte dos quais de abrangência universal, reproduzindo alguns já inscritos na Declaração francesa. Dentre eles, o nascimento livre e igual dos seres humanos, assegurando-lhe a capacidade de gozar de direitos, sem distinção; a proibição da distinção fundada da condição política; o direito à vida, liberdade e segurança pessoal, a proibição da escravidão e a tortura e a igualdade de direitos e outros.

A Declaração Universal não se esgota nos seus artigos. Como já referido, transformou-se no pilar que sustenta verdadeiro sistema de direitos humanos armado com diversos pactos internacionais específicos para temas correlatos. Ratificam esses atos o mesmo ideário e o especializam para regular com pormenores cada área de interesse. É o que se nota com o Pacto Internacional dos Direitos Civis e Políticos; o Pacto Internacional dos Direitos Econômicos, Sociais, Culturais; a Convenção para Prevenção e Repressão do Crime do Genocídio e a Convenção sobre Direitos Políticos da Mulher, além de diversos outros. Essas Convenções têm sido consideradas a *Carta Internacional dos Direitos Humanos*, por se revestirem de universalidade e abrangerem diversas espécies de direito, como notado por André de Carvalho Ramos[3]. Na verdade, é mais apropriado entendê-las como integrante do Sistema de

[2] Tratado em Conflito com uma Norma Imperativa de Direito Internacional Geral (*jus cogens*) Artigo 53 – É nulo um tratado que, no momento de sua conclusão, conflite com uma norma imperativa de Direito Internacional geral. Para os fins da presente Convenção, uma norma imperativa de Direito Internacional geral é uma norma aceita e reconhecida pela comunidade internacional dos Estados como um todo, como norma da qual nenhuma derrogação é permitida e que só pode ser modificada por norma ulterior de Direito Internacional geral da mesma natureza.

[3] ANDRÉ DE CARVALHO RAMOS, *Processo Internacional dos Direitos Humanos*, Saraiva, São Paulo, 6ª edição, 2019, p. 29

Direitos Humanos, por nele abrigarem instrumentos internacionais com a mesma base ideológica.

Influiu também no âmbito regional de que servem de exemplo a Convenção Interamericana de Direitos Humanos e a Convenção para a Proteção dos Direitos do Homem e das Liberdades Fundamentais, conhecida como Convenção Europeia de Direitos do Homem, aprovada em Roma, em e de novembro de 1950.

O Tribunal Penal Internacional

Ainda inspirado nessa Declaração foi deliberada a criação do Tribunal Penal Internacional, cujo Estatuto foi aprovado na Conferência de Roma da ONU, em 17 de julho de 1998, a reforçar a tendência à globalização do Direito. A consciência da Humanidade, violentada pelos acontecimentos da II Guerra Mundial, gerou a tipificação expressa como crimes internacionais o genocídio, crimes de guerra e crimes contra a humanidade, com extensa categoria de infrações penais, como homicídio, extermínio, escravidão, deportação forçada, tortura e outros. O caráter universal da iniciativa é retratado pelo número expressivo de países que ratificaram o tratado que o instituiu. Atualmente conta com 123 Estados parte, sendo 33 africanos; 28 latino-americanos[4] e caribenhos; 43 da Europa e 19 da Ásia e Pacífico. É certo que países como China, Estados Unidos, Iêmen, Iraque, Israel, Líbia, Qatar e Rússia dele não fazem parte, deixando de firmar o tratado que o constituiu, ou de ratificá-lo.

A ausência notável desses países não retira a universalidade do Tribunal, cuja ação tem-se mostrado efetiva, com o número expressivo de processos a ele submetidos por países de todos os continentes[5], além de condenações de criminosos, por atos cometidos nos conflitos irrompidos após a

[4] O Brasil depositou seu instrumento de ratificação em 20 de julho de 2002, estando em vigor no país pelo Decreto nº 4.388, de 25 de setembro de 2002

[5] Segundo informe do Ministério das Relações do Brasil, O Tribunal Penal Internacional examina, no ano de 2019, 21 situações, sendo 11 investigações (Uganda, República Democrática do Congo, Darfur/Sudão, República Centro-Africana, Quênia, Líbia, Costa do Marfim, Mali, República Centro-Africana II, Geórgia e Burundi) e 10 exames preliminares (Afeganistão, Colômbia, Guiné-Conacri, Iraque/Reino Unido, Nigéria, Palestina, Filipinas, Bangladesh/Myanmar, Ucrânia e Venezuela).

dissolução da Iugoslávia, como o croata-bósnio Drazen Erdemovic, sentenciado a dez anos de prisão em novembro de 1996, o sérvio-bósnio Dusko Tadic, a vinte anos em julho de 1997 e o líder nacionalista sérvio-bósnio Radovan Karadzic.

Nesse conjunto de instrumentos e atos verifica-se expressiva evolução do Direito Internacional ao reconhecer a responsabilidade do indivíduo pela violação de normas jurídicas e não mais o Estado, como era corrente no passado, até a II Guerra Mundial. O grande efeito desse conjunto de Convenções foi o de superar o entrave da barreira do Estado, considerado como único sujeito de direitos e obrigações do Direito Internacional, vigente na doutrina clássica e na prática dos países. A partir dos Julgamentos de Nuremberg, causadores de grande polêmica na ocasião, por julgar pessoas acusadas de cometer crimes cometidos na condição de autoridades governamentais, a ordem internacional evoluiu para identificar os verdadeiros autores de atos criminosos, deixando-se de lado o Estado. Corrigiu-se o equívoco dos Tratados de Paz de Versalhes, ao final da I Guerra Mundial, ao condenar a Alemanha a pagar pesadas indenizações pelos atos de guerra, provocado pelas autoridades governamentais. O país era responsável pelos danos causados pela guerra e não as pessoas responsáveis pela decisão guerreira.

Essa noção então predominante do Direito Internacional foi alterada.

Os acontecimentos verificados nas duas guerras mundiais tiveram o mérito de demonstrar a necessidade de reavaliação de valores e princípios tradicionalmente acolhidos no Direito Internacional. Deixou-se de considerar o Estado responsável pelos efeitos da guerra e ir às pessoas, os governantes, os tomadores de decisão e os responsabilizar pessoal e individualmente pelo desastre humanitário. Afinal o Estado não é uma entidade etérea, mas instituição real governada por indivíduos, que tomam decisões em nome da coletividade, por vezes manipulada por técnicas de publicidade e de propaganda e, por isso, nem sempre consciente dos reais motivos que provocam ações guerreiras.

A grita jurídica da época contra os julgamentos do Tribunal de Nuremberg, fundada no preceito de que não pode haver crime, sem lei anterior que o defina, ignorou os horrores dos campos de concentração, o holocausto, o genocídio, como se fossem atos permitidos pela ordem jurídica. por não haver convenção internacional que os previssem como delitos. Ignorava-se que os princípios gerais de direito retratam a consciência da comunidade internacional sobre o comportamento humano, em tempos de paz e de guerra, tendo sempre constituído fonte de direito internacional, como expresso na Convenção de Viena sobre Direito dos Tratados.

A ratificar a modificação dos conceitos tradicionais do direito internacional, acontecimentos subsequentes à II Guerra Mundial e aos instrumentos aprovados pela maioria dos países incluídos, no conjunto de atos que cercaram a constituição da ONU, tiveram tratamento condizente com os princípios que os informaram. Dentre esses, tem relevância os graves incidentes ocorridos em Ruanda, em 1994, e nos territórios fragmentados da ex-Iugoslávia, que causaram grande repercussão internacional. Em ambas as regiões, registraram-se práticas criminosas de extrema gravidade, com o morticínio em massa de populações, perseguições religiosas e raciais, estupros, extermínio, genocídio, enfim, um rol de atrocidades a que o mundo do final do século XX não poderia ter deixado – como não deixou – passar despercebido.

Foi atento ao clamor público que o Conselho de Segurança da ONU aprovou Resoluções que instituíram tribunais internacionais para processar e julgar os responsáveis por aqueles atos. Fundou-se na competência conferida pelo artigo 39 da Carta da ONU, para agir sempre que a paz e a segurança internacional forem ameaçadas.[6]

O Tribunal Penal Internacional para Ruanda foi criado em novembro de 1994, pela Resolução 955, para julgamento dos responsáveis pelo genocídio e outras violações do direito internacional humanitário praticados no território daquele país e vizinhos, por autoridades governamentais e cidadãos comuns, entre 1º de janeiro e 31 de dezembro de 1994. A sede do tribunal foi estabelecida em Arusha, Tanzânia e, a partir de 1998, suas atividades foram ampliadas para investigar atividades definidas como crimes contra direitos humanos. Os trabalhos do tribunal se encerraram em 2010.

O tribunal tinha competência para julgar os responsáveis por violações do direito internacional humanitário, compreendendo genocídio, crimes contra a humanidade, como assassínio, extermínio, escravidão, deportação, prisão, tortura, perseguição por motivos políticos, raciais ou religiosos e outros atos

[6] Artigo 39 – O Conselho de Segurança determinará a existência de toda ameaça à paz, violação da paz ou agressão e recomendará ou decidirá que medidas serão tomadas em conformidade com os artigos 41 e 42 para manter ou restabelecer a paz e a segurança internacionais

atentatórios contra os direitos humanos. Esse rol incluía o julgamento de violações do artigo 3.º das Convenções de Genebra e de seu Segundo Protocolo Adicional. O artigo 6º da Resolução estabeleceu a responsabilidade penal individual de autoridades governamentais, ainda que na condição de chefe de estado ou de governo. O superior, ciente do crime cometido pelo subordinado, era também culpado pelo ato, não se escusando do fato de cumprir ordens. O artigo 7º dotou o Tribunal de competência concorrente para julgar todos os delitos definidos na Resolução, tendo-se ressalvado, no artigo 8º, a não imposição de penas para julgados já ocorridos, proibindo-se o *bis in idem*.

A instituição daquele tribunal não foi ato isolado. Ao contrário, reforçou a tendência da comunidade internacional em não mais admitir os excessos guerreiros e atos cruéis no interior de Estados, sob quaisquer pretextos. Atesta-o a criação do Tribunal Penal Internacional para a antiga Iugoslávia aprovado pelo Conselho de Segurança da ONU, igualmente com base no artigo 39 da Carta da ONU, pela Resolução 827 de 25 de maio de 1993. Sua competência foi a de apurar e julgar crimes cometidos nos territórios fragmentados da ex-Iugoslávia e compreendia a de julgar pessoas suspeitas pela violação grave de normas de direito internacional humanitário, desde 1991. Dentre elas as que infringiram as Convenções de Genebra de 12 de agosto de 1949, por pessoas que cometerem ou derem ordens para esse fim. Essas violações incluíam homicídio, tortura ou os tratamentos desumanos, experiências biológicas, a prática de atos causadores de causar sofrimento ou graves danos à integridade física ou à saúde de vítimas; a destruição ou a apropriação de bens não justificadas e outros nela discriminados, atentatórios à dignidade humana.

Além desses delitos, o tribunal tinha competência para julgar as pessoas que violarem as leis ou os costumes da guerra, mediante emprego de armas tóxicas ou outras; a destruição sem motivo de cidades, vilas e povoações ou devastação não justificadas por exigências militares; o ataque ou bombardeamento de cidades, vilas, habitações ou construções não defendidas; o confisco, destruição ou danificação deliberada de edifícios consagrados ao culto, à beneficência e ao ensino, às artes e às ciências, monumentos históricos, obras de arte e de carácter científico; a pilhagem de bens públicos ou privados. O artigo 4.º do Estatuto que a regia previu a competência do tribunal para julgar crime de genocídio, com a discriminação e definição de atos tipificados como tal.

Tanto como no Tribunal de Ruanda, os indivíduos foram considerados responsáveis pela violação das normas indicadas no Estatuto, sem escusa de estarem cumprindo ordens, estendendo-se essa responsabilidade ao superior pelo ato do subordinado. De maneira geral o Estatuto do Tribunal Penal da Ex-Iugoslávia reproduz as normas sobre competência e crimes previstos no Tribunal de Ruanda, formando-se, de certa forma, padrão de competências. Segundo relato do Secretário Geral da ONU, Antonio Guterres, esse tribunal conduziu, desde 1993, quando criado, até 2017, ao ser extinto, cerca "de 10 mil dias de julgamentos e ouviu depoimentos de quase 5 mil pessoas." Ao longo de 24 anos, a corte indiciou 161 pessoas, das quais 90 foram condenadas, tendo cinquenta e seis cumprido a pena. As atividades do Tribunal se encerraram em 31 de dezembro de 2017.

A instituição e a atuação desses dois tribunais internacionais, depois dos acontecimentos que os precederam, constituiu evolução significativa do direito internacional. O conceito tradicional a vedar tribunais de exceção, criados depois dos fatos para julgar fatos pretéritos, se justificados no direito interno para evitar arbítrios de autoridades governamentais, não impediu a constituição desses dois tribunais, como o anterior, de Nuremberg, de 1945, diante da evidente violação de direitos humanos e da inexistência de tribunais pré-constituídos. A lacuna foi ora preenchida com o Tribunal Penal Internacional, doravante com competência internacional para processar e julgar os fatos que motivaram a criação daqueles tribunais.

A relevância desses tribunais internacionais reside principalmente no fato de terem jurisdição sobre indivíduos – e não sobre Estados – o que torna irrelevante não terem alguns não o firmado ou ratificado. O Tribunal Penal Internacional, com jurisdição plena para processar e julgar os crimes tipificados em seu Estatuto, adquiriu não só pelas normas que o regem, mas, sobretudo, pelos processos que julgou, autoridade internacional reconhecida. Autoridades estatais, mesmo de grandes potências, ficam a ele submetidas, alcançando indivíduos onde quer que estejam homiziados. O episódio do general Augusto Pinochet, embora fora do contexto do Tribunal Penal Internacional, revela a consciência internacional de que, mesmo chefes de Estados, podem ser processados e julgados por crimes cometidos no exercício de seus mandatos. Não mais lhes favorece a imunidade de jurisdição por terem praticados atos como chefes de Estados.

Oposição ao Tribunal Penal Internacional

Não obstante a atuação firme do Tribunal Penal Internacional e as decisões até então tomadas, não está ele imune às controvérsias derivadas de posições de países, cujos nacionais podem ser envolvidos em suas investigações ou decisões. Embora tenha abrangência internacional e autoridade por contar com a participação da maioria dos países, mesmo de grandes potências, como França, Itália e Reino Unido, dentre outras, sua atuação enfrenta a oposição, por parte de países cujos nacionais foram atingidos ou passiveis de serem alcançados por suas medidas. Dentre estes destacam-se os Estados Unidos, que dele não fazem parte, e Rússia, que firmou seu Estatuto, mas dele se retirou, ao ser criticada pelos acontecimentos na Criméia.

Em ambos os casos prevalecem interesses de autoridades governamentais do momento e intenção reservar para seus nacionais imunidades e privilégios não extensíveis aos de outros países, isentando-os de enquadramento em delitos tipificados no Estatuto de Roma. Há clara tentativa de fazer impor políticas e interesses nacionais sobre os da comunidade internacional como um todo.

Embora os Estados Unidos tenham contribuído para a instituição do Tribunal Penal Internacional e assinado o Estatuto que o rege, deixou de ratificá-lo por recomendação do presidente Clinton, em fim de mandato, acolhida pelo seu sucessor, George W. Bush. A principal reserva daquele país contra o tribunal reside no fato de os militares americanos estarem em constantes missões no exterior e, assim, vulneráveis à eventuais processos por violações das normas do Estatuto.

Não se tratou de posição isolada do presidente daquele país, mas também do Congresso americano que aprovou, em 2002, o *American Service Members Protection Act*[7], cujo objetivo foi o de ""*proteger o pessoal militar dos Estados Unidos e outras autoridades eleitas ou indicadas pelo governo dos Estados Unidos contra processo criminal por um tribunal penal internacional, do qual os Estados Unidos não são signatários*". No preâmbulo, a lei faz referência à explanação do embaixador americano Scheffer, para o Congresso, segundo o qual as forças multinacionais de paz em operação em país que faz parte do Tribunal, podem ser expostas

[7] American Service Members Protection Act of 2002 [Public Law 107–206; Enacted August 2, 2002] [As Amended Through P.L. 110–181, Enacted January 28, 2008]

à jurisdição da Corte, mesmo que o país do integrante da missão de paz não faça dele parte.

Segundo esclareceu, "*o tratado objetiva estabelecer mecanismo pelo qual as forças armadas dos Estados Unidos em operações no exterior, poderiam eventualmente ser processadas na corte internacional, mesmo que os Estados Unidos não tenham concordado em a ela se submeter.*"[8] Na opinião do embaixador Scheffer, o procedimento sob o tratado de Roma nega a proteção a que todos os americanos têm direito, conforme os Estatutos de Direitos (*Bill of Rights*) assegurado pela Constituição dos Estados Unidos, como o julgamento por júri. Considera que todos os membros das forças armadas devem ser isentos de processos no Tribunal Penal Internacional. Teme, também, possa ser aplicado a autoridades americanas, inclusive o presidente do país.

Além dessa lei, o Congresso americano aprovou outra que proíbe a cooperação com o Tribunal Penal Internacional[9], esclarecendo que "*nenhuma agência ou entidade de qualquer Estado ou governo local, incluindo qualquer corte, pode cooperar com o Tribunal Penal Internacional em resposta a pedido de cooperação apresentada pelo Tribunal Penal Internacional, de acordo com o Estatuto de Roma...*" Da mesma forma, proíbe a transmissão de cartas rogatórias recebidas daquele tribunal e a extradição de qualquer pessoa por ele requerida. A lei ressalva que suas

[8] Tradução livre do Autor

[9] SEC. 2004. Ø 22 U.S.C. 7423 – PROHIBITION ON COOPERATION WITH THE INTERNATIONAL CRIMINAL COURT. (a) APPLICATION.—The provisions of this section— (1) apply only to cooperation with the International Criminal Court and shall not apply to cooperation with an ad hoc international criminal tribunal established by the United Nations Security Council before or after the date of the enactment of this Act to investigate and prosecute war crimes committed in a specific country or during a specific conflict; and (2) shall not prohibit— (A) any action permitted under section 2008; or (B) communication by the United States of its policy with respect to a matter. (b) PROHIBITION ON RESPONDING TO REQUESTS FOR COOPERATION.—Notwithstanding section 1782 of title 28, United States Code, or any other provision of law, no United States Court, and no agency or entity of any State or local government, including any court, may cooperate with the International Criminal Court in response to a request for cooperation submitted by the International Criminal Court pursuant to the Rome Statute. (c) PROHIBITION ON TRANSMITTAL OF LETTERS ROGATORY FROM THE INTERNATIONAL CRIMINAL COURT. Notwithstanding section 1781 of title 28, United States Code, or any other provision of law, no agency of the United States Government may transmit for execution any letter rogatory issued, or other request for cooperation made, by the International Criminal Court to the tribunal, officer, or agency in the United States to whom it is addressed.

disposições não se aplicam aos tribunais penais instituídos pelo Conselho de Segurança da ONU.

Essa posição crítica dos Estados Unidos não se limitou a rejeitar a jurisdição do Tribunal Penal Internacional. Foi além, ao ameaçar impor sanções contra seus integrantes, juízes e promotores, que participem de investigações ou de decisões que atinjam americanos. A ameaça se concretizou, como informou o Secretário de Estado Mike Pompeo, em entrevista, em que informou a revogação do visto de entrada no país da procuradora do Tribunal, Fatou Bensouda, por ter requerido a investigação, pelo Tribunal, em novembro de 2017, sobre possíveis crimes cometidos por militares americanos no Afeganistão, como noticiado pela imprensa internacional. Há de se notar a participação de empresas privadas militares americanas naquele país, como no Iraque, não atuantes em missão oficial do governo americano, mas em caráter privado, como mercenários.

Embora menos contundente em suas críticas ao Tribunal Penal Internacional, a Rússia retirou sua assinatura do Estatuto de Roma, em 16 de novembro de 2016, após investigação sobre a Criméia, noticiada no Relatório sobre Exame Preliminar de Atividades (*Report on Preliminary Examination Activities*), de 2016 do Tribunal Penal Internacional. Considerou que nunca havia ratificado o Estatuto de Roma, a exemplo do que fizeram os Estados Unidos, e que a separação pela Criméia da Ucrânia, com sua integração à Rússia fora aprovada por plebiscito da população.

A oposição da China, que não assinara o Estatuto de Roma, tem sido registrada colateralmente, em votações no Conselho de Segurança da ONU, com veto para submeter ao Tribunal Penal Internacional questões envolvendo países aliados, como a Coreia do Norte.

Essa posição dos principais países militares de não aceitarem a jurisdição do Tribunal Penal Internacional, contudo, não o tem impedido de processar e julgar pessoas envolvidas em atos tipificados como crimes em seu estatuto.

Convenção das Nações Unidas do Direito do Mar

A Convenção do Direito do Mar integra o rol de instrumentos jurídicos internacionais que conduz à constitucionalização da Ordem Internacional.

À semelhança de outros diplomas internacionais reguladores de matérias de interesse comum, essa Convenção também abordou tema antigo das relações internacionais não pacificado por divergências, parcialmente superadas com sua aprovação.

Foi acordada em *Montego Bay*, Jamaica, sob os auspícios da ONU, em 10 de dezembro de 1982, com o voto de 130 votos a favor e 4 contra (Estados Unidos, Israel, Turquia e Venezuela), além de 17 abstenções, dentre as quais **o** Reino Unido, República Federal **da** Alemanha, Itália, União Soviética.

Foge ao escopo deste trabalho o exame minucioso dessa Convenção. O seu foco maior é registrar as tendências a orientar os rumos da ordem internacional detectadas neste começo do século XXI. Para isso, será suficiente destacar os principais temas por ela abordado, que refletem o direito costumeiro aceito pela generalidade dos Estados, como a liberdade de navegação, a delimitação do mar territorial em 12 milhas marítimas e da zona econômica exclusiva em até 200 milhas marítimas, a extensão da plataforma continental até 350 milhas marítimas, a criação da Autoridade Internacional do Solo Marítimo e o mecanismo de solução de conflitos, como a Comissão das Nações Unidas sobre os Limites da Plataforma Continental e o Tribunal do Mar.

O primeiro deles se refere a até então tormentosa questão da delimitação do mar territorial. O costume antigo fixava esse limite na distância de um tiro de canhão, estimado, à época em 03 milhas marítimas. Foi critério adotado em função do poder do país costeiro para defender seu território, por meio da arma então potente, o tiro de canhão. O critério primitivo não poderia prevalecer e gerou controvérsias. Reflexo disso pode ser visto na decisão do governo brasileiro de estendê-la para 200 milhas marítimas, por meio do Dec. Lei 1098, de 1970, causador de divergência com a França, gerando o que ficou conhecido como "guerra das lagostas", pelo aprisionamento pelo Brasil de barcos pesqueiros franceses, que desrespeitaram a norma brasileira.

A Convenção, pela expressiva maioria dos Estados até então reconhecidos, definiu o espaço marítimo sobre o qual os Estados exercem soberania, o mar territorial, em 12 milhas marítimas, que inclui o solo e o subsolo nele localizado (art. 2º), medidas a partir da base determinada pela Convenção (Art. 3º).

O mar territorial integra o território do Estado, que sobre ele exerce soberania, não podendo nele ingressar navios de guerra estrangeiros, sem sua permissão, ressalvado o direito de passagem inocente, assim entendida a que não seja prejudicial à paz, à boa ordem e a segurança do Estado costeiro[10].

Além de definir o mar territorial, a Convenção previu o que denominou zona contígua, na qual o Estado costeiro pode adotar medidas de fiscalização para evitar infrações a regulamentos aduaneiros e a suas leis. Essa zona foi delimitada com a extensão de até 24 milhas marítimas.

O objetivo da disposição foi conferir ao Estado costeiro o direito de fiscalizar área marítima fora do seu mar territorial, mas a ela contígua, e evitar ações dissimuladas destinadas a burlar as leis do Estado costeiro. É aplicação do princípio estabelecido pelo Reino Unido, no século XVIII, conhecido como *Hovering Laws,* segundo o qual o Estado está habilitado a exercer o controle aduaneiro sobre navios de origem estrangeira, fora de suas águas territoriais, mas elas adjacentes.

Os Estados Unidos, ao acolherem aquelas leis inglesas, editaram a lei *Anti-Smugling Act,* de 05 de agosto de 1935, em que autorizou as autoridades alfandegarias a fiscalizarem embarcações mercantis em alto mar, em zona próxima ao mar territorial [11], para averiguar eventual infração à suas leis sobre consumo de álcool, a conhecida lei seca.[12]

Além delas, a Convenção regulou o que denominou "zona econômica exclusiva", sujeitando-a à normativa internacional. O artigo 55 da Convenção a definiu:

> "Artigo 55 – A zona econômica exclusiva é uma zona situada além do mar territorial e a este adjacente, sujeita ao regime jurídico específico estabelecido na presente Parte, segundo o qual os direitos e a

10 Artigos 17 e 19 da Convenção.

11 HERBERT BRIGGS, *The Law of Nations,* 2ª. Edição Appleton Century-Fox, Nova Iorque, p. 371/377 e NGUYEN QUOC DINH, PATRIK DAILLIER e ALAIN PELLET, *Droit International Public,* 5ª. Edição, LGDJ, Paris, 1994, p. 1078.

12 ARTIGO 33 Zona contígua

1. Numa zona contígua ao seu mar territorial, denominada zona contígua, o Estado costeiro pode tomar as medidas de fiscalização necessárias a: a) evitar as infrações às leis e regulamentos aduaneiros, fiscais, de imigração ou sanitários no seu território ou no seu mar territorial; b) reprimir as infrações às leis e regulamentos no seu território ou no seu mar territorial.
2. A zona contígua não pode estender-se além de 24 milhas marítimas, contadas a partir das linhas de base que servem para medir a largura do mar territorial.

> jurisdição do estado costeiro e os direitos e liberdades dos demais estados são regidos pelas disposições pertinentes da presente Convenção.

Sua largura é de 200 milhas marítimas contadas das linhas de base, a partir das quais se mede a largura do mar territorial (art. 57). Nela o Estado exerce direitos restritos aos recursos naturais, como o regime de pesca, possuindo soberania para exploração e aproveitamento, conservação e gestão dos recursos naturais, vivos ou não vivos sobrejacentes ao leito do mar, do leito do mar e seu subsolo e de outras atividades para fins econômicos, como a produção de energia, das correntes e dos ventos.

Ao Estado costeiro fica também assegurada a jurisdição sobre colocação e utilização de ilhas artificiais, instalações e estruturas, investigação científica marinha e proteção e preservação do meio marinho.[13]

Outra questão polêmica pacificada pela Convenção foi a delimitação e conceituação da plataforma continental. A controvérsia foi inaugurada pela Declaração 2667, de 28 de setembro de 1945, pelo presidente Harry Truman, dos Estados Unidos, que reivindicaram exercer jurisdição sobre os recursos do solo e do subsolo da massa terrestre contígua à sua costa e subjacente às águas do alto mar. Outros países seguiram o precedente, embora sem uniformidade. O artigo 76 da Convenção resolveu as divergências, ao estabelecer:

> "Artigo 76 – A plataforma continental de um Estado costeiro compreende o leito e o subsolo das áreas submarinas que se estendem além do seu mar territorial, em toda a extensão do prolongamento natural de seu território terrestre, até ao bordo exterior da margem continental, ou até uma distância de 200 milhas marítimas das linhas de base a partir das quais se mede a largura do mar territorial, nos casos em que o bordo exterior da margem continental não atinja essa distância."

O Estado costeiro tem soberania sobre plataforma continental, para efeito de exploração e aproveitamento de seus recursos naturais (artigo 77). Sua extensão vai até os pontos fixos da linha dos limites exteriores da

[13] No Brasil, a matéria é objeto da Lei 8.617/93, que observa a normativa da Convenção.

plataforma continental no leito do mar, traçada em conformidade com os incisos (i) e (ii) da alínea "a" do parágrafo 4°, do artigo 76, a uma distância não superior a 350 milhas marítimas contadas da linha de base, a partir das quais se mede a largura do mar territorial, mesmo no caso das cristas submarinas (artigo 76, 5° e 6°, da Convenção).

A soberania do Estado costeiro é exclusiva. Terceiros interessados em explorar os recursos da plataforma continental, devem pedir-lhe autorização (art. 77, 2°). Dela integram recursos não vivos do leito do mar e subsolo, bem como organismos vivos de espécies sedentárias, consideradas, durante a captura, imóveis no leito ou no seu subsolo ou que somente podem mover-se em contato físico com o leito ou subsolo.

Em última análise a Convenção estabeleceu o direito de propriedade do Estado costeiro sobre os recursos naturais da plataforma continental, travestido do conceito de soberania.

Finalmente, a Convenção estabilizou o conceito de alto mar e da liberdade de navegação, fazendo superar em definitivo a antiga polêmica entre o Reino Unido, em defesa do *mare clausum*, como apregoado pelo jurista John Selden, e os Paises Baixos, a advogar o regime do *mare liberum*, amparado na opinião de Hugo Grocius[14].

A regulação dos espaços marítimos, de certa forma, condiz com costumes antigos e respeitados. Todavia, a Convenção introduziu tema polêmico, que provocou a não assinatura por alguns Estados, dentre eles, os Estados Unidos. Trata-se da definição, destinação e uso do que a Convenção denominou "Área", definida como "o leito do mar, os fundos marinhos, e o seu subsolo além dos limites da jurisdição nacional". A ela foi conferida a qualidade de

[14] ALTO MAR – SEÇÃO 1. DISPOSIÇÕES GERAIS – ARTIGO 86 Âmbito de aplicação da presente Parte. As disposições da presente Parte aplicam-se a todas as partes do mar não incluídas na zona econômica exclusiva, no mar territorial ou nas águas interiores de um Estado, nem nas águas arquipelágicas de um Estado arquipélago. O presente artigo não implica limitação alguma das liberdades de que gozam todos os Estados na zona econômica exclusiva de conformidade com o artigo 58.
ARTIGO 87 Liberdade do alto mar
1. O alto mar está aberto a todos os Estados, quer costeiros quer sem litoral. A liberdade do alto mar é exercida nas condições estabelecidas na presente Convenção e nas demais normas de direito internacional. Compreende, *inter alia*, para os Estados quer costeiros quer sem litoral

patrimônio comum da humanidade, e, assim, insuscetível de ser apropriada por qualquer país. Sua utilização somente poderá ser feita para fins pacíficos e em benefício da humanidade (arts. 140 e 141).

A essa disposição, adiciona-se a criação da Autoridade, constituída por todos os membros, com poderes estabelecidos na Convenção, dentre os quais o de estabelecer a política de exploração da Área.[15]. A previsão da Autoridade e a declaração de que a Área constitui patrimônio comum da Humanidade não foi aceita pelos Estados Unidos, que, apesar de participarem ativamente dos trabalhos, votaram contra a Convenção. Sua principal objeção residiu na criação da Autoridade, com poderes para recolher e distribuir recursos recebidos com a exploração do solo e subsolo marinho do alto mar, para serem distribuídos para os movimentos de libertação nacional.[16] A China, igualmente, não a subscreveu.

[15] ARTIGO 156 Criação da Autoridade
1. É criada a Autoridade Internacional dos Fundos Marinhos que funcionará de conformidade com a presente Parte.
2. Todos os Estados Partes são ipso-facto membros da Autoridade.
3. Os observadores na Terceira Conferência das Nações Unidas sobre o Direito do Mar, que tenham assinado a Ata Final e não estejam referidos nas alíneas c), d), e) ou f) do parágrafo 1º do artigo 305, têm o direito de participar na Autoridade como observadores de conformidade com as suas normas, regulamentos e procedimentos.
4. A Autoridade terá a sua sede na Jamaica.
5. A Autoridade pode criar os centros ou escritórios regionais que julgue

[16] Sobre a posição dos Estados Unidos, vide JAMES L. MALONE, Assistant Secretary of State for Oceans and International Environment and Scientific Affairs: Special Representative of the President for Law of the Sea; Chairman of the United States Delegation to UNCLOS III, in "The United States and the Law of the Sea after Unclos III", *Law and Conteporary Problems,* 1983.
(https://scholarship.law.duke.edu/cgi/viewcontent.cgi?article=3700&context=lcp).
Segundo aquela autoridade "Esta revisão exaustiva do ano inteiro concluiu que o projeto de normas da Convenção não relacionadas ao solo marinho, relativas à navegação, voo sobre a plataforma continental, pesquisa marítima e o meio ambiente refletiram, em geral, o direito internacional costumeiro e eram aceitáveis pelos Estados Unidos. As provisões sobre a mineração do subsolo marinho profundo do texto do Projeto de Convenção eram, todavia, inaceitáveis e claramente contrárias aos interesses vitais dos Estados Unidos. Além do mais, a Convenção criaria outros precedentes indesejáveis, como a transferência obrigatória de tecnologia e distribuição de fundos para movimentos de liberação nacional. " (tradução livre do Autor)

Um dos efeitos mais notórios da Convenção, além da ratificar normas costumeiras aceitas e reconhecidas, foi a criação do Tribunal do Mar com competência para dirimir controvérsias sobre o ambiente marinho. Ao longo de sua existência, tem sido solicitada para resolver pendências sobre matérias relativas ao Direito do Mar.

PARTE III
A AÇÃO UNILATERAL DOS ESTADOS

Capítulo 7
A EXTRATERRITORIALIDADE DE LEIS NACIONAIS[1]

A ação unilateral dos Estados e o interesse internacional

O processo de formação do Direito Mundial tem, como componente efetivo, a participação dos Estados, não só em ações coordenadas, por meio de tratados ou organizações internacionais universais ou regionais, como em atos unilaterais fundados na sua autoridade internacional para elaborar a norma jurídica. A jurisdição territorial prevalece na organização da ordem internacional, havendo que se respeitar a jurisdição doméstica dos demais. Quando fatos ou atos interessam a mais de um Estado, há que se verificar os critérios para a imposição de normas nacionais, quando ocorridos parcial ou totalmente fora do território estatal. Nesse caso, a jurisdição extraterritorial, para os regular, pode encontrar amparo jurídico se aceita pelos demais Estados, convencidos da pertinência e interesse comum a ser protegido.

Nem sempre a aceitação do ato unilateral é pacífica ou imediata e requer processo de esclarecimento e de convencimento e da constatação de que a norma não conflita com o interesse comum, atendendo, ao contrário, à expectativas de todos os que adotam o mesmo credo jurídico-econômico. O cerne do sistema capitalista, em contraposição ao de economia planificada

[1] Versão anterior deste capítulo foi objeto do artigo "Aplicação Extraterritorial de Leis Nacionais". in Revista de Direito Público, v. 66, p. 63-80, 198 e Revista de Informação Legislativa – Senado, 1985.

concentrada no poder estatal, é o livre mercado e a livre concorrência, como forma de evitar concentrações e monopólios que os impedem. É nesse quadro que as atividades transnacionais das empresas multinacionais têm levado Estados a buscar fórmulas jurídicas capazes de lhes dar suporte a pretensões de controle e submissão do complexo empresarial, muitas vezes multinacional. A jurisdição territorial dos Estados impede a ampliação de leis nacionais para regular todo o conjunto de atividades transnacionais dessas empresas. Ao estendê-la a fatos e atos ocorridos no exterior, agride conceitos estratificados do direito internacional, dentre os quais o da jurisdição territorial dos Estados.

Todavia, as relações sociais não são estáticas. São dinâmicas, a se modificar a cada momento e em cada lugar. Essa realidade levou a iniciativas unilaterais nem sempre aceitas, em um primeiro momento, como a da aplicação extraterritorial das leis antimonopólio adotada pelos Estados Unidos, que atende a princípios típicos do sistema caro àquele país, mas não comum aos demais. Monopólios da atividade econômica setorial e cartéis podem fazer parte de políticas de Estados, como foi o caso do Brasil, com a exploração do petróleo pela Petrobras e o ajuste de cartel por empresas privadas para regular a obsolência de tecnologias. O propósito desses cartéis é evitar custos com tecnologias novas, até que a anterior seja amortizada. A Suíça aceitava o cartel dos relojoeiros para exportação de relógios, como política de comércio exterior.

O cartel da OPEP para exploração e fixação de preços de petróleo pode ser exemplo de atos de Estados visando a regular e a controlar a oferta e preços daquele produto. São atos cuja qualificação jurídica depende da opção político-econômica de cada país. Não são atos delituosos em si, como a lavagem de dinheiro, o contrabando, a falsificação de moedas e de documentos e o terrorismo, abominado por todos. A qualificação de infração à ordem econômica não se encontra nessa categoria, pois cada país tem sua própria política que pode não se conciliar com a de outros, como é o caso de monopólios ou de cartéis.

A atitude das autoridades norte-americanas de aplicar suas leis nacionais sobre concorrência a fatos verificados no exterior constitui invasão de jurisdição alheia, para impor padrões nacionais a outros países, que podem adotar políticas de orientação diversa sobre o tema. É certo que leis nacionais podem ter efeitos estendidos a acontecimentos ocorridos no exterior. Neste caso, há critérios aceitos pela generalidade dos países, em casos específicos de interesse geral, de que adiante se falará.

O mesmo não acontece com práticas restritas a um único país, como a das leis antimonopólio, que nem todos os países adotam, o que explica a resistência inicialmente oposta ao alargamento da jurisdição norte-americana sobre atividades de empresas realizadas em outros países.

Breve histórico dessa política antimonopólio mostra a evolução por que passou ao longo do século XX e sua gradativa aceitação pelos países que comungam o mesmo sistema capitalista. Foi processo lento de persuasão e de acolhimento do mesmo padrão para regular a economia adotado por países que adotaram a política da livre empresa e do livre mercado.

Breve histórico das leis antimonopólio norte-americanas

Promulgados para manter a pureza do sistema competitivo do mercado norte-americano, o Sherman Act, de 1890, o Federal Commission Act e o Clayton Act, de 1914 estabelecem normas sobre concorrência e impõem sanções penais e civis a práticas comerciais que as desrespeitam. O vezo principal é o de assegurar o livre comércio e vedar atos e práticas que resultem em restrições à concorrência, inclusive a desleal, ou resultem em monopólios de produção ou comercialização de bens, no território de qualquer dos Estados-membros da união norte-americana.

O Sherman Act estabelece, em termos amplos e vagos, a ilegalidade de todo o contrato ou acordo em forma de fidúcia (*trust*) que tem por objetivo ou do qual resulte restrições ao comércio entre os Estados-membros, estabelecendo sanções criminais contra os que monopolizem o comércio de produtos e bens na esfera interna de cada Estado ou com outros países. Ao lado do efeito criminal, prevê a lei sanções civis, ao conferir direito de ação aos prejudicados por práticas restritivas ou monopolísticas para recobrar perdas e danos (arts. 1º, 2, 4 e 7). O *Federal Trade Commission Act* declara ilegais quaisquer "métodos desleais de concorrência no comércio", coibindo, assim, ações desleais (15 USC, 45 (2) 1964). O *Clayton Act*, por seu turno, torna ilegais as fusões e incorporações de empresas que resultem em diminuição da concorrência, com a possibilidade de criar situação monopolística (Seção 7 do Clayton Act).

O conjunto dessas três leis constitui as chamadas leis antitruste, interpretadas pelos tribunais norte-americanos de maneira elástica, tendo em vista os termos vagos em que se encontram redigidas. Essa interpretação, nem sempre lógica e coerente,[2] tem sido feita por meio de construção jurisprudencial típica do sistema anglo-americano do direito comum em que os tribunais, a partir dos princípios enunciados em leis escritas, passam a adequá-los aos casos concretos, com autonomia maior da adotada pelos tribunais dos países do sistema do direito codificado, de tradição romana.

A constante evolução das práticas mercantis e a dinâmica empresarial, responsável pelo aparecimento reiterado de formas novas de associação e de exploração industrial ou comercial, têm feito com que a jurisprudência norte-americana sobre atividades monopolísticas apresente grande flexibilidade na interpretação da norma legal. Isso tem permitido ao poder judiciário e às autoridades encarregadas de zelar pela aplicação das leis antitruste, usar de grande discrição na definição e no enquadramento de fatos na sua tipificação legal. A prática causa certa perplexidade ao próprio jurista, impossibilitado de definir, com precisão, o "estado atual da lei", ou a amplitude de sua aplicação, diante de fatos novos ou de fórmulas de negócios e operações não usuais.[3] A criatividade dos agentes econômicos sempre está a pôr em práticas fórmulas e arranjos negociais que podem ser interpretados como sujeitos às leis antimonopólio. Atos considerados legítimos em um momento podem ser ilegais em outro, em virtude do desenvolvimento da sociedade, a lhes modificar os efeitos, ou a sua caracterização.

Objetivos da política de defesa da concorrência

O objetivo primordial da legislação antitruste e de sua interpretação dinâmica pelas autoridades e tribunais norte-americanos é o de preservar o sistema competitivo em sua pureza, com a proscrição permanente de práticas desleais de concorrência, o monopólio, os cartéis, as associações e os acordos

[2] Earl A. Snyder, "Foreign investment and trade: estraterritorial impact of United States Antitrust Law" in *The Virginia Joumal of Intemational Law*, vol. 6, p. 3.

[3] George Winthrop Haight, "Intemational Law and extraterritorial application of the Antitrust Law", in *Tbe Yale Law Joumal*, vol. 63, p. 639.

que resultem, em última análise, na diminuição ou no enfraquecimento das forças vivas da concorrência e da livre competição, premissa básica do sistema econômico norte-americano.

Por causa desse caráter, é que essas leis são encaradas como expressão genuína do sistema daquele país, sendo descritas oficialmente como "*um instrumento americano para assegurar a economia competitiva, na qual repousa em parte a liberdade política e social, sob governo representativo*".[4] Possuem, assim, conotação regional, umbilicalmente ligadas ao sistema econômico que visam a preservar, ao lado dos demais valores a eles atinentes.

Não obstante objetive proteger esses valores dentro do território dos Estados Unidos e no âmbito territorial da aplicabilidade das leis, a legislação antitruste passou a ter efeitos extraterritoriais, ao alcançar acordos, cartéis e associações concertados fora dos Estados Unidos, envolvendo empresas norte-americanas e estrangeiras em áreas jurisdicionais independentes, ou seja, no território de outros Estados. Ao persistir no propósito de submeter à política nacional antimonopólio os eventos que transcendem os limites da jurisdição territorial dos Estados Unidos, estão as autoridades desse país invadindo competências alheias, dando nascimento a conflitos com outros países. E, para justificar essa jurisdição extraterritorial, nem sempre os Estados Unidos apresentaram explicações convincentes, capazes de sensibilizar os demais Estados, por estarem fundados em padrões locais e não internacionais.[5]

Reflexos da expansão dos investimentos no exterior

Na verdade, embora tradicionalmente apegados ao princípio da jurisdição territorial,[6] consequência possível de seu isolamento geográfico, afastado da Europa, os EUA passaram a aplicar suas leis antimonopólio a eventos ocorridos

[4] Relatório do "The Attorney General's National Committee to Study Antitrust Laws", 1955 in U. S. Government Priting Office, p. 1 – Apud Jennings "Extraterritorial Jurisdiction and the US Antitrust Law" in The British Yearbook of International Law, 1957.

[5] Richard A. Falk, "Internacional jurisdiction: horizontal and vertical conceptions of Legal Order" in 32 Temple Law Quarterly, p. 295, 1959.

[6] Já em 1812 o Juiz Marshall da Suprema Corte dos EUA, um dos Pais Fundadores (*Founding Fathers)* da Independência, deixara expresso, em passagem muito citada da decisão do caso *The Scboones Exchange vs. Faddon* que "a jurisdição do país em seu próprio território é

no exterior, envolvendo participantes sediados em outros países, mas cujos efeitos, diretos ou indiretos, ocorressem dentro de seu território. Com a expansão dos investimentos internacionais das empresas norte-americanas, sob incentivo inicial do próprio governo, enfrentaram as autoridades daquele país a questão de práticas e acordos feitos no exterior por empresas locais ou com a sua participação. Ao fazê-lo, não titubearam em submeter ao império da lei do seu país àqueles eventos, sob o argumento de possuírem caráter saneador contra distorções do sistema da livre concorrência. A justificativa inicial fundava-se na legitimidade da extensão do princípio da jurisdição extraterritorial, para submeter às leis do país atos praticados no exterior por seus nacionais, ou com a sua participação. Quando não presente essa premissa, o fundamento da extensão passou a recair no efeito territorial, no impacto sofrido dentro do Estado, pelos eventos ocorridos no exterior.

Esse entendimento foi posto em relevo, pela primeira vez na jurisprudência americana, na decisão do caso ALCOA, na qual se sustenta que: *"... é lei reconhecida ... que todo Estado pode impor responsabilidade, mesmo sobre não súditos, por conduta fora de suas fronteiras, que tenha consequências dentro delas, as quais o Estado proíbe e estas responsabilidades outros Estados as reconhecerão normalmente"*.

Essa conclusão representa sensível alteração dos rumos da jurisprudência norte-americana de respeito à jurisdição territorial alheia, firmemente estabelecida na decisão do caso *American Banana vs. United Fruit*, em 1909, da Suprema Corte, em que firmou doutrina de observância à jurisdição territorial de outros países.

A decisão do caso ALCOA – e a tendência que com ela se fortaleceu de ampliação da jurisdição local para aplicar leis antimonopólio a fatos ocorridos no exterior, com ou sem a participação de empresas norte-americanas – deu origem a conflitos, com vivos protestos dos países afetados por essa prática. Na realidade, a política antimonopólio, quando adotada nos Estados Unidos, no século XIX, não representava padrões de valores universais de acatamento geral. A diversidade nesse particular era flagrante, existindo Estados que até mesmo incentivam monopólios, com ou sem a participação oficial, como estratégia de defesa contra investidas de empresas estrangeiras em áreas sensíveis,

necessariamente exclusiva e absoluta e não é suscetível de qualquer limitação não imposta por ele próprio" Apud Herbert Briggs, p. 413, *The Law of the Nations*, Appleton Century, 2ª ed., 1952.

ou para propiciar desenvolvimento econômico em setores produtivos carentes de capital privado.

A falta de consenso sobre o tema, contudo, começou a ser mitigado com a então tímida referência no Tratado de Roma, de 1950, que instituiu a Comunidade Econômica Europeia em apenas dois artigos sobre tema.[7] Outros Estados, igualmente, começaram a adotar normas sobre atividades anticoncorrenciais, em função do desenvolvimento do comércio e dos investimentos internacionais, sobretudo com a participação de empresas norte-americanas, preocupadas em observar as leis daquele país, para não incorrerem nas sanções nelas previstas.

O receio de incorrerem em delitos previstos nas leis de seu país levava as empresas a tomarem a cautela de impor condições contratuais ou de participar de associações ou de contratos que não incidissem em proibições daquelas leis. Não havia interferência pública do país, mas a observância de suas leis por empresas nacionais, temerosas de sofrerem sanções, mesmo em atos praticados fora do território nacional.

Como grande parte dos investimentos e negócios internacionais contava com a participação de empresas norte-americanas, o efeito produzido pela aplicação das leis antimonopólio nem sempre decorria de invasão de jurisdição alheia, mas da observância das leis locais por essas empresas, ou por outras com sede ou negócios naquele país. De certa forma, pode-se dizer que o acatamento geral da política antimonopólio que se registrou ao final do século XX deve-se, em grande parte, à atuação das empresas norte-americanas em investimentos no exterior e ao temor de sofrerem os efeitos no território norte-americano de práticas antimonopolistas.

[7] Artigo 85° São incompatíveis com mercado comum proibidos todos os acordos entre empresas todas as decisões de associações de empresas todas as práticas concertadas que sejam susceptíveis de afectar comércio entre os Estados-membros que tenham por objetivo ou efeito impedir restringir ou falsear concorrência no mercado comum designadamente as que consistam em: *omissis*. Artigo 86° É incompatível com mercado comum proibido na medida em que tal seja susceptível de afectar comércio entre os Estados membros facto de uma ou mais empresas explorarem de forma abusiva uma posição dominante no mercado comum ou numa parte substancial deste.

Princípios que governam a jurisdição territorial dos Estados

Constitui princípio assente em Direito Internacional que cada Estado tem jurisdição para editar leis e as aplicar em seu território. A territorialidade das leis, por isso, é acolhida pela generalidade dos Estados e decorre do antigo conceito de soberania. O artigo 2, 1 da Carta da ONU consagra o princípio ao dizer ser ela "*baseada no princípio da igualdade soberana de todos os seus membros.*"

Da mesma forma, o princípio da territorialidade da jurisdição estatal foi consagrado no art. 7.7, da Carta da ONU, segundo o qual nenhum dos seus dispositivos *autorizará as Nações Unidas a intervirem em assuntos que dependam essencialmente de jurisdição de qualquer Estado ou obrigará os membros a submeterem tais assuntos a uma solução...*" Considerando que a quase totalidade dos Estados aderiu àquela Carta e participa da organização, pode-se concluir ser princípio geral de Direito Internacional geral a territorialidade da jurisdição estatal.

O exercício dessa jurisdição leva a considerar sua amplitude para abranger fatos e atos estranhos a ela, mas que podem com ela interferir de forma direta ou indireta. A jurisdição se traduz no poder de dizer o direito. O seu exercício é limitado pelo conceito de competência em seus diversos aspectos, para abranger o local em que se aplica, as pessoas e as relações jurídicas em geral.

A competência territorial dos Estados

A ordem jurídica internacional caracteriza-se por ser essencialmente descentralizada, detendo cada Estado competência para legislar e aplicar normas de direito dentro de seu território, ao mesmo tempo em que participa ativamente na elaboração das normas de direito internacional. Sendo uma ordem preponderantemente horizontal, no sentido de que cada Estado detém igual autoridade no estabelecimento de normas jurídicas, a distribuição de competência passa a ser essencial para a manutenção da ordem internacional. A delimitação da jurisdição – poder-se-ia dizer a organização da jurisdição – é que constitui a competência legislativa ou judiciária de cada Estado na esfera internacional. Como todos os Estados podem definir livremente sua competência internacional, é necessário delimitá-la pela competência e organizá-la de forma a permitir o convívio internacional pacífico. É o que observa

AMILCAR DE CASTRO: *"não há uniformidade de competência legal mantida pelos direitos estatais e todos estão de acordo em que cada nação pode definir livremente sua competência"*. Acrescenta, e isso ocorre porque *"quanto à origem, o poder jurisdicional é invariavelmente autóctone; e cada governo, por competência legislativa também, autóctone, trata com inteira independência de dizer em suas leis quais são as causas que devem, ou não, ser julgadas na esfera de sua jurisdição"*[8]

O primeiro postulado dessa organização da competência consiste no respeito a princípios básicos e necessários à sua distribuição entre os Estados. A jurisdição territorial constitui a premissa básica dessa distribuição. De acordo com esse princípio, os Estados são competentes – e com exclusividade – para legislar, aplicar e executar suas normas legais, dentro de seus territórios. Se a competência para legislar na ordem internacional é concorrente entre todos os Estados, na ordem interna é universalmente aceito que o Estado detém exclusividade de jurisdição em seu território. Qualquer invasão dentro dessa área por outro país só é admitida por expresso consentimento do Estado territorial ou pelo acatamento de norma internacional reconhecida por esse mesmo Estado. Em atenção a esse fato é que foi inscrita, no art. 2º da Carta das Nações Unidas, a ressalva de que as suas disposições não interferem em matérias que estejam no âmbito da "jurisdição doméstica dos Estados". Num mundo em que as relações internacionais tornam as fronteiras permeáveis, o que se entender por "jurisdição doméstica" depende sempre do desenvolvimento das relações e do direito internacional.

Respeito à jurisdição alheia

Há consenso, por outro lado, de que um Estado não pode, salvo se expressamente permitido, exercer o seu poder e autoridade dentro do território de outro, o que é consequência natural da exclusividade da competência territorial. A esse propósito, ressalta ALF ROSS: *"É um fato histórico o de que os Estados são separados um do outro e delimitados territorialmente ... Os Estados são primariamente uma organização de poder. Cada um pretende, dentro de certo território separado*

[8] AMILCAR DE CASTRO, no seu *Direito Internacional Privado*, vol. II, p. 223, Forense, Rio, 2ª ed., 1968).

dos demais, o supremo poder em relação aos seus súditos (uma comunidade de governo próprio). O mais simples princípio, matéria de quase um curso, para a individualização e separação desses instrumentos de poder competitivos, é o espacial ou territorial".[9]

Essa noção da supremacia territorial é inerente à organização territorial do Estado e está intimamente ligada aos mesmos fatores que condicionaram o nascimento do Estado, como organização política independente. Advém da afirmação do poder do Estado, acatada pelos demais e que se traduz na determinação de sua própria competência. A ordem internacional, denominada impropriamente de primitiva por KELSEN, está estruturada no sentido horizontal, e a coordenação das competências dos sujeitos de direito internacional é sua tônica característica.

Coordenação de competências

Nessa coordenação de competências, é princípio assente e universalmente consagrado que cada Estado exerce em seu próprio território jurisdição absoluta e exclusiva, aplicando seu direito a todos os eventos ocorridos dentro dele, envolvendo nacionais ou estrangeiros.[10] Assentada essa norma de direito internacional clássico, outros princípios devem ser considerados para abrigar situações em que a competência territorial não é suficiente para solucionar as questões postas na prática.

Em verdade, no mundo contemporâneo, a estrita compartimentalização das competências territoriais toma-a de difícil realização prática, dada a multiplicidade de eventos que transcendem as fronteiras dos Estados. Não é nova a ilustração do indivíduo que dispara seu revólver e atinge uma pessoa do outro lado da fronteira, portanto, em outro país. Aqui a simplicidade do exemplo mostra a complexidade da matéria e a questão posta é a de qual Estado é competente para punir em tal situação: o Estado da vítima, onde o fato produziu efeitos danosos, ou o do agressor, onde a ação se iniciou.

[9] ALF ROSS, *Text Book of lnternational Law*, pp. 137-138, 1947

[10] John Basset Moore, "Territorial Jurisdíction" – Voto dissidente no julgamento do caso Lotus – BR65. *The Law of the Nation*, p. 299 (CPTI) – Série A, n. 10, 1927, pp. 68-69 e 88, Appleton Century Crofts lnc., New York, 2ª edição.

Essa questão, de certa forma simples, cresce de dificuldade na medida em que elementos ou eventos transnacionais entram em jogo. E é justamente para fazer face a tais situações que o princípio da competência territorial começa a ser posto em xeque para admitir efeitos extraterritoriais de normas nacionais, vale dizer, da jurisdição nacional.

A competência extraterritorial dos Estados – princípios que a governam

Os efeitos extraterritoriais da jurisdição do Estado decorrem sempre de um vínculo fático do evento com o território e se justifica sempre em razão desse vínculo, seja ele a nacionalidade dos agentes, seja o objeto de determinado negócio ou relação jurídica, seja, ainda, de fatores que direta ou indiretamente afetem o Estado, em seus domínios territoriais. Essa aplicação extraterritorial de normas nacionais foi reconhecida no direito internacional, de modo claro, na decisão do caso Lotus, pela Corte Permanente de Justiça Internacional, que acolheu como legítima a ampliação da jurisdição territorial, desde que circunscrita às regras do direito internacional.

Em verdade, enfatizou a Corte, "*tudo o que pode ser exigido de um Estado é que não ultrapasse os limites que o direito internacional impõe a sua jurisdição; dentro desses limites, seu título para exercer jurisdição repousa em sua soberania*".[11] Importa, assim, verificar os limites que o direito internacional impõe à jurisdição dos Estados e quais os princípios norteadores da extensão dessa jurisdição.

Sendo a competência dos Estados questão diretamente ligada à organização internacional e à estrutura da ordem internacional, os princípios que informam a jurisdição extraterritorial não derivam do arbítrio de cada Estado, mas da prática comum, ou melhor, do costume internacional e dos princípios gerais de Direito acolhidos pela generalidade dos Estados. Por essa razão exercem eles a autocontenção de poderes e não se permitem ilimitada discrição no assunto. Ao contrário, procuram pautar-se pelos princípios observados pelos demais países, que derivam de preocupações comuns para impor tolerância recíproca na ampliação extraterritorial da jurisdição.

[11] CPJI – Caso S. S. Lotus – série A, n. 10, p. 19, 1927.

Alguns desses princípios são aceitos quase que universalmente, como o da jurisdição sobre nacionais (nacionalidade), o da universalidade e o da territorialidade objetiva, ou ainda o da segurança do Estado. Outros, como o da personalidade passiva, já não gozam de tanto prestígio, prestando-se a controvérsias. Esses princípios acham-se consagrados no direito interno dos Estados, com maior ou menor uniformidade, consoante conclusões da pesquisa realizada pela Harvard Law School em 1935.[12] Cada princípio tem sua própria órbita de aplicação, girando em torno de diferentes matérias.

Nacionalidade

O princípio da nacionalidade permite aos Estados exercer jurisdição sobre seus nacionais no exterior, regulando-lhes as atividades, porém, de forma não conflitante com a competência de outros Estado. Hildebrando Accioly distingue o *jus avocandi,* que faculta aos Estados chamar seus nacionais para cumprir determinados encargos impostos pelo Poder Público, do *jus puniendi* que lhes permite punir delitos cometidos por seus nacionais no exterior, quando retornarem.[13] Quanto a este último, a pesquisa de Harvard revelou uniformidade entre os Estados no tratamento da questão, tendo sido proposto, no Projeto de Convenção preparado com base nos seus resultados, o seguinte preceito:

> Art. 5° – Jurisdição sobre nacionais: um Estado tem jurisdição sobre qualquer crime cometido fora de seu território: a) por pessoa natural que era nacional daquele Estado quando o crime foi cometido ou que é nacional do mesmo Estado quando denunciado ou punido; ou b) por uma empresa ou outra pessoa jurídica que tinha nacionalidade do Estado quando o crime foi cometido".

Disso resulta que, não obstante cometido o ato tido como delituoso em território sujeito à jurisdição alheia, o Estado possui competência para processar

[12] "Research in Intemational Law under the auspices of the Harvard Law School, jurisdiction with respect of crime", *American Journal of International Law, 29,* 1935, *29* Suplemento.
[13] Hildebrando Accioly, *Manual de Direito Internacional Público,* p. 79, 10ª ed., 1972, Saraiva

e punir o seu próprio nacional autor do ato. Condição fundamental é a de que o indivíduo entre no território de seu Estado, porquanto o princípio da territorialidade prefere ao outro, não sendo admissível a aplicação e execução das leis dentro do território alheio[14]. No Direito brasileiro, princípio é consagrado no art. 5°, II, "b" do Código Penal, que sujeita à lei brasileira o crime cometido por brasileiro no exterior, condicionando a sua aplicabilidade à entrada do agente no território brasileiro e ser o fato punível também no país em que foi praticado (2°, "b").

O problema que, desde logo, pode surgir é o da nacionalidade da pessoa jurídica, tendo em vista os diversos critérios formais adotados pelos Estados. Não obstante, a pessoa jurídica possa ter a nacionalidade formal de um país, seja por nele terem sido arquivados os seus atos constitutivos, ou nele ter a sede de sua administração, pode ela ser desconsiderada para aferição das suas vinculações reais para lhe determinar a nacionalidade, com base nas ligações efetivas de seus controladores.[15] Assim, não obstante a pessoa jurídica tenha a nacionalidade formal de um Estado, podem os seus dirigentes, ou os detentores de seu controle, ficar sujeitos à legislação antitruste de outro país, com aplicação extraterritorial da lei nacional, quando alcança atos praticados por nacionais no exterior, mesmo que ao abrigo de leis locais.[16] Essa prática faz aflorar um conflito de competência e de qualificações entre os Estados, pois interfere com pessoas jurídicas de outras nacionalidades que estão adstritas a seguir os parâmetros das leis nacionais a que estão sujeitas.[17]

[14] Há casos de abdução por policiais norte-americanos, fora de suas funções oficiais, em país sul americano e na África do Sul, sem, contudo, a participação de autoridades. Em ambos os casos não houve autorização dos países para esses atos.

[15] José Carlos de Magalhães, "Nacionalidade da pessoa jurídica e a empresa multinacional", in *Direito Econômico Internacional* Juruá, Curitiba, 2017, p.267-294

[16] William Dwight Whitney, "Sources of conflit between international law and the Antitrust Law" in *Yale Law Joumal*, n. 63 p. 655 a 666.

[17] Na verdade, houve evolução na jurisprudência norte-americana de não considerar passível de punição os responsáveis por atos praticados no exterior em cumprimento a determinações oficiais. US vs. Supplied Chemical Industries Ltd. (105 F. Supp., 215 a 242).

Segurança nacional

De acordo com o princípio da segurança nacional, é lícito ao Estado agir em defesa de sua independência política, integridade territorial, segurança interna ou extrema, contra quaisquer pessoas, nacionais ou estrangeiros, ainda que os atos tenham sido praticados no exterior e lá concebidos. A jurisdição do Estado afetado se estende extraterritorialmente para alcançar tais atos, salvo se praticados no exercício regular de um direito reconhecido no Estado territorial.[18] Essa jurisdição se aplica também quando a moeda, crédito, símbolos públicos, selos, enfim, documentos e papéis que envolvem a credibilidade do Estado, forem objeto de falsificação ou contrafação em território estrangeiro. O art. 7° do Código Penal brasileiro sanciona a regra, ao impor sua aplicação, embora cometidos no exterior, a crimes contra o patrimônio ou a fé pública da União, Estados e Municípios, de empresa pública, sociedade de economia mista, autarquia ou fundação instituída pelo Poder Público, bem como a administração pública.

Na verdade, envolvida a segurança nacional, por qualquer forma ou meio, pode surgir até mesmo a responsabilidade internacional do Estado onde os atos são praticados, caso não atue para impedi-los ou punir seus autores. Essa ação do Estado estrangeiro é necessária até para evitar seja caracterizado como conivente com os autores dos atos delituosos.

É princípio assente que nenhum Estado está autorizado a praticar atos de governo no território de outro Estado. Corolário desse princípio é o controle, pelo Estado, da ordem interna e internacional em seu território, evitando a prática de atos atentatórios à segurança de terceiros. Se houver conivência das autoridades ou impossibilidade de exercer esse controle, o Estado afetado poderia sentir-se autorizado até mesmo a substituir-se à autoridade do Estado territorial, para pôr termo às atividades contra ele dirigidas. Esse tema, contudo, não está isento de debates, mormente nos casos em que movimentos de guerrilhas baseados no exterior adquirem força contra o próprio Estado territorial onde se encontram.[19] A prudência aconselha que, nesse caso,

[18] Art. 7 do Projeto de Convenção de Harvard

[19] O tema é tratado, sob diferentes enfoques cm Jimenes de Arechaga, "International Responsability" in *Manual of Public International Law*, editado por Sorensen, 1968, a p. 533; Derek Bowet, "Reprisais Involving Recourse to Armed Force", in *American Journal of International*

a questão seja previamente submetida à ONU, cujo Conselho de Segurança tem atribuições para tomar ações contra Estados que atentem contra a paz e segurança internacionais. Com isso evita-se atos arbitrários e abusivos, sob justificativas nem sempre procedentes.

Universalidade do delito

O fundamento desse princípio é a colaboração recíproca dos Estados em reprimir crimes e atos atentatórios aos fundamentos éticos da própria humanidade. O crime, onde quer que seja cometido, desde que o ato assim qualificado tenha a mesma consideração em todos os demais Estados, justifica a ampliação da competência para alcançá-lo, ainda quando praticado em locais não sujeitos à autoridade de qualquer Estado. A pirataria, o tráfico de mulheres, de crianças, de drogas, o terrorismo e o genocídio, constituem crimes tipificados como atos contra a humanidade e, assim, sujeitos à jurisdição de todos os Estados. Outros menos antigos, como o de lavagem de dinheiro obtido por meios ilícitos, começam a adquirir contornos de crimes universais, a serem combatidos por todos os países.

O Brasil regula o tema no art. 7° do Código Penal, estabelecendo sua competência para punir crime de genocídio, ainda que praticado no exterior, se o agente for brasileiro ou domiciliado no país, compreendendo o conceito de nacionalidade e o da territorialidade.

O que justifica a extraterritorialidade da jurisdição do Estado é a definição do ato como criminoso não apenas no Estado que pretende submetê-lo à sua autoridade, como também no local onde foi praticado. As nuanças de diferenças de gradação das penas são resolvidas por meio de limitações impostas pelos próprios Estados interessados. O Brasil, por exemplo, apenas concede extradição de estrangeiros se os atos pelos quais estes foram ou estão sendo processados no exterior são também definidos como crime no Brasil, condicionando, entretanto, a entrega do extraditando ao compromisso formal

Law (AJIL), vol. 66, p. 26; Henry Meyrowitz, "Guerrilla et le Droit de Guerre", in *Revue Belge de Droit International*, p. 56; H. Lauterpacht, "Revolutionary Activities by Private Persons Against Foreign States", in *American Journal of International Law*, vol. 22, p. 105.

do Estado requerente de que a pena a ser imposta não ultrapasse ao limite máximo previsto para o mesmo ato na legislação brasileira.[20] Dificilmente, no entanto, esse requisito pode ser fiscalizado, após o extraditando ser conduzido ao país requerente. Geralmente, concluído o ato de extradição, há desinteresse do país na verificação do cumprimento da condição. O que não exclui empenho do próprio agente ou de seus familiares em provocar a ação de autoridades brasileiras para fazer valer o compromisso.

Personalidade passiva

Alguns Estados ampliam sua competência para fora dos limites territoriais para alcançar eventos ocorridos em outras paragens, nos quais estejam envolvidos, como participantes passivos, nacionais do Estado. Vale dizer, se o evento resulta em lesão criminosa ao seu nacional, o Estado está autorizado a submeter à sua jurisdição os autores, responsáveis pelo resultado danoso. Essa pretensão, contudo, não é de aceitação pacífica entre os Estados, havendo dentre eles, como os que adotam a *common law* como sistema jurídico, que não a reconhecem como justificativa legítima para a ampliação da competência. A jurisprudência internacional, por sua vez, já examinou a questão na decisão do caso *Lotus*, em que a pretensão turca de submeter a julgamento os responsáveis pelos eventos que resultaram em ferimentos e morte de tripulantes turcos, na colisão de barco turco com navio francês, se fundou, parcialmente, no fato de serem turcas as vítimas, o que justificaria a competência da Turquia em processar e julgar os franceses responsáveis. Os fatos desse caso são relatados mais adiante.

O Brasil adota esse critério no § 3° do art. 7º do Código Penal, ao estabelecer aplicar-se a lei brasileira ao crime cometido por estrangeiro contra brasileiro fora do Brasil, se, reunidas as condições previstas na lei brasileira (§2º do art. 7º).

Foi com base nesse princípio que a Espanha requereu ao Reino Unido, em 1998, a extradição do general Augusto Pinochet por crimes por ele cometidos no Chile, como seu presidente, contra espanhóis lá residentes. O pedido foi

[20] Lei 6.815, de 19.08.1980

deferido pelo tribunal inglês, embora o estado de saúde do general, de idade avançada, tenha sido invocado como justificativa para o isentar. O precedente, contudo, é relevante, pois se reconheceu não gozar de imunidade ex-chefe de estado por crime cometido durante seu mandato.

Territorialidade subjetiva e objetiva

Os princípios até aqui enumerados tratam especialmente de eventos ocorridos no exterior, para os quais o Estado estende sua autoridade, além de suas fronteiras, para trazê-los à sua órbita de competência. São, assim, exceções ao princípio da territorialidade da jurisdição, abrandado em face da relevância do fato a justificar a extraterritorialidade. É o que ocorre quando há violação de princípios e valores pelo ato do agente que afetem de segurança do Estado ou configurem atos ou fatos universalmente definidos como contrários ao Direito.

Nesse caso, a territorialidade estrita da competência é substituída por outro critério. No princípio da territorialidade subjetiva os Estados alargam o conceito de território para considerar produzido dentro dele o evento ocorrido parcialmente no exterior, para, assim, submetê-lo à sua competência territorial. O princípio da territorialidade objetiva, em contrapartida, estabelece relação de causa e efeito ao fato ocorrido parcialmente no exterior e parcialmente dentro do Estado, o que confere aos Estados envolvidos, em igualdade de condições, competência para submetê-lo a suas leis, bem assim, seus participantes.

A justificativa, nesse caso, é a ocorrência parcial do fato no território e, por via de consequência, a causar impacto social local. O Estado mais afetado tem maior interesse em submetê-la à sua competência territorial. E é a maior ou menor intensidade do impacto no território que serve de elemento definidor das competências.

De acordo com o critério subjetivista, o Estado possui competência judiciária sobre participantes de eventos iniciados no Estado, mas consumados no exterior, desde que estes adentrem o seu território. No Brasil, o Supremo Tribunal Federal, em decisão frequentemente citada na doutrina, deixou assente a jurisdição penal brasileira para processar os responsáveis pela explosão de um navio inglês, *The Tennyson*, ocorrida em alto mar, ao terem colocado explosivo em navios, em portos brasileiros.[21] A origem do ato criminoso deu-se no país, a justificar a jurisdição para alcançar os seus responsáveis.

O critério objetivista tem outro viés. Permite ao Estado afirmar sua competência sobre eventos iniciados fora, mas consumados dentro do seu território. O Juiz John Basset Moore, em passagem sempre repetida e que se tornou clássica, ao comentar a decisão do não menos conhecido caso *Cutting*, abaixo relatado, expressou esse critério nos seguintes termos: "*O princípio segundo o qual um homem que, intencionalmente, põe em movimento, fora do território de um país, uma força destinada a produzir efeitos dentro dele, é responsável no lugar onde o mal é produzido, é reconhecido na jurisprudência criminal de todas as nações*".[22]

A decisão do caso *Cutting* constitui desenvolvimento do princípio da territorialidade objetiva, com consequências na sua evolução para a teoria dos efeitos, a justificar a doutrina e jurisprudência norte-americana para aplicar leis antimonopólio com efeitos extraterritoriais, atualmente aceita, em grande parte do mundo e mesmo no Brasil. Os fatos desse caso podem ser assim resumidos: *Cutting*, um cidadão norte-americano residente no México, publicou um artigo injurioso contra o mexicano, Emigdio Medina, em jornal de circulação local. Levado o caso a juízo, *Cutting* comprometeu-se a publicar retratação no mesmo jornal, o que cumpriu apenas em parte, ao estampar sua manifestação em tipos minúsculos e com erros de redação que tomaram quase ininteligível o texto. No mesmo dia publicou na cidade de El Paso, no Texas, no *Jornal Sunday Herald* outro artigo, no qual ratificou as injúrias e calúnias assacadas contra o mexicano, que retornou a juízo e processou Cutting por calúnia e difamação.

O fundamento foi o de que, não obstante publicado no território norte-americano, o jornal entrou no México, onde teve larga circulação. Ao decidir a questão, o Juiz mexicano, dentre os fundamentos que o levaram a condenar *Cutting* e a afirmar a competência do México para conhecer do fato, foi o de ter jornal circulado no território mexicano, onde residia Medina, que sofreu os efeitos da publicação caluniosa. Deu, com isso, aplicação ao princípio da territorialidade objetiva, pois, embora o fato fora praticado no exterior,

21 HERBERT BRIGGS, *The Law of Nations*, Appleton Century-Crofts, Nova Iorque, 2ª Edição, 1966, p. 576

22 John Basset Moore, "Report in territorial crime and the Cutting Case", 1827, p. 23 in BRIGGS, p. 571-575

em território norte-americano, seus efeitos principais ocorreram no México. Diz a sentença, em certo trecho: "*Que, mesmo supondo, sem que se aceite o fato, que a ofensa penal de difamação foi cometida no território do Texas, a circunstância de ter o jornal, El Paso Sunday Herald, circulado nesta cidade, fato do qual Medina queixou-se e que foi o fundamento da ordem de apreensão dos exemplares que puderam ser encontrados no escritório de Cutting, nesta mesma cidade, constituiu a consumação do crime, em conformidade com o art. 644, do Código Penal*".[23]

Assim, o fundamento para afirmar a competência mexicana sobre o evento ocorrido no exterior, praticado por estrangeiro, sob as leis de outro país, não foi a extensão da competência territorial, mas a competência territorial. O Juiz considerou o crime cometido ou consumado em território mexicano, pelo fato de lá ter circulado o jornal com o artigo considerado calunioso. Essa territorialidade objetiva – não aceita inicialmente pelos Estados Unidos, que, a propósito, vigorosamente se opuseram à sentença, por meios diplomáticos – encontrou na jurisprudência internacional o seu suporte, com a decisão do caso Lotus, pela Corte Permanente de Justiça Internacional.

Este caso, um dos clássicos do Direito Internacional, advém de uma colisão em alto mar, entre um navio francês, Lotus, e um navio turco, Boz Kourt, que afundou, com a morte de oito de seus tripulantes. Graças ao socorro do navio francês, foram os sobreviventes levados à Constantinopla, onde as autoridades turcas prenderam o oficial de serviço francês, Demons, e o processaram por negligência, considerada como causa do acidente. Com o protesto da França, que alegava sua competência, por serem as vítimas cidadãos franceses, o caso foi levado à Corte Permanente de Justiça Internacional.

Após tecer considerações sobre a jurisdição territorial – cerne da divergência no caso – a Corte afirmou, como uma das razões que a levaram à justificar a competência da Turquia, que: "*uma vez que é admitido que os efeitos da ofensa se produziram no navio turco, torna-se impossível sustentar que existe uma regra de direito internacional que proíbe a Turquia de processar o Tenente Demons pelo fato de que o autor da ofensa estava a bordo de navio francês*".[24]

O efeito do ato, tendo-se produzido em território assimilado à Turquia – navio de sua nacionalidade – justificou sua competência territorial, sob o

[23] BRIGGS, "The Cutting Case", p. 574.

[24] Repertório da Corte Permanente de Justiça Internacional, Série A, n. 10.

critério objetivista. A pedra-de-toque desse princípio são os efeitos diretos do evento dentro do território do Estado que, por isso mesmo, fica em posição legítima para conduzir a questão, dentro de sua esfera de competência territorial. É necessário, entretanto, que parte material do evento se tenha realizado efetivamente dentro do país.

De acordo com o princípio subjetivo, o início, a preparação e a articulação para o ato danoso fundamenta a competência. Pelo princípio objetivo, é o local da consumação que define a jurisdição do país afetado. Em ambos os casos, há competência territorial, pois se trata de ato a envolver duas jurisdições, uma em que se prepara, outra em que se consuma.

Impacto ou do efeito territorial

A partir dos princípios que defluem da competência territorial objetiva, desenvolveu-se, na jurisprudência e doutrina norte-americanas, a teoria conhecida como "impacto territorial" ou teoria dos efeitos, segundo a qual, o Estado possui competência para legislar e conhecer de eventos ocorridos, ainda que integralmente no exterior, envolvendo participantes também não nacionais, desde que venham a produzir impacto e a ter efeitos dentro do território do Estado. O ponto central dessa doutrina é o de que, embora, o fato ocorra integralmente no exterior, em área internacional ou dentro de outro Estado, os seus efeitos no interior de seu território atraem a competência territorial legislativa e judiciária. Nesse caso, não se trata de ato ou fato fisicamente ocorrido no território, mas tão somente os seus efeitos.

A construção desse princípio decorreu de decisões judiciais sobre fatos ocorridos em um Estado norte-americano, cujos efeitos se verificaram em outro. Dentre os casos relatados consta o da falsificação de selos do Estado da Califórnia feita em Nova Iorque. No local em que o fato se verificou não era delito, pois não infringia lei, nem se destinava a prejudicar qualquer pessoa lá residente. Ao serem processados na Califórnia, os autores se valiam da licitude do ato no local em que ocorreu. Todavia, prevaleceu o entendimento de que os agentes não eram denunciados pelos atos praticados no outro Estado, mas na Califórnia, onde os efeitos produziram.

Assim, embora praticados fisicamente no exterior, os agentes são considerados presentes no local onde os efeitos do ato se produzem. Não há, por isso, jurisdição extraterritorial, mas sim o exercício normal da competência no próprio território, onde o resultado danoso se verificou. Os autores consideram-se presentes pelos efeitos de seus atos e, assim, responsáveis, não pelo que fizeram em outro local, ou no exterior, sob outras leis e jurisdições, mas pelos seus resultados no território do Estado, local da consumação desses atos. Em algumas decisões sobre conflitos de leis entre Estados membros da União norte-americana, esse fundamento aparece vigoroso, para justificar a competência de um Estado para julgar sobre evento praticado em outro, como ocorreu no caso *People vs. Adams*, em que se diz: "O réu pode não ter violado a lei de Ohio pelo que ele fez lá, mas com isto não temos nenhuma preocupação ... Ele foi pronunciado pelo que fez aqui e por si próprio. É verdade que o réu não estava pessoalmente dentro do Estado, mas ele estava em propósito e intento e agiu por seus agentes autorizados ... aqui o crime foi cometido, dentro deste Estado, e sobre o qual nossas Côrtes têm indubitavelmente jurisdição".[25]

Com base nessa teoria, as cortes judiciárias americanas justificaram a aplicação das leis antimonopólio e regulamentos sobre mercado de capitais, disciplinados pelo *Securities Exchange Commission*, a fatos ocorridos no exterior, com efeitos no país, com ou sem a participação de nacionais. Desde que afetem o comércio interno ou internacional dos Estados Unidos, em preços, na produção ou o mercado americano o país tem jurisdição territorial sobre eles.

Essa teoria, inicialmente contestada ao ser aplicada no âmbito internacional, acabou por ser aceita pela União Europeia e pelo Brasil, que a aplicam, fazendo terminar a controvérsia. Prevaleceu o interesse comum em regular atos e fatos que afetem o território do Estado.

[25] 1846 3 De. N. Y. (190).

Aplicação na política antimonopólio

Desenvolvimento

A aplicação da teoria do impacto ou efeito territorial na política antimonopólio, ainda que sob as vestes do exercício da competência territorial objetiva, traz como consequência a aplicação de leis nacionais em território alheio. A justificativa para aplicação da teoria da extraterritorialidade da jurisdição, em área tão controvertida, como a da política antimonopólio, são sempre os efeitos negativos no território do país afetado. Refletem-se nos preços, na restrição de importações ou nas exportações, na concorrência, enfim, na economia e, mais do que isso, nos princípios que governam o sistema político-econômico do país atingido. Por essa razão, constitui fundamento para o exercício da jurisdição sobre todo o ato aperfeiçoado no exterior.

Caso American Banana x United Fruit

A observância da territorialidade da jurisdição sempre foi o apanágio das relações internacionais, com o respeito à jurisdição interna de cada país. A atividade econômica, ao extravasar os limites territoriais dos Estados, impôs maior reflexão sobre os seus efeitos. Afetou, pela amplitude adquirida, a política antimonopólio adotada nos Estados Unidos, desde meados do século XIX. Naquele momento a noção clássica de respeito à territorialidade da jurisdição era observada com rigor.

Ilustra-o a orientação adotada na decisão do clássico caso *American Banana vs. United Fruit*, cujos fatos dão ideia da evolução da jurisprudência sobre o assunto. A empresa *American Banana*, de origem norte-americana, ingressou com ação contra *United Fruit Co.*, nos Estados Unidos, alegado ter sua concorrente elaborado e posto em execução plano para assegurar-se do monopólio da plantação de banana na América Central. Sob sua inspiração o governo da Costa Rica determinara a apreensão de plantações e equipamentos de cultura que *American Banana* possuía naquele país, retirando-lhe a ligação ferroviária com a costa e impedindo-a, assim, de continuar suas atividades.

Com a subsequente alienação compulsória das plantações a terceiros, motivada por atos governamentais, *United Fruit* consolidou seu monopólio do comércio do produto na região, especialmente de sua exportação para os Estados Unidos. A existência desse monopólio e a forma como foi conseguido importariam em violação do *Sherman Act* com reflexos dentro do país. A Suprema Corte dos Estados Unidos, ao decidir a questão, declarou que os fatos ocorridos na Costa Rica dependiam exclusivamente do governo local, não se justificando interferência externa. A Corte chegou a manifestar estranheza em ver-lhe submetido o conhecimento de fatos *"causadores de danos, praticados fora da jurisdição dos Estados Unidos e dentro da área de competência de outros Estados"*.

Essa decisão, a propósito, ofereceu fundamento para a teoria do ato de Estado (*act of state*), desenvolvido posteriormente no caso *Sabbatino*, em que se reconheceu a incompetência dos tribunais nacionais para apreciar atos de natureza política, ou atos de império de outros países.[26]

A importância da decisão sobre a controvérsia entre *American Banana* x *United Fruit* reside no fato de se tratar de questão envolvendo práticas monopolísticas, por empresa norte-americana fora do território dos Estados Unidos e ter a Suprema Corte se pautado pelo princípio da territorialidade da jurisdição, respeitando a do país em que ocorreu. Observou critério internacional vigente naquele momento da territorialidade da jurisdição doméstica.

O desenvolvimento das atividades empresariais no exterior foi novidade a produzir reflexos no território e a provocar controvérsias submetidas aos tribunais. Dentre elas se destaca os apreciados na decisão do caso *United States vs. American Tobacco Co.*, posteriormente, consagrada no caso *ALCOA vs. United States*. Foram precedentes que alteraram a jurisprudência norte-americana do início do século XX, de respeito a jurisdições alheias e corporificadas no caso *American Banana v. United Fruit*, acima relatado. Fatos novos justificariam novo tratamento.

26 François Rigaux, *Droit Public et Droit Privé dans les Relations Internationales*, Pedoné, Paris, 1977, p. 339.

Modificação da jurisprudência norte-americana: caso ALCOA

A nova orientação foi adotada na decisão do caso *ALCOA vs. United States*. A ação teve por objeto ajuste celebrado na Suíça, de cartel entre empresas não americanas, com a constituição de uma sociedade denominada *Alliance*. O objetivo do cartel era a limitação de produção de lingotes de alumínio fabricados pelos participantes do acordo, com a previsão de quotas proporcionais às ações que cada sócio havia subscrito. Em 1936, o acordo foi alterado e complementado, estabelecendo-se que o participante que desrespeitasse o limite de produção de sua quota deveria pagar regalias (*royalties*) à sociedade sobre o excesso produzido. Essas regalias deveriam ser distribuídas entre todos os membros de *Alliance*. Ajustou-se também que as exportações para os Estados Unidos deveriam ser incluídas nas quotas estabelecidas.

Esse acordo perdurou até 1938, quando se constatou que não mais servia aos interesses das partes. Não obstante, *Alliance* jamais foi dissolvida ou liquidada, continuando a ter personalidade jurídica, mesmo no período de após guerra. *ALCOA*, pessoa jurídica americana, com sede nos Estados Unidos, não era parte no cartel, nem sócia de *Alliance*, embora seus acionistas americanos tivessem participação majoritária na *Aluminium Ltd.*, empresa constituída no Canadá, onde tinha sede e partícipe do Acordo. O cartel – como forma privada de regular o mercado internacional de determinado produto[27] – contrariava as leis antitruste americanas, notadamente a Seção I do *Sherman Act*. Portanto, seria ilegal se realizado no território dos Estados Unidos.

O ajuste, contudo, fora firmado na Suíça, entre sociedades não americanas e de acordo com as leis locais. Tratava-se, portanto, de contrato de objeto lícito perante a legislação do país onde foi celebrado. Não obstante, o governo americano promoveu ação antitruste contra *ALCOA* e *Aluminium Ltd.*, que, embora canadense, possuía escritório nos Estados Unidos, tornando-a sujeita à jurisdição territorial americana, para efeitos processuais.

A Corte que processou a ação decidiu que a conduta fora do território americano poderia ficar sujeita às leis dos Estados Unidos, se se constatasse que tal conduta tivesse produzido efeitos dentro do país. Pelo acordo de 1936, as exportações de lingotes de alumínio para os Estados Unidos estavam sujeitas

[27] Henrich Kronstein, *The Law of International Cartels*, Cornell Univ. Press, 1973, p. 39

às limitações das quotas de produção, o que afetava o comércio internacional e a indústria americana. As objeções opostas por *Aluminium Ltda.* de que se tratava de acordo firmado na Europa, entre sociedades não americanas e com obediência às leis da Suíça, não sensibilizaram a Corte, que considerou a repercussão do acordo no território dos Estados Unidos como fundamento suficiente para o exercício da jurisdição americana para regular todas as relações decorrentes do cartel.

Reações

As reações contra a jurisdição extraterritorial pretendida logo se fizeram notar, não faltando quem a defendesse com entusiasmo, como o Prof. Myres McDougal, em pronunciamento na Associação de Direito Internacional (*International Law Association*) "*Quando a Suíça ou Canadá ou qualquer outro país emprega seu aparato governamental para proteger empresários, em atividades que prejudiquem o funcionamento sadio do processo comunitário dentro dos Estados Unidos, eles estão interferindo com os negócios internos e domésticos dos Estados Unidos, tanto quanto os Estados Unidos podem estar interferindo com os negócios de outros países, ao aplicar suas leis antitruste às atividades causadoras de danos. Acordos feitos por empresários privados na Suíça e no Canadá, ostensivamente protegidos pelas leis desses países, podem afetar ou determinar os preços que eu devo pagar, dentro dos Estados Unidos, pelo alumínio ou relógios. Num mundo interdependente, a interferência recíproca dos Estados no processo comunitário, inclusive nas questões econômicas, é inevitável. A questão é por que princípios e procedimentos tal interferência pode ser moderada e reciprocamente tolerada na manutenção e expansão da economia internacional.*[28]

O exercício da jurisdição em outro caso envolvendo relojoeiros suíços despertou forte reação da Suíça, que esclareceu, em sua intervenção no processo, que a lei local fora observada, até com incentivo governamental. Não obstante sediados naquele país, a ação norte-americana baseou-se, para efeitos processuais, em filial que representava os interesses das empresas suíças, localizado em Nova Iorque, que não possuía personalidade jurídica própria. No caso

[28] Relatório da 51º Conferência da Associação de Direito Internacional em Tóquio (1965) -Apud Steiner e Vagtz, *Transnational Legal Problems*, p. 928-929.

Alcoa, o vínculo processual encontrado foi o escritório e pessoal que exercia, em Nova Iorque, funções de direção da empresa canadense, *Alumium Ltd.* Ou seja, a competência territorial, para reprimir os efeitos nocivos da prática que violava a lei norte-americana, foi caracterizada pela presença física, no território dos Estados Unidos, de emanação das pessoas jurídicas estrangeiras.

Essa política gerou protestos veementes do Canadá e do Japão, como destacado por Yoshio Ohara, segundo quem o Ministro da Indústria e do Comércio Internacional do Japão considerava que a política dos Estados Unidos iria complementar medidas de represálias contra concorrência desleal, regulada pelo artigo 301 do *Omnibus Trade and Competitiveness Act,* 1988, transformando as leis antimonopólio em leis de comércio[29]. Ademais, criava problemas de direito internacional, interferindo com competência nacional de outros países. O mesmo entendimento foi manifestado pelo Reino Unido.

Reiteração de decisões

Outras decisões adotaram a mesma linha de raciocínio: a conduta fora do território do Estado, desde que cause efeitos internos, está sujeita à sua competência. O impacto ou os efeitos do fato no território justificaria o exercício da jurisdição do Estado. Essa doutrina reflete a pretensão de regular, por meio de leis nacionais, atos e fatos realizados no exterior. Põe em evidência a necessidade de reestruturação da ordem internacional, face a fenômenos novos que transcendem os limites territoriais de cada Estado. A competência territorial e os princípios que governam a competência extraterritorial do direito internacional clássico não se ajustam a essa nova problemática e exige enfoque diverso.

George Scelle já dizia que o poder judiciário de cada Estado exerce funções judicantes internacionais e constitui órgão da comunidade internacional descentralizada, competente para decidir questões de caráter internacional. Essa concepção tende a criar raízes, na medida em que a disciplina de eventos

[29] YOSHIO OHARA, "New US Policy on the Extraterritorial Application of Antitrust Law and Foreign Responses", in *Extraterritorial Jurisdiction in Theory and Practice,* Coordenado por Karl M. Meessen, Kluwer Law International, Londres, 1996, pag.166 e ss.

transnacionais não se ajusta a critérios estritos da territorialidade do Estado. A jurisdição deve ser exercida em função dos interesses mais elevados da comunidade internacional e o Judiciário deve ser sensível a essa modificação da estrutura do Direito Internacional, compreendendo que, cada vez mais, as relações transnacionais dominam ou tendem a predominar no quadro interno.

Por isso o exercício da extraterritorial a eventos ocorridos no exterior, amparados por leis locais, somente se justifica se princípio internacionalmente aceito for violado. Ou seja, se o Estado, com a aplicação de suas leis, persegue objetivo colimado pela comunidade internacional, sua competência pode estar justificada, pois, atua como órgão descentralizado dessa mesma comunidade.

O princípio que informa as leis antimonopólio americanas, quando adotado, dizia respeito somente ao sistema político-econômico daquele país, sem consenso internacional, o que explica a resistência então apresentada. Outros países distanciavam-se dos princípios que informam o sistema norte-americano. Era o caso do Brasil, em que o monopólio estatal para exploração do petróleo, os incentivos governamentais para a fusão e incorporação de empresas, a prática de reserva de mercado para indústrias nacionais de computadores e de outros setores produtivos contrariavam o princípio da livre concorrência que norteia a política antimonopólio.

Resistências e falta de eficácia

Há exemplos de ineficácia da aplicação extraterritorial da lei nacional, como o fornecido no caso envolvendo *Imperial Chemical* Industries (ICI) e *Dupont de Nemours* (*United States vs. ICI*) decidido nos Estados Unidos. Essas empresas haviam firmado acordos pelos quais a primeira cedia à segunda direitos de exploração de patentes nos Estados Unidos, em troca do recebimento dos mesmos direitos no Reino Unido. Por força desse acordo a ICI passaria a produzir fibra de nylon com exclusividade na Europa, enquanto Dupont, constituída em Delaware, Estados Unidos, exploraria com as patentes a ela transferidas nesse país, com o consequente domínio do mercado americano.

Na América Latina ambas atuariam em associação para exploração do mercado local. Concertaram, assim, a divisão de mercados, a inglesa ficava com o mercado europeu e a americana com o dos Estados Unidos, e ambas com o latino-americano.

As autoridades federais americanas, ao tomarem ciência desses acordos, ingressaram com ação antitruste, para os anular e restaurar a livre concorrência entre essas empresas no mercado interno e internacional. A Corte determinou à ICI americana a restituição à Dupont das patentes a ela cedidas na Inglaterra. Em contrapartida a Dupont inglesa deveria fazer o mesmo, com a devolução à ICI americana, das patentes a ela cedidas, e que lhe conferiam monopólio na exportação dos produtos objetos do ajuste. Todavia, antes do trânsito em julgado da sentença americana, *British Nylon Spinners*, concessionária das patentes transferidas à ICI, da qual era subsidiária, com sede na Inglaterra, ingressou no Judiciário inglês com ação em que pleiteou o não cumprimento da decisão da corte americana, com o reconhecimento da legitimidade dos direitos a ela transferidos livremente por Dupont.

Na verdade, o que pretendeu foi provocar a manifestação do judiciário do Reino Unido sobre o efeito e eficácia extraterritorial da sentença americana, ao determinar providência na esfera de competência de outro país. A seguinte passagem da decisão inglesa é ilustrativa da posição adotada: "*Este é um direito, ou, em outras palavras, uma espécie de propriedade (visto, particularmente, que é relacionado à patentes) que tem o caráter inglês e sujeito à jurisdição dos tribunais ingleses. Parece-me que a companhia autora tem a seu favor um caso prima facie para dizer que os tribunais dos Estados Unidos ou de qualquer outro país não são competentes para interferir com aqueles direitos ou para expedir ordens, cuja observância por nossos tribunais exigiriam o não exercício daquela jurisdição...*". Mais adiante, acrescenta: "*E, certamente, a propósito das patentes, parece-me, com todo respeito ao julgamento do District Judge* (americano), *que se trata de aplicação de uma jurisdição extraterritorial em que não reconhecemos aos tribunais americanos a autoridade para dar ordens que destruiriam ou qualificariam aqueles direitos pertencentes a um nacional inglês, que não é sujeito à jurisdição dos tribunais americanos*".

Essa decisão põe em relevo a falta de efetividade da sentença americana, destinada a ser cumprida no país afetado pela extraterritorialidade e competente para apreciar, segundo suas leis, o fato jurídico questionado. Nesse caso, não se cogitou do princípio do impacto territorial, pois os fatos ocorreram no território americano, embora parcialmente apenas. Ao pretender a Corte discipliná-los em conjunto, como o todo complexo de atos, deparou com a barreira da jurisdição alheia, à qual teve de se render. Isto é, embora os eventos tenham uma única origem – divisão de mercados, com restrição à livre concorrência – sua qualificação jurídica fica subordinada à lei do Estado que deve dar efetividade à sentença. Prevalece, portanto, a jurisdição territorial a limitar a aplicação de leis ou sentenças estrangeiras.

Daí as reações anotadas por Steiner e Vagtz[30] de diversos países contra a tendência dos tribunais americanos em estender para o exterior os efeitos das leis antitruste, que caracteriza o sistema econômico americano, mas ainda não erigido em princípio internacionalmente aceito. Daí também os reflexos na recusa inglesa em reconhecer efetividade à decisão no caso *ICI e Dupont*.

Essas reações sublinham as dificuldades em se regular questões internacionais, mediante leis nacionais. Se, no território do Estado, suas leis gozam de eficácia, esse resultado pode não ocorrer no âmbito externo. As diferenças de ideologia, de políticas econômicas e de outros componentes, como religião, costumes e graus de desenvolvimento, impedem que cada Estado, por si só, estabeleça padrões de conduta internacional. Por isso, as atividades transnacionais das empresas voltadas para a produção ou o comércio internacional de bens encontram dificuldades em obedecer a leis de um país determinado, em dissonância com a de outros em que atuam.

Aceitação internacional necessária

A aprovação de código de conduta pela Organização Econômica de Cooperação e Desenvolvimento (OECD), que congrega os países desenvolvidos do Ocidente, mais o Japão, reflete, de certa forma, o reconhecimento de que somente por normas internacionais se conseguirá regular atividades transnacionais de empresas privadas. A aplicação de leis nacionais com efeitos extraterritoriais, não obstante bem definidas no direito internacional e amparadas por princípios precisos, não se ajusta ao caráter transnacional das relações internacionais.

30 HENRY STEINER e DETLEV VAGTZ, *Materials on Transnational Legal Problems*, Foundation Press, p. 955.

Importa, pois, indagar sobre a legitimidade da recusa em reconhecer julgado estrangeiro, concomitantemente com o conteúdo desse julgado. Se a decisão proferida por judiciário nacional tem por objeto relação que envolve elemento externo, tal decisão tem caráter internacional, pois disciplina relação jurídica internacional. A questão da competência judiciária deve, então, ser examinada, ao lado da competência dita legislativa para editar normas para regular fato extraterritorial.

Desdobramentos – Efeitos da globalização da economia

A tendência à formação do Direito Mundial sobre normas da concorrência e infração à ordem econômica pode ser constatada em processos de concentração de empresas, resultantes de fusões, incorporações e aquisições, além de associações das mais diversas formas, em consórcios empresariais ou *joint ventures* e contratos de franquia. São formas de concentração de empresas como etapa do processo de crescimento e de desenvolvimento e estratégia para reduzir custos e preservar ou ampliar mercados.

O objetivo, em geral, é o de melhorar a produtividade e alcançar economia de escala, nem sempre possível com a atividade isolada em determinado país, ou com exportações. A cooperação entre empresas é também alternativa a permitir alcançar o objetivo, até para enfrentar a crescente concorrência no âmbito interno e, sobretudo, internacional, consequente à abertura de mercados propiciada nas últimas décadas do século XX, pela globalização da economia. Essa estratégia é antiga. Já no medievo reporta-se a prática adotada pela família Médici, de ampliar as atividades de seu banco em Florença para outras regiões da Itália, formando associação com empresários locais ou de outras paragens, com participação minoritária e administração confiada a sócios. Não se trata, pois, de novidade.

O desenvolvimento do mercado de capitais, com a negociação de ações de empresas em bolsas de valores, tem permitido a investidores alcançar posições de relevo em sociedades de capital aberto, que lhes permite exercer o controle ou participar do grupo de controle, com a consequente concentração de poder econômico. Nesses casos não se trata propriamente de concentração de empresas, mas de poder de controle de acionista sobre conjunto de empresas com objeto de atividades próprios e nem sempre complementares.

Da mesma forma, o ajuste de cartel entre empresas para regular mercados, por meios privados, em suas diversas formas, resulta em restrições à livre concorrência, que desperta a atenção das autoridades governamentais sobre o livre jogo do mercado e os entraves resultantes de ações que o afetam.

Livre concorrência x monopólio

Como referido acima, nem todos os países adotam a política de livre concorrência, tratando-se de peculiaridade do sistema jurídico-político dos Estados Unidos há muito adotado e transformado em direito positivo pelos *Sherman Act*, de 1899, *Clayton Act*, de 1909 e *Federal Trade Commission*, de 1914. Esse conjunto de leis, ratificou entendimento expresso em decisões do judiciário desde 1834, no caso *Charles River Bridge*, da Suprema Corte de Massachusetts, confirmada por decisão da Suprema Corte do país. A decisão focalizou pretensão de empresa construtora de ponte sobre rio Charles, em Boston, de explorar o pedágio por certo período. Antes de terminado o prazo da concessão, o município autorizou a construção de outra ponte sobre o mesmo rio, contra o que se insurgiu a primeira construtora, com alegação de sofrer prejuízo, ao não ter ainda amortizado os investimentos na construção da primeira ponte. A decisão fez apreciações sobre os princípios econômicos a governar a nação, se de livre concorrência, ou de monopólio. Chegou à conclusão de ser o de livre concorrência e, assim, incompatível com a pretensão da construtora de manter monopólio, mesmo que tenha sofrido prejuízo pela segunda construção. É a economia de mercado a prevalecer sobre o dirigismo estatal. Essa decisão, de meados do século XIX, inspirou a adoção de legislação sobre a política antimonopólio do final do século e princípios do século XX, por leis específicas conhecidas como legislação antitruste, *Shermann Act, Clayton Act, Federal Trade Commission Act*, modificados, mais recentemente, pelo *Foreign Trade Antitrust Improvment Act*, de 1982.

Acordos entre empresas

A evolução das atividades empresariais, com a interconexões e associações e amplitude das ações das empresas em todo o planeta, resultou na constatação da necessidade de adoção de providências nacionais para regular efeitos negativos de acordos tendentes a impedir ou restringir a concorrência. A resistência à política antimonopólio e seus efeitos extraterritoriais deu lugar à adoção de leis nacionais com idêntico propósito. É o caso do Brasil e da União Europeia, cada um com propósitos e visões diferentes. São acordos que nem sempre se caracterizam como cartel, como os que regulam a alocação de subsidiárias, ou a aquisição de companhias para evitar concorrência, encerrando-lhes as atividades, ou modificando seu objeto social para produzir bens diversos de sua atividade principal, ou associações que interferem com a livre concorrência. Nem sempre é fácil identificar efeitos ilegais nessas associações, amparadas por contratos legalmente acordados.

A lei antimonopólio brasileira

As primeiras tentativas de estabelecer regras sobre violações da ordem econômica no país datam de 1945, com a chamada Lei Malaia (Decreto-Lei 8.167, de 9/11/1945 e Dec. Lei 7685, de 28/06/1945). Somente em 1962, com a Lei 4.137/62, é que foi criado o Conselho Administrativo de Defesa Econômica--CADE, que, contudo, não teve grande efetividade. O país contava com monopólios estatais, planos de estabilização econômica, tabelamento de preços e estímulos a fusões e incorporações de empresas, a contrariar os princípios programados na lei. Foi tentativa de criar fato por meio de lei, na contramão dos usos e práticas há muito adotadas no país.

Foi longo processo legislativo percorrido até a nação tomar consciência da necessidade de dar efetividade às normas sobre concorrência e de infrações à ordem econômica. Diversas leis sobrevieram até a edição da lei 8.884/94, que, ao estabelecer regras sobre à ordem econômica, acolhera a tendência iniciada nos Estados Unidos de aplicação da lei a fatos ocorridos parcial ou totalmente no exterior. Introduziu norma não contida nas leis anteriores que regulavam a atuação do CADE, com atribuição de examinar infrações à ordem econômica. Ao fazê-lo, dotou a autarquia de poderes de investigação e de decisão que extravasam os limites territoriais do país, para alcançar fatos e pessoas localizadas em território de outros países.

A lei foi alterada pela vigente, de nº 12.529, de 30 de novembro de 2011, que manteve critério da anterior e estabeleceu nova estrutura à autarquia, sob a denominação de Sistema Brasileiro de Defesa da Concorrência e repressão às infrações contra a ordem econômica. Ao dispor que é a coletividade – termo empregado na lei, evitando o substantivo "povo" – a destinatária de suas disposições, esclareceu o seu caráter territorial e sobre os efeitos nele produzidos por fatos ocorridos no exterior. Da mesma forma, ratificando conceito estabelecido na lei revogada e no Código de Processo Civil, considerou domiciliada no território nacional a empresa estrangeira que opere ou tenha no Brasil filial, agência, sucursal, escritório, estabelecimento ou representante.[31]

A matéria comporta a análise da jurisdição extraterritorial em matéria de direito da concorrência no direito brasileiro.

Efeitos extraterritoriais da concorrência

Como já referido, todo Estado tem jurisdição sobre seu território, como um dos princípios fundamentais do direito internacional e da organização da comunidade internacional. É o conceito da soberania, que o artigo 4º da Constituição Federal consagra, nos incisos I, IV e V, ao estabelecer, como princípios da República, a independência nacional, a igualdade entre as nações e a não intervenção em outros Estados. Não comportam, tais princípios, limitações que não as impostas pelo direito internacional, como deixou assente a Corte

[31] Lei 12.529, de 30.11.2011. Art. 2º Aplica-se esta Lei, sem prejuízo de convenções e tratados de que seja signatário o Brasil, às práticas cometidas no todo ou em parte no território nacional ou que nele produzam ou possam produzir efeitos.
§ 1º Reputa-se domiciliada no território nacional a empresa estrangeira que opere ou tenha no Brasil filial, agência, sucursal, escritório, estabelecimento, agente ou representante.
§ 2º A empresa estrangeira será notificada e intimada de todos os atos processuais previstos nesta Lei, independentemente de procuração ou de disposição contratual ou estatutária, na pessoa do agente ou representante ou pessoa responsável por sua filial, agência, sucursal, estabelecimento ou escritório instalado no Brasil.

Permanente de Justiça Internacional, ao decidir o caso *Lotus*, como se vê da seguinte passagem:

> "O direito internacional rege relações entre Estados independentes. As normas de direito que ligam os Estados procedem, então, da vontade destes, vontade manifestada em convenções ou em usos aceitos geralmente como consagrados por princípios de direito estabelecidos para regular a coexistência dessas comunidades independentes, para alcançar os fins comuns. As limitações da independência dos Estados, dessa forma, não se presumem."[32]

O princípio da territorialidade da jurisdição, entendido como autoridade para declarar o direito, prevalece sobre quaisquer outros que governam a organização da comunidade internacional, admitindo-se exceções que contam com reconhecimento geral e se incluem na categoria de princípios gerais de direito.

Como salientado, a aplicação de leis nacionais a fatos ocorridos no território de outro país e, assim, fora da jurisdição territorial do Estado, tem, como justificativa, a existência de vínculos efetivos com o país, tornando-o competente para discipliná-los[33]. Não basta, todavia, a simples existência desses vínculos, sendo, ainda, necessário que o Estado possua legitimidade para dar efetividade às normas por ele editadas para regular tais efeitos, em seu território. Dessa forma, a aplicação extraterritorial de normas nacionais depende também da eventual colisão com a competência territorial de outros Estados, que prevalece, até mesmo em virtude da efetividade de aplicação da lei local, pelo Estado onde o fato se verificou.

Na esfera do direito econômico, cada Estado tem jurisdição para regular, em seu território, o sistema econômico que preferir, como indicado no artigo 1º da Carta dos Direitos e Deveres Econômicos dos Estados, aprovada pela Resolução n. 3281 (XXIX), da Assembleia Geral das Nações Unidas, em 12 de dezembro de 1974, segundo o qual:

[32] Caso Lotus, 7 de novembro de 1927, Corte Permanente de Justiça Internacional, *Recueil des Arrêts*, Série A, n. 10, Arrêt n. 9, pag. 4, 1927, p. 18.

[33] Essa é a clássica noção da jurisdição do Estado, como exposta, dentre outros, por F. A. Mann, in "The Doctrine of Jurisdiction in International Law", in *Recueil des Cours*, vol. 111, a pag. 10 e Ian Brownlie, *Principles of Public International Law*, 4ª edição, p. 309.

> "cada Estado tem o direito soberano e inalienável de escolher seu sistema econômico, bem como seus sistemas político, social e cultural, conforme a vontade de seu povo, sem ingerência, pressão ou ameaça exterior de qualquer espécie"

Esse princípio está em consonância com o expresso no artigo 2.7 da Carta da ONU:

> "Nenhum dispositivo da presente Carta autorizará as Nações Unidas a intervirem em assuntos que dependam essencialmente da jurisdição de qualquer Estado ou obrigará os Membros a submeterem tais assuntos a uma solução, nos termos da presente Carta; este princípio, porém, não prejudicará a aplicação das medidas coercitivas constantes do Capítulo VII".

Diante da interdependência e do caráter transnacional das relações internacionais, os diversos sistemas econômicos nacionais podem trazer reflexos internacionais e no território de outros Estados, interferindo com conceitos e princípios que se pretende preservar. Tal é o caso do direito da concorrência, em que a conduta no exterior pode acarretar consequências no interior do Estado, que, por isso, está legitimado a regular os efeitos dela decorrentes, se entender danosa ao sistema econômico que adotou.

Efeito extraterritorial da lei brasileira

No Brasil, a questão da extraterritorialidade da aplicação da lei nacional é focalizada na esfera do Direito Penal e no Direito da Concorrência, havendo também disposições nos regulamentos bancários, sujeitando à lei brasileira as atividades de agências de bancos brasileiros no exterior. Em todas as disposições com caráter de extraterritorialidade há sempre a previsão de vinculação do fato, ou dos participantes, com o país.

O Código Penal, a esse propósito, regula a aplicação da lei brasileira a fatos ocorridos no exterior, em consonância com tais pressupostos, como se constata do artigo 7º. Segundo tal dispositivo, ficam sujeitos à lei brasileira, embora cometidos no estrangeiro, os crimes contra a vida ou a liberdade do Presidente da República (inciso I, "a"), contra o patrimônio ou a fé pública da União, Estados, Distrito Federal e Municípios (inciso I, "b") e contra a administração pública (inciso I, "c"), consagrando, dessa forma, o princípio da jurisdição extraterritorial de proteção do Estado.

Outro princípio acolhido é o da universalidade, previsto na alínea "d" do inciso I, que tipifica o crime de genocídio, quando o agente for brasileiro. O princípio da personalidade passiva está inscrito no § 3º do mesmo artigo 7º, segundo o qual se aplica a lei brasileira ao crime cometido por estrangeiro, contra brasileiro, fora do Brasil. Além desses, há que se destacar, também, o princípio da nacionalidade, que sujeita à lei brasileira o crime praticado por brasileiro no exterior (artigo 7º, II) e, finalmente, o da territorialidade objetiva e subjetiva, em que se aplica a lei brasileira se o crime ocorreu no todo ou em parte no país, bem como se produziu ou deveria produzir-se o resultado (artigo 6º).

Em todas essas situações, verifica-se que há sempre uma ligação estreita entre o fato e o país, seja porque ocorreu parcial, ou totalmente, no território, seja porque afeta as instituições ou autoridades brasileiras, seja porque o autor ou a vítima é brasileiro. Embora praticado no exterior, sob jurisdição de outro Estado, o fato de haver liame forte com o país, legitima-o a lhes disciplinar os efeitos, aplicando a lei nacional, em seu território.

No que concerne ao Direito da Concorrência, a Lei nº 12.529, de 30 de novembro de 2011, mantém princípio acolhido em leis anteriores ao conferir às suas disposições caráter extraterritorial: "Art. 2º Aplica-se esta Lei, sem prejuízo de convenções e tratados de que seja signatário o Brasil, *às práticas cometidas no todo ou em parte no território nacional ou que nele produzam ou possam produzir efeitos.*"

Manteve o legislador o pressuposto da vinculação do fato ou conduta, ao território, adotando a teoria dos efeitos do fato no território nacional, como extensão do princípio da territorialidade objetiva, que o artigo 6º do Código Penal[34] consagra, sem fazer distinção se tal disposição se aplica a crimes co-

[34] – Diz o Artigo 6º do Código Penal: "Considera-se praticado o crime no lugar em que ocorreu a ação ou omissão, no todo ou em parte, bem como onde se produziu ou deveria produzir-se o resultado. "

metidos no território nacional ou no estrangeiro. Tal teoria tem, como pressuposto, a ligação efetiva e real dos fatos ocorridos no exterior com o Estado, que reivindica sua competência normativa extraterritorial. Em outras palavras, o Estado aplica suas leis aos efeitos ou ao resultado, verificado em seu território, da conduta no exterior.

Ao incluir, dentro da jurisdição territorial brasileira, práticas que tiveram lugar no exterior, mas que produzem ou podem produzir efeitos no país, alinhou-se o legislador à tendência inaugurada, pelos Estados Unidos, na decisão do caso *Alcoa* e reiterada em outras decisões de tribunais daquele país, como a dos relojoeiros suíços, acima referidos.

Em ambos os casos e outros que se seguiram, os tribunais norte-americanos sustentaram que a jurisdição que exerciam não se ampliava aos fatos ocorridos no exterior, onde o cartel ou a prática restritiva da concorrência se verificara, mas aos *efeitos* produzidos nos Estados Unidos. Trata-se, pois, de jurisdição territorial, pois restrita a efeitos no país de atos praticados fora dele

A política antimonopólio da União Europeia

Os países europeus não acolhiam os fundamentos da política antimonopólio norte-americana, nem prestaram muita atenção ao fato, quando acordaram o Tratado que instituiu a Comunidade Econômica Europeia. Apenas dois artigos tratam do tema. O art. 85 proíbe acordos que restringem a concorrência e afetem o comércio entre os Estados membros e o art. 86 reprime abusos de posição dominante, sem levar em consideração o local onde os agentes praticam o ato. A Comissão, ao decidir casos de práticas restritivas concertadas fora da Comunidade, embora adotando o mesmo conceito da decisão do caso *Alcoa* e a teoria dos efeitos, deixou claro que essa teoria somente se aplicaria se fossem constatados efeitos diretos dentro da Comunidade.

É a conclusão a que chegou na decisão do caso *Pasta de Papel* (Paté de Bois), como se depreende do seguinte trecho:

> "O artigo 85 do Tratado CEE aplica-se às práticas restritivas que poderiam afetar o comércio entre Estados membros, inclusive se as empresas e associações que sejam partes das práticas restritivas estão

estabelecidas ou tem seus escritórios principais fora da Comunidade, e inclusive se as práticas restritivas em questão afetam também aos mercados situados fora da CEE. Neste caso, todos os destinatários desta decisão estavam exportando diretamente ou fazendo negócios dentro da Comunidade durante o período da infração. Alguns deles tinham sucursais, filiais, agências ou outros estabelecimentos dentro da Comunidade; ...o efeito dos acordos e práticas ... dentro da Comunidade...era não só substancial, como também intencional e era o resultado primário e direto dos acordos e práticas."[35]

O Tribunal de Justiça da Comunidade Europeia, ao decidir o caso *Dyestuffs*, adotando enfoque diverso, considerou a unidade econômica do grupo envolvido na atividade restritiva. Imputou às sociedades controladoras, no exterior, a responsabilidade pelos atos das subsidiárias. Segundo o Tribunal, "*tendo em vista a unidade do grupo, as ações das subsidiárias podem, em certas circunstâncias, ser atribuídas à matriz. A peticionária (ou seja, a matriz) tinha poderes para exercer influência decisiva sobre a política das subsidiárias, relativamente aos preços de venda no Mercado Comum e, de fato, usou desse poder*" [36].

Em outra decisão, a Corte ratificou a mesma opinião acolhida no caso *Alcoa*, declarando que:

> "Segue-se que, quando esses produtores se acertam sobre os preços, que eles ajustarão com seus clientes estabelecidos na Comunidade e põem em execução esse acordo, ao venderem a preços efetivamente coordenados, participam eles de um conluio que tem por objeto e por efeito restringir o jogo da concorrência no interior do mercado comum, no sentido do artigo 85 do Tratado." [37]

[35] Texto em CHRISTOPHER BELLAMY e GRAHAM CHILD, *Derecho de la Competencia en el Mercado Comum*, trad. Enric Picañol, Civitas, Madrid, 1992, p. 2-130.

[36] AURELIO PAPPALARDO, comentários sobre *Extraterritorial Jurisdiction in Theory and Practice*, Coordenado por Karl M. Meessen, Kluwer Law Internacional, Londres, 1996, p.173.

[37] Caso A. Ahlström Osakeytiö e outros v. Comissão das Comunidades Européias, *Recueil C.J.C.E.*, 1988, p. 5193, *apud* EVELYNE FRIEDEL-SOUCHU, *Extraterritorialité Du Droit de la Concurrence aux Etats-Unis et dans la Communauté Européenne*, L.G.D.J., 1994, p. 133.

Conclui-se dessa análise que a teoria dos efeitos no território de atos praticados no exterior, desenvolvida a partir da decisão do caso *Alcoa* na esfera internacional, teve acolhida também na União Europeia. Invariavelmente, como se nota, a responsabilidade da matriz no exterior foi estabelecida em virtude de atos da filial, sucursal, agência, representante, ou, ainda, de subsidiária que obedecia ao comando externo.

Para se aplicar a jurisdição territorial, com base nessa teoria, contudo, não basta constatar e existência de efeitos da conduta no território do Estado, sendo, também, indispensável verificar se está presente a jurisdição pessoal, ou seja, se o Estado tem competência para sujeitar às suas leis os agentes por ela responsáveis, diante da prevalência do princípio da territorialidade.

A dualidade de competências

A questão da dualidade de competência material para regular o ato e a processual, que autoriza o Estado a julgar a conduta considerada infratora de suas leis, é disciplinada no Brasil pelo artigo 7º do Código Penal ao prever que o nacional que comete crime no exterior está sujeito às leis brasileiras. Estabelece também, como condição para o exercício de sua jurisdição, dentre outras, que ingresse no território e que não tenha sido absolvido no estrangeiro ou não ter aí cumprido pena.

Não basta que o ato praticado pelo agente seja considerado crime pela lei brasileira, ainda que no exterior, é necessário, ainda, que ingresse no território nacional, onde a lei terá efetividade. Em outras palavras, o fato deve ser considerado crime pela lei brasileira e punível no país, ainda que praticado no exterior. Todavia, para que possam as autoridades brasileiras processá-lo e julgar os responsáveis, é necessário que se encontrem efetivamente dentro de seu território. Esse efeito é relevante, pois não pode o país pedir a extradição de brasileiros que se encontram no exterior, sob a imputação de haver lá cometido delito, salvo se houver repercussões no país. Nesse último caso, o agente, brasileiro ou estrangeiro, não é processado e punido pelo que fez no exterior, mas pelos efeitos no país do delito praticado. Essa é a hipótese do crime de moeda falsa brasileira cometido inteiramente no exterior. Os efeitos se irradiam no plano interno do país, afetado pelo delito.

Em matéria de Direito da Concorrência o mesmo tratamento é contemplado no art. 2º da Lei nº 12.529/2011, segundo o qual se aplica a lei brasileira à conduta realizada no todo ou em parte no exterior, ou que produza efeito no território nacional. O preceito deve ser interpretado em consonância com o princípio da territorialidade e das exceções que governam a aplicação extraterritorial de leis nacionais. Se os responsáveis por condutas restritivas da concorrência não estiverem presentes no Brasil, a lei brasileira não os pode alcançar, pela simples razão de que estão sob jurisdição de outro Estado. Ainda que pretenda o país submeter a sua jurisdição tal conduta, falta-lhe a condição da efetividade, que é a possibilidade de conferir eficácia à sua jurisdição sobre os responsáveis, fisicamente localizados em jurisdição alheia.

Não foi por outra razão que o artigo 7º do Código Penal brasileiro impõe, como condição para o exercício da jurisdição penal brasileira ao crime cometido no exterior por brasileiro, o ingresso no território nacional.

Ademais, somente tem relevância para o Brasil a conduta violadora da lei a Lei nº 12.529/2011se tiver reflexos no interior do país, afetando seu comércio. Por isso que, embora diga o artigo 2º que as normas dessa lei se aplicam também a práticas cometidas no todo ou fora do Brasil, referem-se a práticas que tem efeito dentro do território nacional e, portanto, com reflexos dentro do Estado. Sem que haja tal conexão, é evidente que a lei não se aplica, até mesmo por falta de interesse do país em regular tudo o que ocorre em qualquer outra parte do mundo, ainda que não tenha qualquer relação com seu comércio interno ou internacional.

A aplicação inadequada do efeito extraterritorial

A ansiedade de autoridades governamentais brasileiras em exercer poder regulatório das atividades econômicas, na esfera da concorrência, tem levado a exageros não compatíveis com o princípio da jurisdição extraterritorial. É o caso da pretensão submetida ao CADE sobre cartel formado no exterior por empresa norte-americana em associação com outras com sede em diversos países. Os fatos ocorreram fora do Brasil. A única repercussão de nota no território brasileiro foram importações do produto objeto do cartel exportado por distribuidor não partícipe do cartel.

As autoridades concorrenciais norte-americanas haviam imposto pesada multa à empresa exportadora e aos diretores que preferiram saldá-la, em vez de oporem defesa, em demonstração de culpa e responsabilidade pelos efeitos do cartel de que participaram. Após esses fatos, a empresa norte-americana constituiu no Brasil uma subsidiária que, até por ter sido formada posteriormente aos fatos, não tivera qualquer ingerência, nem usufruído dos benefícios do cartel.

As autoridades brasileiras, ao tomarem conhecimento da decisão norte-americana e do desfecho, resolveram instaurar processo administrativo contra a subsidiária brasileira, com a pretensão de imputar-lhe a responsabilidade, não obstante constituída após os fatos e, assim, inexistente à época em que ocorreram.

Fundamento errado

O fundamento adotado pelo Conselho Administrativo de Defesa Econômica -CADE para instaurar o processo repousa nos alegados efeitos, no mercado brasileiro, da conduta no exterior da matriz, com base em levantamento de preços que teriam sido pagos pelo consumidor brasileiro, em consequência do cartel concertado entre os participantes no exterior. Em outras palavras, os consumidores brasileiros teriam sofrido os efeitos da ação do cartel e pago preço mais elevado do produto dele objeto, o que seria suficiente para caracterizar a competência administrativa do CADE, consoante previsto na Lei 8.884/94, então vigente. Como a empresa americana partícipe do cartel havia constituído no país uma subsidiária, posteriormente à ocorrência dos fatos, entenderam as autoridades brasileiras que tinham competência para incluir essa subsidiária no processo.

A flagrante improcedência da pretensão administrativa contra a controladora da empresa brasileira e contra a subsidiária pode ser pode ser constatada pelo histórico dos acontecimentos.

Os fatos que justificaram a instauração do processo administrativo ocorreram no período compreendido entre 1992 a 1995. A lei 8.884 foi editada em 11 de junho de 1994, não possuindo efeito retroativo, em virtude dos incisos XXXVI, XXXIX e X, do artigo 5º da Constituição Federal. Portanto, todos os atos anteriores à entrada em vigor dessa lei não podem ser por ela alcançados, sobretudo porque as leis precedentes, por ela revogadas, 4.137, de 10 de setembro de 1962, 8.158, de 8 de janeiro de 1991 e 8002 de 14 de março de 1990, não continham norma de caráter extraterritorial, salvo a que exigia aprovação do CADE de ato praticado no exterior, que se pretendesse dar efetividade no Brasil (art.74 da Lei 4.137).

Além disso, os fatos posteriores à data da entrada em vigor da Lei 8.884/94, igualmente, não podem ser considerados no processo administrativo, por envolver partes a ele não chamadas para apresentar defesa e os documentos e provas para dar-lhe suporte. O direito de defesa constitui garantia assegurada pelo inciso LV, do artigo 5º da Constituição brasileira. A controladora da empresa brasileira, com sede no exterior, não é parte no processo, não obstante tenha sido incluída, no processo americano, como uma das participantes do cartel. Para que a controladora pudesse responder pela conduta realizada fora do Brasil, deveria figurar como parte no processo administrativo brasileiro e chamada a se defender diretamente, não tendo relevância, em relação a ela, a notificação de sua controlada, pessoa jurídica independente, com a qual não se confunde.

O fato de exercer o controle da subsidiária brasileira não é suficiente para que se conclua por sua presença no Brasil, pois, não só a subsidiária foi constituída dois anos ***depois*** dos fatos, como a lei brasileira não considera domiciliada no país empresa estrangeira que possua controle de sociedade brasileira. Tanto o parágrafo único do artigo 88 do Código de Processo Civil, então vigente, como o parágrafo único do artigo 2º da Lei 8.884/94 consideram situadas "*no Território Nacional a empresa estrangeira que opere ou tenha no Brasil filial, agência, sucursal, escritório, estabelecimento, agente ou representante.*"

E subsidiária não se confunde com filial, agência, sucursal, escritório, estabelecimento, agente ou representante, pois se trata de pessoa jurídica regularmente constituída de acordo com as leis brasileiras, com personalidade jurídica própria e que, segundo a norma do artigo 20 do Código Civil brasileiro, então em vigor, não se confunde com seus membros.

Portanto, além da matriz com sede no exterior não possuir qualquer emanação no território brasileiro – filial, sucursal, agência, escritório, ou representante – a constituição da controlada, como subsidiária também não caracteriza sua presença no país, sequer para efeitos processuais. Deve-se ter em conta, ainda, que a empresa estrangeira que constitua sociedade no Brasil tem o dever de nomear procurador que a represente para os fins e efeitos da relação societária, como dispõe o art. 119 da Lei 6.404/76, "*in verbis*"

> Art. 119 – O acionista residente ou domiciliado no Exterior deverá manter, no País, representante com poderes para receber citação em ações contra ele propostas com fundamente nos preceitos desta Lei.
> Parágrafo único: O exercício, no Brasil, de qualquer dos direitos de acionista, confere ao mandatário ou representante legal qualidade para receber citação judicial"

Dessa forma, até para fins societários, exige a lei brasileira a nomeação de procurador para representar a empresa estrangeira. Não confere, portanto, essa representação à subsidiária, ainda porque se trata de pessoa jurídica com personalidade própria. A notificação feita à subsidiária. não obriga a controladora, nem produz, em relação a ela, quaisquer efeitos processuais. A lei não o prevê.

Fatos ocorridos no exterior sem repercussão local

Outra observação relevante sobre a pretensão da autoridade administrativa brasileira de impor norma local a conduta no exterior, antes da lei que passou a prever essa competência, repousa no fato de ter ocorrida inteiramente no exterior, sem repercussão no país. A empresa participante do cartel não tinha presença no Brasil, direta ou indiretamente, pois realizava suas vendas nos Estados Unidos à outra sociedade também fora do Brasil que procedia à revendas para diversas partes do mundo, na qualidade de distribuidor independente, sem vinculação societária ou de dependência com a primeira. As exportações diretas que esporadicamente realizou e que deu origem ao processo, não são suficientes para caracterizar a produção de efeitos no país, até mesmo diante do caráter eventual com que se verificaram.

A teoria dos efeitos, consagrada pelo artigo 2º da Lei 8.884/94, então em vigor, tem como pressuposto a intenção dos participantes em produzi-los efetivamente no território. Não basta o efeito eventual, é necessário que se caracterize sua continuidade, que se constate que o volume de exportações seja significativo, que o mercado local tenha sido alvo efetivo da conduta e que se revista de caráter substancial, como, a propósito, assim consideram as autoridades dos Estados Unidos e da União Europeia sobre a matéria[38].

As exportações diretas realizadas pela matriz estão longe de caracterizar qualquer efeito no território brasileiro. As vendas que fez para o distribuidor independente, nos Estados Unidos, ainda que esse distribuidor tenha revendido o produto para o Brasil, não caracterizam efeitos significativos, até mesmo diante da falta de subordinação jurídica entre aquelas empresas. A esse propósito, não é demais lembrar com Evelyne Friedel-Souchu, em lúcido trabalho premiado sobre o assunto[39], que, mesmo as autoridades dos Estados Unidos, com sua política rígida de controle de condutas anticoncorrenciais, examinam, para efeito de constatar e qualificar a existência de operações dentro do país, a natureza qualitativa e quantitativa de atos praticados, verificando:

> a-) se as operações objeto da conduta tem caráter contínuo e substancial;
> b-) se os contratos foram negociados ou executados pela agente, no território do país;
> c-) se as relações existentes entre a agente e uma filial nacional ou outro representante situado no território são tais que esse representante atua como seu *alter ego;*
> d-) se a relação entre a empresa e qualquer outra estabelecida no território é de tal ordem, que se pode concluir que esta última atua como representante da primeira;
> e-) se o volume de vendas efetuadas no território é substancial, ou, ainda se possui escritório, ou emprega pessoas físicas.

Nenhum desses requisitos foi indicado na atuação da matriz pelas autoridades concorrenciais brasileiras relativamente ao território nacional, do qual esteve ausente, até a constituição de sua subsidiária, quando, aí sim – e somente então – passou a agir no mercado local, realizando, por meio dela,

[38] EVELYNE FRIEDEL-SOUCHU, *Extraterritorialité Du Droit de la Concurrence aux Etats-Unis et dans la Communauté Européenne,* L.G.D.J., 1994, p. 135.

[39] Idem, p. 142.

exportações para o país. Antes disso, não possuía qualquer emanação no país, até para efeitos processuais, sendo, portanto, empresa estrangeira sem vínculos com o Brasil.

Um último aspecto a ser considerado é o fato de a matriz. ter sido processada e condenada nos Estados Unidos, ou seja, pelas autoridades competentes do local onde a conduta se realizou, tendo satisfeito a penalidade que lhe foi imposta, o que permitiria invocar, por analogia, a disposição do § 2º do artigo 7º do Código Penal, segundo a qual, a aplicação da lei brasileira depende de: "a-) entrar o agente no território nacional; b-) ser o fato punível no país em que foi praticado; c-) estar o crime incluído entre aqueles pelos quais a lei brasileira autoriza a extradição; d-) não ter sido o agente absolvido no estrangeiro ou não cumprido aí a pena e e-) não ter sido o agente perdoado no estrangeiro ou, por outro motivo, não estar extinta a punibilidade, segundo a lei mais favorável."

A matriz, bem assim seus principais diretores, foi punida, tratando-se de punição de caráter criminal (*"a maior multa criminal por práticas antitruste imputada até então nos EUA"*, como salientado pela Secretaria de Acompanhamento Econômico,) o que, por si só, permite concluir que o processo no Brasil pretende a repetir punição de caráter criminal já imposta e cumprida, subvertendo princípios de Direito, dentre os quais o inscrito no inciso LIII do artigo 5º da Constituição Federal.

À subsidiária brasileira, constituída após os fatos, e, portanto, sem deles ter participado, as seguintes observações se impõem:

> 1-) Se o processo instaurado contra a matriz nos Estados Unidos não pode ser repetido no Brasil, com maior razão justifica-se a exclusão da subsidiária, constituída após os fatos que deram origem à representação, não podendo por eles, como é óbvio, responder. Os fatos precedem à sua constituição e, assim, não pode por eles responder. Mesmo que se quisesse aplicar a teoria da desconsideração da pessoa jurídica inversa, ainda assim não há base para incluir a subsidiária brasileira no processo, que tem por fundamento a formação de cartel com a participação da matriz, no exterior, antes de sua formação. Os tribunais brasileiros têm adotado a desconsideração da pessoa jurídica exclusivamente com o propósito de evitar fraude à lei, ou fraude

contra credores realizado pela pessoa jurídica, responsabilizando os sócios.

São situações em que se imputa a responsabilidade patrimonial dos sócios, por atos da pessoa jurídica ou pela dissolução ou extinção irregular da sociedade, ou, ainda, em virtude de intenção dolosa, com infração de preceitos legais ou de cláusulas contratuais, em atos praticados por sócios da empresa, ou, finalmente, em casos de descumprimento de contrato, com proveito ilícito dos sócios.[40]

2-) Em todos esses casos e outros registrados na jurisprudência, há sempre um ato da pessoa jurídica, em proveito de seus sócios, que justifica a adoção excepcional da desconsideração da personalidade jurídica, para alcançar os sócios, responsáveis pelos atos da sociedade sob seu controle. Mas, é sempre ato da sociedade que causa a desconsideração, para alcançar seus sócios. E não o contrário, como pretende a Secretaria de Direito Econômico, que inclui a sociedade brasileira regularmente constituída, por ato praticado pela sua sócia controladora no exterior, antes de sua formação, numa completa inversão de procedimento e de valores. Veja-se, a esse propósito, a norma do artigo 18 da lei 8.884/94, segundo a qual a personalidade jurídica *do responsável por infração da ordem econômica* "poderá ser desconsiderada, quando houver *por parte deste* abuso de direito, excesso de poder, infração da lei, fato ou ato ilícito ou violação dos estatutos ou contrato social". Portanto, o que se desconsidera é a personalidade jurídica do agente infrator para alcançar o controlador e não o contrário, processar a sociedade subsidiária – contra a qual nenhuma imputação é feita – por ato da controladora no exterior, sem repercussão no território nacional.

3-) A figura do *acionista controlador*, prevista no art. 116 da Lei 6.404/76, está sempre relacionada ao poder de que dispõe para dirigir a sociedade sob seu controle, respondendo por danos causados por atos praticados com abuso de poder, como estabelecido no art. 117 da mesma lei. Mas, insista-se, são sempre atos da sociedade controlada que se

[40] Revista dos Tribunais, vol. 770/243; 769/252; 761/283; 762; 285; 753/216.

cogita, praticados por inspiração ou determinação do controlador. Se os fatos não foram praticados pela sociedade, inexistente à época em que ocorreram, não pode responder por atos anteriores de sua controladora.

4-) A inclusão da subsidiária. em processo administrativo importa grave cerceamento de defesa, pois não tem ela acesso aos documentos, livros e demais papéis de sua controladora, sediada em outro país, sob outra ordem jurídica. Fica, por isso, impossibilitada de se defender, até mesmo porque os fatos tidos como violadores da lei brasileira são anteriores à sua constituição, não dispondo de documentos e elementos que lhe permitam produzir provas sobre conduta de terceiros e de que não participou.

O exame do caso, ora sumariado, revela a falta de critério de autoridades governamentais de aplicar conceitos mal digeridos e não compreendidos sobre os efeitos da extraterritorialidade da lei brasileira, conferindo amplitude desmesurada às normas locais, e insegurança jurídica aos investimentos estrangeiros no país.

Normas de agências reguladoras do mercado de capitais

A inter-relação das economias

A constatação de que investimentos em empresas nacionais e em bolsas de valores não se restringe a investidores locais, mas também a estrangeiros despertou a atenção das entidades reguladoras do mercado de capitais, não apenas no Brasil, como também em outros países. A necessidade de disciplinar essa participação decorre, em grande medida, do interesse em evitar atos e operações que perturbem a higidez do setor, tão sensível a expedientes, nem sempre ortodoxos. Atos simulados, utilização de informações privilegiadas, corrupção, enfim, uma extensa gama de temas pode envolver a atividade pública das bolsas de valores e de mercadorias. Daí a necessidade de regulação abrangente pelas entidades fiscalizadoras e reguladoras do setor.

Atento a isso, o art. 9º da lei 6.385/76 conferiu no § 6º[41] jurisdição extraterritorial à Comissão de Valores Mobiliários (CVM) para apurar e punir condutas fraudulentas no mercado de valores mobiliários, independentemente do local em que tenham ocorrido. Essa inclusão gerou dúvidas sobre a eficácia da norma pelos efeitos extraterritoriais nela incluídos[42], o que requer a análise da sua pertinência e viabilidade, diante do quadro internacional contemporâneo.

A aplicação extraterritorial de normas nacionais é tema que sempre gerou perplexidade, por ferir o princípio consagrado da territorialidade da jurisdição do Estado e, ao mesmo tempo, as justificativas para fundamentar exceções. A grande inter-relação das economias nacionais, a atuação internacional das empresas e a globalização da economia são fatores contemporâneos invocados para justificar essa prática. Já está assentado como princípio de Direito Internacional que a territorialidade estrita da jurisdição do Estado não constitui princípio absoluto, admitindo-se possa ter efeitos fora do território.

De fato, tem-se reconhecido a legitimidade de imposição de leis nacionais a fatos ocorridos no exterior, desde que haja vínculos estreitos com o Estado, como é o caso da nacionalidade do agente, sua proteção, a universalidade do delito cometido no exterior e a proteção à símbolos e ao próprio Estado, como exposto nas seções anteriores deste capítulo. A aceitação desses princípios é uniforme e não tem sido objeto de contestação.

A aplicação mais recente e de grande repercussão internacional foi da Espanha, ao requerer ao Reino Unido a extradição do general Augusto Pinochet, por atos cometidos sob sua responsabilidade como chefe de Estado do Chile, contra nacionais espanhóis. Os fatos ocorreram no Chile, mas as vítimas eram espanhóis, o que fundamentou a extraterritorialidade da jurisdição da Espanha para punir atos ocorridos naquele país.

[41] Art 9º A Comissão de Valores Mobiliários, observado o disposto no § 2º do art. 15, poderá: *omissis*

§ 6o A Comissão será competente para apurar e punir condutas fraudulentas no mercado de valores mobiliários sempre que:

I - seus efeitos ocasionem danos a pessoas residentes no território nacional, independentemente do local em que tenham ocorrido e

II - os atos ou omissões relevantes tenham sido praticados em território nacional.

[42] CARVALHOSA, Modesto; EIZIRIK, Nelson, *A nova lei das Sociedades Anônimas*, São Paulo, Saraiva, 2002, p.517; LEÃES, Luiz Gastão de Paes de Barros, *Novos Pareceres,* Editora Singular, São Paulo, 2018, p. 1163/4

No Brasil, a extraterritorialidade das leis penais brasileiras está prevista no art. 7º do Código Penal e se aplica a crimes contra o presidente da república, contra a administração pública, genocídio, crimes praticados por e contra brasileiro no exterior, além de outros. Em todos os casos há estreita vinculação com o país do fato praticado no exterior – e, portanto, sujeito à jurisdição estrangeira – a justificar sua jurisdição extraterritorial.

Com a complexidade adquirida das relações econômicas internacionais, a inter-relação das economias e de atos e negócios privados intra e entre empresas que afetam mais de um país, o tema requer o exame das implicações de conceitos e princípios tradicionais do Direito Internacional Público com esse desenvolvimento. O fenômeno da mundialização do Direito, que faz espalhar para todos os Estados normas por vezes adotadas por um ou em convenções internacionais está na raiz desse desenvolvimento e se manifesta em diversas áreas, dentre as quais a objeto de regulação do mercado de capitais. É nesse contexto que se inserem as normas que os regem em cada Estado, que não são isoladas, mas integram um conjunto de outras em contínuo processo de interação e inter-relação. Por isso o seu exame requer o de temas correlatos que nelas interferem direta ou indiretamente e seus efeitos dentro e fora do território do Estado. Esse exame permitirá verificar a tendência e os rumos do Direito Internacional, em seu processo de contínuo desenvolvimento, em função da dinâmica das relações internacionais.

A aplicação extraterritorial de leis monetárias

A política monetária de qualquer país tem reflexos internacionais, pois interfere com o fluxo de capitais e a conversão de moedas e de valores de outros países. O comércio internacional e os meios de pagamento dependem do fluxo de moedas, das taxas de conversão e das políticas monetárias adotadas. A globalização da economia, por sua vez, acendrou esse efeito a induzir os Estados a harmonizar políticas monetárias de bancos centrais para regular a atividade do sistema bancário, dentro e fora das fronteiras estatais.

A inter-relação das operações bancárias está no cerne dessa regulamentação internacional e motivou os Acordos de Basileia, criado pelos países das 10 maiores economias do mundo, no âmbito do Banco de Pagamentos

Internacionais, cujo Comitê de Supervisão Bancária emite recomendações acolhidas pela generalidade dos Bancos Centrais, mesmo de países que não o integram.[43]

No Brasil, o Banco Central, atento a esses efeitos, aderiu a esses Acordos e, na linha das suas recomendações, divulgou a Resolução 2.099, de 17.08.1994, do Conselho Monetário Nacional, pela qual disciplinou a autorização para funcionamento, transferência de controle societário das instituições financeiras, limites mínimos de capital realizado e patrimônio líquido, instalação e funcionamento de dependências no país e obrigatoriedade de manutenção de valor de patrimônio líquido.

Além disso, expediu resoluções com repercussões extraterritoriais, como a de nº 2.723, de 31.05.2000, cujo artigo 1º dispõe que a instalação de dependências no exterior por instituições financeiras depende de sua prévia autorização. Ainda que a legislação do outro país não a requeira e até estimule a instalação de bancos estrangeiros, qualquer instituição financeira brasileira está compelida a, previamente, requerer autorização ao Banco Central do Brasil para abrir agências no exterior. O artigo 2º dessa Resolução prossegue ao estabelecer, como uma das condições para deferir autorização, a sujeição aos limites operacionais estabelecidos na regulamentação em vigor no Brasil, ainda que a do país estrangeiro admita limites maiores.

Prevalece o critério estabelecido pela norma brasileira, com efeito extraterritorial, cuja eficácia reside no fato de a sede do estabelecimento se situar no Brasil e, assim, sujeita à norma local. A norma do Banco Central aplica-se no território estrangeiro e é dotada de eficácia, ao impor obediência à matriz situada no Brasil.

A Resolução Nº 4.062, de 29.03.2012, por sua vez, esclarece, no art. 8º, que depende de autorização do Banco Central do Brasil a participação de instituições financeiras, de forma direta ou indireta, no capital de quaisquer sociedades sediadas no país ou no exterior. Assim, se uma instituição financeira desejar participar de sociedade em país estrangeiro, ainda que em resposta a estímulos oficiais locais, depende de prévia autorização do Banco Central

[43] O Comitê de Supervisão Bancária, criado pelo Acordo de Basiléia, em 1975, pelos presidentes dos bancos centras do Grupo dos 10, é composto pelos representantes dos Bancos Centrais da Alemanha, Bélgica, Canadá, Espanha, Estados Unidos, França, Itália, Japão, Luxemburgo, Suécia, Suíça, Países Baixos e Reino Unido.

do Brasil, cuja jurisdição, nesse caso, invade a do outro país para autorizar ou não o ato desejado.

Da mesma forma, a Resolução 4.720, de 30.05.2019, do Banco Central, impõe às instituições financeiras com dependências no exterior a divulgação de demonstrações financeiras das operações realizadas no exterior. A Resolução 4.662, de 25.05.2018, segue a mesma trilha, ao dispor sobre margem bilateral de garantia em operações com instrumentos financeiros realizadas no país ou no exterior por instituições autorizadas a funcionar no país.

Embora as dependências de instituições financeiras no exterior estejam sujeitas às leis locais, devem observar os regulamentos brasileiros, em clara aplicação extraterritorial da norma brasileira. Sua efetividade está assegurada por se aplicar à matriz localizada no país, que exerce poder de controle da sua subsidiária no exterior. É o mesmo mecanismo a conferir eficácia das leis americanas a fatos ocorridos fora dos Estados Unidos, por se aplicarem no território do país a empresas e pessoas lá sediadas ou domiciliadas ou que realizem negócios por lá transitados, como pagamentos por meio de bancos.

Extraterritorialidade das leis anticorrupção e outros atos ilícitos

Nessa mesma linha estão os efeitos extraterritoriais de normas a que estão sujeitas as instituições financeiras, de aplicação ampla, para evitar sua utilização em práticas criminosas em diversas partes do mundo. País que abriga grande parte dos negócios bancários internacionais, os Estados Unidos, atentos ao problema da lavagem de dinheiro, por meio de instituições bancárias, com ou sem agências ou sede no país, editaram normas conhecidas como *Anti Money Laundering*, conjunto de leis e regulamentos destinadas a prevenir o uso de fundos ilegalmente obtidos, com reflexos em diversos países, ainda que os atos não tenham sido praticados no território americano.

A extraterritorialidade dessas normas e sua aceitação geral revela que o processo de mundialização do Direito, consequente ao neoliberalismo instalado no mundo, continua em diversas frentes. Se há princípios de Direito Internacional tradicionalmente aceitos, aprofunda-se a tendência de acolhimento de políticas nacionais, como as do combate à corrupção e ao crime organizado, a requerer a colaboração de diversos Estados, diante da transparência e fluidez das fronteiras nacionais. Essa cooperação internacional induziu a celebração de convenções internacionais como a da Convenção Contra o Tráfico Ilícito de Entorpecentes e de Substâncias Psicotrópicas, celebrada em 1988.[44]

Não obstante o art. 2º dessa Convenção estabeleça que um Estado não terá jurisdição, nem funções no território de outro, o artigo 3 º amplia-a para conferir a prerrogativa do Estado de adotar medidas necessárias para caracterizar como delitos, no direito interno, quando cometidos no exterior, ou seja, no território de outro país. Cada Estado, portanto, está dotado de autorização internacional para aplicar sua jurisdição territorial com efeitos extraterritoriais.[45]

As políticas nacionais de combate à ilícitos que extravasam os estreitos limites do território estatal advém do interesse comum em coibir ações de empresas privadas e de conglomerados em conluio com ou ineficiência de autoridades estatais, por meio de corrupção para os mais diversos fins. A lavagem de dinheiro, objeto das referidas normas, interessa a todos os Estados. Países, como o Brasil, trataram de editar leis sobre o tema, a refletir consciência da necessidade de ação internacional harmônica para enfrentar a força adquirida pelo crime organizado.

Ao alinhar-se a essa tendência, o Brasil editou a lei 9.613, de 03.03.1988, que criou o Conselho de Controle de Atividades Financeiras – COAF, destinado a fiscalizar movimentações financeiras e apurar irregularidades e caracteriza e define o crime de lavagem de dinheiro. O artigo 2º estendeu a jurisdição brasileira a delitos cometidos no exterior, sem identificar a nacionalidade do agente, aplicando-se, portanto, a quaisquer pessoas, seja lá onde tiverem praticado o delito.[46]

[44] Ratificada pelo Brasil e objeto do Decreto 154, de 26.06.1991

[45] Art. 2 º nº 3 – Uma Parte não terá, no território de outra Parte, nem jurisdição nem funções que tenham sido reservadas exclusivamente às autoridades dessa outra Parte, por seu direito interno.

Art. 3 – nº 1 – Cada uma das Partes adotará as medidas necessárias para caracterizar como delitos penais em seu direito interno, quando cometidos internacionalmente.

[46] Art. 2º O processo e julgamento dos crimes previstos nesta Lei:

I – obedecem às disposições relativas ao procedimento comum dos crimes punidos com reclusão, da competência do juiz singular;

II – independem do processo e julgamento das infrações penais antecedentes, **ainda que praticados em outro país**, cabendo ao juiz competente para os crimes previstos nesta Lei a decisão sobre a unidade de processo e julgamento;

Ainda atento à transnacionalidade e inter-relações de ações criminosas fora de suas fronteiras, mas com reflexos dentro delas, o Brasil ratificou a Convenção de Combate à Corrupção de Funcionários Públicos Estrangeiros em Transações Comerciais Internacionais, concluída em Paris em 17.12.1997[47]. O artigo 4º dessa Convenção estabelece que o Estado dela signatário deverá processar seus nacionais por delitos cometidos no exterior e tomar medidas necessárias dentro de sua jurisdição, relativos a corrupção de funcionário público estrangeiro, segundo aqueles princípios. Da mesma forma, segundo a Convenção, cada parte deverá exercer sua jurisdição em relação à corrupção de funcionário público estrangeiro, quando o delito for cometido integral ou parcialmente em seu território.

Essa Convenção demonstra o interesse da sociedade internacional em combater as diversas formas de corrupção, disseminadas por todo o canto, seja por corrupção de funcionários estrangeiros ou nacionais, seja por outros meios. As normas sobre lavagem de dinheiro, consequentes a atos ilícitos, é, igualmente, de interesse comum[48], sobretudo diante da sofisticação propiciadas pela tecnologia da informação. Esse interesse real, como descrito por Manuel Castells, ao esclarecer a estratégia utilizada pelas organizações criminosas, ao formarem empresas em áreas de baixo risco político e jurídico, nas quais têm controle institucional, como fazem os cartéis de drogas e os que lidam com armamentos ou tráfico de material radioativo.[49] Tais grupos investem recursos ilícitos em atividades lícitas, nas quais podem continuar a aportá-los, para escapar de controles de autoridades governamentais.

Essa nova realidade, tanto da tecnologia da informação, como o seu uso por organizações criminosas de toda sorte, compeliu os Estados a abrir mão da estrita territorialidade da sua jurisdição, para aceitar efeitos da jurisdição alheia, diante do interesse de defender a comunidade local contra atos

[47] Decreto nº 3.678, de 30.11.2000.

[48] Na França o tema tem despertado a atenção das autoridades monetárias, como noticiado por JEAN-LUC HERRENSCHMIDT, no artigo "Le Blanchiment dans les circuits Financiers Mondiaux", em que informa serem frutos de lavagem de dinheiro, em bolsas italianas cerca de 15% dos capitais investidos, originados de atividades mafiosas e 20% de imóveis em Nova Iorque, in *L'Illicite dans le commerce international*, Universidade de Bolonha, LITEC, 1996, p.309.

[49] MANUEL CASTELLS, *Fim de Milênio*, Paz e Terra, vol. III, São Paulo, p. 203 e ss.

perniciosos sobre os quais não têm controle. É mais um dos traços pelos quais se manifesta a tendência fortalecida da mundialização do Direito.

Repercussões nos atos de aquisição e fusão de empresas

A extraterritorialidade de normas nacionais sobre atos de aquisição e fusão de empresas ampliou seus efeitos pela necessidade de regulá-los, quando escapam à esfera interna de cada Estado. É consequência dos rumos impostos pelo desenvolvimento dos negócios acionários em bolsas de valores, ou fora dela, com novos contornos e características criados pela imaginação dos empreendedores.

O tema requer a análise da atuação de dois tipos de atividades, a dos administradores de empresas – apodados de executivos – e a dos empreendedores ou empresários, cuja ação mais notória é a de constituição, aquisição, incorporação e fusão de empresas. Não se ocupam da administração ordinária da companhia, delegada à administradores executivos, mas farejam oportunidades de negócios e de mercados para adquirir participações acionárias relevantes e controle de empresas.

Os administradores responsáveis pelas tarefas do dia a dia dos negócios nem sempre possuem visão mais ampla do mercado, do negócio explorado pela empresa e mesmo das tendências do momento, no país e no mundo. Essa percepção, todavia, torna-se cada vez mais relevante diante da globalização da economia e da inter-relação dos negócios mercantis, uns a influenciar outros e a modificar costumes e hábitos, ainda que arraigados na comunidade. O aumento ou redução da taxa de juros aprovado pelo Banco Central de países industrializados, notadamente Estados Unidos, União Europeia e China, atualmente as economias que mais exercem influência nas demais, irradia reflexos em outros. Da mesma forma, o aparecimento de nova tecnologia pode deixar ultrapassada a utilizada pela empresa, como as que se dedicavam à fabricação de câmaras fotográficas, a requerer impressões de fotos em papel, superadas pelos tabletes e celulares, que utilizam tecnologia mais avançada, tornando obsoleta as outras. A não percepção da novidade tecnológica e a falta de adaptação aos novos rumos por ela indicados pode levar a atividade à ruína.

A atuação das empresas reflete decisões de seus administradores, nem sempre com qualificações adequadas. Adquirem, no exercício do poder empresarial, vícios não percebidos pela rotina e pela obediência a procedimentos anacrônicos a que se habituaram. Acomodam-se e deixam de enfrentar desafios. O desenvolvimento da tecnologia da informação que rapidamente transformou os meios de comunicação, os sistemas de computadores e de reprodução audiovisual, é dos fatores novos a assombrar tomadores de decisão acostumados a padrões ultrapassados.

Os investidores em ações de companhias de capital pulverizado, por seu turno, embora detentores da maioria ou de expressiva minoria do capital, sem, contudo, constituírem grupo de controle, não têm condições de influir no rumo dos negócios sociais, nem conhecimento ou mesmo vocação para essa tarefa. É função de administradores profissionais, dos chamados "executivos". Pequenos e mesmo grandes acionistas, como ocorre com a maioria das empresas com ações cotadas em bolsa, têm como objetivo o aumento do valor investido, por meio de dividendos, ou da valorização do capital nelas investido.

Quem se ocupa da atividade empresarial são os administradores, verdadeiros donos do poder, cujo destino e carreiras estão a ela vinculados, até como aspiração pessoal de sucesso e de oportunidades de ascensão social e profissional. São eles – e não os acionistas – os que possuem a *affectio societatis*, o interesse efetivo na empresa e nos seus destinos. Atuam com as mesmas características de políticos na esfera governamental. Não são donos da companhia, não auferem dividendos, embora, em alguns casos, exageram nas remunerações e prêmios, por eles conseguidos por meio de arranjos societários, por vezes com a cumplicidade de acionistas. Constituem a tecnoestrutura a que se referiam John Kenneth Galbraith e Adolf A. Berle, Jr, integrada por hábeis profissionais bem-sucedidos que auferem benefícios os mais diversos, como opções para compra de ações, vantagens para aposentadoria e outros que podem resultar em diminuição na capacidade das empresas em concorrer com outras.[50]

[50] GALBRAIHT, John Kenneth, *The Culture of Contentment*, Houghton Mifflin Co., Nova Iorque, 1991, p.55/56; BERLE, JR, Adolf A., *The 20th Century Capitalist Revolution*, Harcourt, Brace & World, Inc,, Nova Iorque, 1954, p.31/33.

Há, contudo, atuações notáveis a ilustrar o papel dessa tecnoestrutura, em situações em que a participação de administradores os tornou célebres na recuperação de grandes empresas em declínio, recolocando-as em antigo patamar de sucesso. São exemplos que se tornaram conhecidos a intervenção de administrador contratado pela antiga empresa Chrysler, em apuros financeiros, salva, com auxílio financeiro da União americana, devolvido antes do prazo de vencimento. A intervenção de outro administrador de sucesso, um dos fundadores da Apple, dela demitido e, depois, nela reintegrado, é, também, exemplo de atuação de profissional em empresa em dificuldades, tornando-a uma das mais valorizadas no mundo empresarial da tecnologia da informação.

Assim, se, de um lado, administradores ineficientes podem levar empresas ao fracasso, outros se notabilizam, como os exemplos citados. A ação dos administradores decorre, de maneira geral, da capacidade e inclinação pessoal para o exercício do poder empresarial, alguns por pura vocação para posições de poder, outros interessados em ascensão na carreira, aumento de prestígio e de ganhos, nem sempre associados ou coincidentes com o dos acionistas.

Disso resulta a dicotomia clássica: o acionista, dono do capital, com poder de eleger e destituir os administradores, e o administrador profissional, que exerce o poder da condução da sociedade, com independência. Os acionistas, ausentes, distraídos e distantes ficam atentos apenas ao valor da cotação das ações e aos dividendos, alheios aos percalços rotineiros da administração. Não têm vinculação maior com a companhia e estão prontos a se desfazer dos investimentos nela feitos ao primeiro sinal de dificuldade e baixa rentabilidade.

Essa característica da vida real das empresas enseja o aparecimento de outro tipo de administrador: os empreendedores, hábeis empresários e negociadores, a perceberem a fragilidade de situações de risco em que tais empresas se encontram, vitimadas por essa dicotomia, ou por novos tempos, aos quais não puderam se adaptar. Dedicam-se à aquisição do controle de sociedades, com visão de oportunidades de negócios dos mais diversos e das tendências do mercado em geral. O foco de sua atenção e atividade são empresas sem lucratividade, geralmente em virtude de administração viciada e ineficaz, mas com ativos relevantes e ociosos. Percebem a dicotomia – acionista/administrador – incapaz de superar entraves societários, a manter na condução dos negócios sociais administradores acomodados ou incompetentes e alheios às tendências do mercado, ou, ainda, incapazes de tomar medidas para impulsionar as atividades da empresa. Por vezes, acionistas desinteressados ou incapazes de provocar alterações na companhia para adequá-la à dinâmica dos negócios são também responsáveis por essa situação.

Uma das estratégias de um tipo particular de empreendedor com relativo sucesso nas décadas de 1980/2000, foi a de adquirir o controle de empresas com ativos relevantes e baixo retorno em dividendos. Formava-se empresa com capital reduzido para apresentar proposta de aquisição de ações de controle, por vezes hostil, não amigável, por valor nem sempre compatível com o dos ativos da companhia. Ficaram conhecidas como operações de *Leveraged Buyout*, identificada pela sigla LBO. Ao assumir o controle, geralmente financiado com recursos de empréstimos garantidos pelos ativos da companhia alvo, os novos controladores substituem os administradores por outros afinados com seus propósitos, com redução de custos e alienação de ativos não essenciais. Os recursos auferidos destinam-se a reembolsar o financiamento obtido. Foi modalidade notada no mercado de ações norte-americano, não se tendo notícia no Brasil de comportamento similar, até porque o controle societário é geralmente detido por acionista majoritário, ou por grupo de acionistas. O controle não é pulverizado, como em outros mercados, a possibilitar ofertas de aquisição hostil, a deslocar o controle para o novo investidor.

A análise do quadro do mercado de ações norte-americano motiva referências irônicas, como as atribuídas à Carl Icahn, notório empreendedor nesse tipo de negócio, de que "os acionistas são os peões que representam um mal necessário que precisam ser tolerados, possivelmente patrocinados, mas certamente ignorados. "[51]

A amarga observação reflete a realidade da grande empresa e dos grandes conglomerados, geridos por profissionais, competentes ou não, mas ávidos de poder e com habilidade política para se manterem na direção societária. Advém também da constatação de as empresas não dependerem de capitais aportados pelos acionistas, providos, quando necessário, por financiamentos bancários, emissão de debêntures subscritas por fundos de pensão dos mais diversos e de outras fontes, garantidos, com frequência, por ativos da própria empresa, ou pela perspectiva de rendimentos futuros. O aporte de capitais

[51] *The Economist*, volume 437, n. 9150, edição de 6.07.2019, p. 50

pelos acionistas deixou de ser essencial para financiar projetos de expansão ou para liquidar passivos onerosos. Daí a irrelevância referida.

Essa estratégia inclui aquisições e fusões da sociedade matriz, controladora de empresas e de subsidiárias que integram o conglomerado, com unidades operacionais localizadas em diversas partes do planeta e sujeitas à jurisdição territorial dos diversos Estados em que se situam. A conquista do controle da matriz implica a de todas suas ramificações, com efeitos que se espalham mundo afora. Abrangem atividades empresariais as mais diversas, desde mineração, prospecção de petróleo, manufaturas das mais diversas, indústria de alimentos, agronegócio, enfim rol enorme de negócios explorados pelas empresas integrantes do conglomerado, não identificadas com o distante, mas efetivo, grupo controlador.

Exemplo dessa estratégia oferece a do grupo *Phillips Morris International*, atualmente denominado Altria Group Inc. empresa fundada em 1847, inicialmente dedicada à indústria e comercialização de tabaco. Ante forte campanha contra o uso do tabaco, atividade principal da empresa, diversificou-a com a aquisição de outras companhias de objetivos sociais diversos, como a da indústria de alimentos *Kraft Foods*, em 30,10.1988, e, em 2000, da *National Biscuit Company* (Nabisco), fabricante de biscoitos e doces. A estratégia de aquisição de empresas e de associações pode, por vezes, caracterizar o monopólio, o que tem levado as autoridades norte-americanas a determinar a fragmentação de grupos empresariais, como ocorreu com o setor de telefonia. O objetivo é o de assegurar condições para a manutenção do livre comércio e evitar situações de monopólio e de excessivo poder em mãos de empresários privados.

A concentração de empresas e efeitos extraterritoriais

O resultado desses atos pode afetar mercados estrangeiros e propiciar concentração de poder de decisão em empresas sob controle unificado e, em consequência, a possibilidade de manipulação de preços, de produtos a serem fabricados e comercializados em mercados definidos pelos administradores, a influir na concorrência local.

Ainda que esse efeito não seja o objetivo da aquisição, incorporação ou da fusão, a concentração de poder de controle cria condições para isso, com risco de situações de monopólio, redução da concorrência e aumento de poder empresarial. Atentos a essa perspectiva, os Estados têm-se acautelado contra negócios empresariais que a possibilitem por diversos meios, seja associações horizontais (*joint ventures*), constituição de sociedades de participações, fusões ou aquisições e mesmo acordos de cartéis. O poder do controlador pode assustar autoridades governamentais, incapazes de submetê-los às normas nacionais, no âmbito do território estatal.

Essa situação motivou reações defensivas de Estados para as evitar ou mitigar os seus efeitos. A estratégia dessa defesa tem sido a edição de leis para assegurar o livre comércio e coibir atos que afetem ou possam afetar a livre concorrência, o livre comércio e, sobretudo, a concentração desmesurada de poder empresarial. Inaugurou-a os Estados Unidos, interessados em preservar sua política de economia de mercado e da livre concorrência, característica de seu sistema político-econômico, inicialmente não compartilhado pela maioria das nações ocidentais, sem contar as demais do antigo sistema socialista, igualmente indiferentes ao tema.

Como anotado acima, a controvérsia inicialmente provocada pela aplicação das leis antimonopólio a fatos ocorridos no exterior acabou por desaparecer com a adoção de critério similar por outros países, como o Brasil e a União Europeia, com a interpretação dada pela Comissão da Comunidade Europeia ao art. 85 de Roma pelo Regulamento 4064/89, ratificada por decisões judiciais. Em diversas decisões a Corte de Justiça da Comunidade Europeia, atualmente União Europeia, aplicou a teoria dos efeitos do ato no exterior causados na área e considerou irrelevante o local onde o contrato foi assinado. Embora tivesse sido celebrado em outro país, portanto, sob outra jurisdição, o que importava eram os efeitos do ajuste por ocasião da execução, tendo em vista a unicidade do contrato.[52]

A evolução de uma política nacional típica de país que adota a livre concorrência e a economia de mercado toca fundo na concepção dominante no Ocidente, da economia neoliberal que prevaleceu ao fim da Guerra Fria e nos negócios transnacionais que se aprofundaram desde meados do século XX. É, também, um dos componentes da mundialização do Direito, a refletir

[52] Sobre o assunto, vide EVELYNE FRIEDEL-SOUCHU, *Extraterritorialité du Droit ode la Concurrence aux États-Unis et dans la Communauté Européenne*. L.G.D.J., 1994, p. 109/123.

uniformidade de tratamento legal a fatos que interessam a mais de um Estado. Ao se expandir o neoliberalismo econômico, em contraposição à economia planificada, sob controle estatal do sistema comunista, conceitos típicos desse sistema acabaram por também ser adotados, como um dos seus pilares de sustentação.

Os efeitos extraterritoriais das normas da CVM

A tendência acima assinalada de conferir efeitos extraterritoriais a normas nacionais sobre condutas no exterior, com efeitos no Brasil inspirou a redação do § 6º da Lei 6.385/76, que criou a Comissão de Valores Mobiliários (CVM), introduzida na alteração objeto do Decreto nº 3.995, de 31.10.2001. Abstraindo a questão de a constitucionalidade de um decreto ampliar o disposto em lei, a alteração se concilia com a tendência da universalização do Direito acentuada pela nova configuração da ordem mundial provocada pelo liberalismo econômico e globalização da economia, atualmente observada. A norma refere-se aos efeitos verificados no país de condutas fraudulentas no exterior, acolhendo, assim, a teoria dos efeitos, tal como a observada pelo CADE, já referida.

Com a grande inter-relação das economias e dos negócios transnacionais, a extensão da jurisdição da CVM não discrepa da tendência internacional e atende à necessidade de ampliar o exame de negócios acionários realizados no exterior, com repercussões no território brasileiro. A possibilidade de aquisição de títulos cotados em bolsas estrangeiras constitui novo ingrediente, no Brasil, do desenvolvimento dos negócios acionários.

Em duas situações a CVM apreciou negócios com essas características, com a aquisição de *American Depositary Receipts* (*ADR*) na Bolsa de Nova Iorque, emitidos por empresa brasileira. Os dois casos referem-se à emissão pela mesma companhia daqueles títulos cotados e negociados naquela bolsa, em operações similares. Ambos foram objeto dos Processos Administrativos Sancionadores CVM n° SP 2008/0117 e Administrativos Sancionadores CVM n° SP 2008/0118.

As informações que levaram à instauração dos processos foram obtidas pela autarquia brasileira fornecidas pela *Securities Exchange Commision* (SEC), dos Estados Unidos, em cumprimento a convênio firmado por ambas as entidades, em conformidade com o art. 10 da lei 6.385/76, com a nova redação dada pela Lei 10.303/2001.[53] A celebração de Convênio resulta da atenção de ambos os países para negócios em bolsas de valores que contenham indícios de fraudes.

O voto do relator, acolhido pela Comissão, com votos separados, mas coincidentes, ressalta:

> "Nesse passo e por todo o exposto, entendo que a redação do artigo 9º, § 6º, da Lei nº 6.385/76 não deixa qualquer dúvida acerca da competência da CVM para apurar a conduta descrita na acusação e, portanto, esta Autarquia tem plena competência para apurar e punir a conduta narrada, ressaltando que a apuração do caso em exame deu-se com o auxílio da Securities and Exchange Commission ("SEC"), órgão regulador do mercado de capitais dos Estados Unidos, em resposta à Official Letter/CVM/SRI/043/2006, de 11/08/06, no âmbito do Memorandum of Understanding (MoU), assinado entre a CVM e a SEC em 01/07/88."

Se, no passado, essa extensão da jurisdição territorial causava polêmica e inconformidades, o desenvolvimento do Direito Internacional nas últimas décadas do século XX caminhou na direção da colaboração entre os Estados, diante da constatação dos limites da jurisdição territorial, inapta para abranger relações transnacionais. Essa colaboração permite dar eficácia a decisões da CVM, pois a repercussão no território brasileiro de ilícitos cometidos fora do Brasil, requer a atuação das autoridades brasileiras para processar e punir responsáveis.

Como visto, a extraterritorialidade da jurisdição da autarquia brasileira não discrepa da tendência internacional de ampliar o foco de atuação de cada país à ações cada vez mais acentuadas na esfera internacional. As limitações

[53] Artigo 10 da Lei nº 6.385/76 com a redação dada pela Lei nº 10.303/01: "Art. 10. A Comissão de Valores Mobiliários poderá celebrar convênios com órgãos similares de outros países, ou com entidades internacionais, para assistência e cooperação na condução de investigações para apurar transgressões às normas atinentes ao mercado de valores mobiliários ocorridas no País e no exterior."

da territorialidade da jurisdição têm motivado ações coordenadas, por meio de convenções internacionais, ou pela ação unilateral dos Estados, desde que dentro do escopo comum de evitar o alastramento de condutas ilícitas.

Convenção das Nações Unidas contra a Corrupção

O interesse geral em coibir atos de corrupção inspirou a Convenção das Nações Unidas contra a Corrupção, cujo preâmbulo destaca o interesse de todos os países em coibir comportamento ilícito de autoridades púbicas e de empresários [54]. Sua aprovação pelas Nações Unidas revela o interesse geral de estimular a incorporação da cultura e de padrões éticos e morais a governar a atividade privada das empresas e de autoridades estatais.

Salienta o seu preâmbulo ser a corrupção fenômeno transnacional a afetar todas as sociedades e economias, requerendo, por isso, cooperação internacional, para evitá-la e puni-la. Ressalva o respeito à jurisdição doméstica e afasta a ideia de delegação de poderes de um Estado a outro para exercer jurisdição ou funções que a legislação interna desse Estado reserve a suas autoridades.[55] Certamente o intuito desse preceito foi evitar a imposição de padrões nacionais desvinculados de princípios gerais acolhidos pela generalidade dos Estados e o respeito à jurisdição territorial de cada um.

Os efeitos extraterritoriais de leis nacionais constituem matéria sensível a requerer ponderação na sua aplicação. Nem sempre a extraterritorialidade de uma lei pode ser considerada invasão à jurisdição de outro país, se sua aplicação visa a regular os efeitos locais do fato ocorrido no exterior. O tema foi amplamente examinado na aplicação das leis antimonopólio.

[54] Ratificada pelo Brasil conforme Decreto nº 5.687, de 31 de janeiro de 2006, após sua ratificação por meio do Decreto Legislativo nº 348, de 18 de maio de 2005.

[55] Artigo 4 – Proteção da soberania

1. Os Estados Partes cumprirão suas obrigações de acordo com a presente Convenção em consonância com os princípios de igualdade soberana e integridade territorial dos Estados, assim como de não intervenção nos assuntos internos de outros Estados.

2. Nada do disposto na presente Convenção delegará poderes a um Estado Parte para exercer, no território de outro Estado, jurisdição ou funções que a legislação interna desse Estado reserve exclusivamente a suas autoridades.

É princípio assente que cada Estado tem jurisdição sobre seus nacionais, ainda que por atos praticados no exterior. O fato acontece fora do Estado, sob jurisdição de outro país, mas a ligação do agente com o país justifica a imposição da jurisdição nacional.

Há outro ponto a se considerar. A corrupção, como salientado no preâmbulo da Convenção, sendo fenômeno transnacional, inclui-se na categoria de delito universal a conferir jurisdição a todos os países para adotar normas destinadas a desincentivá-la ou a puni-la. Trata-se de conduta nociva, independentemente de eventuais efeitos no país. O princípio de direito internacional sobre a universalidade do delito justifica a jurisdição de todos os Estados e está na base dessa norma.

A corrupção, lavagem de dinheiro e terrorismo: um problema mundial

Um dos efeitos notórios da globalização da economia, produzido principalmente pelas atividades internacionais de empresas privadas, é a ampliação de atos ilícitos, dentre os quais se destaca a corrupção, o terrorismo e a lavagem de dinheiro, em suas diversas formas. Atinge indistintamente autoridades governamentais, funcionários e diretores de empresas privadas. Podem atuar juntos em estreita colaboração para a celebração de contratos lucrativos, precedidos de entendimentos colaterais de concessão de vantagens e benefícios aos negociadores, fora do contexto. A isso denomina-se corrupção.[56]

Mas, não é só em negociações entre empresas privadas e autoridades governamentais que a prática se aprofunda. Mesmo em negócios privados, similar comportamento pode ocorrer, com o favorecimento de parceiros, fornecedores, financiadores e outros participantes de transações empresariais

[56] A Organização para a Cooperação e Desenvolvimento Econômico – OCDE – define corrupção no artigo 1º da Convenção por ela aprovada: "O delito de corrupção de Servidores Públicos Estrangeiros. 1 Cada parte tomará as medida necessárias para tipificar o que, segundo sua jurisprudência, seja um delito penal em que uma pessoa deliberadamente ofereça, prometa ou conceda qualquer vantagem indevida pecuniária ou de outra natureza a servidor público estrangeiro, direta, ou indiretamente, em benefício deste ou para terceiros para que esse servidor atue ou se omita em relação ao cumprimento de seus deveres oficiais, com o propósito de obter ou de omitir-se em negócio ou qualquer outra vantagem indevida na condução de negócios internacionais.

à custa da empresa afetada, cujos dirigentes nem sempre estão cientes dos meandros de negociações a cargo de funcionários, salvo quando coniventes e, portanto, corresponsáveis.

As operações de venda e compra de empresas ou a contratação de negócios de grande expressão econômica com fornecedores e investidores em geral pode gerar interesses paralelos no favorecimento da contraparte, mediante benefícios aos negociadores, ocultados da empresa. É também a corrupção privada a envenenar os grandes conglomerados, com estrutura complexa, levados a estabelecer códigos de conduta e sistemas de conformidade (*compliance*) para coibir, ou, pelo menos, limitar práticas perniciosas e ilegais.

Para afastar condutas suspeitas na fixação de preço e de condições negociais na compra de empresas é que se adotou a prévia investigação contábil (*due diligence*), realizada por auditores independentes de boa reputação. O propósito é duplo: cautela para evitar comportamentos inidôneos e, em paralelo, a avaliação do valor do negócio, como etapa necessária para sua conclusão. Os maiores interessados são os negociadores, na apuração de ativos e passivos, como o conjunto de fatores que podem influir na transação, seja como compradores, seja como vendedores. O ato preserva a higidez do negócio e o comportamento adequado dos negociadores.

O propósito não declarado da providência é evitar ou afastar suspeitas de comportamento inidôneo ou de incompetência negocial. Independentemente da hipótese de corrupção, tem-se exigido de administradores a apresentação de informações pormenorizadas sobre compra e venda de ativos relevantes da empresa, para aferição, pelos seus órgãos diretivos, de aspectos essenciais e razoáveis para a conclusão do negócio. Embora as negociações de compra e venda de ativos ou de ações de empresa normalmente transcorram em sigilo, há necessidade de transparência, ainda que restrita, a permitir setores da empresa tomar conhecimento do conjunto negociado, para tomar decisões apropriadas.

Trata-se de providência com o fim de informar os acionistas ou conselheiros da empresa sobe os aspectos relevantes do negócio e a razoabilidade do preço e condições negociadas.

A regra do julgamento posterior do negócio

A esse propósito, oportuna a decisão da Suprema Corte de Delaware, dos Estados Unidos, no caso *Smith x Van Gorkom*, ao apreciar controvérsia sobre a venda de bem de uma empresa, em que se exigiu essa providência, não cumprida pelos negociadores.[57]

A negociação de ativos relevantes ou de ações ou controle de empresas, cercada de sigilo próprio que a preside, é matéria sensível que requer cautela na apreciação dos resultados. Mesmo que afastada a suspeita de favorecimento ou de corrupção, paira a possibilidade de crítica sobre condução dos negociadores. Podem surgir controvérsias sobre a conduta correta e competente nos entendimentos. É o caso de negociações com um único interessado, sem examinar eventuais terceiros. A pretensão dos acionistas levada à Corte do Estado norte-americano de Delaware resultou na aplicação da doutrina conhecida como "a regra do julgamento do negócio" (*"the business judgment rule.* A apreciação crítica depois da conclusão dos entendimentos nem sempre é adequada e desconsidera momentos e características das partes e do próprio negócio. Por vezes a divulgação do interesse na venda de ativos pode desvalorizá-los. Nesse caso, os administradores foram isentos de responsabilidade, por ter-se entendido que enganos e erros de julgamento honesto não podem qualificar os negociadores como negligentes. A decisão ponderou que *"os diretores de empresa cumprem seus deveres fiduciários quando exercem, em boa fé, a apreciação do negócio (business judgement) ao tomarem decisões relativas à empresa. Quando agem em boa fé, gozam eles da presunção de julgamento razoável de negócios neles depositada como diretores, nos quais os tribunais não interferirão, se qualquer propósito racional de negócio pode ser atribuído a suas decisões. Na ausência de fraude, negligência grosseira ou abuso de decisão, as cortes não interferirão com o exercício do julgamento de negócio pelos diretores"*[58].

[57] Sobre o tema, vide, JOSÉ CARLOS DE MAGALHÃES, "A Responsabilidade dos Administradores em alienações e aquisições de ativos relevantes", in *Revista de Arbitragem e Mediação*, São Paulo, RT, vol. 38, julho/set. 2013, 80-95 e *Temas de Direito Empresarial e outros estudos*, Malheiros Editores, São Paulo, 2014, p. 159-173.

[58] JOSÉ CARLOS DE MAGLHAES, op. cit., loc. cit.

Há sempre dificuldade na apreciação *a posteriori* de negociações conduzidas com correção e cuidado, em paralelo com outras envoltas em nebulosidade de comportamentos dos negociadores.

O espantalho da corrupção tem assustado empresas, alarmadas, sobretudo, com o sucedido com conglomerado multinacional de grande repercussão internacional, pela notoriedade de sua participação em grandes contratos com diversos Estados. Nos processos contra ela instaurado, divulgados pela imprensa, teriam sido apurados pagamentos de mais de US$1 bilhão em propinas em diversos países. Além de pesadas multas, teve de despender mais de US$100 milhões em programas de treinamento a seus funcionários e diretores.[59] A imagem da empresa ficou comprometida, dificultando sua participação em outros negócios.

Em tais casos não se pode concluir que atos de corrupção tenham sido praticados em benefício da empresa, mas de funcionários ou diretores, que dela se prevalecem para obter vantagens pessoais indevidas, em detrimento dela e de sua reputação. Embora benefícios e vantagens a negociadores possam se justificar abertamente e, assim, com transparência, como incentivo à exação e habilidade negocial, a fraude e corrupção têm componente distinto, oculto, carregado de ilicitude.

O bom negócio da aquisição e a administração posterior desastrada

Por vezes, a compra de empresa rentável por conglomerado se revela desastrosa, com prejuízos inesperados registrados após o negócio. Nesse caso, não se cogita de corrupção ou de má condução do negócio. A causa pode ser a precipitada integração da empresa adquirida à estrutura societária do conglomerado, sujeitando-a a procedimentos administrativos incompatíveis com suas características, com o objeto de suas atividades e a peculiaridade das relações comerciais de que participa.

A pequena e média empresa acostumadas à informalidade no trato de seus negócios, a lhes permitir rapidez na tomada de decisões e de solução de

[59] PARAG KHANNA, *Como governar o mundo – Os caminhos para o novo renascimento*, Intrínseca, Rio de Janeiro, 2011, p. 144/145.

problemas rotineiros, podem defrontar-se com estrutura complexa para a tomada de decisões, com consultas a órgãos administrativos, a licitações para aquisição de insumos e outras formalidades antes ignoradas e mesmo desnecessárias, embora justificáveis na nova realidade em que se integrou. O bom negócio pode se revelar desastroso, mas a causa é subsequente à aquisição. A ruína pode ser imputada à prematura incorporação da empresa adquirida à estrutura administrativa e aos controles rígidos próprios dos grandes conglomerados. Não é por outra razão que empresários experientes se recusam a adquirir sociedades lucrativas e bem estruturadas, mas de características incompatíveis com as adotadas pela adquirente.

A lavagem de dinheiro e outros ilícitos

A lavagem de dinheiro, em suas diversas formas e outros atos ilícitos do comércio internacional são também meios de atuação conjunta, com envolvimento de representantes de ambas as partes no negócio.[60] Trata-se de mecanismo utilizado para legalizar recursos de origem criminosa que extravasam o território do Estado, como o tráfico de drogas, de pessoas, de armas e os que envolvem ações terroristas e outros correlatos. Obras de grande vulto a requerer a participação de empresas privadas especializadas, como as dedicadas à construção de usinas, plataformas de exploração de petróleo, aeroportos, estradas de ferro e de rodagem, a construção de vagões e outras de valores elevados têm despertado o apetite de empresários para a obtenção de contratos.

Países necessitados dessa colaboração, muitos sem estrutura administrativa capacitada para gerenciar tais obras e contratos, são alvos preferidos, sem excluir outros, sujeitos aos mesmos efeitos, como registrado em decisões judiciais e arbitrais. A esse propósito é ilustrativa a decisão proferida no caso *Hilmarton*, que abordou o pagamento de comissão pretendida por sociedade

60 Segundo se relata, o termo "lavagem de dinheiro" teria origem na prática de um financista, em Chicago, nos anos 1920, que comprou algumas lavanderias automáticas que só recebiam pagamento em dinheiro. Antes de declarar os ganhos diários para recolhimento de impostos, acrescentava valores adicionais "lavados". Curiosidade relatada por MANUEL CASTELLS, em nota de rodapé nº 25, com base em informação da *Literaturnaya Gazeta*, de 12 de julho de 1994, in *Fim de Milênio*, Paz e Terra. São Paulo, 1999, p. 245,

inglesa que intermediou contrato com autoridades governamentais argelinas, ato proibido pelas leis da Argélia. O ajuste gerou suspeição sobre sua lisura. A decisão arbitral, cautelosa, deixou de considerar eventual corrupção, restringindo-se a apreciar a violação da lei local, como fundamento para acolher a pretensão do requerente e anular o negócio. Evitou ingressar na seara nebulosa da eventual corrupção, de difícil comprovação. Preferiu escorar-se na violação da lei, como fundamento para a decisão. Teve o mérito de produzir o mesmo efeito.

A conivência de negociadores

O interesse na realização de negócios internacionais evolvendo o Estado não se cinge à empresa privada, mas também à participação conivente de autoridades estatais, dispostas a colaborar na prática de eventual ilícito, para proveito pessoal. O interesse da autoridade não se limita ao objeto do contrato, com os benefícios propiciados para a comunidade, com a modernização de sua estrutura e os resultados financeiros, consequentes ao aumento de arrecadação de tributos e empregos gerados. Há também o interesse paralelo no bônus da influência política do governante, ainda que não usufrua vantagens financeiras pessoais. Por isso, nem sempre há empenho efetivo em evitar atos de corrupção, para alcançar o fim almejado. Lucram as autoridades governamentais interessadas e as empresas envolvidas. O velho adágio, *fraus ominia corrupit* (a fraude corrompe a todos) ainda prevalece, sobretudo no comércio internacional, em que leis conflitantes podem facilitar operações não muito ortodoxas.

A esse propósito, relata-se que leis tributárias de alguns países até incentivavam certas práticas, ou as ignoravam, como a permissão para dedução contábil de despesas com pagamento de comissões a intermediários de negócios internacionais, sem a efetiva comprovação do serviço prestado.[61] Tais contratos, por vezes, regulam a prestação de serviços de consultoria desnecessária ou não efetivamente realizada, como mecanismo legal para contabilizar despesas

[61] BRUNO OPPETIT, "L'Ilicite dans le commerce international", *in L'Illicite dans le commerce international*, Litec, Université de Bourgone. Vol. 16, 1996, p. 21

e cumprir exigências de auditorias independentes. Mascaram propina para facilitar contratos.

Ademais, nem sempre tem sido fácil identificar a origem ilícita de recursos, a permitir resultados positivos em investigação criminal. Ilustra-o fato surpreendente verificado na liquidação de um banco em que os liquidantes constataram registro de 28.700 credores, titulares de créditos estimados em US$220. milhões, não reclamados, a fazer supor tratar-se de resultado de atividades criminosas não percebidas.

Outra forma de burlar leis tem sido a adoção de mecanismos ou operações licitas para mascarar fraudes. Um deles foi a usada por intermediário francês na exportação para sua própria empresa, em Hong Kong, de latas de conservas alimentícias vazias, que as autoridades aduaneiras coniventes deixavam ingressar no país, sem a devida verificação.[62] Expediente para lavagem de dinheiro, travestida de exportação de produto inexistente, em operação comercial com aparência regular, com a colaboração de autoridades locais a se omitirem da necessária fiscalização.

A ação do crime organizado no mundo globalizado

A esse quadro adicione-se as ações do crime organizado espalhado em todo o mundo, estruturado como empresas regulares para explorar atividades lícitas, financiadas com produtos do crime. A jurisdição territorial dos Estados limita-lhes a ação para controlar atos ilegais cometidos em outros países, com repercussões locais. Esse conjunto de fatores demonstra ser a corrupção e a lavagem de dinheiro, em suas diversas formas, problema que afeta a generalidade dos países e de empresas, ambos afetados e vítimas da prática.

No mundo globalizado da atualidade, a integração das economias e das relações comerciais torna inevitável a necessidade de regulação internacional e de coordenação de competências para regular temas de interesse comum. À falta de tratado, cada país, como autoridade de direito internacional, está

62 JEAN-LUC HERRENSCHMIDT, "Le Blanchiment dans les circuits financiers mondiaux" in *L'Illicite dans le commerce international*, Litec, vol. 16, Universidade de Borgonha, 1996, p 305-312.

autorizado a dispor sobre o tema, pois, reflete – ou deve refletir – política de interesse geral. A autoridade de cada Estado para atuar unilateralmente não se confunde com a autotutela, em que atua para defender seus direitos violados por outrem, por vezes sem observar normas internacionais, como acontecia no passado.

Os atos unilaterais com efeitos extraterritoriais se fundam no interesse geral em disciplinar atos e fatos que requerem disciplina legal, na ausência de instrumentos internacionais pertinentes. São atos que contribuem para a formação do Direito Internacional contemporâneo,[63] por atenderem as expectativas, valores e princípios que governam a comunidade internacional, nas quais se inclui a rejeição aos atos de corrupção em geral, em suas diversas formas. Atos unilaterais que não observam tais princípios são ilegais e despidos de autoridade, por não serem reconhecidos pelos demais países.[64] Embora possam ter eficácia na ordem interna do Estado, falta-lhes o segundo componente de qualquer norma jurídica, que é a autoridade.

A Lei anticorrupção dos Estados Unidos

Consciente da limitação da territorialidade da jurisdição, os Estados Unidos adotaram normas a serem aplicadas no país, com caráter extraterritorial, para alcançar atos praticados fora de sua jurisdição. O *Foreign Corrupt Practices Act*, de 1977[65], teve esse propósito, ao tornar ilegal certos atos de pessoas ou entidades que fazem pagamentos a autoridades governamentais de outros países, com o fim de obter contratos ou aprovações de normas que as favoreçam. A lei proíbe o uso de comunicações de qualquer espécie com oferta de pagamento ou promessa de recompensa para influenciar autoridades de outros

[63] LOUIS CAVARÉ *Le Droit International Public Positif, 1951, i, 164* destaca o papel dos Estados na formação do Direito Internacional.

[64] Oportuna, a esse propósito, observação de FREDERICK A. MANN: Jurisdiction is by no means concened only with the problem of ascertaining the State which, in a given case, has the sole right of regulation. There are many sets of circumstances which, by their nature, more than one State may be entitled to regulate To a large extent legislative jurisdiction is concurrent other than exclusive. *Studies in International Law,* Clarendon Press- Oxford, 1975, p.3.

[65] 15 U.S.C. §§ 78dd-1, e seguintes.

Estados, para a celebração de qualquer tipo de ajuste. Mesmo empresas estrangeiras com operações no exterior estão sujeitas à lei, se fizerem pagamentos, no território americano, a autoridades estrangeiras com propósitos de obtenção de vantagens ilícitas. Como forma de controle a lei exige que as empresa com ações cotadas em bolsas americanas mantenham registros contábeis que reflitam seus negócios e sistema adequado de contabilidade. Essa exigência pode interferir com normas de outros países que disponham de maneira diversa.

Ainda que a lei do Estado estrangeiro não seja violada, aplica-se a norma norte-americana, a quem tenha negócios com o outro país, em nítido efeito extraterritorial, constituindo manifestação unilateral que, no entanto, atende reclamos da comunidade internacional. Essa lei, tal como a que tem por objeto atividades monopolísticas e infração à livre concorrência, pode abranger fatos ocorridos sob outras jurisdições, com violação de princípio de direito internacional sobre a jurisdição doméstica de cada Estado.

Esse efeito se manifesta em outros setores da atividade empresarial, como a da negociação de ações de empresas de capital aberto ou de produtos perecíveis, como as conhecidas *commodities*, com preços cotados em bolsas de valores. A atração exercida pelas bolsas de valores e de mercadorias sediadas nos Estados Unidos, como a *New York Stock Exchange*, *NASDAG* e a *Chicago Mercantile Exchange (CME)*, confere maior eficácia da lei anticorrupção e a atos ilegais de outra espécie. Produz o efeito de fazer observar suas normas em contratos celebrados no exterior, sob jurisdição de outros Estados. A efetividade das normas dessas instituições abrange empresas interessadas em oferecer suas ações para negociação em bolsa, ainda que sediadas no exterior. Para esse fim, devem se submeter à normativa da entidade reguladora das atividades em bolsas no país, a *Securities Exchange Commission* (*SEC*), quaisquer que sejam suas origens.

Neste caso, não se trata de efeito extraterritorial, mas territorial, pois se aplica a atos e fatos no território norte-americano a que estrangeiros devem se submeter. Em outras palavras, se a empresa deseja ter suas ações negociadas em bolsas norte-americanas, deve se submeter às regras da entidade reguladora, ainda que possuam efeitos extraterritoriais. As normas editadas pela *SEC* influenciam entidades similares de outros países, diante dos efeitos da globalização da economia, dos negócios empresariais em geral e do interesse comum em harmonizar normas de funcionamento de bolsas de valores. Há inter-relação entre elas, a recomendar harmonização e coordenação.

Henry Paulsson, antigo secretário do Tesouro dos Estados Unidos, quando atuava como principal Diretor (*CEO*) de *Goldman Sachs*, grupo financeiro internacional, sediado em Nova Iorque, relata episódio ilustrativo. Contratado para assistir empresa chinesa, sob controle estatal, interessada em internacionalizar suas operações, encontrou forte resistência dos diretores chineses em aceitar regras de reorganização societária expedidas pela *SEC*, como condição para ter ações negociadas na Bolsa de Nova Iorque. Haveria a submissão de empresa sob controle estatal à normas de outro país. A resistência foi vencida ante a constatação de que, a não atender as condições impostas por tais regras, a opção seria procurar bolsa de valores em outro país, ou mesmo em Hong Kong, o que frustraria o interesse de internacionalização almejada, com a captação de recursos de investidores internacionais.[66] Haveria ela que se submeter às regras de entidade estrangeira, fora dos parâmetros nacionais. O episódio é ilustrativo para demonstrar a inter-relação de interesses a desafiar conceitos tradicionais da territorialidade de normas nacionais. É também um dos efeitos da globalização da economia e da interligação de atividades que não se cingem a um só país, por extravasarem suas fronteiras e alcançarem áreas sujeitas à jurisdição alheia.

A lei anticorrupção brasileira

Sensível aos efeitos de práticas ilegais de empresários no trato com autoridades brasileiras e estrangeiras, o Brasil aliou-se à tendência internacional de puni-las. Para isso editou a lei 12.846, de 01 de agosto de 2013, que dispõe sobre a responsabilidade de pessoas jurídicas pela prática de atos contra administração pública nacional ou estrangeira. Considera atos lesivos à administração pública nacional ou estrangeira que atentem contra o patrimônio público

[66] HENRY M. PAULSSON, Jr. *Dealing with China*, Headline Publishing Group, Londres, 2015, p. 43-64

nacional ou estrangeiro, contra princípios da administração pública ou contra compromissos internacionais assumidos pelo Brasil.[67]

A lei não esclarece se a prática do delito é a que se verifica no território brasileiro, ou, também no exterior, referindo-se apenas a atos contra a administração pública estrangeira. O art. 5º, §§ 1º a 3º, que trata do tema, não indica o local da prática do ato abrangido pela lei. Limitam-se esses dispositivos a considerar como alvo de atividades ilícitas, a administração pública estrangeira, órgãos e entidades estatais ou representações diplomáticas de qualquer nível, equiparando a elas as organizações internacionais. Define como agente público estrangeiro a pessoa que exerce cargo, emprego ou função pública em órgãos, entidades estatais ou em representações diplomáticas.[68]

Como o agente público estrangeiro exerce cargo no território do Estado estrangeiro, pode-se concluir alcançar a lei ato praticado no exterior, fora da jurisdição brasileira, o que está em sintonia com a tendência internacional de coibir atos de corrupção internacional. Há efeito extraterritorial por se aplicar a lei a fato ou ato ocorrido em outro território, sujeito à jurisdição estatal estrangeira, ainda que sem a violar. Note-se que a lei dispõe ser punível no Brasil prática de corrupção que prejudique país estrangeiro, ainda que não haja reflexos locais. Se a administração pública estrangeira for prejudicada pelo ato, a lei confere jurisdição às autoridades nacionais para processar os agentes responsáveis (art. 5 º – *Constituem atos lesivos à administração pública,*

[67] Art. 5º Constituem atos lesivos à administração pública, nacional ou estrangeira, para os fins desta Lei, todos aqueles praticados pelas pessoas jurídicas mencionadas no parágrafo único do art. 1º, que atentem contra o patrimônio público nacional ou estrangeiro, contra princípios da administração pública ou contra os compromissos internacionais assumidos pelo Brasil, assim definidos

[68] Art. 5º – § 1º Considera-se administração pública estrangeira os órgãos e entidades estatais ou representações diplomáticas de país estrangeiro, de qualquer nível ou esfera de governo, bem como as pessoas jurídicas controladas, direta ou indiretamente, pelo poder público de país estrangeiro.

§ 2º Para os efeitos desta Lei, equiparam-se à administração pública estrangeira as organizações públicas internacionais.

§ 3º Considera-se agente público estrangeiro, para os fins desta Lei, quem, ainda que transitoriamente ou sem remuneração, exerça cargo, emprego ou função pública em órgãos, entidades estatais ou em representações diplomáticas de país estrangeiro, assim como em pessoas jurídicas controladas, direta ou indiretamente, pelo poder público de país estrangeiro ou em organizações públicas internacionais.

nacional ou estrangeira, para os fins desta Lei, todos aqueles praticados pelas pessoas jurídicas mencionadas no parágrafo único do art. 1º, que atentem contra o patrimônio público nacional ***ou estrangeiro****).*

PARTE IV
AÇÃO DA SOCIEDADE CIVIL

Capítulo 8
O NOVO FEUDALISMO

Uma das características marcantes do século XX foi a emergência da sociedade civil para os cenários nacional e internacional, entendida como o conjunto de protagonistas integrados nas comunidades nacionais, a nelas influir. Cada Estado rege a ordem jurídica da sociedade que o formou e a ela está subordinado, por meio da Constituição que lhe disciplina os poderes. Nem todo Estado, no entanto, foi formado pela sociedade como ocorrera nos Estados Unidos, fruto de revolução que o tornaram independentes, no século XVIII, ou, na Europa, resultado de processo de unificação de entidades locais, como na Itália e Alemanha, no século XIX, dentre outros.

Em ambos os casos, a nação preexistiu ao Estado, por ela constituído. Durante o século XX, perturbado por guerras e movimentos de descolonização, diversos Estados foram formados por nações de etnias distintas artificialmente ajuntadas, algumas rivais, como ocorreu na África e mesmo na Europa. A Iugoslávia fornece o exemplo dramático, com a guerra civil que sucedeu a sua dissolução, da qual resultou em um dos mais graves morticínios étnicos do final do século XX, provocado por amarguras e ressentimentos seculares reprimidos. Ao final dos confrontos, graças à intervenção internacional, emergiram Estados nacionais constituídos por nações antes nela concentradas, como Eslovênia, Croácia, Sérvia, Montenegro, Bósnia-Herzegovina e Macedônia.

No Brasil isso não ocorreu. O Estado não foi obra da nação – ainda em processo de formação, com contornos e características que aos poucos vêm sendo definidos, com a identificação de heróis e de símbolos. Herdou de Portugal suas instituições, tendo sua independência sido declarada pelo príncipe regente, sem a participação efetiva da população, que assistiu, passiva, a elaboração de sua primeira Constituição, outorgada pelo Príncipe-Imperador, em 1824, após dissolver a Assembleia, que lhe opunha resistência. Processo similar ocorreu na descolonização dos territórios africanos, em meados do século XX, organizados artificialmente em Estados pelos países coloniais, sem a participação dos povos e nações neles integrados e compelidos a conviver em estrutura jurídica sem considerações de suas etnias, costumes e valores. Em ambos os casos, como quer que seja, os Estados se formaram, a despeito da diversidade de origem e características dos povos neles integrados. Não foi a nação que os constituiu.

A ordem jurídica legal corporificada no Estado, regulada pela Constituição e por leis por ele emitidas, convive com outra, a da sociedade civil. Dela faz parte extenso rol de participantes, dentre eles os meios de comunicação em geral – abastecidos pelo desenvolvimento das redes sociais, a propiciar contatos instantâneos entre todos os partícipes da sociedade nacional e internacional – a imprensa, as empresas privadas, as organizações não governamentais, as entidades filantrópicas e humanitárias, os sindicatos, as associações profissionais, as universidades, enfim, uma miríade de entidades, antes submersas, silenciosas e submissas ao poder do Estado.

Atualmente, subiram à superfície e se fazem presentes, a influir e a condicionar o comportamento das autoridades governamentais e a contribuir para os novos rumos da Ordem Internacional.

Sem entrar na discussão teórica sobre o que seja sociedade civil, nas diversas concepções salientadas por Norberto Bobbio,[1] pode-se concluir, para os efeitos deste trabalho, ser o conjunto de atores a atuar no interior de cada comunidade nacional e internacional, a influenciar na elaboração de normas de conduta, em processo de interação contínua entre eles. Não se confunde com povo, massa, população, opinião pública, eleitorado. Constitui o conjunto de todos, a abrigar pretensões de cada protagonista, por vezes antagônicas

[1] NORBERTO BOBBIO examina as diversas concepções do termo "sociedade civil", considerando ser mais fácil encontrar definição negativa do que positiva, vale dizer, conjunto de relações não reguladas pelo Estado. *Estado, Governo, Sociedade,* Paz e Terra,1986, p. 33-52

e equalizadas em processo contínuo de entendimentos e de negociações. Quando falha a persuasão pacífica, podem ocorrer conflitos, superados por meio de coerção maior de que dispõe o protagonista antagônico (empresa, sindicato), ou pela intervenção do Estado, com ou sem o uso da força.

Na esfera interna o Estado continua a ter supremacia sobre os integrantes da sociedade civil – em virtude da força militar de que dispõe – embora possa ser por eles influenciada em suas entranhas, por diversas formas, sobretudo por grupos de pressão ou de entidades corporativas. Afinal, o Estado não é entidade etérea a pairar invisível sobre a comunidade. Atua por meio de pessoas investidas de poder, sujeitas à influências de protagonistas da sociedade civil, ou de ideologias e preferências políticas, em maior ou menor grau.

Mesmo na área internacional a presença da sociedade civil é efetiva nas organizações não governamentais, complexos empresariais multinacionais e meios de comunicação em geral. É notada já no preâmbulo da Carta das Nações Unidas, ao se referir a "Nós, os *povos* das Nações Unidas....", a indicar a sua dissociação dos Estados, com vertente própria.

Leis e consenso da sociedade civil

As normas editadas pelas autoridades governamentais resultam, de maneira geral, do consenso alcançado pelos partícipes da sociedade civil, com a interação das aspirações e de valores comuns. Quando o consenso não é alcançado, prevalece as pretensões dos dotados de maior poder de persuasão, ou de coerção. Os partidos políticos foram concebidos para esse fim, o de representar interesses e aspirações de parcelas da população e influir na votação de leis. Tal desiderato, contudo, é teórico e, não raras vezes, desvirtuado.

No Brasil, os partidos políticos, atualmente, não as expressam. Seus estatutos são recheados de declarações de princípios e propósitos padronizados e de chavões, constituindo expediente para cumprir exigência legal de representação política. Mesmo em países com tradição política partidária acentuada, a representação da população em partidos políticos com programas específicos tornou-se ineficaz. Vigora, em linhas gerais, a dicotomia esquerda/direita, ou conservador/liberal, para identificar posições políticas antagônicas, sem maior aprofundamento. No Brasil, os mais de 30 partidos políticos existentes em 2023, não despertam respeito na população, que os desconhece, por irrelevantes.

Prevalece a figura do político que galvaniza parcelas da opinião pública, a despeito do partido em que está filiado, do qual pode mudar para outro, sem alteração de suas convicções, quando existentes. Em outras palavras os partidos políticos no Brasil são entidades artificiais, constituídos *pro-forma* e tendem a ser substituídos por outro modelo de representação ainda não definido. A reação da sociedade a isso é difusa, sem identificar rumo novo a ser tomado ou a ser proposto. Não há, ainda disposição efetiva de alterar o modelo, havendo acomodação em mantê-lo, até que venha, definitivamente a se esgotar.

Os meios de comunicação

Os meios de comunicação têm papel relevante na formação da opinião pública e na disseminação de informações de fatos locais e internacionais. Permitem debates para a construção de ideias e a identificação de tendências gerais sobre temas de interesse geral e de cada um. Os tradicionais meios de transmissão de notícias, informações, conhecimentos, entretenimento e arte, como a imprensa, teatro, televisão e cinema passaram a ter a concorrência dos aplicativos divulgados pela Internet, acessível por computadores pessoais, tabletes e de celulares. Foi a novidade que revolucionou o século XX, tal como a imprensa no século XVI, ao permitir a publicação da bíblia e sua tradução para o alemão e o inglês, na Inglaterra, de acesso a todos, retirando o monopólio dos sacerdotes enclausurados em mosteiros, conventos e abadias. São aparelhos de múltiplas aplicações a assegurar a liberdade para a divulgação de ideias e de todos os tipos de informação e de entretenimento, a propiciar a formação de redes sociais.

Trata-se de ingrediente novo a influenciar comportamentos individuais e sociais, sem controle de autoridades governamentais na formação de tendências. O poder dos que alimentam tais aparelhos, concentrado em algumas empresas de tecnologia da informação, afronta e, ao mesmo tempo, influi nas autoridades governamentais, também deles usuários, como qualquer do povo. Os próprios usuários, por sua vez, cooperam com a divulgação de vídeos e textos, nem sempre confiáveis, surgindo a preocupação com a propagação de notícias falsas, como se verdadeiras fossem. As redes sociais propiciadas pelas empresas de tecnologia da informação, tornaram-se instrumento de comunicação direta de autoridades governamentais, ganhando expressão em processos eleitorais e de aferição de popularidade, por meio de verificação de número de seguidores.

Os controladores das empresas de tecnologia da informação, ainda em número reduzido, tornaram-se personalidades influentes sobre bilhões de usuários espalhados em todo o planeta. O poder do Estado não os alcança e atuam com desenvoltura, informados, embora, por precauções e preocupações éticas do seu exercício e dos efeitos das redes sobre as quais têm controle. Tomaram esses controladores consciência da necessidade de autocontrole ético, diante do grande poder alcançado e do número de funcionários que nelas atuam, em todo o planeta, a exigir-lhes normas de conformidade estritas.

O poder de divulgação das redes sociais

Essa percepção da responsabilidade de controle do poder de divulgação das redes sociais e do conteúdo incluído por usuários indeterminados, levou uma dessas empresas, a Facebook, atualmente Meta, a criar um Comitê de Supervisão de rede social e do Instagram, sob seu controle. Esse Comitê é integrado por 40 pessoas de todos os continentes, dentre as quais uma ex-primeira-dama da Dinamarca e uma vencedora do prêmio Nobel da Paz. Segundo noticiado pela empresa, o Comitê recebeu o aporte de US$130 milhões para atuar como uma espécie de tribunal, para a qual os usuários poderão apelar para a remoção ou realocação de conteúdo naqueles aplicativos. Esse Comitê possui estatuto próprio e gerido por fundo fiduciário, fora da empresa.

Essa iniciativa reforça a ideia da atuação dessas empresas como instituições permanentes, independentes do Estado, com estrutura e poder similar, contando, por vezes, até com força militar propiciada por empresas militares privadas, como destacado mais adiante.

O Estado, por sua vez, pode estimular comportamentos e influir na sociedade civil, por meio de iniciativas destinadas a atender aspirações sociais declaradas ou subjacentes, a requerer esclarecimentos em campanhas educativas, de políticas sanitárias ou de outra ordem. Dentre suas ações pode-se destacar as destinadas a prover a segurança e paz sociais, a observância às normas de Direito, a saúde pública, as condições sanitárias, enfim, à enorme gama de demandas que a receita obtida pelos tributos recebidos pode custear.

O Estado e crises na sociedade civil

Em momentos de crise econômica, não superadas pela sociedade civil por seus mecanismos próprios, o Estado do bem-estar-social ressurge para corrigir distorções e consequências adversas, como ocorreu na crise conhecida como do *subprime* norte-americana, em 2017, em que diversos países despejaram substanciais recursos em empresas combalidas para mitigar esses efeitos. São situações em que ressurgem manifestações sobre a importância e a imprescindibilidade do Estado, e a falibilidade da sociedade civil – apodada de "mercado" – em se autogovernar, sem o amparo estatal. No entanto, embora a intervenção do Estado tenha sido relevante em tais situações, a tendência é de a sociedade civil encontrar meios próprios para enfrentá-las.

Isto porque há íntima correlação entre as ações da sociedade civil e as do Estado, um a depender do outro na consecução objetivos comuns. Essa inter-relação permite sejam atendidas aspirações sociais em processos eleitorais periodicamente realizados nos países democráticos. Embora possa haver distorções na condução de políticas públicas – como há – a tendência de superação de efeitos negativos se fortalece ao longo do tempo, pela própria dinâmica social, responsável pela abolição de práticas tradicionais, como a discriminação racial e de sexo, ainda em curso. O término do *apartheid* na África do Sul, pela pressão internacional e as ações públicas contra a discriminação racial nos Estados Unidos nos anos 1960, estimuladas por forte pressão social, são exemplos expressivos.

Da mesma forma, a igualdade de sexos e de raças nas relações de trabalho tem sido alvo de intensas campanhas com efeitos notórios, registrando-se a crescente participação da mulher, de negros e de asiáticos no Ocidente, em cargos públicos e de direção de empresas privadas em diversos países, sem contar as verificadas nas organizações internacionais, como o FMI e a Comissão Europeia, da União Europeia.

As organizações não governamentais

Dentre os protagonistas da sociedade civil com maior expressão internacional pode-se destacar as organizações não governamentais. São entidades privadas constituídas na ordem interna dos Estados e, portanto, sujeitas às suas leis e regulamentos, sem fins lucrativos e com objetivos humanitários[2]. O ideário que as anima é variado e de extensa gama de objetivos, como defesa do meio ambiente, defesa de direitos humanos, proteção à vida selvagem ou à saúde, assistência à populações carentes e outros. O que as diferencia das empresas em geral – e do Estado em particular – são seus propósitos humanitários, que extrapolam os do território nacional em que foram constituídas e se projetam para a área internacional.

As ONGs e os Complexos Multinacionais: diferenças

Distinguem-se as ONGs das empresas ou complexos multinacionais, cujos objetivos são também internacionais, ao projetarem suas atividades para além dos territórios nacionais. A ação dessas empresas, contudo, tem alcance restrito aos de seu objeto social. São impulsionadas para auferir lucros, utilizados para modernização de sua máquina produtiva e estrutura administrativa, que lhes permite enfrentar a concorrência e remunerar os investimentos nela feitos e financiar novos. Há, é certo, recente desenvolvimento neste começo do século XXI de essas empresas darem atenção às questões ambientais e sociais, como ações complementares à suas atividades principais. Mas, neste caso, trata-se estratégia empresarial para difundir boa imagem e reputação com o atendimento de aspirações sociais de defesa do meio ambiente ou de outra ordem e não como objetivo precípuo de atuação.

As organizações não governamentais, ao contrário, não almejam resultados econômicos. Seus propósitos atêm-se a questões de interesse da Humanidade

[2] No Brasil a lei 9.637, de 16.05.1998, estabelece os critérios para qualificar uma entidade como organização social, sem fins lucrativos: Art. 1º O Poder Executivo poderá qualificar como organizações sociais pessoas jurídicas de direito privado, sem fins lucrativos, cujas atividades sejam dirigidas ao ensino, à pesquisa científica, ao desenvolvimento tecnológico, à proteção e preservação do meio ambiente, à cultura e à saúde, atendidos aos requisitos previstos nesta Lei.

como um todo, como a defesa do meio ambiente, proteção de direitos humanos, de saúde pública, ou preservação da vida selvagem. Pode servir de exemplo os objetivos do *World Wide Fund for Nature*, que atua nas áreas da conservação, investigação e recuperação ambiental. No Brasil está organizada sob a denominação de WWF – Brasil, como organização nacional conservacionista dos recursos naturais, de iniciativa particular, de fomento socioambiental, de caráter científico, cultural, assistencial e filantrópico. Participa, como entidade autônoma e independente, de um conjunto internacional de organizações similares e com objetivos igualmente voltados para a preservação ambiental, conhecida como "Rede WWF".[3]

Outra organização de destaque é a Médico Sem Fronteiras, fundada por grupo de jovens médicos sob liderança de Bernard Koucher e Pascal Grelley Bosviel, na França, em 1971, atualmente com sede em Genebra, Suíça. Atuaram, inicialmente, como voluntários na guerra civil de Biafra-Nigéria, que durou de 1967 a 1970, em sangrenta luta fratricida de consequências humanitárias desastrosas. Defrontando-se com sérias limitações de ajuda humanitária naquele grave conflito, esses médicos fundaram a Organização Médicos Sem Fronteiras, com o propósito de prestar assistência médica a populações carentes e, ao mesmo tempo, influenciar o público de diversos países para se associarem à inciativa, com doações e assistência.

Foi reconhecida mundialmente, tendo recebido o Prêmio Nobel da Paz, em 1999[4]. Essa ação é continua, a persistir no novo milênio, e, além de seus fins próprios, produz o efeito paralelo de exaltar o caráter ético do exercício da profissão de médico, a influenciar a formação de jovens em todos os países em vídeos, com a divulgação de ações de profissionais da saúde no atendimento de crianças africanas necessitadas de cuidados médicos.

Outro efeito da atuação da Organização se reflete na influência da política de preços de vacinas produzidas por alguns laboratórios, com o desvirtuamento de atividades e procedimentos antiéticos. Episódio ilustrativo é o de alguns laboratórios que oferecem doações de vacinas à Organização, sob diversas condições restritivas de seu uso, como estratégia para manter preços mais elevados para outros destinatários. Evitam, com a política de doações,

[3] Artigos 2º e 3 de seus estatutos

[4] Conforme informação da página da Organização na Internet

a entrada de novos concorrentes, com prejuízo para os países necessitados dessas vacinas. As doações foram recusadas, ao se constatar que beneficiam os laboratórios doadores e não os donatários, que poderiam adquiri-las a preços módicos compatíveis com os custos reais de produção, além de permitir o ingresso nesse mercado de concorrentes incentivados a participar na produção dessas vacinas.[5]

Em virtude da finalidade humanitária, as ONGs despertam interesse de personalidades internacionais que se distinguiram nos cenários nacionais ou internacional pela atuação empresarial, artística ou social. São pessoas devotadas a contribuir para o esforço comum de alcançar objetivos humanitários, após terem adquirido fama, fortuna e influência política e social e tomarem consciência da necessidade de contribuir para ações em benefício da humanidade. Outras galgaram posições de liderança ou destaque por sua atuação artística ou esportiva, com projeção internacional, que as anima, pelo exemplo, a participar dessas iniciativas.

Interesse humanitário

São ações de pessoas desinteressadas em lucros, movidas pela consciência de que podem contribuir, de alguma forma, para beneficiar populações carentes ou ações em prol da Humanidade. Atuam como "diplomatas-celebridade", como as denomina Parag Khanna[6], que aportam recursos amealhados em suas atividades empresariais ou artísticas para ONGs ou fundações por eles criadas ou a outras a que se associaram, ou, ainda, às quais emprestaram seus nomes e reputações para angariar recursos e contribuições para os fins da entidade. É notória a participação de artistas, esportistas e de personalidades de grande nomeada a colaborar com ações humanitárias em áreas carentes.

Algumas dessas organizações tornaram-se foco de atenção internacional, como o o Fórum Econômico Mundial, fundado por Klaus Schwab, que reúne

[5] MARCELA BUSCATO, in *Revista Época*, de 19/10/2016.

[6] PARAG KHANNA, *Como Governar o Mundo – Os caminhos para o novo renascimento*, Editora Intrínseca Ltda., trad. Berilo Vargas, Rio de Janeiro, 2011, p. 52 e ss.

anualmente personalidades políticas, empresariais de toda ordem, em Davos, na Suíça. Os encontros informais que propicia permitem maior aproximação de presidentes de república, primeiros-ministros, parlamentares e de líderes mundiais em todas as áreas. Têm sido esperados todos os anos, como uma espécie de acontecimento símbolo de atualização do que ocorre no mundo e fórum propício para expor ideias e projetos. A juventude a eles acorre, em manifestações de protestos contra a globalização da economia, para sensibilizar os participantes sobre os efeitos negativos da novidade. A organização está presente também nas redes sociais, com envio de mensagens a estimular comportamentos adequados sobre diversos temas de interesse geral.

Outras organizações notabilizaram-se por ações mais agressivas e contundentes contra iniciativas governamentais, como é o caso da *Greenpeace*, com atos como os adotados contra experimentos atômicos da França em ilha do Pacífico e contra autoridades dos Estados Unidos ao aprovarem a instalação de usina atômica nas ilhas Aleutas. Em 2020 manifestou-se contra descaso das autoridades do Brasil, sobre incêndios na Amazônia, gerando reações governamentais irritadas e tentativas de limitar-lhe as atividades. Sua atuação local, contudo, tem sido feita por meio de nacionais do país dela integrantes, evitando imputações de intervenções de entidades estrangeiras. É ação da sociedade civil local integrada à entidade mundial. Embora nem sempre consiga evitar esses atos, influi nas sociedades, contribuindo para formar a consciência da necessidade de evitar ações danosas ao meio ambiente.

É demonstração eloquente de representante da sociedade civil contra política nuclear e ambiental, a requerer das autoridades governamentais cautela na adoção de políticas que as afetem negativamente. Não há mais impunidade a estimular ações contrárias ao interesse público, cobertas pela noção da jurisdição territorial, que se aplica às relações entre Estados, mas não a organizações privadas legitimadas a atuar dentro do próprio país.

ONGs x Estado

A atuação dessas entidades costuma incomodar autoridades governamentais desejosas de implementar políticas nem sempre condizentes com os interesses permanentes da sociedade, por vezes até contrários. Trata-se de novo elemento a contrabalançar o poder dessas autoridades, mesmo com a conivência dos poderes legislativos e judiciário, mas em desacordo com expectativas e valores da sociedade como um todo.

É certo que algumas dessas ONGs contam com recursos públicos para suas atividades, o que lhes retira a independência e desvirtua sua concepção de serem entidades não governamentais, suportadas por recursos da população e não do Estado. São, todavia, exceções.

No Brasil há extenso rol dessas organizações, financiadas com recursos privados e dedicadas a diversas finalidades. Dentre elas, pode-se destacar a Inspetoria São João Bosco, dedicada à cultura e educação, em Minas Gerais, a Fundação Bradesco, com atuação na área de educação e de inclusão social, SOS Mata Atlântica, com foco de atuação na preservação da mata atlântica, contando com rede de mais de 300 mil colaboradores; Instituto Ethos, com o propósito de mobilizar empresas e gerir negócios, com projetos financiados por empresas privadas. A atuação dessas organizações, silenciosa e eficiente, contribui de modo significativo para o desenvolvimento de diversas áreas sociais, sem a participação do Estado.

As empresas privadas

As empresas privadas são protagonistas sem poder de aglutinar massas, como os sindicatos e estudantes e não promovem manifestações públicas para suas reivindicações. O poder que exercem é de outra natureza: econômico, tecnológico e social e confronta com o estatal em muitos aspectos. Assumem feição diversa e colateral à do Estado, por possuírem estrutura e organização que engloba comunidade complexa, integrada por parcelas expressivas da sociedade civil, como investidores privados, trabalhadores, acionistas, fornecedores, prestadores de serviços e consumidores. Todos gravitam dentro e em torno dela. Constituem entidades voltadas à exploração de atividade econômica, com estrutura similar à do Estado, dotadas de administração profissional e de poder político, advindo de seu poder econômico e tecnológico.

As empresas privadas: feudos contemporâneos

Assumiram feição similar à dos feudos na Idade Média e Renascença, então comandado por príncipes, duques, condes, marqueses e barões, figuras predominantes em toda a Europa, subordinados apenas ao Papa, com poder secular e temporal e ao simbólico do Imperador do Sacro Império Romano Germânico. Esses feudos tinham maior ou menor poder econômico e militar, a confrontar com políticas do rei, ou do Papa, então suportado por milícias próprias ou de apoiadores. A excomunhão era arma religiosa poderosa, que despertava receio, embora nem sempre efetivo, como o imposto à Florença e ao rebelde Lourenço Médici, posteriormente levantada.[7]

O interesse na benevolência do Papa – e base colateral de seu poder – residia na legitimação à títulos de nobreza de senhores feudais. Exercia o poder de que estava investido, da consagração divina ao agraciado, repudiada por Napoleão, sob os efeitos da Revolução Francesa, ao coroar ele próprio sua mulher, Josefina, como Imperatriz e, depois, ao tomar a coroa das mãos do Papa e a colocar em sua cabeça.

Com o gesto simbólico, abrandou os novos tempos inaugurados pela Revolução Francesa de romper com tradição milenar de vincular a autoridade do condutor do povo ao Papa, mas não à divindade. Ao optar por instalar o Império – com o abandono da república – desconsiderou o postulado inscrito na Declaração dos Direitos do Homem e do Cidadão, de que a soberania repousa na nação.[8]

Os feudos atuais – os complexos empresariais multinacionais – não necessitam de beneplácito de autoridades religiosas, nem estatais. Formaram-se silenciosamente em processo de associações, coalizões, fusões e incorporações ancoradas pela legislação estatal de diversos países.

[7] MILES J. UNGER, *Magnifico – The Brilliant Life and Violent times of Lorenzo de Medici,* Simon & Schuster Paperbacks, Nova Iorque, 2008; PAUL LARIVAILLE, *A Itália no Tempo de Maquiavel,* Companhia das Letras, São Paulo.

[8] Declaração dos Direitos do Homem e do Cidadão – Artigo 3º- O princípio de toda a soberania reside essencialmente na Nação. Nenhuma corporação, nenhum indivíduo pode exercer autoridade que daquela não emane expressamente.

O Estado e o retorno do sistema feudal

O século XX foi palco da revolução que abalou a estrutura social, com novo ingrediente. Foi o surgimento das empresas privadas organizadas em conglomerados multinacionais, com feição similar aos feudos de outrora. É a espiral da história em círculos ascendentes, a reproduzir o passado com roupagem diversa. Faz lembrar observação de Chateaubriand sobre a transformação operada na Europa com a dissolução do império inaugurado por Carlos Magno e o vácuo deixado, preenchido pelo regime feudal que se lhe seguiu:

> "O grande império fundado por Carlos Magno se dissolveu e se opera a grande revolução que muda o mundo antigo para o mundo feudal. Os duques, os condes, os viscondes retêm e se apropriam de castelos, de aldeias e de províncias das quais eles haviam recebido o comando. A escravidão pessoal desaparece pouco a pouco, para dar lugar à servidão. Assim, se eleva no seio da antiga monarquia um sistema novo que, sob o nome de feudalismo, forma uma hierarquia de suserano, vassalos e peões ("arrière-vassaux") e liga entre eles todas as classes, todos os indivíduos, desde o monarca, o senhor supremo, até o servo da gleba, primeiro e último ele da corrente"[9]

Os reinados, principados, ducados, condados, marquesados, surgidos com o feudalismo que substituiu a antiga monarquia, também não foram capazes de evitar guerras e rivalidades conflituosas O modelo faliu e foi substituído pelos Estados, nova versão das antigas monarquias referidas por Chateaubriand. Os acordos que resultaram na Paz de Vestefália, em 1648, inauguraram a nova estrutura internacional que perdura, embora cambaleante, neste início do século XXI, abalado pelas duas guerras mundiais.

A espiral ascendente da história fez renascer, quatrocentos anos depois, os feudos, ora transmudados em empresas privadas. Percebeu-o Anthony Jay, na década de 1950[10]. Não são duques, condes, viscondes, mas, empresários,

[9] CHATEAUBRIAND, *Études Historiques*, in J. J. E. ROY, *Histoire Singulière de la Chevalerie*, Jean de Bonnot, Paris, MCMXCIII, p. 4.

[10] ANTONY JAY, *Maquiavel e Gerência de Empresas*, Zahar Editores, Rio de Janeiro, 1957, p.25 e ss.

presidentes e *CEOs* de empresas a comandar entidades econômicas independentes, com atuação multinacional. Gravitam com desenvoltura em torno do Estado, no meio da sociedade civil, como um de seus principais integrantes a exercerem poder paralelo e eficaz, que, por vezes, se sobrepõe ao do Estado, reduzindo-lhe o monopólio de ditar normas de conduta.

Efeitos públicos de decisões empresariais

As decisões dos dirigentes empresariais produzem efeitos públicos, sociais e econômicos a afetar grande número de pessoas, como a abertura ou o fechamento de subsidiárias, sua localização, a definição de produtos a serem fabricados, ou a descontinuidade de sua produção, os locais onde devem distribuídos, a distribuição ou a retenção de lucros, os projetos de investimentos e outras. A alardeada solidariedade universal dos trabalhadores – uma das bandeiras do comunismo e da ditadura do proletariado – foi posta em xeque pela empresa multinacional, com decisões de transferir seus estabelecimentos para outros países, ou neles instalar fábricas, com o aproveitamento de melhores condições de mercado, de mão de obra mais barata ou de imposições tributárias favoráveis. As reclamações sobre "exportação de empregos" têm sido mote de manifestações sindicais, a revelar feição egoística de movimentos de trabalhadores, voltados aos próprios interesses locais e não aos da classe em outros territórios.[11]

Na década de 1970, o presidente Richard Nixon acusava as empresas multinacionais de prejudicar o balanço de pagamento do país, ao deixarem de repatriar lucros obtidos no exterior, enviando-os para paraísos fiscais e, depois, realocados para outras paragens.[12] Nesse caso, os interesses da empresa se contrapõem aos do Estado. A campanha eleitoral do presidente Donald Trump, com o refrão *"America First"* e a conclamação para o retorno de empresas americanas para os Estados Unidos são demonstração dos efeitos dessa realidade e da contraposição de interesses da empresa privada ao do Estado

[11] JOSÉ CARLOS DE MAGALHÃES, *Direito Econômico Internacional,* Juruá Editora, Curitiba, 2ª Edição, 2017, p, 250-251; GUS TYLER, "Multinationals; A Global Menace", in *The Atlantic Comm,* Quaterlit, 1971, p. 512.

[12] JOSÉ CARLOS DE MAGALHÃES, *Direito Econômico Internacional,* p. 262.

nacional. O globalismo tende a prevalecer, a despeito de resistências cá e lá afloradas de tempos em tempos, em manifestações públicas ou por políticos inconformados pela perda de poder.

A característica assumida pelas empresas multinacionais, como expressão econômica independente dos Estados, contribuiu para a mudança da ordem internacional, perturbada com os novos rumos advindos do fim da Guerra Fria e do equilíbrio de poder que a caracterizava. O espalhamento de suas atividades para todas as paragens do planeta, a fabricação padronizada, a fragmentação dos componentes do produto em diversos países, o modelo único, a disseminação de técnicas de administração, a atração de fornecedores e de serviços para todos os rincões em que atua, a introdução de tecnologias digitais, abraçadas pelas massas com entusiasmo, são fatores não suspeitados de transformação.

Deixaram os conglomerados empresariais de ser identificadas pela origem de qualquer país. Não são mais americanos, franceses, ingleses, italianos, alemães, japoneses ou chineses, até porque contam com participação multinacional na composição de seus capitais, na sua administração, no seu quadro de funcionários, na localização de suas instalações fabris e, por fim, de seus produtos. Internacionalizaram-se e assumiram feição própria, independentemente do país de onde se originaram.

As empresas privadas chinesas

Excetuam-se, ainda, algumas empresas chinesas de grande porte, por não terem assumido, até o momento, característica multinacional, embora alardeiem sua característica privada, sem controle estatal. São ainda chinesas, nacionais, portanto, até que, vencidas as resistências nacionalistas ou necessidade de abertura de capital para atrair investidores estrangeiros, venham a se transformar, também elas, em entidades multinacionais, despregadas do seu país de origem. Não é prognóstico de curto prazo, embora haja indícios do que pode acontecer ao longo do tempo, sobretudo diante das características vigentes da economia internacional e da cultura chinesa, em processo de modificação, influenciada pela globalização da economia.

A vinculação dos trabalhadores chineses às empresas é sólida, por toda a vida, "do berço ao túmulo" (*cradle to grave*), o que contrasta com a que prevalece no mundo ocidental da volatilidade do emprego. Essa característica faz lembrar o Mito da Caverna, de Platão, ao descrever pessoas acorrentadas em uma caverna de frente para a escuridão e de costas para uma luminosidade que avança sobre parede baixa e produzida por fogueira atrás delas. Essas pessoas somente veem sombras, projetadas em parede à sua frente, que acreditam ser a realidade atrás delas, a indicar objetos levados por outras, do lado de fora. Ao uma delas deixar a caverna, a luz cega-o momentaneamente, até se acostumar com a luz solar a lhe ferir os olhos acostumados à escuridão da caverna. Vê, então, mundo diverso do que está habituado. Ao retornar à caverna, a escuridão produz o mesmo efeito de cegá-lo por alguns momentos e impedir-lhe a visão do ambiente circundante e dos demais companheiros de cativeiro. Embora Platão não se ocupe dos aspectos psicológicos envolvidos nesse Mito, é fácil deduzir o impacto dos efeitos sobre as pessoas em longo período de isolamento na escuridão e de falta de contacto com o meio iluminado em sua retaguarda, a que não têm acesso.

Esse efeito pode ser o mesmo a que está exposta a estrutura administrativa e os funcionários das empresas acostumados ao isolamento dos mercados em que atuam, sob férreo controle estatal, tornando-os incapazes de enfrentar a realidade a ela externa. A visão a que estão acostumados torna-os inabilitados para enxergar padrões diversos.

Não obstante os produtos e a tecnologia utilizados pela empresa possam conter componentes importados de outros países, o fato não tem repercussão na sua estrutura administrativa e operacional. Prevalece a visão local e o foco estreito do mercado por ela explorado, tanto interno, como externo. Costumes e procedimentos de outros países não contaminam sua cultura e a de seus funcionários. No entanto, os produtos dessas empresas fabricados, parcial ou totalmente, com peças e partes importadas não são nacionais, e podem ser caracterizados como internacionais, a exemplo de outros produzidos em países ocidentais. Processo similar ocorria no Japão, com empresas atualmente espalhadas por todos os rincões a explorarem atividades múltiplas, dentre as quais as de entretenimento, de fabricação de automóveis, a metalurgia e a financeira, dentre outras.

A dinâmica própria da atividade empresarial, em busca de mercados e de fontes de investimentos provoca mudança de padrões de comportamento. As empresas chinesas não estão isentas desse efeito. Constata-o a pretensão da China Telecom e da China Petrochemical Co. (Sinapec ou CNPC, depois PetroChina Company), de proceder à oferta pública inicial de ações na Bolsa de Nova Iorque. Para isso, socorreu-se da assistência do Banco de Investimento Goldman Sachs, vendo-se compelidas a adotar modificações em suas estruturas, para atender exigências da *Securities and Exchange Commission,* dos Estados Unidos[13]. Embora se trate de agência reguladora de país estrangeiro, com jurisdição nacional, interna, portanto, a observância de padrões por ela aprovados constitui condição para a negociação de ações em bolsas de valores daquele país. A amplitude internacional das operações dessas bolsas atrai o interesse de empresas estrangeiras para nelas negociar suas ações.

A necessidade de submissão às condições da agência reguladora foi fator decisivo para convencer a administração daquelas empresas – e as autoridades governamentais – de se adaptarem à nova realidade mundial e à influência de critérios ocidentais predominantes, pelo menos, até o momento. As resistências internas iniciais, tanto da estrutura da empresa, como do Estado, foram vencidas pela necessidade de atender aos requisitos regulatórios da agência norte-americana.

A globalização desejada, extrapolando as fronteiras do país, impõe a observância de padrões aceitos pela comunidade internacional e de regulamentos de países nos quais se pretende negociar ações de suas companhias abertas. A prevalência casuística de normas e de princípios de aceitação geral se sobrepõe às aspirações nacionalistas, vez ou outras manifestadas por autoridades governamentais, ansiosas por manter poder sobre a atividade econômica e social. A opção nacionalista significa isolamento, como adotado pela Coréia do Norte e por Cuba, esta decorrente de sanções norte-americanas, mais do que por escolha deliberada.

O ingresso da China na Organização Mundial do Comércio, com a aceitação da condição de se pautar pelo regime da livre concorrência é indício da modificação de estratégia política nacional e, talvez, da interrelação de culturas. E. se isso vier a acontecer, vem à tona observação de Napoleão,

13 HENRY M. PAULSON, Jr., *Dealing with China,* Headline, Inglaterra, 2015, p. 70 e ss

há mais de duzentos anos: "Deixe a China dormir, porque, quando ela acordar, sacudirá o mundo."[14]

A diplomacia das empresas

Uma das funções novas assumidas pelas grandes empresas multinacionais, é a diplomacia, como atividade similar a dos Estados, no relacionamento nacional e internacional, desvinculado de qualquer país. Tendo se tornado entidades independentes, com a feição multinacional adquirida, adaptam-se à nova realidade e a contar consigo próprias, nas relações com outros protagonistas da ordem internacional.

A relevância por elas assumida produziu o efeito de impeli-las a exercer a diplomacia, atividade anteriormente típica e exclusiva dos Estados. A atuação em diversas partes do mundo, com sistemas jurídico-político-econômico diversos e populações com história, aspirações, costumes e valores também diferentes, levou-as a examinar o impacto de suas atividades e a empreender missões de esclarecimento e campanhas publicitárias, dentro e fora dos territórios estatais em que atuam. Mais do que apenas isso, atentaram para a necessidade de conhecer as características históricas e de costumes da população do país onde o investimento será feito. Embora haja grande influência internacional nos costumes e certa padronização de produtos, há que contar com diversidades locais, de comportamentos e de hábitos.

O desenvolvimento da Internet, com a ampliação das comunicações possibilitada pelas redes sociais constitui fator a influenciar essa nova tarefa. A diplomacia das empresas, de certa forma, é a adaptação aos tempos atuais da tradicional função de "relações públicas", de propósitos acanhados, exercida por profissionais habilitados a trabalhar na imagem positiva da empresa, interna e externamente e a influir na política do país hospedeiro de suas subsidiárias, ou para onde seus produtos são exportados. Essas atividades compreendem a assessoria de comunicação por diversos meios, dentre eles, as mais importantes, a imprensa, as relações com clientes e com o público

[14] Kishore Mahbubanim, TED 2019 How the West can adapt to a rising Asia; https://www.ted.com/talks/kishore_mahbubani_how_the_west_can_adapt to_a_rising_asia/transcript

interno, os funcionários, e mesmo com os concorrentes. O atendimento de reclamações de consumidores, por meio do serviço de atendimento ao consumidor, os populares SAC, faz parte dessa tarefa.

A diplomacia da empresa tem caráter mais amplo. Constitui atividade imposta pelos novos rumos da ordem internacional e da emergência das empresas privadas para o cenário internacional, como protagonista independente dos Estados. Têm elas identidade própria desvinculada de qualquer Estado. Seus objetivos, similares, embora mais abrangentes, aos das relações públicas tradicionais, são voltados à promoção e divulgação de valores e princípios da empresa no exterior, bem como o conhecimento, com maior profundidade das características relevantes da população hospedeira do investimento e a orientação de políticas estatais suscetíveis de serem alteradas, por ações de convencimento. Sua atuação compreende medidas destinadas a afastar preconceitos locais contra a empresa e seus produtos, não apenas junto às autoridades governamentais, mas, também, ao público em geral, com a promoção de sua imagem, para enfrentar a concorrência, local e internacional, e a desmontar resistências.

A empresa "boa cidadã"

A imagem de "boa cidadã" e defensora do meio ambiente e de princípios éticos podem influenciar o grande público e criar receptividade aos produtos da empresa e a sua atuação no país, por meio de seus funcionários. Da mesma forma, a aquisição de sociedades locais, com a manutenção de suas marcas para bens de consumo populares conhecidos, ou a substituição pela marca mundial, como sinal de boa qualidade e de reputação internacional, produzem efeitos similares, como parte da atuação da diplomacia da empresa e da arquitetura de sua estratégia. Os artigos de consumo popular, fabricados por empresas sob controle de sociedades multinacionais, mantém marcas locais, nem sempre associadas ao grupo empresarial que as explora. Confundem-se com os da região, ou criam essa impressão ao público, como os produtos de higiene e de limpeza, ou de alimentos. Faz parte da estratégia de assimilação recíproca de hábitos e valores, influir e ser influído, em processo de contínua interação. A população consumidora não tem ideia de quem os fabrica, nem de suas origens, se nacional ou estrangeira.

A necessidade de ser aceita pela comunidade, seja após a aquisição de empresas locais, ou na introdução de artigos novos, advém do fato de estarem por si só, com seu histórico e sua reputação. Por isso formulam suas próprias políticas internacionais, seja na escolha do país onde devem investir, seja para adotar ou não medidas recomendadas por autoridades governamentais, por vezes conflitantes com as do país de onde provém, seja, ainda, na contratação de seus dirigentes, por suas qualidades profissionais, independentemente de suas nacionalidades. Nesse cenário, em momentos de crise ou conflito, ou, ainda de convulsão social, ao selecionar suas prioridades, podem decidir deixar o país, se necessário para a defesa de seus funcionários – integrantes de sua "nação" – se forem alvo de ações governamentais, ou de manifestações populares a atingir instalações de empresas próprias ou franqueadas.

A empesa privada como instituição permanente

Assumiram a característica de entidades de duração indeterminada, a perdurar por longo tempo, com substituição periódica de dirigentes, à semelhança de representantes de Estados, primeiros ministros e presidentes de repúblicas, com mandatos fixos. Os chefes de Estado, ministros e funcionários entram no governo e dele saem, periodicamente. O Estado permanece incólume, com sua estrutura invisível e sólida. Da mesma forma, os acionistas donos do capital social e os dirigentes da empresa privada, também não são permanentes e identificáveis.

A alteração de participação acionária da empresa pode transferir-lhe o controle, mas ela perdura inalterada, como entidade e estrutura independentes. A mudança de administração e de conformação de suas atividades, requer constante ação diplomática para adaptação à dinâmica social, sempre cambiante. Há empresas criadas há séculos que continuam ativas, a despeito das muitas transformações internas, seja de controladores e de acionistas, seja de administradores. Assumiram identidade própria, desvinculada de seus integrantes, enfim, da multiplicidade de componentes que em torno dela gravitam.

Tornam-se instituições públicas e de interesse geral da comunidade, pelos empregos que gera, pelas pesquisas que realiza, pelos produtos que fabrica e distribui, pela imagem que projeta, pelos tributos que recolhe, pelo desenvolvimento que propicia e pelas técnicas de administração que desenvolve. Seus integrantes, acionistas, administradores, empregados são transitórios e desaparecem com o tempo, sucedidos por outros que continuam, sem que o público se aperceba da transformação interna por que passa, resultante de alteração do seu controle, da administração ou de associações, fusões e incorporações.

Algumas empresas notabilizaram seus dirigentes pela ação inovadora por eles empreendida em suas gestões, ou administradores de fundos, filantropos e tantos outros lembrados à semelhança de grandes estadistas que marcaram presença na condução de nações. Mesmo na China destacam-se personagens que se tornaram conhecidos fora do país por sua trajetória empresarial e pelas inovações empreendidas nas empresas por eles conduzidas.

São ou foram pessoas com marca pessoal na liderança de empresas ou no mundo dos negócios. Exercem influência política, social e cultural, não raro convidados como paraninfos de estudantes em final de cursos universitários, tal como ex-chefes de Estado ou personalidades políticas de reputação nacional ou internacional.

As empresas de tecnologia da informação

As grandes empresas de comunicação digital, detentoras da tecnologia da informação, são novos protagonistas influentes e poderosos, na escala dos que compõem a sociedade civil. Diferem das empresas multinacionais de produção e fornecimento de bens e de serviços tradicionais. Exploram a tecnologia da informação desenvolvida e ampliada a partir da segunda metade do século XX e adquiriram poder resultante da tecnologia por elas gerada e em constante evolução, tornando os Estados e a sociedade civil delas dependentes. A tecnologia da informação tornou-se instrumento de comunicação social, ampliado pela formação de redes sociais, a conectar pessoas em todo o planeta, em idiomas diversos, com traduções simultâneas possibilitadas pelos aparelhos que as detém.

Os computadores portáteis e os telefones celulares ampliaram o escopo de suas funções, possuindo extensa gama de utilidades que compreendem transmissão de mensagens eletrônicas e de dados, obtenção e divulgação de notícias jornalísticas, de informações, meios de pesquisa, instrumentos de pagamento e acesso a contas bancárias, jogos eletrônicos e opções de laser os mais diversos. Contam com bilhões de usuários ao redor do globo, fazendo-as se defrontar com questões éticas e de relacionamento com autoridades estatais, nos diversos países em que atuam, nem sempre fáceis de contornar.

As mais conhecidas em todo o mundo recebem e armazenam informações de usuários ativos em redes sociais de ampla repercussão pública, tornando-as alvo de interesse e preocupação de autoridades governamentais. Informações e dados dos usuários depositados eletronicamente em seus computadores e em redes próprias, protegidas por senhas de uso exclusivo de pessoas autorizadas, passaram a ser transmitidas em tempo real aos computadores das empresas fornecedoras da tecnologia, que as mantém no que se apodou de "nuvem". São elas obrigadas a manter sigilo para resguardo dos usuários, deles proprietários.

A interferência estatal

Normas e regulamentos estatais interferem com essa atividade e com a obrigação de manutenção de sigilo, com a preservação da confidencialidade de dados e informações armazenadas nos computadores dessas empresas, colocando em xeque compromissos assumidos com usuários, seus titulares. As atividades transnacionais de terroristas e de grupos criminosos no tráfico de drogas, de armas e de pessoas valem-se dos meios de comunicação propiciados por essas empresas para intercâmbio de comunicações levadas à "nuvem" em nome desses usuários. Há interesse público na identificação dessas pessoas a justificar a investida de autoridades governamentais em processos de investigação que empreendem, bem como para evitar a disseminação de informações falsas com propósitos ilegais.

Entre a política de preservação da privacidade de usuários e a observância de resoluções governamentais para violá-las, podem essas empresas se encontrar, por vezes, em situações difíceis, levando-as a sofrer sanções. Com o propósito de prevenir incidentes e interferências, mantém elas departamento de relações exteriores, similares a ministérios de Estados de porte médio. Segundo reportagem de *The Economist*, a *Microsoft* montou departamento de relações externas com cerca de 1.500 funcionários, para executar tarefas relacionadas ao exame e aplicação das leis locais e de normas de segurança nacional e grupo de diplomacia digital, localizado em 56 países, com transmissão regular de mensagens para Redmond, Estado de Washington, onde está instalado seu extenso *campus*.[15]

Em sentido inverso, alguns países mantêm representantes no Vale do Silício, Califórnia, onde se concentra grande número dessas empresas. A Dinamarca inaugurou a prática, com envio de representante em 2017, seguida pela União Europeia, com o propósito de estreitar relações e tomar ciência de iniciativas de interesse mútuo.[16]

Os incidentes verificados no processo eleitoral dos Estados Unidos, em que se sagrou vencedor o presidente Donald Trump, com imputações de invasão de caixa de mensagens da candidata concorrente, pôs à mostra a gravidade das consequências dessas invasões. A divulgação por Edward Snowden, antigo analista de sistemas da CIA e ex-contratado da agência de segurança dos Estados Unidos (NSA), de dados e de programas do sistema de vigilância daquele país, por meio da imprensa do Reino Unido e dos Estados Unidos (*The Guardian* e *Washington Post*), alertou o mundo sobre os riscos de segurança a que estão expostas as autoridades governamentais e, de resto, todos os usuários da Internet. A primeira-ministra da Alemanha, Angela Merkel, foi uma das vítimas dessa invasão, como a então presidente do Brasil, Dilma Rousseff, que, ao tomar ciência do fato, cancelou viagem aos Estados Unidos, como forma de protesto contra aqueles atos, provocando incidente diplomático.

Confidencialidade e interesse público

No centro da questão está a atuação das empresas, comprometidas com a confidencialidade das informações captadas de seus usuários, delas titulares. Nesse mister, atuam como entidades autônomas e desvinculadas do Estado em que estão sediadas ou em que mantêm subsidiárias. Sentem-se compelidas a se defender de autoridades governamentais locais, por vezes por meio de medidas judiciais, para preservar informações recebidas de usuários, de que

[15] Edição de 10.09.2019

[16] Conforme *The Economist*, edição de 10.09.2019

são meras depositárias. Para isso, procuram estabelecer padrões e artifícios técnicos com a criação de criptografias para impedir – ou, ao menos, dificultar – a obtenção ilegal de informações e dados nelas armazenados. Nessa tarefa, defrontam-se com reações contrárias de autoridades locais, ciosas de seu poder e temerosas do exercido pelas empresas de tecnologia da informação.

O relato de Brad Smith,[17] presidente da *Microsoft*, em 2020, sobre alguns aspectos das atividades das empresas de tecnologia de informação, mostra as dificuldades de observar o sigilo dos dados e de mensagens depositadas na empresa, diante de investidas de autoridades, inclusive judiciais, para as obter, sem o conhecimento do usuário. São situações em que entendimentos com autoridades governamentais são necessários para esclarecimentos e aparar arestas. A diplomacia empresarial é similar, nesses casos, à estatal, em que negociações evitam conflitos. O autor revela episódios como o de sequestro, em Paris, em que as autoridades policiais francesas se socorreram de suas congêneres americanas para obter da empresa a localização das mensagens enviadas pelos sequestradores. Notificada para essa providência, o pedido foi prontamente atendido, em virtude das características e gravidade do fato.

A repetição de outros, por meio de ordens judiciais, levantou a questão da legitimidade de atendê-las, sem informar o usuário, titular e responsável pelos dados armazenados. Entre o sigilo da informação a que está obrigada contratualmente, e o interesse público envolvido, a decisão da empresa deixa-a em uma encruzilhada: abster-se de cumprir o compromisso assumido, ou desatender à ordem judicial, com as consequências penais envolvidas, além do possível interesse público prejudicado com a recusa. Não honrar o compromisso de sigilo afeta sua credibilidade e seu negócio; não atender pedido de autoridade pública para investigar delitos graves pode torná-la comprometida com fatos delituosos.

A difícil situação provocou o ingresso de ações contra o governo norte-americano para obter declaração judicial para dar respaldo sobre o procedimento a ser adotado. A questão envolve a observância de princípios constitucionais de privacidade e os limites da intervenção das autoridades governamentais. A Suprema Corte dos Estados Unidos, ao apreciar o tema, decidiu que a

[17] BRAD SMITH, *Tolls and Weapons – The Promise and the Peril of the Digital Age*. Peguin Press, Nova Iorque, 2019, p. 21-37.

violação de dados telefônicos, ou a localização de pessoas ou de bens pessoais por GPS, é igual à invasão de domicílio e, assim, deve ser considerada, ainda que se trate de dados armazenados na "nuvem" por empresas de tecnologia de informação. O usuário envolvido tem sempre o direito de ser informado ou, quando não, por questões de segurança casuísticas, examinadas caso a caso, a medida deve ter efeito limitado e não permanente.[18]

Reflexos no Brasil

No Brasil a matéria tem amparo na Constituição, cujo artigo 5º, estabelece a inviolabilidade da intimidade da vida privada, da casa e o sigilo da correspondência, salvo por ordem judicial para fins de investigação criminal.[19] A troca de mensagens eletrônicas encontra-se na categoria da intimidade da vida privada e na inviolabilidade do sigilo da correspondência, a ser considerado pelas autoridades ansiosas por captar provas em processos de investigação criminal. A divulgação de telefonemas e de mensagens eletrônicas, em processos de investigação sigilosa na chamada "Operação Lava-Jato", de grande repercussão popular, em virtude dos políticos envolvidos, suscitou grande celeuma pública sobre a regularidade do ato, coberto pelo sigilo processual. A repetição e banalização de vazamento para a imprensa de informações sigilosas resultou na aprovação de lei sobre abuso de autoridade, a disciplinar os atos de promotores, policiais e mesmo de juízes.[20]

[18] BRAD SMITH, *Tools and Weapons*, p, cit.

[19] Art. 5º. Todos são iguais perante a lei, sem distinção de qualquer natureza, garantindo-se aos brasileiros e aos estrangeiros residentes no País a inviolabilidade do direito à vida, à liberdade, à igualdade, à segurança e à propriedade, nos termos seguintes:
X – são invioláveis a intimidade, a vida privada, a honra e a imagem das pessoas, assegurado o direito a indenização pelo dano material ou moral decorrente de sua violação;
XI – a casa é asilo inviolável do indivíduo, ninguém nela podendo penetrar sem consentimento do morador, salvo em caso de flagrante delito ou desastre, ou para prestar socorro, ou, durante o dia, por determinação judicial;
XII – é inviolável o sigilo da correspondência e das comunicações telegráficas, de dados e das comunicações telefônicas, salvo, no último caso, por ordem judicial, nas hipóteses e na forma que a lei estabelecer para fins de investigação criminal ou instrução processual penal;

[20] Lei nº 13.869, de 05 de setembro de 2019

Ainda no Brasil, em 2020, a divulgação de notícias falsas por meio de redes sociais provocou decisão do Supremo Tribunal Federal de proibir empresa fornecedora de suporte técnico à divulgação de continuar a prática. A resistência inicial, fundada na liberdade de expressão, assegurada pela Constituição, foi contraposta ao fato de a divulgação de notícias falsas e fraudulentas destinar-se a difamar pessoas e atingir-lhes a reputação, configurando crime previsto no Código Penal. Haveria conivência a permitir incluir a empresa e seus responsáveis nos efeitos penais dos atos fraudulentos.

Cessada no país a divulgação, em obediência à decisão judicial, os seus autores passaram a se utilizar da mesma empresa em atos no exterior, abrigados pela territorialidade da jurisdição. Os efeitos, contudo, ao se destinarem a atingir reputação de brasileiros residentes no país, mantêm a jurisdição do Poder Judiciário para conhecer e punir o delito. Esses efeitos conferem jurisdição às autoridades judiciárias brasileiras para aplicar as leis locais aos autores e à própria empresa divulgadora sediada no país, como *longa manus* da matriz no exterior. A elevação do valor da multa, com implícita responsabilidade penal dos seus representantes no país, pela desobediência à ordem judicial, foi suficiente para que a decisão fosse acatada, não obstante o recurso regularmente interposto. A polêmica sobre a liberdade de expressão e a divulgação de notícias falsas continua acesa, com a dificuldade de estabelecer limites entre uma e outra.

Poder e autocontenção

Esses episódios demonstram a peculiaridade das atividades das empresas exploradoras da tecnologia da informação e do poder estratégico que detém, levando-as a estabelecer normas e padrões éticos a serem observados com rigor. O poder de que dispõem sobre informações de usuários impõem-lhes a autocontenção e a exercer rígida fiscalização interna no enorme número de funcionários que nelas operam.

Esse poder é de tal ordem que submete políticos e presidentes de grandes potências a seus efeitos no uso das redes sociais, por meio das quais notícias e comunicados são feitos à população. Notícias divulgadas pela imprensa em agosto de 2020 revelam a retirada do ar, por empresa que dá suporte à rede social, de comunicados do presidente dos Estados Unidos, considerados violadoras de princípios éticos por ela observados. De certa forma, é o mesmo poder de empresas jornalísticas, de televisão, ou de rádio, de acolher intervenções de políticos, de entrevistá-los ou de divulgar suas opiniões ou de apoiadores.

O contrapeso desse poder é sempre o da opinião pública, aquilatadas pelas empresas de pesquisas de opinião, a revelar a credibilidade de cada um desses órgãos e aconselhar a manutenção ou mudança de rumos. A autocontenção do exercício do poder dessas empresas é similar aos exercidos pelos Estados, em prol da harmonia das relações com os demais e no interesse em evitar embates e conflitos de resultados nem sempre previsíveis

Armazenamento de informações e depósitos bancários: similitude pretendida

Pretende-se haver certa similitude entre o armazenamento de informações e dados de que são titulares os usuários e a de depósitos em contas correntes ou de aplicações em bancos privados, mantidos em mero depósito. Ambos detêm ativos – a primeira, informações e o banco, recursos financeiros – de clientes cuja identidade se obrigam a preservar. O sigilo bancário foi sempre o apanágio da política de países como Suíça e de paraísos fiscais, por isso mesmo procurados para abrigar depósitos provenientes de atividades nem sempre lícitas. O desenvolvimento das relações internacionais, como reação às atividades de grupos criminosos ou do financiamento de atividades terroristas levaram à adoção de política internacional coordenada por Estados, para coibir esse efeito. A constituição informal do Grupo de Ação Financeira Internacional – GAFI, acima tratado, é resultado dessa iniciativa de interesse internacional em combater atividades do crime organizado e de grupos terroristas.

A similitude de efeitos pode inspirar idêntica providência das empresas de tecnologia de informação, em processo de autocontenção com a elaboração de princípios éticos, base da credibilidade de que necessitam. Afinal constituem grupo ainda pequeno e seleto de empresas, cuja estrutura dirigente e corpo de funcionários conta com acadêmicos, portadores de títulos de doutorado de universidades de prestígio internacional, jovens dotados de inteligência e de senso ético próprio da juventude idealista, a influir na tomada de decisões.

Desenvolvimento da Inteligência Artificial

A desenvoltura com que essas empresas atuam, com intensa pesquisa científica e tecnológica, associada às iniciativas similares de agências do governo americano, levou-as a desenvolver técnicas de inteligência artificial. Os aspectos éticos da novidade afluem como prioridade, diante da perspectiva de incapacidade humana de controle de artefatos dotados de Inteligência Artificial. Os drones utilizados no meio rural, para auxiliar fazendeiros em suas atividades agropastoris pacíficas, são também empregados em agressivas ações militares para a atingir alvos específicos em grandes distâncias. Os drones auxiliam na produção de alimentos e outras atividades normais da população. São utilizados também para atingir inimigos distantes e lhes destruir construções. Ambos são controlados por humanos.

Quem os dispara em ações militares, em ato similar ao de jogos eletrônicos em computadores instalados no recesso do lar, em momentos calmos de ócio e de lazer, não tem noção dos efeitos provocados pelo gesto. A distância em que as consequências se verificam não permite ao detonador avaliar os danos e os sofrimentos causados. Faz lembrar de relato de Saint Exupéry, no seu *Pilote de Guerre*, ao despejar bombas do avião por ele pilotado na II Guerra Mundial. Observava do alto pessoas a correr para as evitar e a se resguardarem, como formigas assustadas em corre-corre pelo pisoteio humano. Não via sofrimento, sangue, rostos, corpos despedaçados.

Estava longe, no ar, abrigado no conforto do avião e não no campo de batalha a se defender e atacar o inimigo em embate físico, pessoal, com mutilações expostas e o cheiro de sangue a escorrer de ferimentos próprios ou de outros. Eram efeitos de eras passadas, de batalhas com lanças e espadas e, depois, com fuzis com baionetas caladas, em confrontos pessoais entre guerreiros, ora desaparecidos nas guerras atuais realizadas por meios eletrônicos, embora com as mesmas consequências mortíferas.

A utilização de drones para fins militares desperta a atenção sobre o mesmo fim a ser dado aos robôs ou outros artefatos dotados de Inteligência Artificial. A preocupação ética de empresários que os desenvolvem, de que venham a adquirir discernimento próprio, independentemente da intervenção humana, é contraditória. Pretende-se evitar o risco de serem instrumentalizados com raciocínio próprio, capacitando-os a desafiar controles externos e agirem por conta própria. Teme-se a possibilidade de algum robô, sem controle humano, pressionar botão desencadeador de deslanchamento de mísseis a provocar início de guerra indesejada.

O ingresso da China na tecnologia da informação

Esse desenvolvimento da tecnologia, resultante de pesquisas e investimentos das empresas sediadas no Silicon Valley, passou a contar com o concurso de outro protagonista relevante, como são as empresas chinesas dedicadas a essa área. A China e as empresas de tecnologia da informação nela instaladas mudaram de comportamento, ao abandonar a antiga prática de copiar ou imitar tecnologia alheia para desenvolver seus produtos adaptados ao mercado chinês. De empresas copiadoras de técnicas estrangeiras, marginalizadas do conjunto das grandes corporações, passaram a inovar e empregar técnicas aos costumes e hábitos locais.

Surpreende a informação sobre a utilização dos aparelhos celulares como meio de pagamento, sem o uso de cartões de crédito, escasso no país. É sistema diverso dos hábitos do Ocidente, ainda presos aos cartões de crédito, administrados por empresas de financiamento, que concedem crédito aos usuários para pagamento compras a um certo prazo, com a cobrança simultânea de taxa dos estabelecimentos que as contratam e de juros dos usuários, sempre que o prazo de pagamento se estenda além do período normal.

Na China, os pagamentos são feitos sempre por meio de celulares, com débito imediato na conta bancária do usuário e, portanto, sem o método usual dos cartões de crédito ocidentais. São utilizados para pagamento à vista desde corridas de taxi, a encomendas de alimentos. Da mesma forma, o uso das bicicletas, antigamente estigmatizadas como de uso de pessoas pobres, atualmente difundiram-se em escala enorme por todo o país. São acionadas por meio de celulares, com o código CQ, liberadas e bloqueadas da mesma forma, deixadas em qualquer lugar.[21]

21 KAI-FU LEE, *AI Super-powers, China, Silican Valley and the New World Order*, Houghton Miffin Harcourt, Boston, 2018.

Contando com o maior mercado consumidor do mundo, com cerca de quinhentos milhões de usuários, sua juventude desenvolveu-se nessa área, parte em universidades e empresas americanas e parte em universidades chinesas similares às melhores do mundo, com o concurso de professores chineses, como os da Tsinghua University e sua School of Economics and Management, situada em Beijing. Essa Universidade desenvolveu programas de ensino e treinamento com professores da Harvard Business Administration, MIT, Yale, Columbia Business School, School of Business da Universidade da Califórnia. Possui 18 centros filiados e um centro de pesquisas econômicas, The China Business Case Centre e o National Institute for Fiscal Studies[22].

Além do ensino universitário na China, muitos estudantes foram treinados em universidades americanas ou em empresas do Silicon Valley, na área específica da tecnologia da informação. Relata-se que, ao se apagarem as luzes dos dormitórios das universidades, por volta de 22/23,00 horas, é comum verem-se numerosos estudantes nas ruas a continuarem suas leituras sob a luz de postes, a demonstrar o interesse da juventude chinesa em adquirir conhecimentos e técnicas.

Iniciativas individuais também contribuíram para o desenvolvimento da tecnologia da informação na China, dentre elas a de fabricação de computadores pessoais e aparelhos de tv digital. O pioneiro na área, Liu Chuanzhi, aos quarenta anos de idade, juntamente com colegas, deixou o instituto de pesquisas da Academia Chinesa de Ciências, para formar sua então pequena empresa de fabricação de computadores pessoais, que veio a dominar o mercado chinês, levando-a a se transformar na gigante Lenovo, com a compra da IBM local e Motorola, em 2014.[23]

Se os Estados Unidos devem, em grande parte, seu desenvolvimento técnico e científico à contribuição de imigrantes estrangeiros, parte dos quais empregados em empresas privadas ou em universidades a desenvolver pesquisas e a formar gerações de estudantes, a China faz caminho inverso, ao enviar estudantes e pesquisadores ao exterior para aprimorar seus métodos de ensino. Muitos dos grandes empresários da área de informática

22 HENRY M. PAULSON , JR, *Dealing with China*,Headline Publishing Group, Londres, 2015, p. 113

23 HENRY M. PAULSON, op. cit, p. 22 e 346

foram formados em universidades americanas e trabalharam em empresas do Silicon Valley, onde auferiram conhecimentos e técnicas levadas para a China.

Na área da Inteligência Artificial aplicada nos computadores e telefones celulares para todo tipo de negócios e atividades, desde as domésticas às industriais, as empresas chinesas têm experimentado grande desenvolvimento, prevendo-se que, em curto espaço de tempo, podem alcançar ou competir com as americanas do Silicon Valley, na criação de programas de computadores (*software*). Para isso contam com o expressivo mercado interno chinês e apoio do governo, para suprir a grande demanda de usuários em número maior do que o da União Europeia e Estados Unidos juntos.[24]

Ao se aventurarem ao mercado externo, as empresas chinesas sob controle estatal deparam-se com os efeitos da livre concorrência habitual no Ocidente. Se no mercado interno contam com o suporte e incentivo governamental e, mais do que isso, com a interferência do Partido Comunista a lhes impor dirigentes e estratégias, na área internacional confrontam-se com padrões próprios da livre concorrência, a que não estão habituadas.

Os líderes chineses, informa Henry M. Paulson, Jr., cientes dessa realidade e da globalização da economia, desejam que as empresas sob controle estatal passem também a atuar no mercado externo. Defrontam-se, no entanto, com a necessidade de superar as dificuldades da mentalidade de administradores e de funcionários acostumados e acomodados ao sistema local, sem as agruras da livre concorrência. Para isso há esforço desses líderes para influir na seleção de administradores para serem avaliados e remunerados de acordo com suas habilidades, sem os subsídios governamentais ou benefícios especiais.[25] Esse esforço, se bem-sucedido, pode provocar efeitos relevantes na globalização, ainda sob influência preponderante das empresas ocidentais.

24 KAI-FU LEE, *AI Super-powers, China, Silican Valley and the New World Order*, Houghton Miffin Harcourt, Boston, 2018,

25 HENRY M. PAULSON, JR., *op. cit.*, p.323

Shenzehen – Silicon Valley chinês?

A cidade de Shenzehen, em Guangdong. a esse propósito, tem-se destacado mundialmente, por sediar grandes fabricantes de computadores, inclusive os dotados de inteligência artificial, desenvolvidos com técnicas chinesas, com emprego de sensores e conjuntos eletrônicos sofisticados.[26] Nela está também sediada a empresa Huawei, dedicada à fabricação de telefones celulares, cujas atividades se expandiram para a área internacional com a organização de rede de telecomunicações e com o fornecimento de equipamentos e serviços exportados para outros países. Atualmente, desenvolveu a tecnologia da geração 5G de telefonia celular, que tem despertado reações contrárias e resistências na União Europeia e sobretudo nos Estados Unidos. A atuação da empresa incomoda concorrentes ocidentais, afetados pela desenvoltura de suas atividades.

O desenvolvimento das indústrias chinesas de tecnologia da informação levou o antigo vezo de copiar técnicas estrangeiras, sobretudo americanas, que tantas polêmicas provocou, a ser abandonado, ou abrandado, embora ainda possa persistir em menor escala. O aprimoramento de técnicas e afeiçoamento a costumes locais e a acirrada concorrência entre empresas chinesas, ávidas por ocupar espaços naquele setor fez superar a prática. Algumas empresas exploradoras da área destacam-se e se incluem dentre as sete maiores do mundo no setor da Inteligência Artificial.[27]

A esse propósito, é de se notar que o sucesso local do uso de aplicativo de transporte urbano desenvolvido por empresa chinesa, levou a concorrente internacional a deixar a China. Usa ela, em suas investidas no exterior, da estratégia de adquirir ou se associar a pequenas empresas locais para competir com a concorrente mundial. Fez isso no Brasil, em São Paulo e em outros países, assumindo feição internacional em suas atividades[28].

Esse resumo das atividades empresariais da China na área de informática indica a grande concorrência instalada não apenas entre empresas, mas, sobretudo, entre aquele país e os Estados Unidos, na guerra comercial de

[26] KAI-FU LEE, *op. cit*, p. 125

[27] KAI-FU LEE, *op. cit*. p. 69 e HENRY M. PAULSON, Jr., *op. cit*, p. 337

[28] KAI- FU LEE, *op. cit*, p. 137

que ambos são protagonistas. O mais recente episódio dessa disputa é o da manifestação de autoridades do governo americano da intenção de banir do país empresa chinesa controladora de aplicativo de vídeo de curta exposição, visto cerca de dois bilhões de vezes em todo o mundo, em confronto direto com concorrentes notórias do mundo ocidental e dos Estados Unidos em particular.[29]

O que se nota é a concorrência acirrada entre as empresas norte-americanas da tecnologia da informação, com o suporte político do governo, e as chinesas, ora avançando mundo afora, amparadas não apenas pelo governo, mas, principalmente, pelo mercado consumidor do país, de cerca de quinhentos milhões de pessoas. O idioma também tem sido um dos entraves a impedir ou a dificultar a expansão de empresas estrangeiras de comunicação, na esfera interna do país, a favorecer as empresas locais.

Controle humano da Inteligência Artificial

O controle humano da Inteligência Artificial, embora de realização prática ainda remota, desperta temores sobre a possibilidade de sua utilização em robôs ou artefatos, com discernimento próprio. É o mesmo efeito dos drones, empregados para fins lícitos de cooperação pacífica e, ao mesmo tempo, para operações militares desastrosas. A antiga frase, reproduzida por Thomas Hobbes, "o homem é o lobo do homem", não é ficção literária, mas realidade antiga, já percebida há milênios, por quem a dissera, o dramaturgo romano Plautus (254-184 a.C.).

O Homem aprendeu a usar ferramentas para o auxiliar na caça de animais e a plantar sementes e colher frutos para seu alimento. Foram desenvolvidas e aprimoradas para fins pacíficos de sobrevivência. Todavia, foram também utilizadas para ações guerreiras, de defesa e de ataque. O cajado ampara o deficiente físico e o idoso, mas também serve de instrumento para investir contra terceiros. O controle humano de artefatos dotados de Inteligência Artificial leva a considerar tenham o mesmo fim das ferramentas pacíficas, como a faca de uso culinário, ou para a poda de arbustos, transformada em

[29] *The Economist*, edição de 25 de julho de 2020

espada para mutilações e morte de adversários e inimigos. Os animais caçam para sobreviver e lutam com os da mesma espécie para defesa de seus territórios. O rival vencido na refrega afasta-se e não é molestado pelo vencedor. O rival humano em guerras é aprisionado e torturado para dar informações e, em passado não muito longínquo, escravizado.

Os animais matam a caça para alimento próprio e de sua prole. Não entesouram os restos não consumidos. Abandona-os para outros animais e aves, que ficam à espreita, incapazes de disputar a presa com o caçador. O ser humano subjuga inimigos mais fracos e os mantém em campos de concentração ou os exterminam. Usam animais como alvo em caças esportivas, ou para posar para fotografias com a presa abatida a tiros, sem risco para o caçador, protegido pela distância e pela tecnologia de sua arma. Também os aprisiona em jaulas, para experimentos científicos, ou em zoológicos, feiras e circos para divertimento do público e de crianças, em processo educativo para manter o hábito.

O risco do controle humano da inteligência artificial

As Ordenações Afonsinas, Manuelinas e Filipinas, que vigoraram por largo tempo na Espanha e em Portugal e, por via reflexa, no Brasil, assustam nos dias atuais, pela previsão de penas no Livro V. Há crimes punidos com pena de morte, precedida de crueldade. Não bastava enforcar o culpado. Era necessário torturá-lo antes. Esse o tratamento "humano" em épocas de predomínio da religião, a pregar o poder e a bondade divina. A condenação à fogueira e o apedrejamento foram penas inspiradas em credos religiosos, por ofensas a deus, alardeado como dotado de bondade e compaixão, em contraposição ao do mal, na figura de satanás, ou diabo.

Ainda que se aprovem Códigos de Conduta e princípios éticos sobre a utilização de engenhos dotados de inteligência artificial, a realidade da atuação humana mostra o constante desrespeito a princípios éticos. Basta lembrar dos inscritos na Carta da ONU, aceita pela totalidade dos países do planeta, para se aquilatar quantas vezes foram ignorados e desrespeitados pelos países que as inspiraram e os que a ela aderiram.

Mais recentemente, em janeiro de 2020, registra-se manifestação de autoridades governamentais, da intenção de domínio do país do espaço cibernético, a despeito da Convenção sobre a Exploração da Lua e demais Corpos Celestes, sob os auspício da ONU, em 1962, a estabelecer o princípio de serem insuscetíveis de apropriação por qualquer país e de que o astronauta deve ser considerado enviado da Humanidade. Firmada no auge da Guerra Fria, 1962 e da competição pela exploração extraterrestre, em que não havia, ainda, lado a prevalecer sobre o outro, dava aso a declarações românticas inspiradas pela boa fé. Basta a percepção da quebra do equilíbrio para provocar a alteração de comportamento.

Talvez robôs aparelhados com inteligência artificial, sem controle humano, seja opção a ser considerada com maior profundidade. No capítulo do livro *Tools and Weapons*, sobre ética e a inteligência artificial, Brad Smith salienta a necessidade de alcançar consenso sobre o tema, diante do caráter global da tecnologia. Ressalta as diferenças de cultura e civilização entre os povos e as dificuldades de se estabelecer normas de conduta para sua aplicação generalizada. Informa que a empresa por ele presidida estabeleceu seis princípios éticos a serem observados pela empresa. Dentre elas, destaca a da obrigação de prestar contas *(accountability)* à sociedade, como forma de autolimitar e balizar a ação, consciente ou inconsciente, dos diversos setores e funcionários da empresa.

A mesma preocupação paira sobre os principais dirigentes das concorrentes que exploram a tecnologia da informação, atentos à necessidade de observar padrões éticos de comportamento e de autolimitação do uso da tecnologia, com os elevados riscos nela envolvidos de uso inadequado. As dificuldades do tema levaram aquele Autor a se encontrar com o Papa Francisco, que, ao se despedir, lembrou-o de "manter sua humanidade"[30], a destacar a ética a ser considerada no desenvolvimento e utilização da nova técnica de inteligência artificial.

A matéria não é de solução simples. Ainda que haja consenso sobre princípios éticos a serem observados, há sempre os fatores de tempo, lugar e de interpretação de conceitos, como acontece com todas as normas, jurídicas ou não. O que é ético em uma sociedade em determinado momento, pode não ser em outra e no momento seguinte.

[30] BRAD SMITH, op. cit,, p. 191-210

A escravidão, até meados do século XIX, para falar da anomalia mais evidente, era prática rotineira nas diversas civilizações e culturas. A Humanidade evoluiu e a abomina atualmente. O Velho Testamento a registra há mais de cinco mil anos, tempo que durou até ser abolida. Daí a dificuldade de prever princípios éticos para governar artefatos dotados de inteligência artificial, por pequeno grupo de empresas ocidentais e chinesas, formadas por padrões das duas culturas, nem sempre coincidentes. É certo que há valores e princípios éticos comuns e permanentes a todas as civilizações a serem pesquisados para servirem de modelo, mas há também transgressões, nem sempre evitáveis, diante de interesses políticos momentâneos.

As empresas do mercado estético e do entretenimento

A tendência ao universalismo, da qual a globalização da economia é um dos componentes, se manifesta também na área do entretenimento. A arte, igualmente, pode ser incluída nesse conceito, pois é também forma de entreter pessoas, em busca da beleza, da novidade, da fantasia. A música, a pintura, a escultura, a literatura sempre foram meios de entreter pessoas, atraídas, ou seduzidas pela beleza em todas as suas formas. Os contos dos irmãos Grimm, publicados em 1812, e os do dinamarquês Hans Christian Anderson, em 1835 e 1842 voltam a ser lembrados em filmes na televisão, a encantar não apenas crianças, mas adultos. Talvez mais adultos do que crianças, como meio de fuga das asperezas do dia a dia.

A fantasia dá alento e esperança às pessoas e as afasta da rudeza dos negócios, da rotina dos empregos maçantes, das atribulações do trânsito, da espera em filas, da falta de dinheiro, das afecções por doenças, enfim, do acúmulo de percalços a enfrentar diariamente nas grandes e pequenas cidades. Isso pode explicar o sucesso das empresas de entretenimento, algumas já antigas, como os notórios grandes estúdios de Hollywood, e as recém surgidas com a novidade do *streaming*, em produções de seriados. As novelas em série em diversos canais de televisão, se encaixam nesse quadro. A Internet foi a chave que ampliou espaços para enorme gama de atividades novas.

A leitura de contos infantis para crianças é hábito antigo, os desenhos na televisão encantam e se espalham em programas que duram o dia todo e varam noites. Há canais de televisão que os exibem vinte e quatro horas todos os dias. É a fantasia a atrair a atenção, com imagens e entrechos inocentes e despretensiosos. Tudo isso não está restrito a uma civilização. É universal.

Os contos de Mil e Uma Noites ilustram a atração pela fantasia. Provindo do Oriente Médio, no folclore indiano, persa e árabe, esses contos difundiram-se para todo o mundo, a encantar as pessoas. Xerazade, para evitar o destino das outras esposas vitimadas pelo rei Xariar, inconformado pela traição de uma delas, inicia narrativas a cada noite e as interrompe quando o rei adormece. É a técnica dos seriados modernos, inconscientemente nela inspirados. Ansioso pela continuação, o rei aguarda a noite seguinte para ouvi-la. A estratégia funciona e dura mil e uma noites, ao fim das quais o rei, arrependido, perdoa Xerazade.

O contador de histórias desperta a atenção. Em escolas infantis, as crianças ficam fascinadas pelos contos, sentando-se mudas, atentas aos detalhes da narrativa, que conhecem pela repetição. Se o contador se desvia, para inovar, é logo advertido do erro, obrigando-o a retornar ao curso da história, já por elas conhecidas. O fascínio da fantasia está no gene das pessoas. Isto talvez explique a atração pelo teatro, desde os tempos gregos e pelo cinema, mesmo no início, sem som, apenas com imagens a despertar interesse, como nos romances, em que a imaginação do leitor completa a trama. Compõe, no próprio cérebro, a paisagem descrita, a aparência dos personagens, a decoração dos ambientes.

A exploração da fantasia e da arte como negócio e efeitos políticos

Tudo isso é antigo e não há novidade. O que é relativamente novo é o interesse na exploração da fantasia e da arte como negócio lucrativo. Formaram a base para o nascimento da indústria do entretenimento. A criação de personagens e de animais e a elaboração de enredos a aguçar o imaginário do público de todas as idades inspirou a atividade de entretenimento infantil a contaminar os de idade adulta, ansiosos por escapar das agruras do cotidiano.

Essas iniciativas se expandiram, paralelamente à outras na mesma linha, ampliadas para a exploração de atividades correlatas. A China inseriu-se no setor com o aplicativo de vídeos de curta duração, que armazena músicas e danças. A sua extensa penetração em todos os países despertou a atenção de empresas concorrentes e de autoridades governamentais para impor limites ou mesmo proibir a utilização de seus programas em celulares. É o caso do governo da Índia que baniu aplicativos sob controle de empresas chinesas, em consequência dos embates entre soldados dos dois países no Himalaia.[31]

Embora se trate de aplicativos de entretenimento, aparentemente neutros por se destinarem apenas a preencher momentos de ócio dos usuários e a distraí-los das asperezas do dia a dia, os episódios demonstram, por si sós, a penetração popular das exibições por eles realizadas, com a influência que podem exercer nos usuários e os efeitos políticos consequentes.

A expansão do entretenimento e da arte

O século XX assistiu a grande expansão da exploração do entretenimento, como negócio e meio de propaganda, continuando no século XXI, com empresas de maior estrutura financeira e de objetivos ampliados pela expansão dos mercados, propiciada, em grande parte, por meio de fusões, incorporações e aquisições, formando conglomerados poderosos e multinacionais. Têm como alvo atender preferências estéticas das populações nas diversas áreas do planeta. O objeto da exploração dessas atividades inclui a arte em suas múltiplas feições – música, literatura, pintura, escultura, teatro, cinema, televisão – o vestuário, os bens de consumo em geral, as ferramentas de trabalho, os meios de transporte, as embalagens. todos com atrativos a despertar o desejo e a atenção das pessoas.

O alvo é a Estética, que convive com a Ética, a informar o comportamento social em todas as civilizações. A Ética é informada por princípios de conduta acolhidos pela comunidade. Visa ao bem, ao bom. A Estética se expressa por manifestações e preferências do momento e do lugar e de cada sociedade, atraída pelo belo. Ética-Estética compõem binômio inseparável a inspirar e a motivar regras de convívio em determinada época e lugar. O conceito do belo (Estética) e do bom (Ética) despertou debates entre os filósofos gregos,

[31] *The Economist*, edição de 25 de julho de 2020

a revelar preocupação com suas implicações, como a de que se o bom é belo e se o belo é bom.

Abstraindo as discussões filosóficas sobre o tema, é suficiente, para os fins estreitos deste trabalho destacar alguns efeitos da Estética na universalização do Direito, com seu componente ético, e os decorrentes da globalização da economia. A Estética varia no tempo e no lugar. O que é admirado como belo em um momento, pode não ser em outro, ou em lugar diverso. O mesmo pode ser dito do bom, da Ética. O que é aceito como ético em determinada época, pode ser rejeitado depois.

Sem aprofundar o tema, basta lembrar que a imolação de jovens era prática religiosa comum no passado, em ritos de purificação e de submissão a deus, como a disposição de Abrão de sacrificar seu filho, em gesto de demonstração de sua fé, relatada no Velho Testamento. Se era eticamente aceita no passado, informada pela fé religiosa, é universalmente abjurada nos dias atuais. Ritos religiosos adoçaram costumes antigos, com a substituição do sacrifício humano ou de animais por símbolos, como os da hóstia e do vinho na missa católica. São ofertados pelo sacerdote em sacrifício, com a conclamação "eis o cordeiro de deus que tira o pecado do mundo", como o corpo de Cristo a ser ingerido pelos fiéis.

O belo e mesmo o sagrado na arte de séculos anteriores não têm correspondência com o do século XXI, a começar pelos trajes e pelo comportamento social em geral, como destacado por Frédéric Rouvillois, ao lembrar os primeiros momentos seguintes aos da Revolução francesa, sobre "o gosto pronunciado de certos autores e certos jornais dos primeiros anos da Revolução, pela grosseira e pela trivialidade".[32]

Disto pode-se concluir que a Estética sempre esteve presente no comportamento social em todas as civilizações e a variar com o tempo, por vezes empregada como forma de contestação contra autoridades governamentais ou às camadas detentoras de poder político ou econômico. Os enfeites utilizados pelos índios em todos os continentes, África, América, Austrália e em povos da Escandinávia, os lapões, indicam a importância da Estética traduzida nos adereços que adornam seus corpos, rostos e cabeças, com a utilização de penas

[32] FRÉDÉRIC ROUVILLOIS, *A História da Polidez – De 1789 aos nossos dias*, Grua, São Paulo, 2006, p. 27.

de aves em cocares, ou de tinturas extraídas de sementes ou frutos naturais, como o urucum, pelos índios brasileiros. São civilizações diversas da ocidental, mas contém o traço comum do uso de enfeites e vestuários pelos partícipes de rituais religiosos, danças e comemorações.

Atualmente, no mundo ocidental, a juventude considera as tatuagens forma de embelezar o corpo e de identificação com o grupo social. No passado era prática restrita a marinheiros e estivadores dos portos, tendo se tornado espécie de símbolo da atividade desses profissionais. Da pouca consideração pela devotada pela sociedade a esse enfeite corporal, passou à moda da juventude, tendo-se espalhado pelas grandes cidades de todo o mundo ocidental oficinas que as fazem para a crescente clientela.

O entretenimento como atividade empresarial

Esse breve introito conduz ao exame da atividade empresarial de fins do século XX, a continuar neste, a explorar a estética como objeto social para auferir receitas, com a produção e venda de bens, cuja aparência desperta interesse de consumidores. É grande a gama de bens de consumo ligados à Estética. Compreende vestuário, joias, perfumes, adereços, enfeites, brinquedos, ferramentas de trabalho ou de lazer, embalagens, objetos artísticos, como pinturas e painéis, enfim uma miríade de produtos de diversos fins e utilidades, cuja aparência é essencial para atrair o consumidor. Não basta o produto ser útil. Deve ser de boa aparência, bonito. É a Estética a prevalecer.

A produção artística no passado era feita por meio de pequenas oficinas privadas, ateliês de artistas, de costureiros, de artesãos em geral, em iniciativas a envolver número restrito de pessoas e colaboradores. Em passado anterior ao século XIX, o artista dependia do patrocínio de aristocratas ou de ricos mercadores, para se manter e produzir arte. A ação dos grandes mecenas alimentava ambições artísticas e de profissões ligadas à arte em geral. A Renascença, com a ação mais visível dos Medicis, em Florença, pode ser lembrada como a do patrocínio de grandes pintores e escultores, conduzida em favor do benfeitor. Mesmo quando destinada à exposição pública, como as grandes esculturas de Bernine e Miguelângelo, o artista dependia da decisão patrocinador e de sua disposição benemérita para franqueá-las ao público. O mesmo acontecia com a música, em que compositores eram sustentados por aristocratas ou por mosteiros a lhes condicionar inclinações e pendores de suas composições.

Efeito da invasão das massas

Esse quadro mudou com a invasão das massas de que tratou Ortega Y Gasset no século XX,[33] a partir dos anos 1920, ao estabelecer padrões próprios a se impor em setores antes reservados a poucos, como a prática de esportes por pessoas de certo estamento social. Não foi ato repentino, mas processo lento que se foi fortalecendo, com a imposição de padrões da massa popular, sobre os da antiga aristocracia decaída. É o caso dos jogos de tênis, golfe, polo, equitação, esgrima e outras a exigir vestimenta apropriada e considerados esporte próprio para pessoas mais abastadas ou aristocráticas, impermeável às pessoas comuns.

Atualmente, o padrão imposto pela massa aplainou diferenças. Eliminou a formalidade de trajes, como a clássica roupa branca dos tenistas, substituída por bermudas e camisetas comuns, sem padrão uniforme, cada um a vestir o que lhe pareça melhor. Também nas apresentações musicais, por orquestras sinfônicas em salas anteriormente frequentadas por pessoas vestidas em traje a rigor são ora assistidos pelas pessoas comuns do povo, sem requisitos de vestimentas.

Na Faculdade de Direito da Universidade de São Paulo, os estudantes frequentavam as aulas vestidos com paletó e gravata, até fins da década de 1960, exigência abolida em 1969, despertando reações contrarias, mas ignoradas diante da aceitação geral dos novos tempos e costumes da nova geração acadêmica, já acolhidos em outras unidades da mesma Universidade.

A arte do cinema desenvolvida no século XX encontrou ambiente propício no novo quadro social, por se destinar ao grande público e por requerer investimentos em tecnologia e aparelhamentos sofisticados. Enquanto a arte em geral depende do desempenho pessoal do artista, mesmo com poucos recursos, como a compra de tela e apetrechos de pintura pelo pintor, ou o instrumento musical pelo músico, o cinema associa a arte da interpretação e direção ao uso de câmeras, aparelhos de gravação e uma profusão de equipamentos

33 ORTEGA Y GASSET, *A Rebelião das Massas*, Martins Fontes Edtora, 2019.

sofisticados. Além disso, exige grandes e espaçosos galpões para filmagem, instalações para abrigar técnicos e camarins para artistas, salas de preparação e de maquiagem, estoques de vestimentas e de objetos de época, sem contar as de reprodução ao público em salas apropriadas. O cinema é, pois, arte criada no século XX, que compreende toda essa parafernália e não simplesmente o trabalho artístico de um punhado de atores e de atrizes. É a arte empresarial.

O público: mecenas da atualidade

A produção de filmes, em virtude da complexidade de seus componentes, exige grandes investimentos, cujo retorno é esperado do público pagante em grande escala, estimulado a assistir pelos meios de comunicação e publicidade. A figura do mecenas do passado, a custear o artista e a arte, desapareceu por completo. O público o substitui, de maneira difusa e *a posteriori*. O financiamento bancário e de investidores é, de maneira geral, a fonte dos recursos para a custear a empreitada, permitindo sua realização. Beneficiam-se, em contrapartida, de parcela dos resultados econômicos produzidos pela iniciativa. Não atuam desinteressadamente em prol da arte, e sim como mero negócio a ser economicamente explorado. É o público pagante que assegura, a fundo perdido, o retorno dos recursos aportados. Atua como os mecenas do passado, a dar suporte à arte.

O entretenimento como arte empresarial

A indústria do cinema do começo do século XX, inicialmente tímida na produção do cinema mudo, cresceu e teve de se adaptar ao desenvolvimento tecnológico dos aparelhos e das técnicas de gravação, dos efeitos especiais espetaculares, compelindo-a se organizar em empresas administradas por profissionais capazes de lidar com o complexo de atividades envolvidas com a área. São administradores de empresas a lidar com produção de arte complexa.

Os estúdios, inicialmente identificados por seus nomes comerciais, tornaram-se grandes conglomerados de empresas, em contínuos processos de fusão, aquisição ou incorporação. Os atores mais conhecidos continuaram a embolsar fatias do resultado financeiro dos filmes de que participaram, além de lucros paralelos produzidos por publicidade de bens de consumo. É a imagem do belo e do sucesso a atrair o grande público. Os atores de segunda linha passaram à condição de empregados, ou assemelhados como trabalhadores temporários, para atuar em filmes rotineiros, sem maior expressão artística, nem destaque de interpretação, em seriados exibidos, com temas de ocasião (policiais, guerra, medicina, aristocracia), à maneira da padronização da indústria de manufaturados inaugurada no começo do século XX na fabricação de automóveis em série.

A indústria cinematográfica, voltada ao entretenimento de massas, conta com a participação de entidades financeiras e de fundos de pensão e de investimentos a lhe aportar recursos para auferir lucros, como um negócio qualquer. A arte cinematográfica, como as demais, passou a ser investimento financeiro em produto artístico de consumo popular. Como salienta Gilles Lipovetsky, "*criou-se uma nova civilização, que se empenha com êxito desigual, em casar arte e indústria, sedução e comércio, divertimento e negócio, estética e comunicação*". É o que ele denomina "capitalismo artista".[34]

Comércio de artigos de luxo e marcas notórias

Paralelamente à indústria cinematográfica, surgiram ou tomaram nova feição as empresas dedicadas ao comércio de artigos de luxo e sofisticados, objeto de fantasia e cobiça da massa como bens de acesso exclusivo de poucos endinheirados. As grandes casas de moda, ao perceberem o grande mercado a ser conquistado, logo mergulharam no *prêt-à-porter* para conquistar maior número de consumidores, ansiosos por adquirir *status* a que antes não tinham acesso. As empresas deixaram lado a antiga exclusividade da alta costura e aderiram à massa e aos padrões por ela impostos.

Ao adotaram essa estratégia, associaram-se entre elas, mediante fusões, incorporações e aquisições, tornando-se grandes empresas exploradoras de setor do mercado sofisticado, como malas para viagem, vestuário, esportes,

34 GILLES LIPOVETSKY e JEAN SERROY, *A Estetização do Mundo – Viver na era do capitalismo artista*, Companhia das Letras, São Paulo,2016., p. 105/106 e p. 134

bebidas, joias, alimentos, perfumes, relógios, bijuterias e adereços. Aglutinaram-se em conglomerados, mantendo as marcas comerciais conhecidas, sem que o grande público consumidor se aperceba da interligação entre elas. Formaram feudos a dominar a fabricação e distribuição de produtos de luxo a influir em comportamentos estéticos em todo o planeta.

O traço comum entre as empresas do mercado estético e as do entretenimento, interligadas pelo escopo é a estratégia de crescimento, a envolver grande número de associações e de participantes, ou incorporações e fusões. Realizam-se com o dispêndio, ou transferência de recursos de valores astronômicos, traduzidos bilhões de dólares, por meio de participações no capital das empresas, ou em ajustes de natureza diversa. Ambas – as do mercado estético e as do entretenimento – operam no mundo globalizado, abrangendo número de consumidores e usuários que se contam aos milhões ou bilhões, em todos os continentes.

É talvez a face mais visível e expressiva da universalização de preferências a influir na oferta de produtos em todas as partes do mundo. É um dos componentes da globalização a influir na formação do Direito.

Diplomacia artística e benemérita

A reação ao exagero do acúmulo de riquezas pelos partícipes desses mercados é mitigada pela ação da diplomacia artística desempenhada por artistas consagrados, esportistas e personalidades que se tornaram conhecidas mundialmente, em iniciativas beneméritas e humanitárias. Atuam como verdadeiros diplomatas em campanhas devotadas à melhoria do meio ambiente, da saúde, ou de direitos humanos. Surge a figura do "diplomata-celebridade", de que fala Parag Khanna, ao destacar atuação de pessoas em prol de iniciativas humanitárias a contribuir para estimular contribuições para entidades beneficentes.[35]

É a ação desenvolta de integrantes da sociedade civil a procurar mitigar desajustes e desigualdades ou iniquidades, como o tratamento a refugiados, sem a participação de autoridades governamentais. O Estado fica de fora desse

[35] PARAG KHANNA, *Como Governar o Mundo – Os Caminhos para o Novo Renascimento*, Editora Intrínseca Ltda. Rio de Janeiro, 2011, p.52/53.

quadro, dominado pelos feudos empresariais. É a própria comunidade a atuar da forma como lhe parece mais oportuna e conveniente. E o faz por meio da empresa privada, de celebridades, de artistas, de personalidades dedicadas ao interesse público, de fundações privadas ou de ONGs. Em outras palavras, é a sociedade civil que toma a iniciativa de mitigar sofrimentos e desigualdades produzidas pelo sistema econômico vigente no mundo.

O episódio da epidemia do *novo coronavirus* acima relatado pode contribuir para o fortalecimento da tendência do universalismo das relações sociais. Ao atingir a todos os países – pobres, médios e ricos – põe à mostra o interesse da Humanidade a ser prevalecer sobre nacionalidades, facções religiosas e a influir em costumes locais e na formação de normas de Direito. A tendência à globalização em diversas áreas – e não apenas econômica – pode se aprofundar com o correr do tempo, apesar das resistências de autoridades governamentais e de grupos inconformados com a diminuição gradativa de nacionalismos e de interesses locais ameaçados.

Das considerações ora feitas, pode-se concluir que a arte e o entretenimento são fatores relevantes para a globalização que ora se delineia, a contribuir para a definição dos novos rumos da Ordem Mundial. A repercussão geral despertada pela pandemia do *novo coronavirus*, a perdurar com variantes a preocupar pela resistência à sua extinção, pode provocar maior reflexão sobre os efeitos nefastos do ciclo econômico exacerbado em que se encontra a Humanidade, a obnubilar valores e princípios postos à parte em prol de benesses materiais. Pode ser momento de induzir reflexões com maior profundidade sobre as diretrizes a serem adotadas para as gerações futuras.

É o novo componente do Direito Internacional contemporâneo que não se cinge apenas às relações entre Estados, nem somente à esfera econômica, ou a estabelecer regras sobre conflitos armados, mas ao conjunto de relações cada vez mais complexas a influir na conduta das pessoas em todos os países.

As empresas privadas militares

Já é lugar comum afirmar que o século XX assistiu a uma reviravolta substancial na ordem internacional, com a modificação de sua estrutura e o aparecimento de novos atores, a conviver com os Estados nacionais. Há grande similitude entre essa transformação com as que ocorreram nos séculos XV e XVI, como notado alhures.[36] A emergência da empresa privada a gravitar em torno do Estado e a lhe influenciar as atividades é fato notório. Se constitui desenvolvimento de atuação tradicional, com a feição multinacional adquirida, a empresa privada militar, é novidade não percebida até meados do século XX.

Nos séculos XV e XVI, antes, portanto, da então nova configuração da ordem internacional, com o aparecimento dos Estados nacionais em substituição ao sistema feudal da época, as cidades-estados eram dotadas de força militar própria. Se não a possuíam, contratavam grupos armados privados e milícias, capitaneadas por cavaleiros, os chamados príncipes sem-terra, na Itália denominados *condottiere*, para as defender de investidas externas. O cavaleiro recebia esse título de grande honra, após ter servido como pajem e escudeiro. Ao ser nomeado, em cerimônia solene presidida pelo senhor feudal (príncipe, duque ou outros dignatários locais), jurava defender viúvas e órfãos, sendo considerado terror de bandos malfeitores que aterrorizavam populações rurais. A instituição da cavalaria era considera essencial para a defesa dos feudos, em momento de anarquia e desordens a afligir populações desarmadas.[37]

A rivalidade estimulada pelo Papa entre cidades como Florença, Milão, Nápoles, Veneza e Gênova, dentre outras, propiciava a contratação desses grupos armados, que, com o tempo se degeneraram, passando a atuar para receber pagamento em dinheiro ou o botim de comunidades assediadas. Mercenários, a soldo de senhores do momento, não se empenhavam, nem se arriscavam em combates severos, como observava Maquiavel, segundo quem eram inúteis e perigosos:

> "Eles haviam posto toda a sua habilidade em evitar fadiga e medo a eles próprios e a seus soldados, não se matando entre si nos combates, mas fazendo-se prisioneiros sem resgate; os assaltantes não atacavam as cidades à noite, nem os sitiados, o campo dos sitiantes; não faziam em torno de seus campos nem paliçadas, nem fossos; não faziam campanha

[36] JOSÉ CARLOS DE MAGALHÃES, *Direito Econômico Internacional – Tendências e Perspectivas,* Juruá Editora, Curitiba, 2ª edição, 2017, p. 16 e *O Mundo como Empresa Global*, Grua, 2016, São Paulo, p. 12.

[37] J. J. E. ROY, *Histoire Singulière de la Chevalerie,* Jean de Bonnot, MCMXCIII.

no inverno. Todas essas coisas permitidas em sua disciplina militar, tinham sido imaginadas por eles ... para os livrar na fadiga e dos perigos. Mas, com essas precauções conduziram a Itália à escravidão e ao aviltamento" [38]

Esse efeito desastroso destacado por Maquiavel decorre da própria atividade motivada pelo lucro, sem os ardores do nacionalismo, ou da fé religiosa, ou, ainda, do empenho em defender valores e princípios do grupo armado, como notara Napoleão, nas notas colaterais à obra de Maquiavel: "*cela devait nécessairement arriver*". (isto deveria necessariamente acontecer) [39] Desapareceram com a nova organização da ordem internacional centrada nos Estados nacionais, já consolidados na França e Inglaterra, com exércitos regulares, bem treinados e motivados, contra os quais os mercenários contratados pelas cidades/estado italianas não constituíam obstáculo.

A fé motivava os templários em suas investidas para a conquista de Jerusalém. E não lucros, ou o botim das cidades invadidas. Arregimentaram seguidores e acumularam enorme fortuna com bens doados por fiéis, entusiasmados com suas conquistas, tornando-os força poderosa aliada do Papa, até contra reis. Ao perdurarem de 1.118 a 1.312, em contínuas investidas, se acomodaram. Perderam Jerusalém e, com isso, a bandeira que os inspirara e a seus seguidores e apoiadores até serem exterminados, após inquirições dolorosas.[40]

Objetivo de lucro empresarial

Atualmente as forças mercenárias, movidas por lucros – e não por ideais – voltam na espiral ascendente da História, como empresas organizadas e dotadas de estrutura militar e de inteligência a serviço de Estados, em processo similar às suas congêneres daquele período. Impressiona esse retorno em momento em que a ordem internacional está desarticulada, com o vácuo provocado pelo

[38] *Le Prince*, Jean de Bonnot, Paris, 1985, capítulo XII, p .221 e 237

[39] Op. cit.; loc. cit.

[40] GIORGIO PERRINI, *Les Aveux des Templiers*, Jean de Bonnot, MCMXCII, Paris.

fim da Guerra Fria, pelo desequilíbrio de poder e as incertezas institucionais dela consequente. A carência de outro modelo de organização social, em substituição ao Estatal vigente, permitiu o ressurgimento desse novo partícipe da ordem internacional, como reprodução de práticas antigas, superadas pela nova estrutura então adotada.

Não foi apenas o término dos embates ideológicos da Guerra Fria que provocou essa mudança, embora a tenha acelerado. Começou antes, na década de 1960, com a descolonização dos territórios submetidos ao regime de tutela, subsequente ao protetorado e ao colonial, em maior número localizados na África. Organizados em Estados pelos países coloniais, essas comunidades englobavam diversas etnias, algumas rivais, ajuntadas em estrutura artificial sob lideranças por vezes contestadas de alguma facção. As rivalidades locais resultaram em conflitos armados em países como Sudão e Sudão do Sul, Nigéria, Ruanda, Mali, Burundi, República Democrática do Congo e Angola. A deste último país, a guerra da independência contra Portugal, resistente a aceitar a descolonização aprovada pela ONU, no período de 1961-1974, foi substituída por outro movimento bélico iniciado em 1975, que perdurou até 2002.

Nesse quadro, adiciona-se o fato paralelo da desmilitarização das principais potências, propiciada pelo fim do antagonismo entre os protagonistas da Guerra Fria e a política de desarmamento acordada entre elas. O Tratado de Forças Nucleares de Alcance Intermediários, assinado entre Estados Unidos e União Soviética, em 1987 e, antes dele, o Tratado de Não Proliferação de Armas Nucleares, firmado, firmado em 1968 e em vigor desde março de 1970, com a adesão de 189 países são instrumentos internacionais que se encaixam na tendência pacifista.

Efeitos paralelos do fim da Guerra Fria

Essa desmilitarização produziu efeitos paralelos. Provocou a redução de efetivos militares nos principais países, sobretudo Estados Unidos, França, Reino Unido e Rússia, com o despejo para a atividade privada de militares antes empregados na força armada, despreparados para trabalhos rotineiros da vida civil. Da mesma forma, a indústria bélica, empenhada na fabricação de armamentos, tornou acessível número expressivo de armas a preços módicos, diante do desinteresse das grandes potências na sua aquisição. Reporta-se que, após a reunificação da Alemanha, foram colocadas no mercado armas antigas da parte oriental do país, leiloadas a preço baixo e adquiridas por empresas privadas militares e por países pobres. Milhões de armas leves foram despejadas no mercado mundial e adquiridas por intermediários que as vendiam a países subdesenvolvidos e a grupos terroristas ou revolucionários, que se tornaram armados, por vezes, com número expressivo de artefatos, como ocorreu com as Forças Armadas Revolucionarias da Colômbia – FARC, transportados em aviões enormes comprados da Força Aérea Soviética.[41]

Dotados de experiência e relativamente jovens, parte desses militares se organizou em empresas privadas com o objetivo de prestar assessoria militar a diversos países. Dois fatores complementares se destacam nesse quadro: antigos militares desalojados de suas funções e armamentos acessíveis disponíveis no mercado de armas, a possibilitar a iniciativa embrionária de constituição de empresas privadas militares. Um terceiro fator se adicionou. A carência de experiência administrativa e militar dos países novos africanos, agora órfãos das superpotências antagônicas, poderia ser preenchida com a assistência profissional dessas empresas. Devendo contar com si próprias para lidar com conflitos internos, essa colaboração foi oportuna.

Precedentes históricos

Os países da América Latina, no século XIX, passaram por processo similar, ao se desenvencilharem das metrópoles coloniais europeias. Conflitos armados, comuns naquele período nos países recém independentes, ou em processo em curso para esse fim, estimularam a contratação de militares estrangeiros a prestar-lhes assistência, como atores privados, sem a sofisticação e organização dos grupos ora organizados em empresas.

O almirante inglês Thomas Cochrane pode ser lembrado como exemplo de militar experiente a atuar na guerra da independência do Chile e do Peru,

[41] P. W. SINGER, *Corporate Warriors – The Rise of the Privatized Military Industry*, Cornell University Press, Ithaca e Londres, p. 53/54

além de prestar serviços ao Brasil, sob D. Pedro I, em 1823.[42] O emprego de mercenários era opção necessária no país, diante da carência de experiência e de recursos. Reporta-se que, naquele período, cerca de três mil militares alemães afastados das forças de seu país, em virtude da modernização do exército da Prússia, foram recrutados pelo Brasil e incorporados ao Regimento de Estrangeiros, dissolvido em 1831, após violenta rebelião.[43]

Contratos com potências mundiais

Todavia, a atuação dessas empresas privadas não se limita a assistir países desprovidos de estrutura militar. Têm sido utilizadas também por potências mundiais, como os Estados Unidos e Rússia, em ações em que as autoridades governamentais desejam evitar o emprego de tropas regulares. Contratos de valores significativos, que se expressam em bilhões de dólares, têm sido firmados com essas empresas para esse fim. Evitam, com esse expediente, o clamor público provocado pelo recrutamento de jovens militares para ações arriscadas em países distantes e, ao mesmo tempo, alcançam o fim desejado de intervenção em conflitos alheios, para manter o prestígio e influência na região afetada.

O recrutamento de pessoal por essas empresas é feito também por mecanismos virtuais, que não requerem sede ou instalações físicas. Militares aposentados são contratados com salários relativamente baixos, para complementar os vencimentos da aposentadoria. Não incorrem essas empresas com custos de treinamento, suportado anteriormente na formação do militar. Da mesma forma, o custo de armamentos é geralmente pago pelo cliente, entrando a empresa com a experiência profissional de seu pessoal, também ela adquirida antes de sua contratação. Esse baixo custo para a formação da empresa privada militar favoreceu sua expansão, em mercado ainda pleno de oportunidades não apenas no exterior, como no próprio país.

[42] EVALDO CABRAL DE MELLO, *A Outra Independência i O federalismo pernambucano de 1817 a 1824*. Editora 34, São Paulo, 2004, p. 163 e ss.

[43] MÁRCIO FAGUNDES DO NASCIMENTO, *Uma perspectiva sobre a privatização do emprego da força por atores não estatais no âmbito multilateral*, Fundação Alexandre de Gusmão, Brasília, 2010, p, 40.

Atuação internacional

Somente na África há mais de cem empresas privadas militares em atividade. Nos Estados Unidos registram-se mais de 250, dentre as quais as que se destacam, com parcela significativa do mercado e contratos de valores expressivos. São contratadas pelo governo americano para atuar em países com alto risco político e militar, nos quais o governo não deseja incorrer. Essa estratégia resultou na celebração de mais de mil contratos, entre 1994 e 2004, com empresas militares, alcançando o valor de US$300 bilhões, a indicar a expressão que alcançou essa atividade.[44] Atuaram nos Balcãs[45] e no Iraque, onde incidente sangrento na praça Nisour, provocado pela empresa militar *Blackwater*, posteriormente denominada *Academi* e, atualmente *Xe Services*, contra civis inocentes, alcançou as páginas dos principais jornais americanos e internacionais. O fato despertou a atenção pública e indignação contra a atuação de mercenários, desconhecida da maioria da população.[46] Na guerra da Ucrânia provocada pela invasão do seu território pela Rússia, em 2022, atua com destaque o grupo armado conhecido como Wagner, ao lado das tropas regulares russas na empreitada guerreira.

A atuação na área de inteligência e de espionagem é referida em reportagem sobre a empresa suíça Crypto AG, que teria conseguido seu primeiro contrato para a construção de máquinas de criação de códigos para as tropas americanas na II Guerra Mundial, auferindo grandes lucros. Dentre seus clientes estariam Irã e alguns países da América Latina, os rivais Paquistão e Índia e até o Vaticano. Descobriu-se, posteriormente, que essa empresa fora adquirida pela agência de inteligência americana, CIA, em parceria com a Alemanha Ocidental e monitorava governos estrangeiros.[47]

[44] MÁRCIO FAGUNDES DO NASCIMENTO, *Uma perspectiva sobre a privatização do emprego da força por atores não estatais no âmbito multilateral*, Fundação Alexandre de Gusmão, Brasília, 2010, p, 47.

[45] P. W. SINGER, *Corporate Warriors – The Rise of the Privatized Military Industry*, Cornell University Press, Ithaca e Londres, p. 79.

[46] JEREMY SCAHILL, *Blackwater – A Ascenção do Exército Mercenário mais Poderoso do Mundo*, Companhia das Letras, São Paulo, 2008, p. 13-27.

[47] GREG MILLER, *The Washington Post* e *O Estado de São Paulo*, edição de 12 de fevereiro de 2020, p. A-12.

Da mesma forma, empresas multinacionais devotadas à exploração de atividades estratégicas e de impacto político e popular, como a extração de petróleo e gás, ou em minas de carvão, têm recrutado essas empresas para dar-lhes suporte logístico e de segurança. As atividades em países atrapalhados com conflitos internos, que inclui extenso rol, como Argélia, Afeganistão, Congo, Serra Leoa e Angola, requerem maior atenção à segurança, levando as empresas a contratar essas empresas. Entre abandonar o país conflagrado, com os custos consequentes da desmobilização, com perda das instalações, da atividade e do mercado, e decidir pela assistência de empresas militares experientes, a opção de menor custo acaba prevalecendo.[48]

Não atuam apenas em operações militares guerreiras. Prestam também suporte logístico e de manutenção, como o de instalar barracas destinadas a acomodar milhares de soldados, instalações de infraestrutura, abertura de estradas e de campos de pouso de helicópteros. Foram estes os serviços prestados no Kosovo, por empresa conhecida por prestá-los para o exército americano. A terceirização dessas atividades compreendeu o fornecimento de alimentação e de água, manutenção de veículos, manipulação de materiais perigosos e outras tarefas anteriormente desempenhadas pelas forças armadas.[49]

Preenchem elas lacunas abertas com a modificação da ordem internacional e com o surgimento de zonas de conflito decorrentes do fim da Guerra Fria. A esses fatores se adiciona a intensa atuação de empresas multinacionais em áreas de risco, antes de certa forma protegidas pela influência das grandes potências nelas presentes.

Instrumentos internacionais

Se, no passado não muito distante, o Estado, como instituição política, detinha o monopólio do uso da força, a nova configuração da ordem internacional em gestação modificou o quadro, com o aparecimento desse novo ator relevante. o que despertou a atenção da comunidade internacional. Há diversos diplomas internacionais a tratar do tema, dentre os quais a "Convenção para

[48] P. W. SINGER, op. cit. P.80

[49] P. W, SINGER, p. 145

a Eliminação de Mercenários em África, da Organização da Unidade Africana de 1977, e o Protocolo Adicional I às Convenções de Genebra de 12 de agosto de 1949.

A atuação dessas empresas e os reflexos de abusos cometidos em suas ações, sobretudo em países da África e da Ásia, foram levados à Assembleia Geral da ONU que, em sua 72ª sessão, aprovou a Convenção Internacional contra o Recrutamento, Uso, Financiamento e Treinamento de Mercenários, adotada em 1990, pela Resolução 44/34, ratificada por 35 países e em vigor desde 20 de outubro de 1990. O Brasil, bem como os membros permanentes do Conselho de Segurança da ONU, dela não participam. O relativamente pequeno número de ratificações é sintomático. Revela falta de consenso e de interesse das principais potências em regular a matéria. Ao mesmo tempo mostra ansiedade dos países que a firmaram, em sua maioria africanos, em abolir a prática, da qual, contudo, alguns se valeram ou ainda se valem.

O preâmbulo dessa Convenção destaca que as atividades dela objeto violam princípios de direito internacional, dentre os quais a igualdade política, independência territorial dos Estados e a autodeterminação dos povos. Considera que tais ações devem ser tidas como ofensa a todos os países, sendo necessário incentivar-lhes a cooperação para processar e punir tais ofensas, como violadoras do direito internacional. Define mercenário qualquer pessoa especialmente recrutada para lutar em conflitos armados; motivada para tomar parte nas hostilidades para obter lucros, não sendo nacional ou parte no conflito, nem membro das forças armadas envolvidas na conflagração e não foi enviada por Estado não partícipe do conflito em missão oficial. A Convenção estimula o não recrutamento, uso, financiamento ou treinamento de mercenários e considera a ação desses grupos como violador de suas disposições.

Paralelamente a essa Convenção, registra-se movimento capitaneado pela Suíça e pelo Comitê Internacional da Cruz Vermelha para estabelecer código de conduta para as empresas militares. O objetivo foi humanitário, para lhes impor limites à atuação e evitar abusos registrados em diversas ações, sem controle estatal. A iniciativa foi bem-sucedida, dela resultando a assinatura de instrumento denominado Documento de Montreux, que contou com a participação de representantes do Afeganistão, Alemanha, África do Sul, Angola, Austrália, Áustria, Canadá, China, Estados Unidos, França, Iraque,

Polônia, Reino Unido, Serra Leoa, Suécia, Suíça e Ucrânia, em reuniões ocorridas entre 2006 e 2008.

Não se trata de convenção internacional, mas, como a denominação indica, Documento que não cria obrigação legal, ressalva nele expressa, preservados os compromissos regulados em instrumentos internacionais dos quais os signatários fazem parte. Contém normas de conduta para as empresas militares, com exortação de medidas e comportamentos a serem adotados sobre a atuação delas. Todas as superpotências, a exceção notável da Rússia, convieram com seu texto, a revelar interesse comum em estabelecer balizas de conduta a essas empresas e critérios para definir responsabilidades. Foi iniciativa de caráter humanitário provocada por acontecimentos nas guerras das quais empresas militares participaram.

Pode-se interpretar ser esse documento contraponto à Convenção Internacional contra o Recrutamento, Uso, Financiamento e Treinamento de Mercenários Convenção das Nações Unidas, de 1990, da qual a maioria dos signatários esteve ausente. Há nele interesse sobretudo de países africanos e asiáticos, onde têm sido realizadas operações por essas empresas e das grandes potências, sede da maioria das empresas militares.

Efeito indireto: perda do monopólio do uso da força pelo Estado

Da análise ora empreendida, verifica-se que o ressurgimento da atividade mercenária armada, exercida por meio de empresas regularmente constituídas, algumas com ramificações multinacionais, constitui fator novo a interferir com a Ordem Mundial. Retorna-se ao ambiente da Idade Média e da Renascença, na espiral ascendente da História, em novo ciclo. O Estado perdeu seu protagonismo exclusivo na esfera internacional, com a constituição da ONU e das demais organizações internacionais, desde 1945, embora continue o mais poderoso. Mas, não é mais o único. Convive com novos atores privados, como as organizações não governamentais e as empresas multinacionais, que lhes enfraqueceu o antigo monopólio, com a ocupação de espaços antes a ele reservados.

Deixou o Estado de ser a única entidade legitimada a elaborar a norma jurídica e a distribuir a justiça, com o fortalecimento da arbitragem privada.

Tornou-se prisioneiro de resoluções de organizações internacionais de que participa, bem como de princípios gerais de Direito acolhidos pela generalidade dos Estados, dentre eles os Direitos Humanos.

Agora, deixou também de exercer o monopólio do uso da força, compartilhado pelas empresas militares em ascensão.

As empresas militares e as milícias

Paralelamente ao surgimento das empresas militares organizadas e bem estruturadas, com personalidade jurídica, publicação de balanços dos resultados de suas atividades, contabilidade regular e participação em contratos com o governo, outra força surgiu nos últimos tempos nos Estados Unidos, sem essas características.

São as milícias compostas por pessoas comuns, organizadas em facções, com viés político radical, religioso e fortemente armadas para atuarem em ações em prol de seus objetivos. Algumas são mais antigas e notórias, como a Ku, Klux Klan, cuja denominação, segundo Coinan Doile, nas narrativas do detetive por ele criado, Sherlock Holmes, deriva do barulho do deslocamento do dispositivo de carregamento de balas nas espingardas empregadas em suas ações. Atuam em grupos encapuzados, com cruz a lhes destacar na vestimenta branca a orientação religiosa das ações.

As milícias arregimentam adeptos simpatizantes de suas posições políticas radicais e raciais em diversos Estados da federação americana para participarem de movimentos e ações difusos, por vezes em atentados violentos contra instalações públicas, ou entidades privadas que consideram não conformes com seus princípios. Espalharam-se por todo o país, na década de 1990, com ramificações diversas. Organizam atos públicos, por vezes com uso de violência, destacando o viés religioso radical e libertário de suas ações.

Consideram as autoridades governamentais federais nocivas e inúteis, não obstante eleitas, dando ênfase às municipais, mais próximas dos povos. São adeptas da livre iniciativa e da livre concorrência, convencidas da supremacia racial branca, na contramão da tendência da igualdade racial propugnada pela Declaração Universal dos Direitos Humanos. Condenam a ONU e a OMC e a tendência à globalização da economia, por entenderem serem prejudiciais aos interesses do país, como relata Manuel Castells, de quem estas informações foram recolhidas em extenso estudo sobre o tema.[50]

Não obstante não se qualificarem como organizações terroristas, à semelhança das que protagonizam atentados no Reino Unido e Espanha, ou pela Al Qaeda, a elas se assemelham pela ilegalidade de ações violentas e táticas de guerrilhas, como as realizadas pelo grupo denominado "Patriotas", munidos de armas de guerra e com treinamento para esse fim.

No Brasil, também surgiram milícias, de feição diversa das americanas. Atuam em favelas do Rio de Janeiro com certa desenvoltura, amparados por políticos, que lhes dão suporte e pelo temor da população afetada, desprotegida pelo Estado. Enquanto as americanas descritas por Manuel Castells têm viés ideológico e político, as do Rio de Janeiro visam a explorar moradores daquelas comunidades, intimidando-os e compelindo-os a usar meios de transporte por elas controladas ou o fornecimento de gás, alimentos, e outras utilidades domésticas, com preços abusivos. Algumas são compostas por grupos de extermínio de criminosos, ou de políticos, como, no passado, o denominado "Esquadrão da Morte", em São Paulo, que se notabilizou por perseguir e matar adversários do regime militar de então.

Infiltração nos poderes do Estado

Essas milícias infiltraram-se nos poderes do Estado, por meio de parlamentares municipais, estaduais e federais, dentre os adeptos da disseminação de armas para a população, ou de policiais que lhes dão suporte, alguns delas integrantes. Sua atuação envolve a construção de prédios em terrenos irregulares em encostas com alto risco de desabamento, vendidos à pessoas de baixa renda, incapazes de perceber a ilegalidade e riscos da obra e dos atos de que participam, como tem sido noticiado pelos meios de comunicação. No ano de 2019, prédios por elas construídas em fraldas de morros do Rio de Janeiro desabaram, diante da precariedade da edificação, despertando

[50] MANUEL CASTLLS, *O Poder da Identidade*, Fundação Calouste Gulbekian, Lisboa, 2007, p.104-122

indignação pública, mas de escassas iniciativas oficiais para reprimir ou evitar a reprodução da iniciativa.

Se as empresas militares constituem novos participantes da ordem nacional e internacional, tendentes a modificar a estrutura estatal, quer se goste delas ou não, as milícias não podem ser classificadas como integrantes da sociedade civil. São entidades ilegais de que é vítima a sociedade civil, tal como as que se dedicam ao terrorismo, dos quais a Al Qaeda se tornou símbolo nas últimas décadas do século XX, ao lado dos cartéis de Medelin, na Colômbia, devotados ao tráfico de drogas. A ilegalidade de suas atividades as colocam à margem da ordem jurídica e contrárias às expectativas e valores sociais. É aqui referido pela repercussão de suas atividades ilegais, para diferenciá-las das empresas militares, de atuação legal, embora polêmicas e sem o consenso da comunidade internacional.

Os sindicatos

Dentre os protagonistas relevantes da sociedade civil, com poder de influir na elaboração de normas estatais, pode-se destacar alguns com maior presença. Dentre eles, os sindicatos de trabalhadores, como organização política formada para expressar aspirações de seus integrantes, no interior das empresas, ou fora dela, destinadas a influir na condução de políticas governamentais. Alguns sindicatos assumiram grande força política, como o dos professores que organizam concentrações de massa e paralisam escolas. O dos caminhoneiros conseguem bloquear estradas e impedir o abastecimento de cidades e de estados, fazendo a população sua refém e, por isso, nem sempre solidária com suas pretensões. Há exemplos expressivos a demonstrar essa ação, como a dos caminhoneiros nos Estados Unidos, na década de 1960, sob a liderança de James (Jimmy) Hoffa, que infernizou e tumultuou a economia do país, então às voltas com movimentos de integração racial, sob a presidência de John Kennedy. Preso sob diversas acusações, comandou da prisão movimentos grevistas, até ser solto por indulto de Richard Nixon e desaparecido em circunstâncias nunca esclarecidas.

Outro movimento grevista que causou traumas ao país, então sob a presidência de Ronald Reagan, foi o dos controladores de voo, em agosto de 1981, com a adesão de cerca de 13.000 funcionários. O governo reagiu rapidamente. Considerou a greve ilegal, por envolver meio de transporte relevante, com sérios transtornos para a população e interferir com a segurança nacional. Concedeu o curto prazo de 48 horas para o retorno ao trabalho, sem ser atendido. Em seguida, tendo treinado, secretamente, pessoal para aquelas funções especiais, demitiu 11.359 grevistas e os impediu de trabalhar em serviços públicos, causando a maior derrota do movimento sindical no país[51].

Pouco tempo depois, nos anos 1984/1985, o Reino Unido defrontou-se com greve dos mineiros de Orgreave Colliery, que se alastrou, com a paralização de cerca de 160 mil trabalhadores, deixando o país sem carvão no inverno e a população a sofrer com os rigores do frio, sem aquecimento e iluminação. Reproduziu a de 1926, que se tornou histórica. A greve duradoura somente terminou com a repressão vigorosa do governo da primeira-ministra Margareth Thatcher, considerada inimiga mortal do sindicalismo, com sua política econômica liberal de privatizações de atividades administradas pelo Estado.

A orientação política de ambos os governos norte americano e inglês, coincidiu na economia, com forte viés liberal. As privatizações na Inglaterra encontraram paralelo na desregulamentação de setores econômicos nos Estados Unidos, modificando a tendência intervencionista do Estado do bem-estar social, inaugurado em consequência dos efeitos da queda da Bolsa de Nova Iorque, com a política do *new deal, de* Franklin D. Roosevelt.

No Brasil, o sindicato dos caminhoneiros organizou greve nacional, em maio de 2018, com a duração de dez dias, tempo suficiente para causar grave crise de desabastecimento de combustível e de produtos essenciais em todo o país com o bloqueio de estradas, até o governo ceder às suas reivindicações. Os efeitos negativos na economia perduraram por longo período. Antes, ainda no regime militar brasileiro, registraram-se outras ações de trabalhadores, como as dos metalúrgicos nos anos de 1978 a 1980, com exigências de abertura política.

Esses movimentos grevistas opõem o interesse comum da sociedade ao dos particulares da categoria. Há, nesse caso, dissensão, interna na sociedade civil, a contrapor interesses conflitantes entre parcelas dela integrantes e o seu conjunto. O Estado atua como mediador, a impor solução que lhe parece mais

[51] Jornal "O Globo", edição de 31.03.2007

conveniente, ao atender reivindicações, como ocorreu no Brasil, em 2018, ou a rejeitá-las e impor a ordem, com fez Margareth Thatcher, no Reino Unido, ao fazer terminar a greve dos mineiros de 16 meses, em 1984 e 1985, sem concessões, e Ronald Reagan, nos Estados Unidos, com a demissão dos grevistas.

A redução do poder dos sindicatos

No Brasil, a reforma trabalhista aprovada pela Lei nº 13.467, de 13.07.2017 reformulou a organização sindical, excluindo a denominada contribuição sindical compulsória, fonte de abusos e de proliferação de sindicatos em todos o país, sem representatividade e com o intuito de se beneficiarem do privilégio daquela contribuição, sem contrapartida efetiva para os trabalhadores.[52] Ao exigir a autorização expressa dos empregados para o desconto na folha de pagamento da contribuição sindical, a reforma legal provocou a redução de grande do número de sindicatos no país, que sobreviviam dessa contribuição não consentida, a revelar a falta de representatividade que o sistema revogado propiciava.

O efeito no Brasil da redução do poder dos sindicatos não é isolado. É reflexo da globalização da economia, a retirar a força local de sua influência política e social e a falta de apoio da população. Episódios como o da greve dos caminhoneiros verificada no Brasil em 2017 não expressam tendência. Até porque não foi movimento de trabalhadores, mas de empresas de transportes e de proprietários de caminhões autônomos. Produziu efeito adverso na população afetada pelo movimento, ratificando, indiretamente, o consenso

[52] Art. 578. As contribuições devidas aos sindicatos pelos participantes das categorias econômicas ou profissionais ou das profissões liberais representadas pelas referidas entidades serão, sob a denominação de contribuição sindical, pagas, recolhidas e aplicadas na forma estabelecida neste Capítulo, desde que prévia e expressamente autorizadas."
"Art. 579. O desconto da contribuição sindical está condicionado à autorização prévia e expressa dos que participarem de uma determinada categoria econômica ou profissional, ou de uma profissão liberal, em favor do sindicato representativo da mesma categoria ou profissão ou, inexistindo este, na conformidade do disposto no art. 591 desta Consolidação."
"Art. 582. Os empregadores são obrigados a descontar da folha de pagamento de seus empregados relativa ao mês de março de cada ano a contribuição sindical dos empregados que autorizaram prévia e expressamente o seu recolhimento aos respectivos sindicatos.

alcançado na aprovação da reforma trabalhista e a retirada da contribuição sindical compulsória pelos trabalhadores.

Já se disse que a exportação de empregos provocada pela migração de empresas para países com melhores condições foi bandeira de sindicatos de empregados vencida pela realidade dos negócios internacionais. O espaço mundial substituiu o da cidade e o das pequenas localidades.

Outros protagonistas

Imprensa e demais meios de comunicação

Outros protagonistas da sociedade civil exercem poder de influenciar e formar a opinião pública, embora não expressem esse poder por meio de manifestações em aglomerações públicas, como fazem sindicados e movimentos sociais de massa. Os meios de comunicação, englobadamente conhecidos pelo jargão *mídia*, abreviação do idioma inglês (*the mass media communications* – meios de comunicação de massa), englobam protagonistas distintos, com maior ou menor expressão, incluindo todos as formas de comunicação ao público, como imprensa, rádio, televisão, redes sociais, anúncios, comunicação em tabletes em redes sociais, etc.

Dentre os de maior poder de influência pode ser lembrada a imprensa escrita (jornais e revistas), falada (rádio) ou televisão e cinema, além de vídeos transmitidos por meio da Internet, cuja liberdade, vez ou outra, é ameaçada por sua atuação contra autoridades governamentais.

Exerce a imprensa, em todas as suas formas e pelos meios de comunicação de que dispõe, grande poder de influenciar o público, não apenas na divulgação de notícias, por vezes selecionadas ao sabor de jornalistas e de editores, como também de manifestações políticas e de opiniões de integrantes da sociedade civil sobre os mais variados assuntos. Embora alardeie sua neutralidade na divulgação de notícias sobre fatos, a forma como as apresenta, sua periodicidade, a seletividade de temas, a omissão de outros, pode indicar preferências políticas de editores e de jornalistas.

Dentre suas atividades tem maior relevância a de investigação independente de fatos de interesse político e social, contrariando, por vezes, autoridades governamentais Talvez o exemplo mais expressivo de investigação com grande repercussão internacional, na segunda metade do século XX, foi a conduzida por jornalistas do jornal norte americano *The Washington Post*, conhecida como *Watergate*, com a divulgação de escutas clandestinas da sede do Comitê de Campanha do Partido Democrático, em Washington, situado no Edifício Watergate, às vésperas de eleições presidenciais, de que resultou a renúncia do presidente Nixon, dos Estados Unidos. O sigilo das fontes de informação assegurado, no Brasil, pela Constituição (art. 5º nº XIV), constitui garantia de independência à imprensa e, ao mesmo tempo, de responsabilidade na divulgação de informações.

Estudantes

Os estudantes secundários e universitários também se encaixam no quadro de protagonistas ativos da sociedade civil a motivar alterações na política estatal. Constituem forças que despertam a atenção da opinião pública para temas de interesse geral e paralisam cidades, com manifestações por vezes desaguadas em atos de violência e depredações. A convocação por meio de redes sociais dribla ações das autoridades governamentais e confere legitimidade e eficiência a movimentos por eles capitaneados.

Na França, em 2019, as manifestações públicas dos denominados coletes amarelos (*gillet jaunes*), contra política do governo obrigou a revisão ou a postergação de medidas econômicas impopulares. Outros movimentos chamaram a atenção, como os da Grécia, contra a reforma da previdência social; do Chile, contra políticas governamentais, na Catalunha em prol da separação da Espanha; no Irã, sob domínio clerical; em Hong Kong, contra a pretensão de extraditar pessoas para a capital da China, todos ocorridos no curto período entre 2017/2019 e retomados em 2020, a demonstrar a não conformidade da sociedade civil com políticas governamentais e a clamar por mudanças.

Tornou-se emblemática a manifestação estudantil na Praça da Paz Celestial (Tiananmen) de Pequim, em 1989, com a imagem de jovem postado à frente de coluna de tanques de guerra, impedindo o seu avanço e, ao mesmo tempo, o desvio pelo condutor do tanque para não o atropelar. O jovem estudante enfrentou o tanque; o soldado que o dirigia absteve-se e desviou. Exemplo de conduta de dois jovens em momento difícil de crise social. Um a se expor a ser atropelado, o outro a evitar a ação.

No Brasil os estudantes foram protagonistas de rebeldia contra o regime militar instalado em 1964, com movimentos de massa, em diversas ocasiões, destacando-se as verificadas em 1968, a exigir o retorno à democracia. Reprimidos severamente com cavalaria e bombas de gás lacrimogênio e prisões com as torturas consequentes, deram pretexto para a edição do famigerado Ato Institucional nº 5, que invocou, como causa imediata, discurso do deputado Márcio Moreira Alves, na Câmara dos Deputados, em 2 de setembro de 1968.

Esse discurso, ato isolado de um deputado sem grande expressão, foi mero pretexto para reprimir a insatisfação dos estudantes em demonstrações públicas reiteradas. Uma das providências das autoridades da ocasião, foi intervir em grêmios estudantis, criando Diretórios, na tentativa de esvaziar os movimentos frequentes dos jovens.

O Ato determinou o fechamento do Congresso, autorizou o confisco de bens de adversários políticos, cassação de mandatos de parlamentares eleitos, impôs aposentadorias compulsórias de professores e impediu o recurso ao Poder Judiciário contra atos nele fundados. Durante dez anos de sua vigência, até ser revogado, a sociedade brasileira ficou à mercê das autoridades governamentais, sob severa censura à imprensa.

As manifestações de estudantes integram o quadro de movimentos da sociedade civil para expor, com vigor, interesses não atendidos pelo Estado ou para mudanças na condução de políticas governamentais. Há nelas a demonstração de insatisfação difusa, nem sempre bem identificada, mas consciente da necessidade de trilhar de novos rumos.

As redes sociais

Um sem-número de temas aflora na sociedade civil, a agitar mentes de pessoas comuns e de políticos, diante de costumes novos a se espalharem pelas cidades e pelo mundo. A legalização do aborto, o reconhecimento de união de pessoas do mesmo sexo, a imigração e refugiados vindos de países de culturas diversas, o uso de drogas e outros, constituem temas ainda a serem equacionados e regulados.

São temas difusos no meio social objeto de debates de pessoas comuns no âmbito familiar, em reuniões informais de amigos, ou em ambiente de trabalho, cada um a expressar opiniões e tomar de posições sobre os diversos assuntos. São pessoas a exprimir indignação contra os rumos econômicos e sociais da comunidade, ou as apoiar e a influir em transformações. São manifestações impulsionadas pela inconformidade com políticas públicas e ansiedade de modificações, por vezes espalhadas por intermédio de redes sociais.

Os movimentos populares neste começo de século XXI, em continuação ao das décadas finais do anterior, foram, em geral, convocados por meio delas, como mecanismo eficiente para ajuntar pessoas descontentes com políticas governamentais, em manifestações públicas a interferir com o tráfego urbano e paralisar cidades, ou por meio de estridentes panelaços promovidos por moradores de prédios de apartamentos. Se a eleição por meio do voto secreto é a forma essencialmente democrática para eleger governantes de tempos em tempos, esses movimentos são expressão de insatisfação a requerer atenção e modificações na condução de políticas públicas, no curso dos mandatos eletivos. É forma eficaz para provocar correção de comportamentos e de rumos.

As redes sociais, novidade introduzida pela tecnologia da informação, tornaram-se mecanismo expressivo de formação de opiniões e instrumento de aglutinação de pessoas para impulsionar movimentos de massa. Por meio delas se divulgam notícias, opiniões e informações, dentre as quais as falsas, destinadas a confundir e a difamar, despertando a atenção de autoridades para as coibir. Foram apodadas no Brasil de *fake news*, imitação de uso corrente nos Estados Unidos, para identificar notícias falsas a afetar reputações, em ações por vezes acobertadas por autoridades governamentais interessadas em prejudicar adversários.

As redes sociais têm sido utilizadas também como indicativo de popularidade, pelo número de seguidores e comentadores de opiniões nelas registradas. É, igualmente, meio de divulgação de providências de autoridades públicas, ansiosas por angariar apoios e simpatias.

Os institutos de pesquisa de opinião

Outro mecanismo eficiente para influir na condução da política governamental e nos veículos de comunicação e da imprensa em particular, em todas as suas formas, tem sido o da ação dos institutos de pesquisa, a aferir, de tempos em tempos, o comportamento de autoridades governamentais e dos que têm na atuação pública o foco de suas atividades. O processo eleitoral é informado em grande parte pelo resultado de pesquisas prévias sobre os candidatos, a indicar possibilidades de vitória ou de derrota, com a aprovação ou não do comportamento de políticos. Os resultados influem na decisão popular de votar em candidatos, ou de motivar desistências oportunas para evitar derrotas anunciadas.

No processo eleitoral dos Estados Unidos, as pesquisas sobre candidatos à indicação do Partido Democrático para disputar a eleição de 2020, foram decisivas para convencer a maioria a desistir de suas candidaturas. Possibilitaram com isso a indicação de um único candidato fortalecido pelo apoio consistente dos demais, durante o processo pré-eleitoral, tornando-o apto a enfrentar o adversário candidato à reeleição à presidência do país.

No Brasil, que adota procedimento eleitoral diverso, a proliferação de candidatos inexpressivos, indicados pelo enorme número de partidos políticos permite distorções. A diluição de votos pode resultar na indicação de candidato com melhor votação relativa para disputar o segundo turno, se não alcançar maioria absoluta. No turno seguinte, a eleição do vencedor se deve, em grande parte, à rejeição do vencido pela maioria, para evitar mal maior.

Mas, não é apenas na aferição de atuação política que se destaca a atuação dos institutos de pesquisa. Os meios de comunicação estão também a eles sujeitos, com a divulgação de resultados de pesquisa sobre audiência de programas de televisão e de rádio, ou de circulação de jornais. Os programas de baixa audiência resultam em perda de anunciantes, verdadeiros patrocinadores e financiadores das empresas que exploram a atividade. Da mesma forma, a apuração da circulação de jornais e revistas e sua amplitude, regional ou nacional, influi na adesão de assinantes e na decisão de anunciantes, fornecedores de recursos substanciais para a sobrevivência das empresas que as editam.

O resultado das pesquisas impõe constante processo de revisão de conceitos, de programas ou de seus apresentadores e de seus formatos, para agradar o maior número de espectadores e contrastar a concorrência. A alegação de que a imprensa seria o quarto poder da república, nos países democráticos, diante da influência por ela exercida, esbarra na realidade de sua sujeição ao resultado de pesquisas de opinião às quais suas atividades estão sujeitas.

A participação do povo na aferição das redes de televisão é direta e imediata. Independe de prazos ou tempos pré-agendados, ou de campanhas publicitárias. As próprias emissoras de televisão, tal como os proprietários de empresas de jornais, são interessados nessa aferição para estarem afinados com as tendências gerais da população e manterem credibilidade de suas atuações.

É evidente que essas considerações se referem aos meios de comunicação dos países que asseguram a liberdade de expressão e livre concorrência no setor, o que não ocorre nos que exercem controle rígido da imprensa em geral, ou lhes impõe censura férrea. No Brasil essa anomalia ocorreu no período do regime militar inaugurado em 1964. Foi período em que a população ficou à margem de acontecimentos impedidos de serem divulgados, diante da censura imposta à imprensa. Findo o regime, retornando a liberdade dos meios de comunicação, com a divulgação de notícias antes censuradas, ficou a população com impressão de que os males que passaram a ser noticiados teriam começado nessa nova fase.

O prestígio de que gozam os institutos de pesquisa é medido pelo grau de confiabilidade do resultado de suas atividades. São instituições que balizam a opinião pública e influi no comportamento de autoridades públicas e dos meios de comunicações periodicamente avaliados. De certa forma, atuam como contrapeso ou o "freio e contra- freio" a que se referia Montesquieu sobre o equilíbrio dos poderes do Estado, ora aplicável também aos meios de comunicação e seu reflexo na opinião pública.

A liberdade da imprensa pode ensejar abusos e divulgação de notícias falsas, a arranhar reputações ou a arruinar empreendimentos. A confiabilidade das notícias e informações dela emanadas, todavia, é medida pela credibilidade conquistada ao longo do tempo. Os institutos de pesquisa servem para esse fim, eles próprios sujeitos à avaliação da pertinência de suas conclusões na avaliação de que também são alvos da opinião pública em geral.

Empresas de avaliação de risco

A avaliação de risco do país e da conformidade de políticas econômicas ortodoxas era tarefa das missões do Fundo Monetário Internacional, antes de conceder empréstimos ou renová-los. Na crise da dívida externa de diversos países, cujo auge se verificou na década de 1980, aquela Organização se empenhava, ao enviar grupo de economistas para sugerir ajustes no balanço de pagamentos e influenciar na condução da política econômica de países devedores. O resultado dessas missões servia de baliza para investidores privados, os bancos internacionais em especial, para estimar o percentual de juros a ser cobrado dos países devedores.

Na crise que se espalhou pelo mundo ocidental em 2008, de que resultou recessão a atingir grande número de países, algumas empresas privadas se destacaram na tarefa de avaliar o risco dos afetados. A análise da situação financeira e econômica compõe relatório com a atribuição de nota de risco como parâmetro para investidores.

São as empresas de avaliação de risco que assumiram a função, outrora preponderante do FMI. Os graus ou notas de risco por elas elaboradas sobre o desempenho econômico dos países e de entidades avaliadas permitem aferir a credibilidade e sanidade financeira da entidade avaliada,

São novos integrantes da sociedade civil a integrar o conjunto de protagonistas da ordem internacional contemporânea.

Capítulo 9
INDÍCIOS DE UMA NOVA ERA

Ao longo deste livro, foram destacadas tendências de nova configuração da ordem internacional, com a elevação da Humanidade como o seu centro. A uniformização de conceitos, de padrões de comportamento, de valores e de princípios em diversos setores da atividade humana leva a essa conclusão. Há a tendência à superação do Estado, como modelo de organização social, ao ter-se mostrado incapaz de evitar conflitos armados, desde que concebido no século XVI. O extremo oposto eleva o indivíduo à condição de sujeito de direitos e de deveres na esfera internacional, abrigados pela noção dos Direitos Humanos, como essencial para atender as aspirações da própria Humanidade. Ao se proteger o indivíduo, protege-se a Humanidade contra atos de seus integrantes

A esses dois fatores, adiciona-se o embate ideológico sobre a atividade econômica a inspirar e presidir o labor humano. Entre a centralização no Estado, preconizada pelo sistema comunista, durante o curto período de setenta anos, em que prevaleceu no sistema inaugurado pela União Soviética, e o da livre empresa, bandeira da economia liberal, adotado pelos países ocidentais inspirada em Adam Smith, prevaleceu esta última, a elevar a sociedade civil ao primeiro patamar da ordem internacional. Foi processo lento, recheado de marchas e contramarchas, mas em direção firme a indicar a ansiedade da sociedade civil de se impor a organizações artificiais centralizadoras.

Em decorrência do fim da Guerra Fria, surgiu a globalização da economia e, com ela, o novo feudalismo representado pela atuação dos complexos empresariais multinacionais em todo o planeta. Agem como os antigos senhores feudais, a ditar regras em seus feudos que, por vezes, desafiavam o poder de reis e do próprio Papa, compelidos a fazer alianças. Os Estados perderam o monopólio da defesa do bem comum e da autoridade para dizer o Direito. Foram levados a conviver com esses complexos e com as organizações não governamentais, que condicionam suas ações e, por vezes, os submetem ao seu poder. As empresas de tecnologia da informação, sobretudo, têm se notabilizado em impedir o uso de rede sociais por autoridades governamentais. Exercem poder efetivo não só sobre Estados, mas sobre toda a população, dependente da tecnologia que detém e da rede mundial de que dispõem.

Em fins de 2019 surgiu inesperado fator que pode contribuir de maneira decisiva para os rumos a serem adotados pela Humanidade. Foi o aparecimento do *novo coronavirus*, que teve o prodigioso efeito de impor ao planeta quarentena forçada, como meio de sobreviver e superar a moderna devastação causada pela epidemia detectada na China e alastrada para o mundo, transformando-se em pandemia. Fechou cidades turísticas recheadas de viajantes de todos os lugares do mundo, como Veneza, Milão, Roma, Madrid, Paris. Abalou cidades de fervilhante atividade econômica, como Nova Iorque, Londres, Tóquio e São Paulo, sem contar as da China, Coreia do Sul e Taiwan. A economia mundial encolheu. O preço do petróleo, em passado recente de US$150,00 o barril, depois estabilizado para em torno de US$60,00, desabou para US15,00, embora temporariamente. A superprodução americana, com o xisto produtor do insumo, e dos demais grandes produtores, Arábia Saudita e Rússia dentre eles, tornou-se problema de estocagem, diante da oferta excessiva e redução de procura. Chegou-se a especular em preço negativo. Ainda que mera especulação, é indício do grande choque causado pela pandemia na economia, nos meios de transporte e de produção.

Esse fechamento do mundo e da economia pode ser indício de começo de novo ciclo, ao obrigar as pessoas do mundo todo a se recolherem em suas casas, compulsoriamente, e, quem sabe – é incógnita – a repensarem suas vidas e valores a serem preservados.

A ansiedade de sucesso econômico, com a atenção desmesurada ao PIB mundial e de cada Estado, como fator de progresso e de desenvolvimento social, pode ser substituída pela de sobrevivência pura e simples, contra inimigos invisíveis e inesperados, além dos visíveis, decorrentes da degradação do meio ambiente. Afinal, de muito pouco precisam as pessoas para sobreviver: alimento, vestimenta e abrigo contra frio e intempéries. Alguns, como os índios de zonas tropicais sequer de roupas carecem. Não de acúmulo desmesurado de bens e de inovações constantes e aceleradas, nem sempre benéficas, sendo possível especular ter o mundo chegado ao ponto de saturação do ciclo econômico, a necessitar de novo foco.

No passado foi a religião a orientar países e populações, com nefastas consequências de conflitos, perseguições, superstições, castigos cruéis e morticínios. O ciclo se esgotou. Talvez pelos efeitos de episódios como os da atuação dos católicos Templários em suas investidas para conquistar Jerusalém e posterior declínio, nos séculos XIII e XIV; do morticínio de protestantes na Noite de São Bartolomeu, na França, sob a católica Caterina de Médici, ao casar sua filha com rei protestante de Navarra; da Inquisição restaurada por Filipe II na Espanha, em continuação às da Itália, todos ocorridos nos séculos XV e XVI.

O mesmo efeito decorreu da ação de muçulmanos interessados em manter Jerusalém sob seu manto religioso, em embates similares aos das cruzadas católicas, contra cristãos e judeus, em conflitos com pano de fundo religioso a amargurar populações inteiras. O conflito entre muçulmanos e hinduístas na Índia e Paquistão, embora não motivados exclusivamente por motivos religiosos e sim também por pretensões territoriais na Caxemira, resultou na morte de cerca de quinhentos mil a um milhão de pessoas. Mas a dissidência tem componente religioso e étnico a inspirar ações bélicas entre os dois países, dotados de poder nuclear.

Foram – e continuam sendo – episódios inspirados por temas religiosos da mesma matriz do Velho Testamento – judeus, cristãos e muçulmanos – ao lado de outros de fé diversa, contaminados por interesses econômicos e do exercício do poder.

Esgotado o ciclo informado pelo credo religioso, outro se iniciou, possivelmente pela Revolução Industrial na Inglaterra iniciada em fins do século XVII e princípios do século XVIII. O mundo veio a se acalmar sobre o tema religioso, relegado a segundo plano, embora não totalmente eliminado em algumas regiões,

Começou e prevaleceu, em grande parte do planeta, o da economia, cujo notório expoente e inspirador foi Adam Smith, com o seu *Riqueza das Nações*. A influência de Karl Marx e Engels, no século XIX, feneceu com o fracasso do sistema comunista inspirado em suas ideias. No século XX, os países passaram a ser classificados não mais em função de crenças religiosas, mas em graus de desenvolvimento econômico, os desenvolvidos, em desenvolvimento e os subdesenvolvidos, e, posteriormente, em países ricos, emergentes e pobres. A economia tornou-se parâmetro de cada agrupamento social e não mais a religião, salvo em países de credo eminentemente muçulmano, ainda aferrados à fé religiosa islâmica a lhes inspirar a política e costumes.

É bem possível que o *novo coronavirus*, com a quarentena mundial que provocou, a impedir a ação econômica de todos os países, venha ser o início de novo ciclo, com o esgotamento do econômico.

Aparentemente o grande impacto da pandemia reside no impedimento da mobilidade das pessoas, agora obrigadas a dela se absterem, embora momentaneamente, com a modificação compulsória de hábitos de trabalho e manutenção de distanciamento social. Os meios de transporte terrestre, aéreo e marítimo foram os mais seriamente afetados, após terem sido um dos aspectos mais relevantes das modificações provocadas pela tecnologia desenvolvida no século XX. A rapidez dos transportes aéreos, dos aviões supersônicos, dos trens de alta velocidade e dos cruzeiros a transportar milhares de passageiros e tripulantes para todos os rincões do planeta são consequência do efeito da tecnologia que lhes dá suporte. A mobilidade tornou-se essencial. E a rapidez cada vez maior é alvo sempre perseguido para ganhar tempo e acumular riquezas.

O desenvolvimento da tecnologia da informação causa grande impacto nos meios de transporte, ao permitir a comunicação à distância, sem deslocamento físico. Iniciada com o telégrafo no século XIX e se expandido no século XX, com o telefone, depois, pelo computador, atualmente tem sido utilizada para realizar reuniões à distância na mesma cidade, no mesmo país e em outras regiões do mundo. Não é mais necessário viajar para encontros de negócios. As videoconferências tornaram-se triviais, até para interrogatórios de presos, que não mais precisam deixar as prisões para irem às salas de audiência. No Brasil, os Tribunais Superiores, o STF em especial, fazem reuniões virtuais, além das decisões tomadas sem reuniões presenciais.

Prescinde-se do deslocamento de pessoas. Trabalhos podem ser feitos em casa, transmitidos por meio de computador. Drones são utilizados para diversas finalidades, seja de policiamento, seja para entrega de bens, seja, ainda, para fins agropastoris. Sem contar com os manipulados para fins militares de ataques à distância, ou de vigilância e espionagem.

O turismo, por seu lado, também é afetado pela divulgação por meios televisivos de paisagens, povos, cidades, museus, culturas. A curiosidade para conhecer costumes de outros povos ou monumentos históricos é mitigada pelas imagens e reportagens constantes divulgadas pela televisão. A África e a vida selvagem de seus animais tem seu coração exposto ao mundo, sem excluir a da pobreza de suas populações e a iniquidade do sistema econômico mundial. A ONG Médicos Sem Fronteiras fornece exemplo expressivo. Angaria recursos com reportagens sobre suas atividades naquela região e sensibiliza o mundo com o exemplo dos médicos que nela atuam. Sobretudo o exercício ético da medicina por jovens desinteressados de sucesso econômico, beneficiados apenas pela experiência no tratamento da saúde de populações carentes. Tudo isso é assistido por meio da televisão, no conforto das casas, sem necessidade de deslocamentos, ou de viagens.

As aulas à distância já são comuns e, com a quarentena compulsória, se ampliaram e podem tornar-se padrão, à medida que os métodos de ensino se aperfeiçoem e se afeiçoem à nova tecnologia de comunicação. Expõem, todavia, desigualdade social, ao deixarem de fora crianças e jovens desprovidos de computadores ou de equipamentos próprios para uso da tecnologia. O fato pode despertar a atenção de autoridades governamentais para reduzir a anomalia, com a possível contribuição de empresas privadas, também elas interessadas em aplainar diferenças sociais e aumentar a base de suas clientelas.

Essas considerações finais, provocadas pelos efeitos agudos da pandemia do *novo coronavirus*, aliadas às tendências gerais detectadas ao longo deste livro, induzem à enxergar tendência de instauração de novo modelo social adaptado às tecnologias até agora alcançadas. Todavia, crises pandêmicas anteriores mostraram que, cessados os seus efeitos, tudo volta à normalidade momentaneamente abandonada, com a continuação de práticas, costumes e usos arraigados na mentalidade dos povos.

Não pode passar despercebida a aventura espacial inaugurada em meados do século XX a propiciar esperança de incursões em outros planetas a serem colonizados, à semelhança do Novo Mundo do século XVI. Pode ser a alternativa que sobra para a superpopulação da Terra.

REFERÊNCIAS

Accioly, Hildebrando. *Manual de Direito Internacional Público*. 10ª ed. Saraiva, 1972.

ALEKSIÉVITCH, Svetlana. *O fim do homem soviético*. Tradutor Lucas Simone. São Paulo: Companhia das Letras, 2016.

ANZILOTTI, Dionisio. *Corso di Diritto Internazionale*, 4ª ed. 1955.

BARBOSA, Marco Antonio, *Direitos dos Povos Indígenas no Plano Internacional e Frente aos Estados*, tese apresentada para obtenção do título de doutor na Faculdade de Direito da USP, em 1999.

BELLAMY, Christopher; CHILD, Graham. *Derecho de la Competencia en el Mercado Comum*. Edição espanhola a cargo de ENRIC PICAÑOL. Madrid: Editorial Civitas, 1992.

BERLE JR, Adolf. A. *The 20th Century Capitalist Revolution*. New York: Harcourt, Brace & World, Inc, 1954.

BOBBIO, Norberto. *Estado, Governo, Sociedade*. Tradutor Marco Aurélio Nogueira. São Paulo: Paz e Terra, 1986.

Bowet, Derek. *Reprisais Involving Recourse to Armed Force*. American Journal of International Law (AJIL), vol. 66, pp. 1-36, january 1972.

BRAUDEL, Fernand. *La Mediterranée: L'espace et l'histoire*. Tome 1. Paris: Arts et Métiers Graphiques, 1977.

BRIGGS, Herbert. *The Law of Nations: Cases, documents and notes*. 2ª ed. New York: Appleton--Century-Crofts, p.94, 1952.

BROMS, Bengt. "The Present Stage in the Work of the Special Committee on the Charter of the United Nations and on the Strengthening of the Role of the Organization". *International Law at a time of perplexity* – Essays in Honour of Shabtai Rosenne. The Netherlands: Martinus Nijhoff Publishers, 1988.

BROWN, Theodore M.; CUETO, Marcos; FEE, Elizabeth. *The World Health Organization and the transition from international to global public health*. Tradutora Annabella Blyth. Revisão técnica de Gilberto Hochman, sob os auspícios de Creative Commons Attribution License. American Journal Of Public Health, v. 96, n. 1, january 2006.

BROWNLIE, Ian. *Principles of Public International Law*. 4ª ed. Oxford University Press, 1990.

BURKE, William T. "The Legal Regulation of Minor International Coercion: A framework of Inquiry". in *The Vietnam War and International Law*, Richard A. Falk comp. Princeton University Press, 1968.

BUSCATO, MARCELA, in *Revista Época*, de 19/10/2016.

CARON, David D. "The Legitimacy on the Collective Authority of the Security Council" *A.J.I.L.*, vol. 87, n. 7, October 1993.

CARVALHOSA, Modesto; EIZIRIK, Nelson. *A nova lei das Sociedades Anônimas*. São Paulo: Saraiva, 2002.

CASTELLS, MANUEL. *Fim de Milênio: A Era da Informação*. Trad. Klauss Brandini Gerhardt e Ronei Venâncio Majer. São Paul; Paz e Terra, vol. III, 1999.

CASTRO, Amilcar de. *Direito Internacional Privado*. 2ª Ed. Rio de Janeiro: Forense, 1968.

CAVARÉ, Louis. *Le Droit International Public Positif.* Tome I. Paris; A. Pedone, 1951.

CHATEAUBRIAND, François-René. *Études Historiques*. Paris; Flammarion, 1873.

CHEVALLIER, JACQUES. *O Estado Pós-Moderno*. Tradutor Marçal Justen Filho. Belo Horizonte: Editora Forum, 2009.

CONFUCIUS. *The Analects of Confucius*. Trad. Lionel Giles, Connecticut: The Easton Press, 1976.

CORRÊA, LUIZ MARIA PIO. *O Grupo de Ação Financeira Internacional (GAFI): Organizações internacionais e crime transnacional*. Coleção de teses de CAE. Brasília; Fundação Alexandre Gusmão (FUNAG), 2013.

DEFOE, Daniel. *A Journal of the Plague Year1665*, The Easton Press, Connecticut: 1978.

DEMING, Richard. *Man and the world: International Law at work*. New York: Hawthorn Books Inc, 1974.

DINH, Nguyen Quoc; DAILLIER, Patrick; PELLET, Alain. *Droit International Public*. 5ª. Edição. Paris: LGDJ, 1994.

DUROSELLE, Jean-Baptiste. *Histoire Diplomatique de 1919 à nos Jours*. 11ª ed. Paris, Dalloz, 1990.

EL-ZEIN. Souheil. "L'OIPC-Interpol". *L'Illicite dans le Commerce International*, Litrec, volume 6, Universidade de Bourgogne, 1996.

FALK, Richard A."International jurisdiction: horizontal and vertical conceptions of Legal Order". *Temple Law Quarterly*, vol. 32, n. 3, 1959.

FALK, Richard A. *The Vietnam War and International Law*, Princeton University Press, 1968.

FITZMAURICE, Gerald. *The General Principles of International Law*. Recueil de Cours, vol. 92, Sijthoff, 1957.

FRANCK, Thomas M. "Legitimacy in the International System". *AJIL*, vol.82, n.4, 1988.

FRANCK, Thomas M. "Soviet initiatives: U.S. Responses – New Opportunities For Reviving the United Nations System". *AJIL*, vol. 83, n. 3, 1989.

FRANCK, Thomas M. "Unnecessary UN-Bashing Should Stop", *AJIL*, vol.80, 1986.

FRIEDEL-SOUCHU, Evelyne. *Extraterritorialité Du Droit de la Concurrence aux Etats-Unis et dans la Communauté Européenne*. L.G.D.J., 1994.

FRIEDMAN, Wolfgang. *A Mudança da Estrutura do Direito Internacional*. Rio de Janeiro: Editora Freitas Bastos, 1971.

GAJA, Giorgio. « Reflexions sur le Role du Conseil de Securité dans le nouvel ordre mondial ». *Révue Generale de Droit International Public*. Tome 97, 1993.

GALBRAITH, JOHN KENNETH. *The Culture of Contentment.* Boston: Houghton Mifflin Co., 1992.

GALBRAITH, John Kennteh. *The New Industrial State.* New York: New American Library, 1967.

GOLDSTEIN, Gerald. "La cohabitaion hors mariage en droit international privé". *Recueil des Cours de l'Académie de Droit International de la Haye,* v. 320, Boston, Martinus Nijhoff Publishers, 2007.

HAIGHT, GEORGE WINTHROP. "International Law and extraterritorial application of the Antitrust Laws." *The Yale Law Journal,* vol. 63, 1954.

HAMILTON, Robert W. *Corporation Finance: Cases and Materials (American Casebook Series).* Minnesota: West Group, 1984.

HAMMOND, Graham Eden. *Os Diários do Almirante,* de 1825 – 1834/38, tradução de Paulo Fontainha Geyer. Rio de Janeiro, Edição J B., 1984.

HERRENSCHMIDT, Jean-Luc. "Le Blanchiment dans les circuits Financiers Mondiaux", in *L'Illicite dans le commerce international.* Universidade de Bourgogne: LITEC, 1996.

JAY, Antony. *Corporation Man.* New York: Pocket Books, 1973.

JAY, Antony. *Maquiavel e Gerência de Empresas.* Rio de Janeiro: Zahar Editores, 1957.

JENNINGS, Robert Yewdall. *Extraterritorial Jurisdiction and the US Antitrust Law.* The British Yearbook of International Law, 1957.

ARECHAGA, JIMENEZ DE. "International State Responsibility" in *Manual of Public lnternational Law.* Sorensen, 1968.

JUDT, Tony. *Postwar: A history of Europe since1945,* Londres, Penguin Books, 2005.

KELSEN, Hans. "Les Rapports de Système entre le droit interne et le droit international public" in *Recueil des Cours.* vol.14, 1926.

KELSEN, Hans. *Princípios de Derecho Internacional Publico.* Buenos Aires: Libreria El Ateneo, 1965.

KENNEDY, Paul. *Ascenção e Queda das Grandes Potências: Transformação Econômica e Conflito Militar de 1500 a 2000*; tradução Waltensir Dutra 4ª ed. Rio de Janeiro: Editora Campus, 1989.

KHANNA, Parag. *Como Governar o Mundo: Os caminhos para o novo renascimento.* Rio de Janeiro: Editora Intrínseca Ltda., 2011.

Kronstein, Henrich. *The Law of lnternational Cartels.* Cornell Univ. Press, 1973.

LAFER, CELSO, *Mudam os Tempos – Diplomacia brasileira 2001-2002,* Fundação Alexandre de Gusmão – FUNAG, Brasília, 2002.

LARIVAILLE, Paul. *A Itália no Tempo de Maquiavel.* Tradução Jônatas Batista Neto. São Paulo: Companhia das Letras, 1988.

LAO-TSEU – TAO TÖ KING – *Le Livre de la Voie et de la Vertu* – Jean de Bonnot, Paris, MCMXC.

LAUTERPACHT, H., "Revolutionary Activities by Private Persons against Foreign States", in *AJIL,* vol. 22, Issue 1, 1928.

LEÃES, Luiz Gastão De Paes De Barros. *Novos Pareceres.* São Paulo, Editora Singular, 2018.

LESAFFRE, ALAIN. "Pour mieux conaitre l'Organisation Mondiale des Douanes". *in L'Illicite Dans le Commerce International,* sob direção de Philippe Kahn e Catherine Kessedjian, Bourgogne: Litec, 1996. http://www.wcoomd.org/en/about-us.aspx

LIPOVETSKY. GILES & SERROY, JEAN, *A Estetização do Mundo – Viver na Era do Capitalismo Artista*, Companhia das Letras, São Paulo, 2013

MACEDO, Leonardo Andrade. *O Fundo Monetário Internacional e seus acordos stand-by*. Del Rey Editora, Belo Horizonte, 2007.

MAGALHÃES, José Carlos de, "A Responsabilidade dos Administradores em alienações e aquisições de ativos relevantes", in *Revista de Arbitragem e Mediação*, São Paulo, RT, vol. 38, julho/set. 2013 e *Temas de Direito Empresarial e outros estudos*, Malheiros Editores, São Paulo, 2014.

MAGALHÃES, José Carlos de, "A Sentença da Corte Interamericana de Direitos Humanos, a Lei de Anistia e a Decisão do Supremo Tribunal Federal" *in Novos Caminhos do Direito no Século XXI – Uma homenagem a Celso Lafer*, Luiz Olavo Baptista e Tércio Sampaio Ferraz Júnior (coordenadores); Juruá Editora, Curitiba, 2012.

MAGALHÃES, José Carlos de, "Aplicação Extraterritorial de Leis Nacionais". in *Revista de Direito Público*. n. 66, abril-junho, 1983.

MAGALHÃES, José Carlos de, *Direito Econômico Internacional*. 2ª edição, Juruá Editora, Curitiba, 2017.

MAGALHÃES, José Carlos de. *O Mundo como Empresa Global*. Grua, São Paulo, 2016.

MAGALHÃES, José Carlos de, *Arbitragem – Sociedade civil x Estado*, Almedina, São Paulo, 2020.

MAHBUBANI, Kishore. *How the West can adapt to a rising Asia*, *Ted Talks*, 2019. https://www.ted.com/talks/kishore_mahbubani_how_the_west_can_adapt_to_a_rising_asia

MALONE, James L. "The United States and the Law of the Sea after Unclos III", in *Law and Conteporary Problems*. vol 46, nº 2, 1983.

https://scholarship.law.duke.edu/cgi/viewcontent.cgi?article=3700&context=lcp

MANCINI, Pasquale Stanislao. *Direito Internacional*. Tradução de Ciro Mioranza, Editora Unijui, Ijuí (RS), 2003.

MANN, F. A., "The Doctrine of Jurisdiction in International Law", in *Recueil des Cours*, vol. 111, 1964.

MAQUIAVEL, Nicolau. *Le Prince*. Capítulo XII, Jean de Bonnot, Paris, 1985.

MCDOUGAL, Myres S. "The Impact of International Law Upon National Law: A Policy--Oriented Perspective", in *Studies of Public Order*. Myres S. McDougal and Associates, 1966.

MCWHINNEY, Edward. *Les Nations Unies et La formation du Droit*, A. Pedone/Unesco, 1986.

MELLO, Evaldo Cabral de. *A Outra Independência: O federalismo pernambucano de 1817 a 1824*, Editora 34, São Paulo, 2004.

MEYROWITZ, Henry. "Guerrilla et le Droit de Guerre", in *Revue Belge de Droit International*, p. 56-72, 1971.

MILLER, GREG, *The Washington Post* e *O Estado de São Paulo*, edição de 12 de fevereiro de 2020, São Paulo, p. A-12.

MOORE, John Bassett. "Report on Extraterritorial crime and the Cutting Case", *Washington: Government Printing Office*, 1887.

MOORE, John Bassett. *Territorial Jurisdíction* – Voto dissidente no julgamento do caso Lotus – BR65. 2ª ed. *The Law of the Nations*, p. 299 (CPTI) – Série A, n. 10, Appleton Century Crofts lnc, Nova Iorque,1927.

MOROZOV, G. I. *International Law and the U.N.* in Contemporary International Law, organizado por GRIGORY TUNKIM, Progress Publishers, Moscou,1969.

MOYNHAN, D.P., *A Dangerous Place.* Little Brown & Company, 1978.

NASCIMENTO, Márcio Fagundes do. *Uma perspectiva sobre a privatização do emprego da força por atores não estatais no âmbito multilateral.* Fundação Alexandre de Gusmão, Brasília, 2010.

O'BRIEN, James C. "The International Tribunal for Violations of International Humanitarian Law in the Former Yugoslavia", in *A.J.I.L,* vol. 87, Issue 4, October 1993.

OHARA, Yoshio. "New U.S. Policy on the Extraterritorial Application of Antitrust Laws and Foreign Responses",. in *Extraterritorial Jurisdiction in Theory and Practice,* Coordenado por Meessen, Karl M.,Kluwer Law International, Londres,1996.

OPPETIT, Bruno. "L'Ilicite dans le commerce international", *in L'Illicite dans le commerce international,* Universidade de Bourgone: Litec, Vol. 16, 1996.

ORTEGA Y GASSET, JOSÉ. *A rebelião das massas,* Livro Ibero-Americano, Rio de Janeiro, 1959.

PAPPALARDO, Aurelio. "Extraterritorial Jurisdiction" *in* Theory and Practice, Coordenado por Karl M. Meessen, Kluwer Law Internacional, Londres, 1996.

PAULSON, Henry, Jr. *Dealing with China,* Headline Publishing Group, Londres, 2015.

PERRINI, Giorgio. *Les Aveux des Templiers,* Jean de Bonnot, Paris,1992.

PORTO, MANUEL e CALVETE, VICTOR, "O Grupo Banco Mundial", in *Organizações Internacionais,* edição da Fundação Calouste Gulbekian, Lisboa, 2006.

RAMOS, André De Carvalho. *Processo Internacional de Direitos Humanos.* 6ª ed. Saraiva, São Paulo, 2019.

RANGEL, Vicente Marotta. "La procédure de conclusion des accords internationaux au Brésil" in *Revista da Faculdade de Direito de São Paulo,* 1960.

REISMAN, W. Michael. *Haiti and the Validity of International Action,* in *AJIL,* vol. 89, n. 1, 1995.

REISMAN, W. Michael. *The Arafat Visa Affair: Exceeding the Bounds of Host State Discretion,* in *AJIL,* vol. 83, n .3, 1989.

RENOUVIN, Pierre; DUROSELLE, Jean-Baptiste. *Introduction to the History of International Relations,* Praeger, Paris,1967.

"Research in International Law under the auspices of the Faculty of the Harvard Law School: II. jurisdiction with respect of crime". *Suplement to the AJIL,* V. 29, Rumford Press, 1935.

RIGAUX, François. *Droit Public et Droit Privé dans les Relations Internationales.* A. Pedoné, Paris,1977.

ROSS, Alf. *Text Book of lnternational Law.* London: Logmans, Green and Co., 1947.

ROUVILOIS, FREDÉRIC, *A História da Polidez,* Grua, tradução de Carlos Felipe Moisés, Marcia Nogueira de Albuquerque e Raquel Virona, São Paulo, 2006.

ROY, J. J. E. *Histoire Singulière de la Chevalerie,* Jean de Bonnot, Paris,1994.

RUSSELL, Bertrand. *O Poder, uma nova análise social,* Companhia Editora Nacional, São Paulo,1957.

SCAHILL, Jeremy. *Blackwater – A Ascenção do Exército Mercenário mais Poderoso do Mundo,* Companhia das Letras, São Paulo, 2008.

SENARCLENS, Pierre De. *Relatório da 51ºConferência da Associação de Direito Internacional* em Tóquio, 1965.

SINGER, P. W. *Corporate Warriors: The Rise of the Privatized Military Industry*. Ithaca and London: Cornell University Press, 2003.

SMITH, Brad. *Tolls and Weapons – The Promise and the Peril of the Digital Age*. Peguin Press, Nova Iorque, 2019.

SNYDER, Earl A." Foreign investment and trade: extraterritorial impact of United States Antitrust Law" in *The Virginia Journal of International Law*, vol. 6.

STEINER, Henry; VAGTZ, Detlev; KOH, Harold. *Transnational Legal Problems, materials and text, documentary supplement*. 4ª ed. University Casebook Series. Foundation Press, 1994.

TRIEPEL, Heinrich. "Les Rapports entre le droit interne et le droit international" in *Recueil des Cours*, vol. I, 1923.

TYLER, Gus. *Multinationals; A Global Menace*, in *The Atlantic Comm*, Quaterlit, 1971.

UNGER, Miles J. *Magnifico – The Brilliant Life and Violent times of Lorenzo de Medici*. Simon & Schuster Paperbacks, Nova Iorque,2008.

US vs. Supplied Chemical Industries Ltd. 105 F. Supp., 215 a 242. Nova Iorque, 1952.

VALLADÃO, Haroldo. *Direito Internacional Privado*, 3ª. Ed. Freitas Bastos, Rio de Janeiro,1971.

VELASCO, Manuel Diez De. *Las Organizaciones Internacionales*, coordenada por José Manuel Sobrino Heredia, Editorial Tecnos, 16ª ed., Madrid 1997.

WAWRO, Geoffrey. *Historical Atlas: A Comprehensive History Of The World*. Millenium House PTY Ltd., Australia, 2008.

WHITNEY, William Dwight. *Sources of Conflict between International Law and the Antitrust Law*. The *Yale Law Journal*, n. 63, 1954.

WILLIAMS, John Fischer. "Le droit international et les obligations financières internationales qui naissent d'un contract", in *Recueil des Cours*, 1923.

WILSON, Edmund. *Rumo à Estação Finlândia*, Companhia das Letras, São Paulo, 1987.

WINEGARD, Timothy C. "The Mosquito: A Human History of Our Deadliest Predator"., 1ª ed. Dutton Books, Nova Iorque, in *The Economist*,3 de agosto de 2019.